İki Darbe Arasında Bir Ömür

İki Darbe Arasında Bir Ömür

Mustafa YILMAZ

Published by Mustafa YILMAZ, 2024.

İKI DARBE ARASINDA BIR ÖMÜR

First edition. December 12, 2024.

Copyright © 2024 Mustafa YILMAZ.

ISBN: 979-8230088905

Written by Mustafa YILMAZ.

İçerik tablosu

MUSTAFA YILMAZ

Bu otobiyografideki bazı kişiler ve olaylar (hafızam beni yanıltıyorsa) hayal ürünüdür, bazılarıysa (hafızam beni yanıltmıyorsa) gerçektir.

Bu otobiyografi, yaşanan her gerçeğe değinilmediği için nakıs, değinilen her gerçek ile bir fayda amaçlandığı için hikmetlidir.

Bu otobiyografi Rahman'ın verdiklerine de vermediklerine de bir şükür; anneme, babama, eşime, çocuklarıma bir teşekkür, hayatıma renk katan dostlara bir vefa, küheylan misali koşarken çatlayıp ruhunun ufkuna yürüyen bir kahramana verilen sözü geç de olsa yerine getirme gayretidir.

12 Eylül Askerî Darbesi (1980)

12 Eylül 1980. Ilık bir sonbahar sabahı. Eminönü'nde Gülhane Parkı yakınlarında o döneme göre oldukça lüks sayılan bir otel odasındaydık. Bir aydır Kuleli Askerî Lisesine girebilmek için *"Askerî öğrenci olur."* raporu almaya çalışıyorduk. O yıl babam Süleyman amcanın zeytinliklerini icar ediyordu. Süleyman amcanın damadı Mehmet ağabey, Işıklar Askerî Lisesinde levazım astsubayıydı, Süleyman amca ile babam benim askerî okula girmemi çok istiyorlardı. Cana yakın, yardımsever ve girişken bir kişiliğe sahip olan Mehmet ağabey de en az onlar kadar istekliydi. Askerî liseler yazılı sınavında başarılı olmuştum. Şimdi sırada ön muayene, spor testi ve sözlü mülakat vardı. Çocukluğum ve ilkokul döneminde aşırı kiloluydum, İzmir'de oturan teyzemin ısrarıyla Ege Üniversitesi hastanesinde bir doktorun kontrolünde yaptığım diyet etkisiyle biraz kilo vermiş ve gelişme çağında boyumun uzamasıyla da ortaokul döneminde nispeten görüntüyü kurtarır gibi olmuştum ama hâlâ toplu bir çocuktum. Spor testinde başarılı olabileceğimden endişe ediyordum. Mehmet ağabey hem Çanakkale'ye yakın olması hem de tek başıma gelip, sınav süresince kendilerinde kalabileceğim için spor testi ve mülakat aşamasında sınav merkezi olarak Bursa'yı tercih etmemi önermişti. Aslında tedirgin olmamı gerektirecek bir şey de yokmuş, Işıklar Askerî Lisesinde girdiğim spor testinde grup hâlinde koşuyu tamamlamış, mülakattan da herhangi bir sorun olmadan geçmiştim. Sağlık raporu alma aşamasında kendisi yıllık iznini alıp, bir ay boyunca ben-

imle birlikte İstanbul'da Gülhane, Gümüşsuyu ve Kasımpaşa Askerî Hastaneleri arasında adeta mekik dokumuştu. Maddi durumumuz da çok iyi olmadığı için, babam da bizimle birlikteyken üçüncü sınıf ucuz bir otelde konaklar, babamın köye döndüğü zamanlarda da onun misafiri olarak orduevlerinde kalırdık. Hatta hafta sonları daha ekonomik olduğu için feribotla Yalova'ya geçer oradan Bursa'da onların ailecek ikamet ettikleri askerî lojmanda kalır, hafta başı tekrar İstanbul'a dönerdik. Mehmet ağabey, sağlık muayenesi aşamasında çok dikkatli ve kontrollü ilerliyordu. Sorun olabileceğini sezdiği her yerde hemen bir ön kontrol yaptırıyordu. Mesela ortaokulun son dönemlerinde kullandığım dinlendirici gözlüğü öğrendiğinde hemen sivil bir göz doktoruna muayene ettirmiş ve askerî öğrenci olmama engel bir durum olmadığını öğrendikten sonra askerî hastanede göz kontrolüne sokmuştu. O ana kadar muayene olduğum her birim raporun ilgili bölümüne "*Sağlam*" yazmasına rağmen iç hastalıkları uzmanı raporun kendileriyle ilgili bölümüne "*Sağlam*" yazmadığı gibi göğüs kafesi yapımla ilgili tıbbi bir takım ifadelere yer vermişti. Aslında ben bu durumumu biliyordum zira daha önceden Deniz Lisesi ön sağlık kontrolünde bundan dolayı elenmiştim ama bu durumumun ciğer kapasitemi tamamen kullanamayacağım için sadece denizaltı subayı olmama engel oluşturduğu düşüncesiyle Mehmet ağabeye bu durumdan hiç bahsetmemiştim. Bu durum Mehmet ağabeyi epey endişeye sevk etmiş ve canını sıkmıştı. Bu hâlde hafta sonu için tekrar Bursa'ya döndük. Okulun bahçesinde otururken okul komutanı geldi yanımıza. "*Hayırdır Mehmet, delikanlı kim ?*" dedi. "*Ko-*

mutanım askerî okula girecek rapor alıyoruz ama iç hastalıklarında bir not düşmüşler, askerî öğrenci olmaya engel mi bilemedik, endişelendik, biraz moralimiz bozuldu." deyince komutan *"Bursa Askerî Hastanesinde iç hastalıklarında bizim Ahmet var, soralım ona."* dedi. Mehmet ağabey beni raporu alıp gelmem için hemen lojmana gönderdi. Ben raporu getirir getirmez de komutan telefon edip, iç hastalıkları uzmanına durumu sordu. Yönergeye bakmaya müteakip yarım saat sonra doktor arayıp kabul edilebilir sınırlar içinde kaldığı için askerî öğrenci olmaya engel bir durumum olmadığı müjdesini vermişti. Çok sevinmiştim. Nihayet raporu tamamlayıp, 11 Eylül 1980 günü Haydarpaşa Askerî Hastanesinde Sağlık Kuruluna çıktık. Herkesi kurul huzuruna aldılar mı bilmiyorum ama beni içeri çağırdılar, tişörtümü kaldırmamı istediler ve göğüs yapımı görüp *"Hadi hayırlı olsun."* dediler. Mehmet ağabey büyük bir yükten kurtulmuştu, o gün babam da bizimleydi. Babama *"Ağabey hadi gözümüz aydın, çok uğraştık ama nihayet başardık. Bu akşam bir ziyafeti hak ettik. İstanbul'da son gecemizde güzel bir de otelde konaklayalım. Gülhane Parkı'nın yanında İç Tedarik Bölge Başkanlığına yakın güzel bir otel var. Hem de otel ücretine sabah kahvaltısı da dâhil. Sabah 10.00'a kadar yatıp dinleniriz. Otelde güzelce kahvaltımızı da yapıp, delikanlıyı okuluna teslim ederiz. Sonra gönül rahatlığıyla memlekete döneriz."* dedi. Babam çiftçiydi ama ortaklarıyla kabzımallık yapardı. Mevsimine göre yazın meyve sebze haline domates, armut, kayısı getirir; kışın da Edremit ve Ayvalık'taki zeytinyağı fabrikalarına komisyon karşılığı zeytin gönderirdi. Biz İstanbul'da rapor alırken de kendisi bir taraftan bu işlerini de takip etmek için memlekete gider gelirdi. "*Siz uyurken sabah erken ben meyve sebze haline gideyim, bir kamyon boş kasa yükletir, hesabı da görüp 10.00 gibi kahvaltıya yetişirim.*" dedi. O dönem meyve sebze hali, zaten Eminönü'nde Yeni Cami civarında Galata Köprüsü'nün yanındaydı. Buraları ben de bilirdim aslında. Babam hiç okula gitmemiş, çocukluğu koyun çobanlığıyla geçmiş, okuma yazmayı askerde Ali Okullarında öğrenmişti ama dört işlemde çok zorlanıyordu. Tüm bu alışveriş işlerinin hesabını kitabını ortağı Ali ağabeyin benden bir iki yaş büyük oğlu Kemal ile birlikte yapardık. Zaman zaman meyve sebze yüklü kamyon ile şoförün yanında bizi de İstanbul'a gönderirlerdi. Biz malları hal esnafına dağıtır, bir gece Eminönü'nde bir otelde yatar, ertesi gün tekrar halde hesabı keser, boş kasaları yükleyip aynı kamyonla tekrar geri dönerdik.

Babam planladığımız gibi sabah 06.00 civarı kalktı ve meyve sebze haline gitmek üzere odadan çıktı ama çıkmasıyla geri dönmesi bir oldu. "*İhtilal olmuş, sokağa çıkma yasağı var, yatın uyuyun!*" dedi. Mehmet ağabey 40 yaşlarında hafif de kilolu sayılabilecek biriydi. Bunu duyar duymaz kendinden beklenmeyecek bir çeviklikle yataktan adeta ok gibi havaya fırladı ve sanki yere esas duruşta düştü. Telaş içinde "*Benim hemen İç Tedarik Bölge Başkanlığına teslim olmam lazım, siz yatın.*" dedi. Babam "*Dışarısı asker kaynıyor, kimseyi çıkarmıyorlar.*" dedi. Mehmet ağabey "*Ben de askerim bu tür karışıklık, ayaklanma ve darbe durumlarında en kısa zamanda birliğime veya en yakın askerî birliğe katılmam lazım yoksa asi muamelesi görür, divanıharpte yargılanırım.*" dedi ve tıraş bile olmadan fırladı gitti. Ülkede yaşanan böylesi kargaşa ortamlarında bir askerin yapması gereken bu kritik hamle daha askerlik hayatına adım atmadan hafızama kazınmıştı. Ben olanlardan ve konuşulanlardan pek bir şey anlamıyordum ama otelin lobisinde televizyondan söylenenlere bakılırsa iyi bir şey olmuştu. Son yıllarda her gün bir yerlerde eylemler, silahlı çatışmalar oluyor, işçiler, memurlar ve öğrenciler sürekli sokaklarda hükümet aleyhine gösteri yapıyordu. Ülke bölünmenin eşiğine gelmişti. Silahlı Kuvvetler de bu gidişe bir dur demek için emir komuta zinciri içinde yönetime el koymuştu. Üstelik ihtilal kansız da olmuştu ama babam tedirgindi. *"En iyi ihtilal ülkeyi 10 yıl geri götürür."* diyordu. Konuştukça anladım ki babam bu konuları iyi biliyordu. 1960 Darbesinin hemen akabinde askerliğini Genelkurmay Başkanlığında Basın Yayın ve İrtibat Bürosunda posta olarak yapmış. Darbe sonrası karışıklıkların yaşandığı dönemde Menderes'in asılmasına ve özellikle Kara Harp Okulu (KHO) Komutanı Kurmay Albay Talat Aydemir ve arkadaşlarının idamına kadar giden süreçte Genelkurmay Başkanlığındaki subayların gruplaşması ve ihtilal hazırlıklarına birebir şahit olmuştu. Darbe sonrası ülkenin içine düştüğü durumu bizzat tecrübe etmişti. Bunun etkisi midir bilmem ama evimizde üzerinde *"Büyük Türkiye İçin Desteğinizi İstiyorum."* yazılı Menderes'in büyük boy bir posteri asılıydı ve babam ömrü boyunca Demokrat Parti çizgisinden hiç ayrılmamıştı. Halkın demokrat kelimesini telaffuz edemediğini gören Demirel siyasi dehasıyla kır at figürünü Adalet Partisinin simgesi hâline getirmiş ve halka dağıttığı *"Demir kır at"* objelerle Demokrat Partinin devamı olduğu fikrini pekiştirmişti. Adalet Partisi, Özal'ın Anavatan Partisi ile birleştiğinde kır at figürü bu defa da

Türkiye Haritası üzerine yerleştirilerek, Demokrat Parti çizgisinde olduklarına vurgu yapılmıştı. O kuşak, Menderes'e duyduğu sevgi ve saygısıyla onun yolunda olduğunun mesajlarını veren her sağ partiye kayıtsız şartsız sonuna kadar destek veriyordu. O neslin, oy verdiği partiyi ve tuttuğu futbol takımını değiştirmesi dinini değiştirmesinden daha zordu. Tek parti döneminde; dinlerini öğrenmeleri yasaklanmıştı. Babamın kendi anlatımıyla Kur'an-ı Kerimleri tuvalet çukurlarına atmak zorunda kalmışlardı. Camiler ahırlara çevrilmiş, ezan Türkçeleştirilmişti. Demokrat Parti iktidarıyla tam zulüm ve baskı dönemi bitti derken 60 İhtilali ile seçtikleri Başbakanlarını asmışlardı. Onların ruh ve düşünce dünyalarını şekillendiren bu olaylar zincirini öğrendikçe bu desteklerinin altında yatan neden daha bir anlam kazanmaya başlamıştı. Yaşadıkları hayal kırıklığı ve çaresizlikle dinlerini korumak, bayraklarını indirtmemek ve ezanlarını dindirtmemek için bu çizgiden gelen partiye kayıtsız şartsız desteği kendi kimliklerinin bir gereği olarak görüyorlardı. 60 İhtilalinin etkisiyle her darbeyi muhafazakâr kesimin başına indirilen bir çekiç olarak görüyorlardı.

O gün öğleden sonra Mehmet ağabey askerî bir Jeep ile otele geldi. Beni ve babamı da alarak Eminönü-Karaköy-Beşiktaş üzerinden birinci köprüye oradan Çengelköy'e gidip beni Kuleli Askerî Lisesine teslim ettiler. Yani ben 12 Eylül 1980 gününün öğleden sonrasında askerî darbenin arkasından İstanbul'un sokaklarını gördüm. Asker her kavşağı tutmuş, erlerin bir kısmı tanklarda makineli tüfek başında bir kısmı da boyunlarında asılı G-3 piyade tüfekleri ile tankın etrafında ama hepsinin elleri tetikte; başlarındaki rütbeliler de sokağa çıkanlara kimlik kontrolü yapıyor; bazılarını evlerine geri gönderiyor bazılarını da gözaltına alıyorlardı. Ortalarda polis ve polis aracı görünmüyordu. Mehmet ağabeyin dediğine göre polis henüz askerin emrine girmemiş ama direnmeden girecekmiş. Beni okula teslim ettikten sonra Mehmet ağabey, babamı da Topkapı Otogarı'ndan otobüse bindirmiş.

Lise Pansiyonu (1977-1980)

Kuleli Askerî Lisesine kaydım yapılmış, siyah bir valiz ve mavi bir spor çantası içinde iç çamaşırı, bornoz, askerî elbise, eşofman, çorap ve ayakkabı verilmişti. Sivil elbiselerimi babama teslim etmiş, eğitim elbiselerimi giyip nihayet asker olmuştum. Çok belli etmemeye çalışıyordum ama bir aksilik çıkacak diye çok endişelenmiştim.

Şimdi yukarı okulda, hazırlık sınıfının gazinosunda terastan boğazı seyrederken tekrar aklıma takıldı; gerçekten çare bu muydu? Aklıma takılan darbe değildi tabii ki? Asker olmam çare olacak mıydı dertlerime. Aslında çok düşünmüştüm asker olmayı ve bugünü defalarca hayal etmiştim ama şimdi sanki dönülmez bir akşamın ufkundaymışım gibi hissediyordum.

Aslında köy halkı olarak askere alışkındık; zaten köyün içinde neredeyse köyün nüfusu kadar mevcudu olan Deniz Piyade Taburu vardı ve halkla içli dışlı yaşıyorlardı. Asker cuma akşamı köyün hamamında yıkanıyor, hafta sonu kahvehaneye çıkıyor, sinemaya gidiyordu. Evimizin önünden her gün harici posta lojman sakinlerinin ihtiyaçlarını karşılamak için çarşıya alışverişe gidiyor ve bu arada yolları üzerindeki yaşlıların ihtiyaçlarını da görüyorlardı. Her sabah bir Jeep subay çocuklarını okula götürüyor, yağmurlu ve soğuk havalarda yolda rastladıkları köylü çocuklarını da askerî araca bindiriyorlardı. Köyün yerlisi ile ailece görüşen lojman sakinleri de vardı.

Diğer taraftan köyümüzden Kuleli Askerî Lisesinde okuyan ve subay çıkan ilk kişi amcamın oğlu olmuştu ve bu durum amcam için yıllardır bir onur ve gurur kaynağıydı. Gerçi daha sonra bir kişi daha yazılı sınavı kazanmıştı ama sanırım spor veya mülakatlarda elenmişti. Astsubay okulunu kazanan çoktu, özellikle Deniz Astsubay Okulu revaçtaydı. Yıllar sonra Kuleli Askerî Lisesini kazanmak yine bizim aileye nasip olmuştu. Aynı bahçeyi paylaşmamıza rağmen babam yıllardır ağabeyiyle konuşmuyordu ama ağabeyinin oğlu gibi kendi çocuğunun da okuyup asker olması onun da en büyük hayaliydi. Kendisi çok istemesine rağmen okuyamamıştı ama bizleri okutmak için her türlü fedakârlığa katlanmıştı. Eminim şimdi kendi oğlunun da subay olacak olması onu çok sevindirmişti. Ama ben ne mesleği sevdiğim için ne de ailemi mutlu etmek için asker oluyordum. Ben bu mesleğin, kara sevdaya dönüşen saplantıma çare olma ya da onu unutturma ihtimalini sevmiştim. Yılmaz Erdoğan'ın bir şiirde *"Ben senin beni sevebilme ihtimalini sevdim."* dediği gibi.

Berlin benim çocukluk aşkım, aslında saplantımdı; hayatıma o yön verirdi, o anki ruh hâlime göre ya beni kendine çeker ya da iterdi ama onun benim bu gelgitlerimden hiç haberi olmazdı. Asıl adı Berlin de değildi zaten, onu ben şimdi uydurmuştum. Adı dillere düşsün kimseler bilsin istemedim. Ailesi Almanya'ya çalışmaya gitmişti. Onu da anneannesi büyütmüştü. Biz ilkokul 5'inci sınıfa kadar aynı sınıfta okuduk. İlk kez ilkokul 2'nci sınıfın yarıyıl tatilinde içimde ona karşı bir kıpırdanma oldu ama ne ona ne de bir başkasına bu durumu hiç sezdirmedim. Babası gurbetten memlekete kesin dönüş yapınca Çanakkale'ye Stüdyo-B adında bir kaset dükkânı açtı. Stüdyo-B'nin B'si Almanya'nın Berlin'inden geliyordu.

Kimseler bilmesin diye ben de adının birkaç harfini değiştirip sevdiğimin adını Berlin koydum. Berlin, ilkokulu ailesinin yanında Çanakkale'de bitirdi.

Dedemin iki oğlundan üçer erkek torunu ve bir kızından da 2 kız torunu vardı. Aslında amcamın 3 oğlu da benden büyüktü ama babamın büyük çocuğu olarak dedemin adını ben taşıyordum. Belki de bunun etkisiyle dedemle aramızdaki ilişkinin çok özel olduğunu düşünürdüm. Dedemin iri cüssesinin yanında ninem daha da küçük görünürdü ama yedi köyün şifacısıydı. Ninem, nazar okur, sarılık keser, kırık çıkıkları iyileştirirdi. Dedem, amcam ve biz aynı bahçede otuyorduk daha sonra amcamın büyük oğlu da evlenince aynı bahçeye bir ev de ona yaptılar. Ninemin, doğduğum gece bana anne sütünden önce yoğurtlu makarna yedirdiği söylense de özellikle akşam yemeklerini bu dört evde de ayrı ayrı yeme alışkanlığım sanırım aşırı kilolarımın en önde gelen nedeniydi. Bu kilolarım nedeniyle fiziksel aktivitelerdeki yetersizliğimden ve benden iki yaş küçük kardeşim Hasan'ın sorumluluğunu erken yaşta üstlenmiş olmamdan dolayı takım oyunlarının tercih edilmeyen oyuncusuydum ama buna rağmen pek çok iyi arkadaşım vardı. İlkokul kaydıma dedemle gitmiştim. Okul müdürü benim kaydımı yaparken dedeme, okul numaramın 256 olduğunu ve bu numarayı bugüne kadar hep özel öğrencilerine verdiğini söyledi. Subay olan amcamın oğlundan sonra Kuleli Askerî Lisesini kazanan çocuğun ardından bu numarayı bana verdiğini ve bende de subay olacak kapasite gördüğünü söylemişti. İlkokulda Berlin de ben de çok başarılıydık. O daha çok sözel konularda başarılıydı ben de sayısal konularda başarılıydım. Öğretmen birimize bir şey okutur daha sonra bize anlattırırdı. Berlin kalkar okunan metnin aynısını sayfalarca da olsa adeta ezberden tekrar ederdi. Fotoğrafik hafızası olduğunu ve kısa süreli hafızadan nerdeyse noktası virgülüne kadar metnin gözünün önüne geldiğini ve oradan okuduğunu söylerdi. Biz Berlin'le gerek okulda gerek okul dışında hiç aynı oyun grubunda olmadık. O yakar top oynardı ben ya dama ya da dokuztaş oynardım. Ben sanki onsuz nefes alamıyordum ama o benim varlığımın farkında bile değildi.

Dedem ve ninemin aksine, annem ve babam düzenli namaz kılmazdı. Daha doğrusu o dönemlerde namaza, bir ayak çukura düşünce başlanırdı ama ramazan orucunu sıcak yaz aylarına rastlamasına rağmen neredeyse herkes istisnasız tutardı. İlkokul öğrencileri kızlı erkekli yaz tatillerinde camide dini eğitim alırlardı ama Berlin camiye gelmezdi, onu komşuları olan Hatice abla okutuyordu. Evleri de çıkmaz sokaktaydı. Dolayısıyla yaz tatillerinde Berlin'i görmem çok zordu. Ben sırf bu yüzden yaz tatillerini hiç sevmezdim. Ailesi Almanya'dan dönünce Berlin Çanakkale'ye taşındı ve ilkokul son sınıfı orada okudu. Eskiden en azından okulda görebiliyordum ama son sene onu hiç göremedim. Gözden ırak olunca acaba gönülden de ırak olur mu diye kendimi tarttım, zorladım başka birine ilgi duyabilir miyim diye ama olmadı. İlkokul son sınıf böyle kâbus gibi geçti, bu yaz tatilinde Kur'an-ı Kerim'i hatim ettik ve camide aldığımız dini eğitim tamamlandı.

İlkokul sonunda bir grup Tarım Hayvancılık ve Ziraat Ortaokulu sınavına girmiş, benim içinde bulunduğum bir grup da Devlet Parasız Yatılı sınavlarına girmişti. O sınavlara hazırlanmam için okul müdürü bana özel olarak

40x40 adında kırkar sorudan oluşan kırk testlik bir kitap getirtmişti. Tarım Hayvancılık ve Ziraat Ortaokulu sınavına giren hemen hemen herkes sınavı kazanmıştı ve okula kayıt yaptırıyordu. Devlet Parasız Yatılı sınav sonuçları hâlâ açıklanmamıştı. Köyümüzde de bir ortaokul vardı ama ben bir yıl daha Berlin'den uzak kalmaya dayanamazdım. Ortaokulu mutlaka Çanakkale'de okumak, Berlin'e yakın olmak, onu uzaktan da olsa görmek ve en azından aynı havayı teneffüs etmek istiyordum. O yıl sınavlara Altan ile birlikte çalışmıştık, daha doğrusu Altan'ı çalıştırmıştım ancak o sadece meslek lisesi sınavlarına girmiş onda da başarılı olamamıştı. Çanakkale'de İmam Hatip Ortaokuluna gidecekti. Altan'ın babasının ve cami hocalarının da desteğini alarak babama beni de Altan ile birlikte Çanakkale İmam Hatip Ortaokuluna kayıt yaptırması için baskı yapıyordum. Babam kahvede ilkokul müdürüne akıl danışınca müdür bey babama yan masada iskambil oynayan Kaptanların damadı Erhan Kuzu'yu işaret ederek *"Oyunu bitsin birlikte konuşalım."* diyor. O dönem Çanakkale Mustafa Kemal Ortaokulu Müdür Yardımcısı olan Erhan Hoca *"Çocuk bu kadar başarılıysa sakın İmam Hatibe kayıt yaptırmayın daha sonraki eğitim hayatında bu konu sürekli karşısına çıkar. Devlet Parasız Yatılı sınav sonuçlarını bekleyin zaten bir iki güne açıklanır."* diyor. Gerçekten de dediği gibi kısa süre sonra sınav sonuçları açıklanmış ve sınavda derece yaptığım anlaşılmıştı. Hem ilkokul müdürümün hem de Erhan Hoca'nın basireti sayesinde İmam Hatip Ortaokuluna kayıt yaptırma gibi bir hataya düşmekten son anda kurtulmuş, Çanakkale'de okuma hedefime ulaşmış, Berlin'i görme ihtimaline kavuşmuştum.

Devlet Parasız Yatılı sınavı ile Çanakkale Lise Pansiyonunda kalma hakkı kazanmıştım ancak başarısız olmam durumunda 49.000 TL tazminat ödeyecektik. O dönem Çanakkale'de biri Mustafa Kemal Ortaokulu diğeri de Merkez Ortaokulu olmak iki ortaokul vardı. Acaba Berlin nerede oturur, hangisine gider diye düşünürken aslında tercih hakkımın çoktan elimden alınmış olduğunu ve Erhan Hoca'nın beni kendisinin müdür yardımcısı olduğu Mustafa Kemal Ortaokuluna kaydetmiş olduğunu öğrenmiştim.

Artık Çanakkale'de ailemden uzakta yatılı pansiyon hayatım başlamıştı. Sabahları yürüyerek 2 km uzaklıktaki Mustafa Kemal Ortaokuluna gidiyor, öğle yemeği için pansiyona geliyor ve öğleden sonra tekrar okula gidiyorduk. Pansiyonda liseliler ile birlikte kalıyorduk, başımızda da lise hocaları haricinde Eğitim Enstitüsü son sınıf öğrencileri belletmenler vardı. Akşamları yemek sonrası kırk beşer dakikalık 2 etüde, sabahları da kahvaltı öncesi yine 45 dakikalık bir etüde katılma zorunluluğu vardı. Hafta sonları cuma akşamından izin alıp evlerimize gidebiliyorduk. Üzerimizde hocaların, belletmenlerin ve üst sınıfların hem otoritesi hem de siyasi baskısı vardı. Değişen iktidar ile sadece okulda ve pansiyondaki hocalar ile belletmenler değil, etütlerde öğretilen marşlar ile hafta sonları gidilen adresin TÖBDER (Türkiye Öğretmenler Birliği Derneği) mi yoksa MTTB (Milli Türk Talebe Birliği) mi olacağı da değişiyordu. İktidardan güç alarak bazı hocalar şehre gelen Behice Boran gibi siyasi yazarların toplantılarına gitmeyi zorunlu tutarken, karşı görüşten bazı hocalar da siyasi görüşü doğrultusunda Oğuzhan Asiltürk Başbuğ Türkeş

Tonga adını verdiği oğlunun adını edebiyat dersi yazılı sınavında sorabiliyordu. Pansiyon, Çanakkale Lisesi ile aynı bahçedeydi ve liseli öğrenciler de sık sık boykot yaparlardı. Bahçenin ortasına bir ateş yakılır, kızlı erkekli liseliler ateşin etrafında sloganlar eşliğinde sazlı sözlü halaya dururlardı. Böyle zamanlarda lisenin bahçe kapıları zincirlenir, giriş çıkışa izin verilmezdi. Biz de pansiyonun merdivenine ve giriş sahanlığına oturur müziğe tempo tutar, sloganlara eşlik ederdik. Diğer taraftan hafta içi ders harici zamanlarda ve özellikle hafta sonlarında genellikle sinema ve kahvehaneye gidiyorduk. Sinemalarda cinsel içerikli filmlerin yaygın olduğu bir dönemdi. Kahvehanelerde her türlü kâğıt oyunu, tavla, okey ve bilardo oynanıyordu. Pansiyon öğrencileri arasında alkol ve uyuşturucu kullanımı yok denecek kadar azdı ama sigara kullanmayanımız da yoktu. Böylesi kontrolsüz bir ortamda kendimi korumakta oldukça zorlanıyor ve zaman zaman binbir pişmanlıkla Rabbime iltica edebileceğim dinin koruyucu iklimine ihtiyaç duyuyordum. Aslında pansiyonda bir katın banyosu mescit yapılmıştı. Normal şartlarda isteyen gidip namazını kılabiliyordu ancak bazı iktidarlar döneminde pansiyon yönetimince cemaatle namaz kılmak yasaklanırken, başka bir iktidar döneminde mescidi kontrolü altında tutan grup tarafından cemaatle namaz kılmak ve namaz sonrası tesbihat yapmak ve anlamadığın kitapları dinlemek zorunlu tutuluyordu. Tüm bunlar yapılırken de mescidin kapısına bir gözcü koyuyorlar ve hocalardan ya da belletmenlerden biri gelirken okunan o kırmızı kitapları banyonun kilitli bölümlerinden birinin arkasına fırlatıyorlardı. Bu durum bende sanki ibadet etmiyor da suç işliyormuşuz hissi uyandırıyordu. Aslında dini duyguları güçlü ve vecibelerini yerine getirmek isteyen biri olmama rağmen bu tür uygulamalardan dolayı hiçbir dönemde bu mescidin müdavimlerinden olamadım. Okul ve pansiyon yönetiminin tüm bu baskılarına rağmen aslında hepimiz çocuktuk ve masum yönümüz ağır basıyordu, sağcısı- solcusu ile, Alevisi-Sünnisi ile kaynaşıp güçlü dostluklar kuruyor ve birbirimize dayanarak kardeş gibi yaşamaya ve kendimizi korumaya çalışıyorduk.

Lise Pansiyonu

Okula gittiğim ilk gün heyecandan içim içime sığmıyordu. İlk ders zili çalmış, topluca İstiklâl Marşı okunmuş, okul müdürü konuşma yapmış ve sınıflara çıkıyorduk. Okul çok kalabalıktı. Gözlerim her yerde Berlin'i arıyordu. Ya burada değil de Merkez Ortaokulunda okuyorsa, bu düşünce ders boyunca kafamın içinde döndü durdu. Düşündükçe Erhan Hoca'ya içten içe sinirleniyordum. Nihayet teneffüs zili çalmıştı. Sınıftan koşarak çıktım ve merdivenden aşağı inerken Berlin'i gördüm. Hızlı mı koşmuştum, yoksa çok mu heyecanlanmıştım bilmiyorum ama kalbim yerinden çıkacak gibi olmuştu. Hiç konuşmadık, selamlaşmadık da. Belki de o beni hiç fark etmedi ya da tanımadı. Sınıflar yabancı dillere göre şubelere ayrılmıştı. Benim yabancı dilim İngilizce onunki de Almanca olduğundan farklı şubelerdeydik. Teneffüslere genellikle ilkokul son sınıfı beraber okuduğu arkadaşları ile çıkıyordu. Berlin'in arkadaş grubunda Mert ve Türker adında sulu şakalar yapan, şımarık ve zengin iki züppe vardı. Sadece Berlin'e değil gruptaki herkese zaman zaman rahatsızlık veriyorlardı. Mert de benim gibi biraz kiloluydu ama Türker yakışıklı çocuktu ve onun da anne-babası Berlin'in ailesi gibi gurbetçiydi. Bizim de geniş bir pansiyon grubumuz vardı. Her gün Berlin göz hapsimdeydi, çoğu zaman onun gölgesine basacak kadar, nefes alışını duyacak kadar yakındım ama o benim varlığımdan habersizdi. Berlin'e karşı hislerimden sanki utanıyordum; kimse bilmesin istiyordum, ona açılmak, onunla konuşmak aklımın ucundan bile geçmiyordu; hatta ona bakarken yakalanmaktan korkuyordum. Ondan uzak olduğumda, onu bir gün göremediğimde sanki nefes alamıyordum ama diğer taraftan da onunla sürekli aynı ortamda olup bu kadar mesafeli olmak beni çok yaralıyordu. Sanki tek bir çıkar yol vardı, bir şekilde onu unutmak, ama nasıl?

Sanırım son sınıftaydık, babasının tayini nedeniyle Urfa'dan yeni bir kız gelmişti sınıfa. Utangaç, saf bir kızdı. Pansiyondan Fiko, kıza yaklaşmaya çalışıyor, onu her fırsatta pastaneye çağırıyordu ama kız bir türlü onun teklifini kabul etmiyordu. Biz de bir kızı pastaneye götüremiyor diye Fiko'yla dalga geçiyorduk. O da kızın çetin ceviz olduğunu, kendine güvenen varsa bu konuda onunla bahse girebileceğini söylüyordu. Berlin'den başkasını gözümün görmediğini ve yıllardır ona da açılacak medeni cesareti bulamadığımı bilen arkadaşlar, benim bile tavlayabileceğim kızı bir aydır pastaneye götüremedin diye Fiko'yla dalga geçince oklar bana dönmüştü. Fiko *"Bir hafta içinde Urfalı ile arkadaş olamazsan haftaya sinemalar senden, eğer kızı tavlarsan bir yıl boyunca sinemalar benden."* dedi. Ben de belki de unutmak için bir fırsat olur düşüncesiyle *"Tamam."* dedim. O gün öğleden sonra bir mucize oldu. Urfalı yanıma gelip, *"Merhaba! Okul kimlik kartım için vesikalık fotoğraf çektirmem gerekiyormuş. Şehri bilmiyorum bana yardımcı olur musun? Okul çıkışı birlikte gidebilir miyiz?"* dedi. Bilmiyorum ki buna ne denir. Neyse o gün okul çıkışı birlikte fotoğrafçıya gittik ve tekrar onu evine bıraktım. Yolda epey konuştuk, öyle sandığımız gibi utangaç biri değildi. Eğitimli bir aileden geliyordu, babası Halk Eğitim Müdürü imiş. Ablaları vardı liseye giden. Girdiği her ortamda önce birkaç hafta kendini çekip insanları uzaktan izlermiş. Tabii biz bu sürede kızı utangaç ve saf sanmıştık. İzlenimlerinin sonunda benim art niyetsiz olduğuma ve benimle arkadaş olunabileceğine karar vermiş. Urfalı ile kısa sürede iyi arkadaş olduk. Birlikte sohbet ediyorduk. Eksik olduğu konularda birlikte ders çalışıyorduk. Kordon boyunda dolaşıyorduk. Her konuda konuşuyorduk ama öyle aşk meşk konularına ne o giriyordu ne de ben. Aslında kendimi yokladığımda da kalbimde ona karşı en ufak bir kıpırtı duymuyordum. Fiko'yla girdiğimiz bahsi kazanmıştım ama Berlin'in yerini dolduramazdı.

Son sınıfta bir yol ayrımına gelmiştim. Ya ilkokul sonrası kazandığım Devlet Parasız Yatılı sınavı kapsamında

aynı pansiyonda karşıdaki Çanakkale Lisesine devam ede-
cektim ya da Fen Lisesi ve Askerî Liseler sınavına girecek-
tim. O dönemde ülkede biri İstanbul'da biri de Ankara'da
sadece 2 fen lisesi vardı, onlar da ülke genelinde her yıl
50'şer öğrenci alıyordu. Fen lisesi sınavına girebilmek için
de 10 üzerinden en az 7 not ortalaması gerekiyordu. Fen
lisesi sınavları 2 aşamalıydı. Askerî lise yazılı sınavları için
de fen lisesinin ilk sınavını kazanmış olmak gerekiyordu.
Ortalamam 10'a yakındı, onun için tüm hocalarım fen lis-
esi sınavına girmem konusunda telkinde bulunuyorlardı.

Berlin'den uzakta yapamıyordum. Yakınındayken de
olmuyordu. Bu şekilde birlikte liseyi de okusak bir şey
değişmeyecekti. Yerini doldurmak da mümkün olmamıştı.
O an askerî lise sanki bir umut gibi geldi. Belki beni üni-
forma ile fark ederdi. Belki araya giren yıllar ve yollar ya da
İstanbul'da karşıma çıkanlar unuttururdu.

Gerçekten askerî lise çare olur muydu? Bilmiyordum
ama denemekten başka bir çare de yoktu sanki...

Kuleli Askerî Lisesi (1980-1985)

Okulun ilk bir ayında eğitim elbiseleri ile sürekli yanaşık düzen ve yürüyüş eğitimi yapıyorduk. Dersler henüz başlamamıştı. Ortaokul birinci sınıfta birlikte okuduğumuz Şenol da Kuleli Askerî Lisesini kazanmış ve benden önce de kayıt yaptırmıştı. Boyu posu da yerinde olduğu için Şenol'u sınıfın flamacısı yapmışlardı. Ekim ayının ortalarında derslere başladık. Sınıf toplam 650 kişiydi. Yirmi beşer kişilik 26 kısma ayrılmıştık.

Kuleli Askerî Lisesi

Hazırlık sınıfında sadece İngilizce dersi vardı. Bunun dışında haftada 2'şer saat beden eğitimi, Türkçe ve Atatürk ilke ve inkılapları dersi vardı. İngilizce öğretiminde SEFT (Spoken English For Turks) adlı bir set takip ediliyordu. Her biri 150 sayfa civarında 20 kitaptan oluşuyordu. Ortalama

2 haftada bir kitap bitiriliyor ve o kitaptaki konulardan sınav yapılıyordu. Baştaki kitaplarda kelimeler fonetik alfabeyle yazılıydı. 19'uncu kısımdaydım. İlk 2 ay dersimize asteğmen girdi. Daha sonra asteğmenler muvazzaf subaylar gibi tecrübeli olmadıkları ve derslerde otoriteyi sağlayamadıkları için hazırlık sınıfında dersten alınınca 5-6 kısmın dersine girecek İngilizce hocası bulamadılar. Bir ay boyunca ders kısmen boş geçti, kısmen de bir araya getirilen 2-3 kısma aşağı okulun büyük dershanelerinde, okulun televizyon stüdyosundan yapılan ders kaydı izlettirildi. Her kitap bitiminde yapılan sınav öncesi Öğretim Başkanı özel bir ders yapıyor ve sınavda dikkat edilecek hususları anlatıyordu. Aslında bir nevi kopya veriyordu. İkinci dönem hoca bulunamayan bu kısımlardaki öğrenciler beşer onar diğer kısımlara dağıtıldı. Ben 2'nci kısma düştüm. Arkadaşlarımızdan zaten çok geri kalmıştık, bir de düştüğüm kısmın hocası hazırlık sınıfındaki tek sivil bayan hocaydı, Marmara Üniversitesinden geliyordu, çok kaprisli, tutarsız ve sinirli biriydi. Nasıl davranacağımızı bilemiyorduk. Her ders nöbetçi onbaşı kapıda bekler; hoca sınıfa girerken *"Dikkat!"* çeker; tüm sınıf ayağa kalkar, hoca girince *"Oturun."* der ve nöbetçi onbaşı *"2'nci kısım 30 genel, 26 hazır mevcutla dersinize hazırdır."* diye tekmil verirdi. Eğer bu tekmili bu şekilde Türkçe vermişse *"Dersimiz İngilizce değil mi? Niye Türkçe tekmil veriyorsun."* diye azarlar, eğer İngilizce vermişse bu defa da *"Burası Türkiye Cumhuriyeti, siz müstemleke ordusu musunuz? Zaten sizden subay olursa köpekler mebus olur."* diye hakaret ederdi. Diyalog çalışmalarına kalktığımızda en küçük bir yanılmada hakarete uğrardık. SEFT öğretim sisteminde konu

genelde *"Change Replacement Drill"*lerle pekiştirilirdi. Yani her öğrenci arkadaşının kurduğu cümlede sıradaki kelimeyi değiştirerek yeni bir cümle kurardı. Bazen *"drill"* yapısı bozulur ve yanlış kelime değiştirilerek anlamsız cümleler kurulmaya başlanırdı. Bunu arkadaşlardan biri fark edip hocam *"drill"* yanlış gidiyor dediğinde *"Biz burada köpek başı mıyız? Bir tek sen mi biliyorsun?"* diye hakaretler yağdırır, kimse müdahale etmez de kendisi fark ederse *"Hepiniz oturduğunuz yerde uyuyorsunuz?"* diye yine tüm sınıfı azarlardı. Bir gün yine bu tür konulardan birkaç kez hakarete uğramıştık ki kendimi tutamadım ve *"Siz kendinizi ne sanıyorsunuz? Yeter artık hakaret ettiğiniz. Ben sınıf subaylığına şikâyet dilekçesi yazmaya gidiyorum, haysiyeti, şerefi ve onuru olan da benimle gelsin."* diye ayağa fırlayınca kadın şaşırdı. *"Kusura bakmayın, kontrolümü kaybettim, bir daha olmayacak, oturun yerinize."* diye özür dileyince ortam yumuşadı, zaten sınıf subayının tepkisinden de emin olamadığım için yerime oturdum. Ertesi gün beni odasına çağırdı ve *"Seni anlıyorum, notların çok düşük, kalırsan atılmaktan korkuyorsun, kendini çaresiz hissediyorsun ama ümitsiz olma, sene sonunda yapılacak final sınavından 60 alırsan ortalaman ne olursa olsun geçiririm seni. Bu arada derse katılmasan da olur ama dersin huzurunu bozma."* dedi.

İstanbul'da 19 Mayıs kutlamaları İnönü Stadyumu'nda yapılıyor ve bu kutlamalara askerî lise olarak bir yıl Kuleli Askerî Lisesi, bir yıl Deniz Lisesi katılıyordu. 100'üncü yıl etkinlikleri adı altında bu yıl 19 Mayıs'ta Atatürk'ün Doğumunun 100'ncü yılında tüm askerî okulların katılacağı muhteşem bir gösteri planlanıyordu. O yıl Kuleli Askerî

Lisesi öğrencileri halkın karşına daha önce hiç denenmemiş bale figürlerinden oluşan bir gösteri ile çıkacaktı. Bunun için Koreograf Ender Bey'den profesyonel hizmet alınmıştı. Gösteride giydiğimiz bale kıyafetlerine de Ender Bey'e atfen *"Enderlog"* adını vermiştik. Çalışmalar mart ayında okulda başlamıştı. Nisan ayından itibaren de haftada 2 gün stadyumda genel provalara gidiliyordu. Prova olduğu gün sabah 08.00'de tüm okul içtima eder, Boğaz trafiği kesilir, boru bando trampet eşliğinde uygun adım marş söyleyerek Çengelköy'e gidilir, vapurla Kabataş'a geçilir, oradan da yine bando eşliğinde İnönü Stadyumu'na yürünürdü. Öğle yemeğinde kumanya dağıtılırdı. Beden eğitimi öğretmenlerinin nezaretinde, okul komutanın da katılımıyla tören merasimi prova edilir ve öğleden sonra aynı şekilde okula intikal edilirdi.

İnönü Stadyumu (19 Mayıs 1981)

Bu gidiş gelişlerde özellikle Çengelköy'deki Ermeni tebaa pencerelere çıkar alkış yağmuruna tutar, coşkulu tezahüratlarda bulunurdu. Bütün gün güneşin altında yapılan çalışma sonrası akşam etütlerinde yorgunluktan ders çalışmak çok mümkün olamazdı. Yani 19 Mayıs kutlamalarına katıldığımız yıllarda, 2'nci dönem gerek okuldaki ve gerekse stadyumdaki çalışmalar nedeniyle derslere gereken önem verilmezdi.

Hazırlık sınıfı gazinosunda ve hele terasında boğaz manzarası müthişti. Saatlerce o eşsiz mavilikte kaybolurduk. Görüntüyü sadece *"Independenta"* bozardı. Kasım 1979'da ham petrol yüklü *"Independenta"* adlı bir tanker gemisi ile bir kuru yük gemisi İstanbul Boğazı'nda çarpışmış, kaza sonucu 27 gün yanan gemi, korkunç bir çevre felaketine ve 43 gemi mürettebatının ölümüne neden olmuştu. Koca gemiden geriye kalan çelik yığınları ancak 8 yıl sonra 1987 yılında Tuzla'ya çekilebilmiş, İstanbullular yıllarca bu manzaraya maruz bırakılmıştı.

Hafta sonları cezalı olmadığımız zamanlarda çarşı iznine çıkardık. Bu dönemde okul dışına çıkarken giyilen 1 numaralı üniforma: hâkî renkli ceket ve yanları kırmızı şeritli hâkî pantolon, gri gömlek, siyah iskarpin ve hâkî şapkadan oluşuyordu. Daha sonraki yıllarda kıyafetler lacivert ceket, lacivert şeritli gri pantolon, mavi gömlek, siyah iskarpin ve lacivert şapka olarak değiştirildi. İzin sabahı saat 09.00'da izinli öğrencileri Üsküdar ve Kadıköy istikametine götürecek belediye otobüsleri aşağı okul nizamiyesinde hazır bekletilirdi. İzine çıktığımızda Üsküdar, Kadıköy, Beşiktaş, Eminönü, Karaköy, Sultanahmet, Beyoğlu ve Taksim gibi semtlerde postanelerden ailelerimize telefon eder, arkadaşlarımızla pastane ve sinemaya gider, haftanın yorgunluğunu çıkarırdık. Belediye otobüslerine öğrenci abonmanı ile binerdik ama şehir hatları vapurları askerî öğrencilere ücretsizdi. Özellikle az parayla izine çıktığımız günlerde Çengelköy'e kadar yürür oradan Boğaz'ın iki yakasındaki küçüklü büyüklü hemen hemen tüm iskelelere uğrayan *"Çingene Vapuru"* ile boğaz turu yapardık.

Kuleli Askerî Lisesi Hazırlık Sınıfı (1980)

Bir hafta sonu izine çıktığımızda Üsküdar'da İrfan ağabeye rastladık. İrfan ağabey ile aynı dönemde Lise Pansiyonunda kalmıştık. Kendisi, mescidi kontrolü altında tutan grubun ağabeyi idi, şimdilerde Yıldız Üniversitesi Orman Mühendisliğinde okuyormuş. Samimi bir şekilde kucaklaştık, pansiyon günlerimizi andık, yemek yedik ve ayrıldık. İstanbul gerçekten çok küçüktü, 2 hafta sonra bu defa Kadıköy'de karşılaştık İrfan ağabey ile, yine sohbet, muhabbet, yemek ve ayrıldık. 3'üncü karşılaşmamız Beşiktaş'ta oldu, bu defa *"Eve gidelim mi? Sohbet eder, yemek yeriz."* dedi. *"Olur."* dedik, Yıldız Yokuşu'nda, içinde şadırvanı olan konak türü bir eve gittik. Sohbet, muhabbet, yemek faslından sonra namaz kıldık. Anlım secdeye değmeyeli aylar olmuştu, garip bir huzur kapladı içimi. Aslında okuldayken de namaz kılabilsem ne güzel olurdu diye geçirdim içimden. Okulda sigara içecek yer arayışı içine girdiğim ilk dönemlerde yatakhanenin en üst katındaki kapatılan yangın merdiveni sahanlığında yere serilmiş bir battaniye görmüştüm. O zaman herhâlde burada birileri muhabbet ediyor diye düşünmüştüm ve gelen giden olur diye sigara içmek için uygun bulmamıştım. Şimdi bu gözle bakınca muhtemelen orayı birilerinin gizli mescit edinmiş olması akla daha yakın geliyordu. Uygun olan en kısa zamanda mescit yönüyle orayı tekrar gözden geçirmeliydim.

Bir gün tüm okul dersten çıkarılıp, acilen sinema salonunda toplandık. Okul Komutanı Kurmay Albay Doğu Aktulga çok önemli bir konuşma yapacaktı. Okul komutanın anlattığı hikâyeye göre; Öğretim Başkanı revirdeki öğrencileri ziyareti esnasında, birinin başucundaki komedinde bir paket sigara bulmuş. Daha sonra sigara paketinin iç kısmındaki alüminyum folyolu kâğıdın arka yüzünde Arapça yazıları fark etmiş. İstihbarat subayınca yapılan derinlemesine bir araştırmada bu yazıların okula gelen gizli emirle ilgili olduğu ve bu öğrencinin de Nurcu Yapılar ile ilişkisinin bulunduğu tespit edilmiş. Bu dini grubun askerî öğrencileri hedefine aldığı ve onları kandırmaya çalıştığı yönünde Millî İstihbarat Teşkilâtı (MİT) raporları ve ekinde de birçok askerî öğrencinin adının yer aldığı listeler varmış. Komutan, bu listedeki arkadaşlarımızın birçoğunun kandırılmış olduğuna inanıyormuş. Şimdi bize iki gün mühlet veriyordu. Bir şekilde farkında olmadan bu yapıyla teması olanlar varsa bunu açıkça itiraf etmeleri; gidip geldikleri yerleri ve görüştükleri kişileri ihbar etmeleri durumunda kendilerinin kandırılmış ve masum oldukları kabul edilecek ve haklarında herhangi bir idari-cezai işlem yapılmayacaktı. Bu süre içinde kendiliğinden samimi bir şekilde itiraf etmeyen ancak listede adı olan veya diğer arkadaşının adını verdikleri öğrenciler ise bu yapının elemanı kabul edilecek ve irtica damgasıyla okuldan atılacaktı. Ortalık buz kesti, adeta kanımız donmuştu. Kimsenin ağzını bıçak açmıyordu. Aslında bu bir yemdi. Muhtemelen ellerinde 20-30 kişilik MİT kaynaklı bir fişleme listesi vardı ama korku yaratarak varsa tespit edemediklerini de bu şekilde ortaya çıkarıp kazıma operasyonu yapacaklardı. Zaman zaman sınıf amirleri içtima yaparak önemli sayıda öğrencinin kendilerine başvurduğu ve birtakım arkadaşlarıyla bir yerlere gittiklerini ama buraların o tür yapılanmanın hücre evleri olduğunu bilmediklerini ve kandırıldıklarını beyan ettiklerini söylüyor ve onların ismini verdiği öğrencilerin kendiliklerinden gelmemeleri hâlinde verilen süre sonunda okuldan atmakla tehdit ediyordu. İrfan ağabey meselesi anlaşılmıştı. Aslında pansiyonda iken kendisi ile bu denli bir yakınlığımız yoktu. Karşılaşmalarımızdaki samimi kucaklaşmaları, gurbette memleket hasreti ile hemşeri kucaklaşmasına, pansiyon kardeşliğine yorumlamıştım. Biz pansiyon çocuklarıydık, dostluklarımız çok güçlüydü, masumduk, samimiydik, birbirimizin kardeşiydik, İrfan ağabey gibiler adı üstünde ağabeylerimizdi. Bize tanınan sürede İrfan ağabey ile buluştuğumuzda beraber olduğum arkadaşa; *"Ben olayın böyle bir şey olabileceğini gerçekten bilmiyordum, planlı bir şeyin içinde de olmadım. Ben komutana inanmıyorum. İtiraf eden herkesi atacaklar. Olta atıyorlar. Burada rızkımız bittiyse zaten Allah'ın takdirine engel olamayız ve bir sebeple atılırız. Aslında bu senin de benim de bir imtihanım. Ben gidip bir şey söyleyip vebal altına girmem ama senin kararına da karışmam."* dedim. O hafta yüzlerce kişi atıldı. Bunlardan ne kadarını MİT tespit etmişti ne kadarı oltaya gelmişti, bilmiyorum. Pansiyonda iken yakın olduğumuz birinci sınıflardan Ali ağabey, bu süreçte atılmıştı ama yaşam tarzı hiçbir zaman irtica damgasını haklı çıkarmadı. Muhtemelen pansiyonda kendi kendimize saf ve masumca geliştirdiğimiz kardeşlik ahlakıyla İrfan ağabeyin samimi yaklaşımının altında bir bit yeniği aramamıştı. Tabii ki bunların hepsi sadece birer sebepti ve olması gereken oluyordu. O günlerde çok anlayamasak da her olanda bir hayır vardı. Böyle bir olaydan sonra ben bir daha askerî lise hayatım boyunca okul içinde mescit arayışına da giremedim.

Bir taraftan 19 Mayıs provaları, bir taraftan irtica fırtınaları derken dönem sonu yaklaşıyordu. Bir hafta sonra İngilizce final sınavı vardı. 2'nci kısma geldiğimden beri notlarım daha da düşmüştü. Hoca finalden 60 alırsam geçireceğine söz vermişti ama bu benim için imkânsıza yakın bir şeydi. İçim içimi yiyordu ama öyle 3-5 günlük çalışmayla geçilebilecek bir sınav değildi. SEFT'in 20 kitabından sorumlu olduğumuz 100 soruluk 5 şıklı teste girecektik. Atarak başarı şansımın olmadığını biliyordum. Üstelik tek sorunum bu da değildi. Beden eğitim dersinden aldığım notlar da çok düşüktü. Biraz gayret etsem belki şınav ve mekikten geçer not alabilirdim ama 100 m kısa mesafe koşusu ile 1.500 m koşusunda standartlardan çok uzaktım, kol çekmeyi ise bir tane bile yapamıyordum. 19 Mayıs törenlerine katıldığımız dönemlerde beden eğitimi dersinden kimseyi bırakmıyorlar diye bir şayia dolaşıyordu ortalarda ve ben de buna inanmak istiyordum. Sınava 2 gün kala benim gibi İngilizceden geçmesi mucizelere kalmış çok yakın bir arkadaşım *"Etütten sonra bahçede bir tur atalım."* dedi. Kıvrana kıvrana yürürken nihayet dilinin altındaki baklayı çıkardı. *"Bir şey var ama aramızda sır kalsın olur mu?"* dedi. *"Tabi her zaman oğlum, hayırdır?"* dedim. *"Bu sene sınıfta kalırsak atılır mıyız?"* dedi. *"Bütünlemesi var ama seni bilmem de bana beceremezmişim gibi geliyor."* dedim. *"Al benden de o kadar. Şimdi dersten kaldığımız için okuldan atılsak ya, bizim oralarda kimseye bir şey anlatamazsın. Adını ya hırsıza ya ahlaksıza çıkarırlar. Of ya, neyse anlatıyorum. Bir hafta önce amcaoğlu asteğmen olarak buraya geldi. Matbaaya vermişler. Dün gece bizim İngilizce final sınav kitapçıklarını basmışlar, oda cevap anahtarını yürütmüş. Ne yapacağımı bilemedim."* dedi. *"Oğlum deli misin? Allah'tan daha ne istiyorsun? Yırttık ya bildiğin yırttık şu an oğlum."* dedim. *"Ya yakalanırsak, kopyadan atarlar bizi."* dedi. *"Düşündüğün şeye bak, kalırsak zaten atacaklar, ne kaybederiz ki?"* dedim. *"Peki diyelim ki burada yırttık, öbür tarafta ne yapacağız?"* deyince asıl kıvranmasının nedeni ortaya çıktı. Vicdanı rahat bırakmıyor, yaptığının haksızlık olduğunu düşünüyordu. *"Ben bunun haksızlık olduğunu düşünmüyorum. Zaten hepimize eşit şartlar sunulmadı; mesela asteğmenler derslerden alınınca aylarca hoca bulamadılar dersler boş geçti, daha sonra diğer kısımlara dağıttılar ama hem temelimiz eksikti hem de aradaki fark kapatılamayacak kadar açıktı. Son iki aydır da 19 Mayıs çalışmalarından dolayı derslerin aksamasının yanında akşamları yorgunluktan çalışamadık bile. Peki, bunların hangisi bizim seçimimiz ya da bizim suçumuz? Hazırlık sınıfının 100'üncü yıl etkinliklerine rastlaması bu devrenin şanssızlığı. Bu okulda yabancı dille eğitim yapıldığına göre ilerde bir şekilde bu dil problemine zaten tüm devre için bir çözüm bulunmak zorunda ama bizim bu gemiden inmememiz için bu işi hemen şimdi çözmemiz gerekiyor ve bundan başka da görünürde bir çözüm yolu yok."* dedim. İkna olmuş olmalıydı ki cebinden çıkardığı kâğıt parçasını bana uzatırken *"Kimseye göstermeden yaz, sabah alırım."* dedi. O yıl bizim devreden hazırlıkta sınıfta kalan oldu mu hatırlamıyorum ama bizim kısımda kalan olmamıştı. 19 Mayıs törenlerine katıldığımız dönemlerde beden eğitimi dersinden kimseyi bırakmıyorlar şayiası da doğruymuş.

Sınıf geçme baskısı üzerimizden kalkınca herkesi yıl sonu yapılacak baloya götürecek kız bulma telaşı sardı. Bu konuda en büyük desteğimiz her türlü sorunumuzla yakından ilgilenen devre danışmanımız Neşe Hoca'ydı. Okula ilk geldiğimiz hafta, kısımlara tek tek girip elinde fotoğraflı isim listeleri ile hepimizle ayrı ayrı tanışmıştı. Bir sonraki rehberlik dersinde herkese ismiyle hitap edince bizi hafıza ve zekâsıyla kendine hayran bırakmıştı. Neşe Hoca her ayın ilk çarşambası Kandilli Kız Lisesi öğrencileri ile öğle yemeği planlıyor, bu arada kapalı devre televizyondan yayınlanan adabımuaşeret programlarının çekimi için yetenekli kızları tespit ediyordu. Yıl sonu balosu için de Kandilli Kız Lisesi yanında Beşiktaş Kız Lisesi ve Amiral Bristol Hemşirelik Okulu ile de irtibat kurulmuş ve baloya götürecek kız arkadaşı olmayanların adına o okullara davetiyeler gönderilmişti. Büyük sürpriz yaşanacaktı, daha şimdiden herkes baloda kendisine nasıl bir kız çıkacak onu hayal ediyordu.

Daha ilk gün sormuştum bu soruyu kendime. Askerî lise benim müzmin gönül derdine çare olacak mıydı? Okul başladığından beri günler çok yoğun geçiyordu, başaramamak ve atılma korkusu ciddi bir stres ve baskı unsuru oluşturuyor ve gün içinde kendimi dinleyecek zaman bulamıyordum. Bir tek akşamları yatağa girdiğimde aklıma düşüyordu Berlin ama yorgunluktan çok geçmeden adeta sızıp kalıyordum. Stres ve baskı atmosferi dağılınca eski dertler de depreşmeye başlamıştı. Bir yanım balonun yeni birileriyle tanışmak için bir fırsat olduğunu söylerken diğer yanım da bunun hem Berlin'e hem de onu düşünerek geçen yıllarıma bir ihanet olduğunu söylüyordu. Çok aldım verdim kendi içimde ama kendimi baloya gitmeye ikna edemedim. Neşe Hocanın tüm baskılarına rağmen Berlin'den ona hiç bahsetmedim.

Balodan dönüşte bizim Süleyman çarpılmıştı. Dünyanın en güzel kızı ona düşmüş ama sanırım kızın gözü bizim oğlanı pek tutmamış, tüm ısrarlara rağmen ne adını söylemiş ne de randevu vermiş. Süleyman sadece kızın Amiral Bristol Hemşirelik Okulunda öğrenci olduğunu biliyordu. Başka çaresi yok gidilip bulunacaktı o kız. Tabii o dönem cep telefonu yok, internet yok, Google'a soramıyorsun. Okulun yerini bilen yok. İyi ki Neşe Hoca var, öğrendik Teşvikiye'deymiş okul, oraya da Beşiktaş, Maçka üzerinden gidilirmiş. Çıktık hafta sonu yola, sora sora Bağdat bulunur da Amiral Bristol Hemşirelik Okulu bulunmaz mı? Bulduk, hastanesi ile aynı yerleşkedeydi, kapıdaki bekçiye hemşirelik öğrencilerinden biriyle görüşeceğiz deyince bizi üniformalarla neye benzettiyse sorgusuz sualsiz bir binayı işaret etti. Girdik kapıdan, koridor boyunca sağlı sollu sıralı dershaneler var kimse yok ortalarda. Baktık koridorda bir panoya başarılı öğrencilerin resimlerinin altına adlarını yazmışlar ama bizim oğlanın gönlünü çalan prenses onların arasında değil. Neyse akıl ettik, en azından içlerinden o gün baloya gelen iki kızın adını öğrendik. Kızın kim olduğunu onlara tarif ederek öğreniriz diye düşündük. Merdivenden üst kata çıktık ki bir de ne görelim; yatakhane, kızlardan birinin arkası dönük eğilmiş dolabından bir şeyler alıyor. Biz pardon demeye kalmadan kız bir çığlık attı, odalardan kimi ev, kimi yatak kıyafetiyle bir sürü kız çıktı. Birileri bizi itekleyerek gazino gibi büyükçe bir yere soktu. Biri *"Siz buraya nasıl girdiniz. Madam görse hepimizi okuldan atar, çabuk çıkın."* diyor, bir diğeri *"Şimdi çıkarlarsa madama yakalanırlar, saklayalım, madam gidince çıksınlar."* diyor. Biri *"Biz gidip madama söylersek bize bir şey olmaz.*" diyor. "*Madam*" okulun müdiresiymiş. Sonunda madam gidene kadar bizi saklamaya karar verdiler. O gün ikindi sonrasına kadar 10 kızla hep birlikte gazinoda oturduk, iyi de ağırlandık. Öyle bir yatılı okulu ilk kez o zaman görmüştüm. Kızlara erzak veriyorlardı. Yemeklerini katın ortak mutfağında kendileri yapıyordu. Bizim oğlanın gönlünü çalan prenses evciymiş, yani hafta sonları ailesinin yanında kalıyormuş. Adını da öğrendik. İyi bir sohbet ortamı oluştu, cana yakınlardı, dostluk da kurduk. Baloya gelenlerin geneli memnun ayrılmış olmalı ki gelemeyenler biraz buruktu. Sözleşerek ayrıldık bizim prensesi de alıp gelecekler haftaya grup halinde Beşiktaş'ta Barbaros Kafe'de buluşacaktık. Birkaç hafta bu mekâna takıldık, bazen sohbet ettik, bazen okey bazen de bilardo oynadık. Süleyman'ın prensesi ilk hafta zoraki de olsa geldi ve gönülsüzce takıldı ama sonraki haftalar gelmedi. Zaten bir ay sonra biz de Hersek/Altınova Atış ve Tatbikat Bölge Birlik Komutanlığı (ATAT) Kampına gittik. Bir ay boyunca eğitim, yüzme, atış ve spor sonrası yaz tatili için memleketlerimize gittik. Ertesi sene bu gruptan arkadaşlığını devam ettiren var mıydı? Hatırlayamıyorum.

Birinci sınıf olmuştuk, artık yukarı okulun hâkimi bizdik, korkusuzca ellerimiz cebimizde volta atabiliyor ya da elimizde zincir ve tesbih sallayabiliyorduk. Biz hazırlığa başladığımızda 4 bin devresiydik, 1'inci sınıflar 5 bin devresi, 2'nci sınıflar 2 bin devresi ve 3'üncü sınıflar da bin devresiydi. 3 bin devresi de bizden bir yıl önce 1979 da mezun olmuştu. Şimdi biz 1'nci sınıf olunca hazırlık sınıfına gelenler 3 bin devresi oluyordu. Bin devresi mezun olmuş, 2 binler 3'üncü sınıf, 5 binler de 2'nci sınıftı. Kısımlarımız

2'nci yabancı dillerimize göre yeniden düzenlenmişti. Benimki Fransızca idi. Almanca veya Rusça seçenler de vardı. 5 binlerden bize devre dönenleri, birer ikişer kısımlara dağıtmışlardı. Bizim kısma da Mete düşmüştü.

Matematik, fizik ve kimya dersleri İngilizce okutuluyordu. Bunun haricinde ayrıca haftada 8 saat İngilizce ve 2 saat de Fransızca dersi vardı. Tarih, Türk dili ve edebiyatı, Atatürk ilke ve inkılâpları, coğrafya, din ve ahlak bilgisi, resim, beden eğitimi gibi dersler Türkçe olarak okutulmaktaydı. Hazırlık sınıfının stresinin ardından, kalsak bile bir yıl daha aynı sınıfı okuma hakkımız var diye mi bilmiyorum ama bu yıl rahattım. Hatta 6'yı aşma, 5'ten şaşma, 4'e yanaşma felsefesini benimsemiştim. Ders çalışmak hepimizin en son önceliğiydi. Dersler ve etütler biter bitmez her grup kendine özel mekânına çekilir sigara ve arabesk eşliğinde çok sıkı psiko-muhabbetlere başlardı. Bizim favori mekân Çengelköy sırtlarıydı. Kuleli Baba nizamiye nöbetçisinin etrafı kollayarak nöbetçi subayın olmadığını anlatan işaretiyle elimizi kolumuzu sallayarak girer çıkardık. Bazen Çengelköy sırtlarına uzanır, muhteşem Boğaz manzarasına dalar, birbirimize hayallerimizi anlatırdık. Bazen de biraz daha ilerdeki kır kahvesine gider müzik eşliğinde çay-sigara demlenirdik. Ferdi, Orhan ve Müslüm Baba'nın yanında klasikler arasına Ümit Besen de girmiş, *"Nikâh Masası"* da çokça duyulur olmaya başlamıştı.

İyi aile terbiyesi almış, kötü alışkanlığı olmayan, küfür etmesini bile bilmeyen Aykut ile okulun ilk gününden beri birlikteydik. Muhtemelen okula birlikte kayıt yaptırmışız çünkü okul numaralarımız ardışıktı. Onun okul numarası benden sonraydı ve kendi içinde de sıralıydı 4567. Bizim kural dışı yaşantımıza çok özenirdi ama çocuğun hiçbir kötü alışkanlığı ve gönül macerası olmadığından bizim gruba pek takılmazdı. Bir gün *"Ben de bu heyecanı yaşamak istiyorum, ben de sizinle firar edeceğim."* dedi. Önce cesaret testinden geçmesi gerekiyordu. Bunun için önce tek başına firar etmeliydi. Akşam çocuğu Kuleli Baba nizamiyesinden çıkardık. Nöbetçi değişmeden 1,5 saat içerisinde Çengelköy'deki tarif ettiğimiz şarküteriden sigara alıp gelecekti. Bazen askerî inzibat devriye atardı, karşılaşırsa dur ihtarına uymadan ara sokaklara kaçmasını tembihledik. İnzibat devriye araçlarında genelde asteğmen olurdu. Firarilerden birkaç defa dayak yedikleri için ara sokaklara kaçanın peşine düşmezlerdi. Neyse bizim ana kuzusu kendi anlatımıyla, ayakları titreyerek ama heyecan tavanda Çengelköy'e iniyor, şarküteriden sigarayı alıyor, tam çıkarken elektrikler kesiliyor. O esnada da polis yandaki kahveye baskın yapmış, kimlik kontrolü yapıyor. Dışardaki polis karanlıkta bunun kahveden çıktığını sanıyor ve *"Dur!"* diyor. Bizimki bir bakıyor, şapkalı bir siluet kendine dur ihtarında bulunuyor. İnzibat asteğmenidir düşüncesiyle ara sokağa doğru kaçmaya başlıyor. Polis ikinci dur ihtarına da uymayınca havaya ateş ediyor. Silah sesini duyar duymaz bizimki eyvah vuruldum diye kendini yere atıyor, heyecan ve korkudan bayılıyor. Polis başına geldiğinde bir de bakıyor askerî öğrenci ve yerde hareketsiz yatıyor. Ekip arabasına atıp, okul nöbetçi amirine teslim ediyorlar. Sabah vukuat tekmilinde okul komutanı *"Bu ceza ona yeter, bir daha hayatta firar etmez. Ceza falan vermeyin."* diyor.

Farklı kısımlardaydık ama Hakan, Kaya, Murat ve

Ersin ile beşi bir yerde gibiydik. Son zamanlarda bir de alt devreden Ali katılmıştı aramıza. Babasının tayininden dolayı bizim köye yeni taşınmışlardı. Çok samimi ve sempatik bir çocuktu. O da bizim grubun müdavimleri arasındaydı ve her fırsatta kaçar gelirdi. Ali'nin bir de ablası vardı Emel. Üsküdar Kız Lisesinde okuyordu. Emel aslında bizimle yaşıttı ama bizim gibi hazırlık sınıfı okumadığı için o bizden bir yıl ilerideydi. Hafta sonları onunla gelen kızlar da bizim gruba katılır genellikle onların okuluna yakın olduğundan Fıstıkağacı'nda bir pastanede takılırdık. Bazen biz Murat ile babasının gönlü olsun diye Kadıköy'de takılırdık. Babası trafik polisiydi. Kadıköy Sahil'de görevliydi. Hafta sonu bizi Murat Muhallebicisine oturtur, siz ders çalışın derdi, kendi de ağzında düdük, el kol hareketleri ile sahil yolundaki minibüs trafiğini açmaya çalışırdı. Biz de önümüzde kitaplar, muhabbete dalardık. Akşama doğru oradan çıkar eve giderdik. Sivilleri çıkarır, resmileri giyerdik. Bu arada Rahime teyzenin hazırladığı yemeği yer, biraz Murat'ın kardeşleri Dilek ile Vedat'a takılır okula dönerdik. Bazı hafta sonları da Murat evde parti verirdi. Ben bu tür partileri de o partilerdeki yabancı müzikleri de sevmezdim.

Memlekete gidiş gelişlerde bizim köyden Ezine'ye de Çanakkale'ye de günün her saatinde araba bulunmazdı. Çanakkale'ye gitmek için her sabah 7.30'da kalkan minibüse binmek ve aynı gün dönmek için de saat 12.00'ye kadar işini halletmek gerekirdi. Ezine'ye ulaşım bu kadar düzenli de değildi. Taksi dolmuşlar vardı, dolunca giderdi ama genellikle öğleden sonra çok nadir yolcu çıkardı. Gurbette okuyan köyün gençleri de sabah erken saatte kendini Çanakkale'ye ya da Ezine'ye atar, genel de otogarda otobüsünün kalkış saatine kadar zaman öldürürdü. Özellikle İstanbul'a gidişlerde de gece yolculuğu tercih edilirdi. Otobüs Ezine'den 22.30'da kalkar, aynı otobüs 24.00'te Çanakkale'den feribotla karşıya geçer ve 01.00'de Eceabat'tan yolculuğa başlar, sabah 06.00 civarında da İstanbul Topkapı Otogarı'na varırdı. İstanbul dönüşünde de bu defa otobüs 24.00'te Topkapı'dan kalkar, sabah 05.00 gibi Eceabat Sahil'e veya Kilitbahir'e gelirdi. Yolcular 07.00'ye kadar bir sabahçı kahvesinde oturur, günün ilk ışıkları ile feribot Çanakkale'ye hareket ederdi. Çanakkale Otogarı'nda da saat 12.00'ye kadar köyün minibüsü beklenirdi. Böyle olunca köyün dışarıda okuyan gençleri, bu bekleyişlerde kızlı erkekli kaynaşır, samimi dostluklar kurarlardı. İzmir Kız Lisesinde okuyan ilkokul arkadaşım Fatma ile bu şekilde samimiyetimiz çok ilerlemiş, can dostu olmuştuk. Yıl boyu da mektuplaşıyorduk ama köyde yolda karşılaşsak kız dile düşer, laf söz olur endişesiyle selamlaşmaz, tanımamazlıktan gelirdik. Bu iki tarafın birbirinden açıkça istediği bir şey değildi ama iki tarafın da karşılaştıklarında karşısındakinin böyle davranacağından emin olduğu ve bu tavırdan da rahatsızlık duymadığı yazılı olmayan bir kuraldı. Eskiden daha anlayışlı ve daha saygılıydık sanki birbirimize. Hani gece dar bir köy yolunda karşılaşan iki araç sürücüsü birbirlerinin gözünü almaması için farlarının huzmelerini kısarlar ya aynen onun gibi birbirleriyle ne kadar samimi olurlarsa olsunlar köyün genç kızları ve erkekleri de köyde birbirleri ile karşılaştıklarında her ikisi de önüne bakar, kafasını kaldırmadan geçer giderdi. Bizde teyze, hala, dayı, amca hatta komşu kızı da kardeşten farksızdı. Ona gönlün düşemezdi, böyle bir şey olsa kötü gözle bakmış olurdun. Bu çok ayıptı. Ben okula gidiş gelişlerimde her zaman Çanakkale'yi tercih ederdim. Bunun bir nedeni bizde hısım akraba ve komşu kızına bakmanın yasak olduğu kadar tanıdıkla alışveriş yapmak da yasaktı. Hiçbir esnaf hısım akrabasına mal satmak istemez, kimse de tanıdık esnafa müşteri olmak istemezdi. Babam *"Birbiriniz ile yiyin, için ama alışveriş yapmayın."* derdi. Amcamın oğlu taksi şoförüydü ve Ezine'ye yolcu taşırdı. Ben onun taksisine denk geleceğim endişesiyle İstanbul'a gidiş gelişte Ezine'den otobüse binmeyi tercih etmezdim. Hatta Ezine yolu üzerinde annemin köyü Bergaz'a gitmek için saatlerce onun sırasının geçmesini bekler, sonraki taksi de dolmadığı için gün içinde anneanneme gidemediğim zamanlar olurdu. Ama bu tercihin asıl nedeni bu gidiş gelişleri pansiyon dostlarını ziyaret için bir fırsata çevirmek ve Berlin'i göremeyeceğimi bilmeme rağmen bir umutla Stüdyo-B'yi tavaf etmekti.

Posta günlerini iple çekerdik. Haftada iki gün gelen mektuplar dağıtılır, geldikleri akşam okunur, haftanın diğer günlerinde de etütlerde gelen mektuplara cevap yazılırdı. Sadece kız arkadaşlar ile değil, köydeki erkek arkadaşlar ile de pansiyon canları ile de mektuplaşırdık. Ortalama haftada 10-15 mektup gelirdi. Bir gün çok ilginç bir şey oldu. Urfalıdan bir mektup geldi. Adresimi ortak pansiyon arkadaşlarımdan birinden almış. *"Biliyorum biz iyi dosttuk ama ben seni unutamadım."* diyor. Ne diyeceğimi şaşırdım. Bizim zaten iyi dost olduğumuzu; benim de bu dostluğu unutmamın mümkün olmadığını, isterse mektuplaşmaktan memnun olacağımı; eskiden olduğu gibi yüz yüze oturup sohbet etme imkânı bulamayacağımızı; zamanın ilerde ne göstereceğini bilemediğimi ama yürütememe ihtimalimizin yüksek olduğu bir ilişki ile bu dostluğu kaybetmek istemediğimi yazarak geçiştirmeye çalıştım. Kırıldı mı bilemiyorum ama 3-4 mektuptan sonra artık yazmaz oldu.

İstanbul Geliş Gidişlerimde Pansiyon Canlarımla (1981)

Bir de benim meşhur kütüğüm vardı. *"Kütük"* dediğimiz bu şey benim olan ama içinde bana ait olmayan pek çok şey barındıran özel bir defterdi. Bu defterde herkes kendinden bir şey buluyordu. Babam, Genelkurmay Başkanlığında Basın-Yayın ve İrtibat Bürosunda asker iken çizgisiz beyaz kâğıtlardan bez ciltle yaklaşık 1000 sayfalık çok kalın bir defter yaptırmış. Ben bu deftere önceleri günlüklerimi yazıyordum, sonra şiir ve özlü sözler eklemeye başladım, en sonunda kızlı erkekli tüm arkadaş çevrem bu deftere hatıra yazmaya başladı. Kütük, bir kez yazı yazan herkesin ulaşımına açıktı. Hatıra yazmak için kütüğü alan bir hafta süreyle istediği kadar da yazar, istediğinde de kütüğü alır okurdu. Bazen insanlar birbirlerine söyleyemediklerini o deftere yazmaya hatta birbirlerine aşklarını bile ilan etmeye başladılar. Defterin tek kuralı bilinmesini istemediğin şeyi yazmamaktı. Zaten defterin ilk sayfasında da *"Bu deftere yazılan anılar hayatın en önemsiz anılarıdır, çünkü onlar unutulmamak için yazılmışlardır."* yazıyordu. Etütlerin vazgeçilmezlerinden biri de bu deftere yazmak ya da bu defteri okumaktı.

Koca bir yıl nerdeyse bu minvalde geçti ve sene sonunda korktuğum başıma geldi. 19 Mayıs törenlerine katıldığımız dönemlerde beden eğitimi dersinden kimseyi bırakmıyorlar şayiası geçen yıl olduğu gibi bu yıl da gerçek çıktı ve bu yıl biz 19 Mayıs kutlamalarına katılmadığımız için beden eğitimi dersinden kaldım ancak sınıfı borçlu olarak geçtim.

Ama Ali hazırlık sınıfındaydı ve başarısız olduğu için okuldan ilişiği kesilmişti. Bir dost eksilmişti artık aramızdan.

İkinci sınıfta Kuleli Askerî Lisesinin asıl binasına yani aşağı okula taşınmıştık, ama artık alan hâkimiyeti bizde değildi. 5 binler her gördükleri yerde, sudan bahanelerle fırça atıyorlardı.

Dersler başlayalı 3 hafta olmuştu ama ben henüz hiçbir derse girememiştim. Beden eğitimi dersinden borçlu geçenlerin başarılı olamamasının altında sağlık problemlerine bağlı bir nedenin olup olmadığının tespiti için Haydarpaşa Asker Hastanesinden ilk girişte aldığımız *"Askerî öğrenci olur."* raporunu tekrar almamız istendi. Her gün viziteden hastaneye sevk alanlarla birlikte hastane servisi ile saat 10.00 gibi okuldan çıkıyor, araç personel servisine yetişsin diye öğleden sonra da 15.00'te hastaneden ayrılıyorduk. Araya bir de yemek tatili girdiğinden zaten muayene için çok zaman kalmıyordu. Hazır derslerden kaytarma bahanemiz var diye biraz da biz ağırdan alıyorduk. Bir de buna kan ve idrar tahlil sonuçları ile röntgen bekleme süreleri eklenince raporu bir aya yaymıştık. Şükür sonunda herhangi bir olumsuz durum tespit edilemedi ve tekrar derslere döndük ama bu defa da konular almış başını gitmişti. Aslında sınıfın en zekilerinden biriydim ama notlarım bu durumu teyit etmiyordu. Bunun nedeni de beden eğitimi dersinden kalmış olmamın yanında hiç kabiliyetim olmayan resim dersinden ancak geçer not alabilmiş olmam, İngilizceye yeni yeni ısınmaya başlamış olmam ve bir de kısımca zorlanmayalım diye derslerde ortalamayı yükseltmeme kararımız etkiliydi. Sene başından beri derslere hiç girmememe rağmen matematik ve kimya derslerini takip edebiliyordum ama fizik dersinde vektör kavramını pek oturtamamıştım. Bu zamana kadar 2 *"quiz"* yapılmış ve ben bu sınavlardan da 1 ve 2 almıştım. Bu hafta ilk ara sınav vardı, hoca üç kısmı aynı anda sinema salonunda sınava aldı. Sınav 2 saat sürdü sonraki iki 2 saatte de bize dersi vardı. Hep birlikte sınavdan çıkıp sınıfa geldik. Hoca sınav sorularını çözelim dedi. Zaten iki soru sormuştu. İlkini tahtada kendisi çözdü ve ikinciyi *"Kim çözmek ister?"* dedi. Ben soruyu çözdüğümü düşünüyordum. Eğik düzlemde makara sorusuydu. El kaldırdım ve etrafıma bir baktım, benden başka parmağı havada olan kimse yoktu. Hoca da şaşırmıştı. İşaretiyle tahtaya kalktım ve soruyu çözdüm. *"Aferin! Otur bakalım."* dedi. Ben yerime geçince *"Bu şek-*

ilde kaç kişi çözdü?" diye sordu. Kimse el kaldırmıyordu. Bana *"Oğlum niye elini kaldırmıyorsun?"* deyince *"Hocam ben de yanlış çözmüşüm, tahtada çözerken hatamı anladım ve doğru şekilde çözdüm ama kâğıdımda öyle değil."* dedim. O hafta ara karneler dağıtıldı. Dönem ortasında bir ara karne hazırlanıp, notlarımızla ilgili ailelere bilgi veriliyordu. Bir de baktım. Fizik dersi ara karne notum 7. Üstelik kısmın en iyisi. Sınavda iki sorudan sadece birini yaptığımı sanıyordum onu da yanlış yapmıştım. Hadi en iyi ihtimalle 4 vermiş olsa daha önceki iki *"quiz"* notumu da eklediğimde toplamı 7 ediyordu. Anlaşılan hoca not toplamımı üçe bölmeyi unutmuştu. O hafta fizik dersinde *"Hocam benim ara karne notum yanlışlıkla 7 olarak girilmiş."* dedim. *"Yanlışlık olduğunu nerden çıkarıyorsun?"* deyince ancak toplamının 7 edebileceğini detaylıca anlattım. *"Yanlışlık yok ben seni biliyorum."* dedi. *"Hocam ben sene başında hastaneye gittiğimden ipin ucunu kaçırdım ama benim hak etmediğim notu kabul etmem mümkün değil, sadakaya da ihtiyacım yok, ben çalışır düzeltirim."* deyince *"Ukalalık etme, ben öyle takdir etmişim, madem o kadar gururlusun, o zaman bundan sonra o güvene layık olmaya çalış. Konu kapanmıştır."* dedi. Biz ona adının yarı İngilizce karşılığı *"Whatçip Tiger"* derdik. Allah rahmet eylesin, toprağı bol olsun, Rabbim yattığı yerde utandırmasın. Binbaşı Necip Kaplan, hayatıma öyle bir dokunmuş, öyle açılımlara neden olmuştu ki, o andan sonra okul hayatım eskisinden çok farklı olacaktı.

Yarıyıl tatiline gitmiştik. Necip Binbaşının güvenine layık olabilmek için tatilde akşamları eve kapandım ve derslerdeki eksiklerimi tamamlamaya hatta biraz da konulara önden hazırlanmaya karar verdim. Ders konusunda hep ben verici olmuşumdur, hatta buna Allah'ın kuluna verdiği nimete, kendi cinsinden şükrü diye bakar, adeta ibadet telakkisiyle yapardım. Gerek arkadaş çevremde ve gerekse köyde yaşıtlarımdan ve alt devrelerimden onlarcasına ders anlatmışımdır. Belki de hayatımda ilk kez birinden ders alacaktım. Ali'nin ablası Emel, bana fizik dersi anlatacaktı. Hareket ve atışlar konusundan başladık. Her gün 1-2 saatliğine evlerine uğruyordum. Konuyu kısaca anlatıyordu, geçen seneki defteri de çok düzenliydi, ben de hızlı kavrıyordum. Daha sonra Ali ile çıkıp kahveye gider birini bulursak 3'lü Prafa oynamaya oturUrduk ya da zaten çok sık görüşemediğimiz arkadaşlarla, akşam da çıkmadığım için tüm gün muhabbet ederdik. Annem *"Sen buraya bizi değil, arkadaşlarını özlediğin için geliyorsun. Gündüz arkadaşların bırakmaz ki eve giresin, gece de odana kapanırsın biz ne zaman seni doya doya göreceğiz."* derdi. Bizim gençlik dönemimizde arkadaşlık ve dostluk çok değerliydi. Fırsat buldukça iskele yolunda, Mahmur'un Çeşme'de, Han Kahvesi'nin arkasında buluşur hem hüznümüzü hem de sevincimizi paylaşırdık. Bir gün ben Emel ile ders çalışmak için evden çıkıyordum ki Ali kapıya geldi. *"Hadi* ağabey *kahveye gidelim."* dedi. *"Önce ders, ablan bekler."* dedim. *"Bugün ablamın günü var, köyde ne kadar kız varsa hepsini eve çağırmış, tanışma partisi yapacaklarmış, evdeki herkesi kovdu."* dedi. Kahvede otururken İzmir Kız Lisesinde okuyan can dostum Fatma'nın erkek kardeşi Özcan yanımıza geldi. Ali'ye *"Ablamı size bırakıyordum* ağabey, *kapıda Berlin ile karşılaştık, o da köydeymiş, kızların toplantısına Belediye Başkanının kızı*

Sema onu da götürmüş." dedi. Kalbim duracak sandım. Nerdeyse 3 yıl olmuştu ben Berlin'i görmeyeli, ondan bir haber almayalı. Ne yapsak acaba, gitsek bir kez kapıdan görsem olur mu? Duramadık, içim içime sığmıyordu. Ali'yle kapıya dayandık. Kapıyı Emel açtı, "*Anlaşılan Berlin'in kokusu alınmış, geçin bakalım içeri.*" dedi ve bizi oturma odasına aldı. Kızlar salondaydı ama mutfağa girip çıkıyorlardı. Oturma odasının kapısı açıktı, salonun kapısı açıldıkça hafiften müzik sesi geliyordu, giren çıkanı görüyorduk. Can dostum Fatma uğramıştı, ayaküstü lafladı, Sonra bir ara Belediye Başkanı Yahya dayımın kızı Sema da geldi gitti yanımıza. Ama Berlin'i henüz görememiştim. Derken elinde bir tepsiyle Berlin çıkageldi. Tepsi de pasta ve soğuk içecek vardı. "*Merhaba, bunları salondan gönderdiler, afiyet olsun.*" dedi. Bu bana içerdekilerin bir sürprizi miydi yoksa Rabbimin bir lütfu mu bilemiyorum ama bu bana bir ömür yeterdi. Kızlardan tedirgin olanlar olur, ya da duyulur da laf söz olur diye, biz ikramlara bile dokunmadan alelacele evden çıktık. Akşamı zor ettik. Ali ile doğruca eve gittik Emel'in ağzından laf almaya. Gelişimizden rahatsız olan olmamış. "*Zaten biri dayının kızıymış, İzmir Kız Lisesinde okuyan Fatma da can dostun. Ama kızların hepsi senden çok iyi bahsettiler, zekâna ve olgunluğuna hayranlar. Buna Berlin de dâhil.*" dedi. Bir de o aralar benim "*Kütük*" Ali'de veya Emel'deymiş. Sema ile Fatma defteri epey karıştırınca Berlin de bakmak istemiş ama kızlar "*Senin bu kütüğe erişimin var mı?*" deyince "*Nasıl yani?*" demiş. Sema "*Sadece bu kütüğe yazanların ulaşımı var, yazmak için de kütük sahibinden izin alınıyor, kendisi burada sor istersen.*" deyince de "*Belki sonra.*" demiş. Emel,

Berlin konusunda beni pasif davranmakla suçluyordu. Benim bu melankolik durumdan kurtulmam için delikanlı gibi kızın karşına çıkıp konuşmam gerekiyormuş. Hani Akif bir yerde diyor ya: *"Kurtulmaya azmin, niye bilmem ki, süreksiz? Kendin mi senin, yoksa ümîdin mi yüreksiz."* o misal işte. Gerçekten uygun ortamlar mı yoktu o zamanlar yoksa benim buna cesaretim mi bilemiyorum.

Ara tatil bitti, döndük okula. Ben fizik hocasının gazıyla adeta âlim oldum. Matematik, fizik, kimya hatta edebiyat fark etmiyor hangi sınava girsem 10 alıyorum. Etütlerde tahtada kısma konu anlatıyorum, herkes bilemediğini gelip bana soruyor. Özellikle birinci sınıfta bize devre dönen Mete ile Kısım Çavuşu Cengiz ve Onbaşı Ahmet'in içinde yer aldığı grubun sınav öncesi sorduğu her soru sınavda aynen çıkıyordu. Ben ne kadar iyi çalışırsam çalışayım sınav sorularını onlar kadar iyi tahmin edemiyordum. Onun için her sınavdan önce *"Yok mu tahmin ettiğiniz soru?"* derdim ama bana bazen bir bazen de iki soru sorarlardı. O sorular da mutlaka sınavda bire bir aynısıyla çıkardı.

Okul öğrenci alayı, tabur ve bölüklerden oluşuyordu. Tüm okul öğrencileri öğrenci alayını oluşturuyordu. Her sınıf bir taburdu ve her taburda 3 bölük, bölüklerde de duruma göre 6-7 kısım olurdu. Sınıftaki öğrenciler arasında notları en yüksek olan o sınıfın taburunun başçavuşu, daha sonraki üçer kişisi bölüklerin üstçavuşları, her kısmın notu en yüksek olanı kısım çavuşu, ardından gelen üçer kişi de kısım onbaşılarını oluştururdu. Öğrenciler arasında not durumuna bağlı böyle bir rütbe yapılanması vardı.

Bizim 4 bin devresi acayip bir devreydi. Çok iyi organize olurdu, ne pahasına olursa olsun birbirini satmazdı, özgüveni yüksek, inatçı, zeki, özgürlüğüne düşkün ama haksızlık karşısında tahammülsüz, deli dolu bir devreydi. Devrelerin ortak bir karakteri vardı ve bu karakterin şekillenmesinde de yönetici kadronun, özellikle sınıf subayları ile sınıf amirinin etkisi çok büyüktü. Allah rahmet eylesin, yarbay rütbesinde iken Güneydoğu'da şehit oldu Muammer Binbaşı, Sınıf Amirliğine vekâlet ediyordu. Adeta bizden biri, arkadaşımız, sırdaşımız gibiydi. O da Kuleli Askerî Lisesi mezunuydu ama Selimiye Askerî Ortaokulundan gelmişti. Yasak olmasına rağmen eşiyle daha askerî lisede öğrenciyken evlenmiş. Okulun içindeki lojmanlarda oturuyorlardı, zaman zaman odasına eşi de gelirdi. Birbirlerine baktıklarında gözlerinin içi gülerdi. Onlar bize bakınca kendi gençliklerini görürdü, biz de onlara bakıp geleceğimizi hayal ederdik. Bizim devrenin her bir öğrencisi bir gün Muammer Binbaşı olmak isterdi. Bir kızı vardı, kamplarda bazı arkadaşlar 100 metre yatarak destekli atışta bırakın hedefi arkadaki tepeyi tutturamayıp da mermi ıslık çalarak denize doğru gittiğinde M-1 piyade tüfeğini kızına verirdi, kız ayakta 3 mermi ile hedefte üç köşe teşkili yapardı.

Bizim Kaya'nın bir aşkı vardı Asiye. Bir gün tartışmışlar, Kaya'da moral sıfır, başka çaresi yok gidip kızın gönlünü alacak. Bunun için Kaya'ya bir hafta izin lazım ama Muammer Binbaşı bile bu kadar izin veremez. Mecbur Kaya firar edecek, kısım da bu sürede Kaya'yı idare edecek. Planlar yapılıyor, Kaya her gün 17.30'da sınıf subaylığındaki telefondan kısım arkadaşlarından birini arayıp vukuat tekmili verecek ve bir hafta boyunca bir aksilik olmazsa kısım Kaya'yı idare edecek. Kaya ilk gün İzmir'e babasına gidiyor, oradan da Asiye ile görüşmenin yollarını aramak için Aydın/Söke'ye annesinin yanına. Kısım ilk gün Kaya'yı vizitede gösteriyor. Gün boyu gelen hocalara *"Kısım bir gayri ile dersinize hazırdır."* diye tekmil veriliyor. Günlük yoklama fişinde gayriler sütununa Kaya'nın numarası ve karşısına da vizite yazılıyor. Her hoca günlük yoklama fişini imzalıyor. Günün sonunda yoklama fişini not kayıt subaylığına teslim ederken nöbetçi onbaşı gayriler sütunundan pilot silinebilir tükenmez kalemle yazdığı Kaya'nın numarasını siliyor ve ders hocasının imzasının üstüne normal tükenmez kalemle *"Tam"* yazıyor. Akşam saat 17.30'da Kaya'dan vukuat tekmili de alınıyor. Ertesi gün Kaya'yı hastane sevk gösteriyor akşam yine aynı şekilde yoklama fişini düzeltip teslim ediyor. Çarşamba günü durumu biraz abartıyorlar. Hababam Sınıfı'ndan da etkilenmiş olabilirler. Kaya idrar yollarından rahatsız hastanede yatıyor diye Muammer Binbaşı'dan izin alıp kısmı temsilen 3-5 kişi sözde hasta ziyaretine de gidiyor, ama o akşam Kaya vukuat tekmili vermiyor. Ertesi gün arar diye bekliyorlar, Kaya'dan haber yok. Kısım kaynamaya başlıyor, bazıları *"Gidip durumu Muammer Binbaşı'ya anlatalım, Kaya'nın başına bir şey geldiyse hepimizi okuldan atarlar."* diyor ama çoğunluk *"Kaya'ya bir hafta idare edeceğimize söz verdik, bu süre sonuna kadar onu satamayız."* diyor. Pazartesi de Kaya'dan haber çıkmayınca kısım çavuşu Muammer Binbaşı'nın kapısını çalıyor ve durumu tane tane anlatıyor. Muammer Binbaşı önce çok sinirleniyor, *"Niye bu kadar beklediniz? Ya çocuğun başına bir şey geldiyse."* diyor, çavuş *"Arkadaşa bir hafta söz vermiştik, önce gelseydik satmış olurduk, süre biter bitmez de geldik komutanım."* deyince *"Aferin oğlum."*

demiş. Bunu iyi halt ettiniz anlamında mı yoksa takdir hisleri ile mi söylediğini kestirememiş çavuş. Kaya bize vukuat tekmilini vermediği ilk gün Asiye'yi kaçırmış, anneannesinin köy evine saklanmışlar, kızın ailesi durumu jandarmaya bildirmiş ve jandarma Kaya'yı gözaltına almış. Neyse Muammer Binbaşı araya giriyor, Kaya'yı jandarmanın elinden alıyor. Dönüşte Kaya firardan disiplin kuruluna çıktı ama yine Muammer Binbaşı'nın desteğiyle okuldan atılmadı.

Komutanlar arkamızdaydı, devre de birbirine çok bağlı. Kimse kimseyi arkada bırakmazdı. Sınavlarda da her türlü yardımlaşma olurdu. Çok samimi olduğum bir kısım arkadaşım vardı, adı Adil, matematikten kalacak, hoca da kurtarma yazılısı yapıyor. Hocayı ikna ettim ben de not yükseltmek için gireyim diye, planladığımız gibi, Adil kâğıda benim adımı yazdı ama kâğıdı boş verdi, ben de onu geçirecek kadar yapıp onun adını yazdım. Adil matematikten geçti, tabii bunun altında kalır mı, benim derste olmadığım bir gün beden eğitimi dersinden kurtarma sınavları yapılıyor. Dersin asıl hocası Bölüm Başkanı Barış Binbaşı, ama o gün de derse bir asteğmeni gönderiyor. Asteğmen nasılsa hiç birimizi tanımaz diye Adil de benim yerime tüm istasyonlardan kurtarma sınavına girip dikkat çekmeden ortalama 5 düşecek şekilde not alıyor.

Sene sonuna doğru, matematik, fizik ve kimya hocaları sözleşmişçesine derslerde 5 bin devresinden bize dönen Mete'ye, Kısım Çavuşu Cengiz'e, Onbaşı Ahmet'e yüklenmeye başlıyorlar. Ne zaman bir örnek çözülecek olsa, tahtaya onlardan birini kaldırıyorlardı. Onlar da üzerlerine gittikçe soruyu çözememekle kalmıyor, bayağı kesir toplarken payla payı, paydayla paydayı toplamak gibi olmayacak hatalar yapıyorlardı. Necip Binbaşı çok prensipli bir insandı, son sınavda kimse kopya çekemesin diye birbirinden farklı soru kâğıtları hazırlamış. Bunları da kısımların oturma planlarına göre en ön sıradakilere verip arkaya doğru dağıttırdığında herkese önündekiyle, arkasındakiyle, sağındakiyle ve solundakiyle farklı soru düşecek şekilde sınav kâğıtlarını akşamdan gruplayarak öğretmenler odasındaki dolabına bırakmış. Sabah ilk ders sınav yapacağı kısma giriyor soru kâğıtlarını bir gün öncesinden planladığı gibi önden arkaya doğru dağıttırınca arka sıradaki öğrencilere soru kâğıdı yetmiyor. Odasına çıkıp dolaptaki diğer grupların soru kâğıtlarını sayınca tüm gruplarda birer soru kâğıdının eksik olduğu fark ediyor. Hemen sınıf subaylarını da yanına alarak bizim kısma baskın düzenliyorlar. Yapılan aramada eksik soru kâğıtları Mete, Cengiz ve Ahmet'in masalarında çıkıyor. Necip Binbaşı, matematik ve kimya hocaları ile de bu üçlü ile ilgili şüphelerini paylaşmış ve onlar da durumu ortaya çıkarma amacıyla son dönemde derslerde üçüne yükleniyormuş. Somut deliller ile suçüstü yakalanınca bunları sorguya aldılar. Ortaya korkunç bir sır çıktı. Yıllardır okuldaki tüm kapalı oda ve dolapların yedek anahtarları bir grup öğrencinin elindeymiş ve bu anahtarlar tekrar sınıfta kalıp da okulda atılmasınlar diye devre kaybedenler aracılığıyla devreden devreye aktarılıyormuş. Fotokopi ya da teksir yoluyla çoğaltılan klasik ve test sınav soruları önceden ele geçiriliyormuş. Kendileri çözemedikleri için anlaşılmasın diye farklı kısımlardaki iyi öğrencilere birer ikişer çözdürülüyormuş. Yani sınavdan önce bana ve benim gibilere çözdürülen sınav sorularının kaynağı buymuş. Edebiyat, tarih gibi klasik yazılı sınavlarda da uzun uzun hafta sonu maceralarını anlatıp, soruları bildikleri için akşam etütte güzelce A4 kâğıdına cevaplandırıp, gidip hocanın odasındaki dolaptan değiştiriyorlarmış. Tabii, itiraf bu kadarla kalmıyor, *"Madem bu okul bizi barındıramayacak kadar namuslu o zaman tüm namussuzların hepsini birlikte temizleyin."* deyip ne kadar kirli çamaşır varsa ortaya dökülüyor. Hafta sonu cezalı yoklamaları için yaka kâğıtlarındaki fotoğrafların değiştirilmesi, silinebilir tükenmez kalemle verilen sahte yoklamalar, firar noktaları, sınavlarda kopya yöntemleri, kurtarma sınavlarında yerine adam sokma gibi dönen her türlü dolap somut olaylar ve kişilerle detaylandırılarak tek tek anlatılıyor.

Bunun üzerine bu tür olaylara kenarından köşesinden bulaşmış ne kadar öğrenci varsa hepsi disiplin kuruluna çıkarıldı. Kurul günlerce toplandı, zaman zaman ilgilileri huzurunda dinledi. Derken sıra bize geldi. Önce Adil'i aldılar, sonra beni çağırdılar kurula. Kurul okul komutanının odasında, kapı girişinin sağında uzun masada toplanmıştı. Başta okul komutanı vardı, masanın sağına soluna öğretim başkanı, sınıf amiri, sınıf subayı, matematik öğretmeni, fizik öğretmeni ve sınıf öğretmeni oturuyordu. Oda çok büyüktü, kapının hemen karşısında komutanın makamı, misafir koltukları, boğaza bakan pencere kenarlarında oturma birimleri vardı. Ben girince hakkımdaki suçlama ve daha önce yazılı vermiş olduğum savunma okundu. Sınıf subayı *"Savunmana ilaven var mı?"* dedi. *"Komutanım, yazılı savunmamda da belirttiğim gibi, Adil'in bu konuda herhangi bir suçu yok, matematik dersinin kurtarma sınavında kâğıtlara birbirimizin adını yaz-*

*ma fikri benimdi ve bu konuda ona ben baskı yaptım. Bariz
bir hata yapar da olay ortaya çıkar diye de ona boş kâğıt
vermesini söyledim. Bunu yaparken de ona yardım etmenin
ötesinde, onu minnet altında bırakıp, beden eğitimi dersinde
benim yerine kurtarma sınavlarına girmesini temin etmeyi
amaçladım. Arkadaşımın benim bu art niyetli planlarım-
dan haberi yoktu, kendisine komplo kurdum, Adil'i böyle bir
şeye bulaştırdığıma çok pişmanım, kendisi suçsuzdur. Arz ed-
erim."* dedim. Derin bir sessizlik oldu. Sınıf subayı *"Sen çık-
abilirsin."* dedi. Selam verdim çıkmak üzere geriye döndüm
ve kapıya doğru bir iki adım atmıştım ki komutanın sesi
duyuldu. *"Çıkmasın, heyetin kanaatlerini dinlesin."* dedi.
Ders hocaları çok olumlu konuştu, ne kadar zeki ve
çalışkan olduğumdan falan dem vurdular. Edebiyat ho-
camız ne kadar saygılı ve ağır başlı olduğumu ifade etti.
Sınıf subayı ve sınıf amiri, daha önce koğuşu geç terk etmek
ve yatağımı düzgün toplamamak gibi basit disiplin kaba-
hatleri dışında ciddi herhangi bir suçumun olmadığını
söyledi. Komutan *"Yani öğrenci zaten suçlu ama hafifletici
sebepler var diyorsunuz. Peki, bizim hiç mi kabahatimiz yok?
Bizler görevlerimizi eksiksiz yaptık ama kötülük bunların
özünde mi diyorsunuz? Dikkat edin arkadaşlar, bu iki çocuk
burada kendilerini savunmadı. Hem de alacakları cezanın
öyle 5-10 disiplin puanın kırılması ya da birkaç hafta sonu
izine çıkamamanın çok ötesinde okuldan atılmaya kadar
varacağını bildikleri hâlde. Her ikisi de kendisinden çok
arkadaşının derdine düşmüş. Az önce kendimi yokladım.
Ben arkadaşım için konumumu riske atar mıyım? Hadi at-
tım, onu kurtarmak için tüm suçu üstlenebilir miyim? Bu
çocukları bir de savaş meydanında hayal edin. Bunlar*

arkadaşlarını yaşatmak için düşmanın kurşunlarına kendi gövdelerini siper ederler. Bence onlar burada almaları gereken eğitimi almış, kurmaları gereken dostlukları kurmuş, ama siz öğretmenler bu dostluğu doğru yönlendirememişsiniz. Kararınızdan önce sizleri vicdanınızla baş başa bırakıyorum." dedi. Sınıf subayının işaretiyle ben dışarı çıktım. Sabah içtimaında disiplin kurulu kararları okundu. Disiplin kurulana çıkan pek çok kişinin okulla ilişiği kesilmiş, bizim de beşer disiplin puanımız kırılmış, aldığımız notlar geçersiz sayılmış ve ikmale kalmıştık. Adil ikmalde matematik dersinden kendi hakkıyla geçti ama ben beden eğitimi dersinden başarılı olamadım.

Bu atama döneminde hem sınıf amiri ve hem de sınıf subayımız değişmişti. Okul komutanı da bu Yüksek Askerî Şûra (YAŞ) döneminde general olmuş, yerine Kurmay Albay Yaşar Büyükanıt atanmıştı. Öğretmenler Kurulunda özellikle benim durumum çok tartışılmış ama Barış Binbaşı'nın ısrarıyla geçen yıldan da borçlu olduğum için tek ders beden eğitimi dersinden sınıfta kalmıştım. Kuleli Askerî Lisesinin 139 yıllık şanlı tarihinde bir ilk gerçekleşiyor ve tek ders beden eğitimi dersinden devre dönen ilk kişi olarak tarihe geçiyordum. Bu Rabbimin bir imtihanıydı, anlayana. Allah biliyor ya hiç isyan etmedim. Hem de musibetin gelip sineme ilk çarptığı anda bile böyle yüzyılda bir görülen bir olay için *"Niye benim başıma geliyor?"* diye isyan etmedim. *"Vardır bunda da bir hayır, sabretmek lazım, bakalım Rabbim ne murat etti böyle bir netice ile"* dedim. Şimdilik okuldan atılmamıştım ama seneye de sınıfta kalırsam bu kaçınılmaz olacaktı. Bu gidişle benim beden eğitimi dersinden kendi hakkımla geçmem çok zordu, bir de buna bölüm başkanının bana karşı takındığı olumsuz tutum ve zümre üzerindeki baskısı eklenirse imkânsıza yakındı. Normal düz liseye giden arkadaşlarım bu yıl mezun olmuştu, ben de şimdi bırakıp düz liseye dönersem 3 yılda, seneye okuldan atılır da dönersem 4 yılda sadece 1'inci sınıfı geçmiş olacaktım. Askerî liseden ayrılmam durumunda her iki hâlde de 900 bin lira gibi bizim için oldukça yüksek bir tazminat ödemek durumunda kalacaktık. Diğer taraftan askerî okuldan atılıp, memlekete dönsem, kimse dersten atıldığıma inanmayacak, kim bilir arkamdan neler konuşacaklardı. Olayın en zor kısmı burasıydı. Âlemin ağzı torba değildi ki büzelim.

Ben kendi problemlerimle boğuşurken, adını taşıdığım ve uzun süredir prostat kanseri olan dedem hastalığın verdiği tüm ağrı ve acılarını geride bırakarak ruhunun ufkuna yürümüştü. Hayatımdaki en büyük desteklerden biri eksilmişti. Dedemi arkamda duran bir dağ gibi görürdüm. Bugünleri biliyormuş gibi, eğitimime destek olmaya ömrü vefa etmeyebilir düşüncesiyle, ben doğar doğmaz İş Bankasına 18 yaşıma vadeli hesap açtırmış ve her yıl hasat sonu oraya düzenli para yatırmıştı. Dedem Haziran 1983'te vefat etmişti ama üzülürüm diye vefat haberini benden gizlemişlerdi. Dedeme veda edemediğim gibi vefatının ardından bir Fatiha bile okuyamamıştım. Allah rahmet eylesin, mekânı cennet olsun.

Boşa koydum dolmadı, doluya koydum almadı. Yaz boyunca aldım verdim kafamda ama sonunda her şeye rağmen askerî okulda başarılı olmaktan başka mantıklı seçeneğim olmadığına karar verdim. Tam bu seneyi hüzün yılı ilan etmek üzereydim ki, bir gün kahvede otururken ailece çok iyi görüştüğümüz İbrahim müjdemi isterim diyerek yanıma geldi. İbrahim'in babası bahçecilik yapardı, domates, biber, patlıcan yetiştirirdi. Çarşı caminin bitişiğinde bir sergisi vardı, İbrahim genelde o sergiden ayrılamazdı. Tüm köyün domatesleri ile birlikte onların domateslerini de babam alır, İstanbul'a hale gönderirdi. İki aile birbirlerine tarla ve bahçe işlerinde yardımcı olurlardı, neredeyse gece gündüz birlikteydik. Evlerinin bizim taraftan da arka girişi vardı ama asıl giriş Berlin'in anneannelerinin de oturduğu çıkmaz sokaktaydı. Yani Berlin ile aynı sokakta büyümüşlerdi, aralarında sadece bir ev vardı. Berlin yaz tatili için köye gelmiş, onu müjdeliyor sandım, dahası varmış, Berlin'in canı sıkılıyormuş *"Okuyacak bir şeyler yok mu?"* diye İbrahim'e sormuş. Akşam evden 5-10 roman toparladım, arka kapıdan uğrayıp İbrahim'e bıraktım, birlikte kahveye geçtik. İbrahim *"Bu akşam kahvede oturmayalım, biraz çerez alıp eve gidelim. Annem şimdi annene de telefon edecek. Bizde ekin ayıklayacaklar, yarın da değirmene gidecekmişiz ikimiz."* dedi. *"Tamam."* dedim. Çarşıya gittik, bir iki çay içtik, sonra çekirdek alıp eve geldik. Aynı bahçede oturan İbrahim'in babaannesinin evinde kadınlar oturmuş ekin ayıklıyorlardı. *"Kolay gelsin, çerez aldık abla çayın var mı?"* dedi İbrahim. *"Yeni koydum şimdi demlenir geçin içeri."* dedi ablası. Kadınlar bir sofra bezi etrafına dizilmiş ortalarına koydukları yastağaç üzerine döktükleri ekini ayıklıyorlardı. İçeri geçtik, tam sedire oturuyordum ki nerdeyse kalbim duracak sandım, yastağacın başında annemle İbrahim'in ablası Fatma'nın arasında Berlin oturmuş ekin ayıklıyordu. Bir an göz göze geldik. *"Hoş geldiniz."* dedim, *"Hoş buldum siz de hoş gel-*

diniz." dedi. İbrahim'in annesi Ülkü teyze ile babaannesi Mihriban nine de vardı. Kadınlar hem iş yapıyor hem sohbet ediyorlardı. Onların ekinleri bittikçe biz tenekeyle önlerine ekin döküyor, ayıkladıklarını çuvallara dolduruyorduk. Çay içtik, çerez yedik, onlar sohbet etti, biz dinledik. Bir ara Fatma, "*Bu bizim işler ne zaman bitecek ya, koskoca yaz geçip gidiyor, ayağımızın altında deniz var ama daha siftahımız yok. Biz gene işle güçle oyalanıyoruz ama Berlin'in canı sıkılıyor, değirmen kaçmıyor ya yarın hep beraber denize gitsek ya.*" dedi. Ben aradan fırlayarak "*Berlin gelirse, gideriz tabii.*" deyince, Berlin utangaç bir edayla başını kaldırmadan "*Olur, giderseniz gelirim.*" dedi. Ertesi günü, börekler, sarmalar, mangallar hazırlandı. Bayanları römorka bindirdik, İbrahim, ben ve Ali de traktörde denize gittik, bayanlar rahatsız olmasın diye, biz erkekler onlardan uzakta denize girdik. Denizden çıkınca da bayanlardan ayrı oturduk, çay eşliğinde bir şeyler yedik, bir ara Berlin çaylarımızı tazeledi, benim çayımı uzatırken, "*Bugün için teşekkür ederim.*" dedi ama ikimizin de başı önde, gözleri yerdeydi ne o bana baktı ne de ben ona bakabildim. Ülkü teyze, anneme ve Berlin'in anneannesine "*Dönüşte bahçeye uğrayalım, domates toplayın, salça yaparsınız.*" dedi. Bayanlar topladı, biz onların kovalarını taşıdık. İbrahim ablasının kovasını taşıyordu, Ali de benim annemin. Bana da Berlin'in kovasını taşımak kalmıştı. Berlin'in anneannesi römorka inip binerken ve tarlada yürürken zorlandığı için Ülkü teyzeyle gölgede oturuyorlardı. Berlin domates toplarken ben de ona yardım ediyordum. Domatesin yeşil dalları ellerini boyadığı için tereddüt ediyordu. "*Dert etme en sonunda bir domatesi ortadan ikiye yarıp ellerini onunla yıkarsan çıkar.*" dedim. "*Çivi çiviyi söker yani.*" dedi. Bu sene üniversite sınavına girmişti. Biraz ondan konuştuk. Stresli bir sene olmuş onun için ama sınav iyi geçmiş. İlk tercihi İstanbul Üniversitesi Hukuk Fakültesi imiş. Bizim böyle dertlerimiz olmadığı için şanslı olduğumuzu düşünüyordu. Zaten geç gelmiştik, akşam ezanı okunuyordu, bahçeden ayrıldık. Hayatımın en güzel günüydü, sanki rüya gibi ama tıpkı her güzel şey gibi o da bitti. Kış ortasında bahar yaşatmıştı Rabbim adeta.

Berlin bir kez daha muhtemelen hiç farkında olmadan ve istemeden hayatıma istikamet veriyordu. Daha önce ondan uzaklaşmak için İstanbul'a kaçmıştım, şimdi ona yakın olmak için İstanbul'da kalacaktım. Nihayet kararımı vermiş yolumu çizmiştim. Askerî liseye devam kararını zaten daha önce vermiştim. Bugün de İstanbul'dan gitmeme kararını vermiştim. Berlin İstanbul'a geliyordu. İstanbul'da devam edebilmek için Ankara'ya KHO'ya gitmeyecek, normal sınıf subayı olmayacaktım. Ne pahasına olursa olsun Harp Okulu yerine İstanbul Fakülte ve Yüksek Okullar (FYO) Komutanlığında Silahlı Kuvvetler adına üniversite okuyacak ve mühendis ya da öğretmen subay olarak mezun olacaktım. Aslında bu çok kolay bir şey değildi. Üniversite sınavına girebilmek için not ortalaması sıralamasında devre içinde 650 kişi arasından ilk 50'ye girmek gerekiyordu. Benim özellikle birinci sınıf ortalamam çok düşüktü. Önümdeki iki yıl çok çalışmalıydım çok. Hem artık İstanbul daha güzeldi, güzelliğine bir güzel daha eklenmişti.

Okula dönünce, 4 bin devresinden kopmak ve yeni 3 bin devresine uyum sağlamakta biraz zorlandım. Kısımda benimle birlikte devre dönen bir 4 bin daha vardı Uğurcan.

Sınıfın en arka sırasında yan yana birlikte oturuyorduk. Başlarda daha çok eski devre arkadaşlarımızla zaman geçirdik, sağ olsun onlar da bizi yalnız bırakmadılar. Yeni kısım arkadaşlarımız da çok yakın davranmaya çalışıyorlar, isimlerimizle hitap etmeye bile çekiniyorlar, genelde ağabey diyorlardı, bu da kaynaşmayı daha da zorlaştırıyordu. İlk kaynaştığımız kişi hemen önümüzde oturan Ömer'di. Varlıklı ve kültürlü bir aileden geliyordu. Baba, Ankara Üniversitesi Siyasal Bilimler Fakültesi mezunuydu ve o dönemde 10 arkadaşı farklı illerde valiydi. Anne, Milli Güvenlik Komitesi avukatlarındandı. Ablası, Divan Pastaneleri'nin genel müdürüydü. Ömer de hazırlık sınıfını Ankara TED Kolejinde okuyup, askerî liseye aradan birinci sınıftan girmişti. Uğurcan da benim gibi yaralıydı. Onun da bir Duygu'su vardı ve o da bu yıl İstanbul Üniversitesi Hukuk Fakültesine geliyordu. Varsın zor olsundu, İstanbul'a bir Berlin bir de Duygu geliyordu, biz bu umutla her zorluğun üstesinden gelirdik. Uğurcan'ın Duygu ile zaten devam eden bir ilişkisi olduğu için olaylara pek benim penceremden bakamıyordu ama ben, başta nikmet gibi görünen bu olayın aslında bir nimet olduğunu düşünüyordum. Ben devre kaybetmeseydim, Berlin İstanbul'a da gelse, ben Ankara'ya KHO'ya gidecektim ve yollarımız kesişememiş olacaktı. Olanda da olmayanda da hayır vardı. Böyle bakınca aslında alışılacak bir zorluktan daha ziyade, şükredilecek bir ikram vardı. Uğurcan'ın üniversite gibi bir niyeti yoktu, devre kaybetmek onun hayatında dönüm noktası değil, sadece hedeflerini geciktiren bir engeldi.

Derse gelen hocaların hemen hepsi beni geçen yıldan tanıyordu. Matematik, fizik, kimya ve edebiyat derslerinden adeta muaftım. "*Derse girme, bu sürede spor salonunda vakit geçir, çalışırsan yaparsın, en azından beden eğitimi hocalarının gözünü doldurursun.*" diyorlardı. Yeni Sınıf Amiri Zekai Binbaşı çok sert görünümlüydü ve benim durumumu da yakından takip ediyordu. Okul içinde dâhili elbiseyi yasaklamıştı bana, sürekli eşofmanlı olacaktım ve ne zaman istersem okuldan sahile koşuya çıkabilecektim. Bu arada beden eğitimi öğretmenimiz belli oldu: Dursun Teğmen'di. Genelde beden eğitimi hocaları sert, saygısız ve ağzı bozuk olurdu. O dönemde Kürşat Teğmen, Ergüder Teğmen, Haldun Üsteğmen her fırsatta öğrenciye işkence ve hakaret ederler, öğrenciler de onlardan nefret ederdi. Kürşat Teğmen ile Ergüder Teğmenin uyuşturucu benzeri kötü alışkanlıklarının da olduğu ama babaları general olduğu için dokunulmadığı yönünde öğrenciler arasında şayia çıkmıştı. Sporu sevdirmek yerine, hep ceza aracı olarak görürlerdi. ATAT Kampında koşu, üstümüz çıplak, altta spor şortuyla öğle sıcağında yaptırılır. Erimiş asfaltı ayağımıza yapışan bir yoldan ya da çakıllı, dikenli bir araziden geçerken fırsatı kaçırmazlar mutlaka alçak sürünme yaptırırlardı. Her gün spor sahasının etrafında 20-30 tur koşu cezası verecek mutlaka bir bahane bulurlardı. Öğrenciye hitapları bile aşağılayıcıydı. Mesela Haldun Üsteğmen birini çağırırken "*Takla ataraktan gel ib..nin evladı!*" diye bağırırdı. Belki de beden eğitimi grubunda bir tek insan evladı vardı o da Dursun Teğmen'di. Kendisi çok anlayışlı ve mülayim bir subaydı. Yanına gittim, durumumu anlattım, adeta gözleri doldu. Eminim mensubu olduğu grup adına utanıyordu. "*Komutanım, tüm hocalar dersime gelme, git spor salonunda çalış diyor, sınıf amiri seni eşof-*

mansız görmeyeceğim, ne zaman istersen sahilde koşuya çık diyor. Bu kadar insan bana güveniyor ve destek olmaya çalışıyor. Ben bunlara ihanet edemem. Emin olun ben de çok gayret göstereceğim. Hem beden eğitimi dersinden geçecek duruma geleceğim hem de buradan üniversiteye gideceğim. Harp Okulu bana göre değil bunu anladım. Sizden beklentim, bu süreçte teknik olarak bana yardımcı olmanız ve süreç sonunda başarılı olsam bile bölüm başkanından gelecek baskıya göğüs germeniz. Eğer karşı duramayacaksınız bunu şimdi söyleyin, bana da, bu milletin imkânlarına da yazık etmeyin, hâlihazırda benim 3 yılım kayboldu, bir yılımı daha heba etmeyin. Ben kendi isteğimle ayrılayım.” dedim. *“Sen bu dediklerini yap, ben senin gayretini göreyim, tam anlamıyla başaramasan bile ben seni sene sonunda geçiririm. Bunu böyle bil. Elinden geleni kendin için yapmasan bile beni bölümdekilere mahcup etmemek ve zorda bırakmamak için yap.”* dedi. Adeta herkes el birliği ile benim beden eğitimi dersinden başarılı olmam ve üniversiteye çalışmam için tüm imkânları önüme seriyordu. Aslında bunlar birer sebepti. Görünürdeki bu sebeplerin arkasında Rabbim vardı, *“Müsebbibu'l-Esbab”* oydu. Ben de bana verilen bu imkânları sonuna kadar kullandım. Her gün üzerimde eşofman adeta spor salonunda yatıp kalkıyordum. Akşam etütlerde ya arkadaşların anlamadığı konulara bakıyorduk ya da üniversite hazırlık kitaplarına dalıyordum. Çalıştıkça yapabileceğimi gördüm. Beden eğitimi ders notum ilk dönem sonunda karneme 7 gelmişti.

Hafta sonlarında ya Ömer bütün kısma finansman olur, bir yerlerde bilardo oynardık ya da eski devrelerimizle takılırdık. 1 Nisan 1984 Pazar günü eski devre arkadaşlarımdan Ersin ile Üsküdar'da dolaşıyoruz. Doğancılar yokuşundaki Avşar Pastanesi'nden aşağıya postaneye doğru inerken yabancı dil kursundan çıkan iki kızdan biriyle Ersin'in arasında bir elektriklenme olmuş. Biraz arkalarından gittik, ara sıra dönüp bakıyorlardı. Daha sonra postanenin dışındaki ankesör kulübesine girip uzun uzun telefon görüşmesi yaptılar. Biz de dışarıda kulübenin önünde sıra bekliyoruz. Bunlar çıkınca biz girdik kulübeye ama ankesörlü telefon arızalı çalışmıyor. Kızların bizi işletmesine tahammül edemeyen Ersin'in ısrarıyla bunları aramaya başladık. Nihayet bulduk, önlü arkalı giderken konuşuyoruz, telefon bozuktu, değildi, işlettiniz, işletmedik. Derken yine kayboldular ve bunları nihayet Valide Camii şadırvanında bulduk. *"Gelin şu konuyu bir netleştirelim."* dedik. Serap'ın 4 bin devresinden İlker diye biriyle arkadaşlığı olmuş, yakın zamanda İlker, Serap'a kendini ifade fırsatı vermeden bu arkadaşlığı sona erdirmiş. Serap da ilk karşılaştığımızda Ersin'i İlker'e benzettiğinden dikkatlice bakınca Ersin ile bir an göz göze gelmişler. Sonrası malum, onlar önde biz arkada takip ve laf atmalar ama ankesörlü telefonla gerçekten görüşme yapmışlar. Bizim sandığımız gibi üniformanın cazibesine kapılmamışlar. Zaten onlar da askerî okul benzeri bir yerde okuyorlarmış, onların da hem üniformaları hem de üniformalı arkadaşları varmış. Bu arada Emine ile Serap birbirlerinden ayrıldılar ve Serap bizimle birlikte durağa gelip Beykoz otobüsüne bindi. Anlattıklarına inanmadığımızı görünce üniformalı resminin olduğunu iddia ettiği okul kimliğini Ersin'e uzattı. Bu sırada otobüs de bizim durağa gelmişti. Ersin elinde Serap'ın kimliği olduğu hâlde biz otobüsten indik. Kızlar,

Beykoz'daki İstanbul Denizcilik Su Ürünleri Meslek Lisesinde okuyorlardı. Lisenin farklı bölümleri vardı. Güverte Bölümünde okuyanlar, denizcilerin askerî üniformasını andıran kaptan kıyafeti giyiyorlardı. Okulun genelinde çok az sayıda 25-30 kız öğrencisi vardı. Bunların okuduğu dönemde sınıfta, Besin Endüstrisi Bölümünde kız olarak sadece ikisi ve bir de Su Ürünleri Bölümünde Banu vardı. Hafta sonu tekrar Serap'ın kimliğini vermek için gittiğimizde biraz daha sakin konuşabildik. Nisan 1 şakası gibi başlayan bu tanışma zaman içinde bir grup arkadaşlığına dönüştü. Emine *"Okulumuzda kız öğrenci çok az olduğundan, zaten arkadaşlarımızın çoğu erkek. Bunun bir izahı var, ama sizi aileme açıklayamam. Benim de sizlere katılabilmem için gidip annemle tanışmanız lazım. Annem tanımadığı erkeklerle arkadaşlık yapmama müsaade etmez."* dedi. Emine'nin annesinin nakış atölyesi varmış Eski Topbaşı Zafer Pasajı'nda. Ben de gidip annesiyle tanıştım, müsaadeleri olursa grup arkadaşlığı yapacağımızı söyledim. *"Gelin burada görüşün."* dedi. Başlarda nakış atölyesinde toplanıyor, bazen izin alarak Emine'yi alıp çıkıyorduk. Gide gele alışmıştık, orada olduğumuz sürede bazen can sıkıntısından bazen yardımcı olmak için modelleri karbon kâğıdıyla kumaşa çizerdik, fisto keserdik, benim makinede fisto çekmişliğim bile olmuştur. Bu arada Emine'nin ailesini yakından tanıma fırsatı da elde etmiştik. Babası Erzurumlu, annesi de Artvinliydi. Kendisinden küçük bir erkek bir de kız kardeşi vardı. Belki de annesinin etkisiyle babası da bu arkadaşlığa karşı çıkmamıştı. Kısa zamanda babası ile de arkadaş olmuş, aramızda tavla turnuvaları düzenlemeye başlamıştık. Kardeşleri Erkan ve Halime'nin de hafta sonları dört gözle bekledikleri abileri olmuştuk. Hafta içi çarşamba günleri bazen Emine, Serap ve Banu Kuleli Askerî Lisesine ziyaretimize gelirlerdi, nizamiye de oturur, Uğurcan, Ersin, Hakan, Hayati hep birlikte sohbet ederdik. Bazen de ziyaret salonu kalabalık olur ya da nöbetçi subayı rahat bırakmazdı. Biz de kızları, arka taraftan tel örgüden içeri alır, ormanlık alanda muhabbet ederdik. Kızların üçü de okulun trampet takımındaydı. O yıl Anadolu Hisarı'nda yapılacak olan 19 Mayıs kutlamalarında çalmayı çok istiyorlardı ama bunun için rakip okuldan daha iyi çalmaları gerekiyormuş. Aslında daha önceki yıllarda muhtemelen Okul Komutanı Kurmay Albay Doğu Aktulga zamanında hocaları ile birlikte cuma akşamları Kuleli Askerî Lisesi tadat törenini izlemeye gelirlermiş. Şu anki Okul Komutanı Albay Yaşar Büyükanıt'tan böyle bir izin almak çok mümkün değildi ama Kuleli Askerî Lisesinin boru şefi Paytak bizim kısımdaydı. Onlara izin alamıyorsak biz oraya giderdik. Bir dönem hafta sonları Paytak ile birlikte Beykoz'a onların boru-trampet takımını çalıştırmaya gittik. Bu sayede sadece kızlarla değil, hocalar dâhil nerdeyse tüm okulla arkadaş olmuştuk.

O yıl sıkıntıdan olsa gerek, başlangıçta sol çenemin altında iki taneydi ama kısa zamanda yüzümün sol tarafı siğille kaplandı. Her sabah sakal tıraşı olmak zorunda olduğumdan mı bilemiyorum kısa zamanda yüzümdeki siğil sayısı yüzlere ulaşmıştı. Doktor, İL-33 adında bir asit ile krem vermişti. Asidi çok dikkatli kullanmam gerekiyordu. Sağlam deriyle temas ederse çok tahriş ediyordu. Bu arada ailem de hem manevi olarak destek olmak hem de köyde alternatif tedavi kapsamında hazırlattıkları ilaçları getiriyorlardı. Bir hafta sonu yine böyle ziyarete gelmişlerdi. Sabah okul nizamiyesinde buluştuk, Üsküdar'a geldik kahvaltı ettik, biraz sahilde dolaştık, tüm gece de yol geldikleri için yorgundular. Ertesi gün tekrar görüşmek üzere onları dinlensinler diye otele bıraktım, oradan nakış atölyesine gittim. Bizimkiler dağılmıştı, *"Annemler burada da onun için gelemedim."* deyince Emine'nin annesi *"Gittiler mi? Tanıştırmadın bizi."* dedi. Dinlenmek üzere otele bıraktığımı öğrenince *"Ne işleri var otelde? Biz burada dururken otele götürülür mü? Kalk, düş önüme gidiyoruz otele."* dedi. Ne dedimse dinletemedim, çaresiz gittik. Annemler de her ne kadar gerek olmadığını söylese de öyle ısrar etti ki, mecburen bavullarını alıp birlikte eve geçtiler, ben de okula döndüm. Ertesi günü beraber onlarda kahvaltı yaptık. Bizimkiler doğunun bu misafirperverliğine pek şaşırmışlardı.

İL-33 yüzümü daha da kötü yapmıştı, tekrar viziteye çıktım ve hastaneye sevk aldım. Cildiye doktoru iyice inceledi, *"Son çare ameliyatla alalım bunların köklerini. İlk etapta 2 ay sakal istirahati yazıyorum, kesinlikle tıraş olmayacaksın. Çıkışta hemşireye söyle iki ay sonrasına randevu versin sana."* dedi. Hemşire randevu ayarlarken, *"İnancın varsa okut."* dedi. Zaten gür bir sakalım vardı. Bir hafta sonra tüm okul beni tanıyor ve herkes bana *"Dede"* diyordu. Kısa zamanda okulda tanımayan kalmamıştı beni. Nasıl kalsın ki her sabah sınıf subaylarınca yapılan sakal tıraşı kontrolünde insanlar akşamdan tıraş oldukları için ceza alırken, ben sakalımı sıvazlayarak okulda geziyordum. Hafta sonu izinlerine de bu sakal yüzünden sivil çıkıyordum. Olay köyde duyulunca herkes bildiği yöntemlerle okuyup üflemeye Allah'tan benim için şifa dilemeye başlamışlar. Bu arada bu konuda el almış bir teyze yaş bir ağaç dalına okuyup dalı çatıya atmış, kurudukça yüzündekiler de kurur demiş. Öte yandan Salih amca babama *"Şuradan bir paket yemeklik tuz al gel, ona okuyacağım, götür akşam yatarken üç İhlas bir Fatiha okuyup musluğun altında avucuna döküp yüzünü bu tuzlu suyla yıkasın, Allah'ın izniyle bir şeyi kalmaz."* demiş. Aslında Salih amca, öyle dindar biri değildi, vakit namazlarında camide pek görülmezdi. Sahilde mayo, gözlük, şnorkel ve güneş kremi gibi deniz malzemeleri satardı. Babam umut kalacağına, emek kalsın deyip üşenmeden Salih amcanın okuduğu tuzu getirip nasıl kullanacağımı anlatmıştı. Ben onun gönderdiği tuzu montumun cebinde unutmuştum. Nihayet iki ay dolmuştu ve sabah hastane randevum vardı. Akşamdan, giyeceklerimi hazırlarken montumun cebindeki tuzu fark ettim. Bugüne kadar çok şey denemiştim ama olsun kaybedeceğim bir şey de yoktu. Akşam yatarken Salih amcanın dediği gibi üç İhlas bir Fatiha ile musluğun altında tuzu avucuna döküp suyla yüzümü yıkadım. İçimden de *"Şafi Sensin, şifa senden Ya Rab!"* dedim. Sabah kalktığımda bir de ne göreyim, yüzüm deri değiştirmiş, tüm siğiller dökülmüş sadece çenemin altındaki nohuttan biraz irice olan kalmış, o da sallanıyor. Adeta düşmesin diye elimle tutarak doktora gittim. Hemşire görünce gülümseyerek *"Doktor Bey bu da okutmuş."* dedi. Doktor yerinden kalktı, geldi dikkatlice yüzüme baktı ve düşmesin diye tuttuğum siğili de eliyle çekip kopardı. *"Hadi geçmiş olsun."* dedi. Peki, bu bir mucize değil miydi? Şifasını vermek isteyince Rabbim, sebep olanı bile kendi ayaklarıyla göndermişti.

Anladım ki Rabbimin bir adı da *"Zül Celali Vel İkram"* idi. Önce Celal sıfatını gösteriyor, bela ve musibet veriyordu ve imtihan ediyordu kulunu. Bakıyor ki kul isyanda değil, o zaman kulunu her türlü izzet ve ikrama layık görüp, verdikçe veriyordu, sen istemesen de o çareyi sana gönderiyordu. Sana şükürler olsun Rabbim.

Bu arada Uğurcan, Berlin'e ulaşma konusunda Duygu'dan yardım istedi. Sağ olsun kız araştırmış. Birinin okul numarası tek diğerinin çift olduğu için ayrı amfilerde imişler ama Berlin Fındıkzade Kız Öğrenci Yurdunda kalıyormuş. Uğurcan ve Ömer ile çok alıp verdik bu konuyu, benim mutlaka gidip kızın karşısına çıkmam gerekiyordu ama okulun son haftasıydı. Onların finalleri vardı, biz de bir hafta sonra kampa gidecektik.

Beden eğitimi notum yıl sonunda karneye 6 gelecekti. *"Kendi hakkınla aldın."* demişti Dursun Teğmen, ama şimdi ona da bana da inanmadıkları için Barış Binbaşı beden eğitimi hocalarından oluşan bir komisyon kurmuştu. Beni tekrar sınava çağırıyorlardı. Sınıf amirine bilgi vermek için gittiğimde okkalı bir küfür savurup, *"Olacak şey değil, sen git ben komutanla görüşüp geliyorum."* dedi. Salona vardığımda 4 öğrenci daha vardı bekleyen. Komisyon yerine geçerken, sınıf amiri de gözetmen olarak tribüne çıkmıştı. Dursun Teğmen aşağıya yanıma geldi, *"Sakın moralini bozma, sana değil bana güvenmiyorlar. Bu dersin hocası benim, o notu değiştirtmem onlara. Sen yapabildiğini benim hatırım için yap, yüzümü kara çıkarma."* dedi. Salonda 7 istasyon vardı: Halata tırmanma, barfiks, şınav, mekik, el baş amudu, kasadan atlama ve yüksek atlama. Dışarda da 100 metre, 1500 metre, uzun atlama olacaktı. Barış Binbaşı *"7* içeride 3 dışarıda toplam 10 istasyon var. *Not vermeyeceğiz, sadece artı, eksi şeklinde değerlendirme yapacağız. 5 artı alan geçer.*" dedi. Ben halata tırmandım, belirlenen sayıda şınav ve mekik çektim, kasadan atladım, yüksek atlamada çıtayı düşürmeden geçtim, ama barfiks çekemedim, el baş amuduna da kalkamadım. Zekai Binbaşı "*Barış Binbaşım ben öğrencimi alıyorum, salondaki 5 istasyondan geçti, öğleden sonra da sahaya göndermiyorum.*" dedi. Barış Binbaşı "*Tamam komutanım, zaten komisyondan da beş artı aldı, gelmesine gerek yok.*" dedi. Dursun Teğmen hafifçe gülümsedi, ben de selam verdim ve dışarı çıktım. Zekai Binbaşı "*Aferin oğlum, gel benim odamdan babanı ara da müjdeyi ver.*" dedi. Azmin zaferiydi. Gerçekten çalışmıştım. Rabbim de muvaffak etmişti. Çok şükür.

Bu yıl okula beraber başladığım asıl devrem, 4 binler mezun oluyordu. Beni de çağırmışlardı mezuniyet balosuna. Emel, Ersin'e eşlik ediyordu, bana da çok ısrar ettiler ama içimden gelmedi, gitmedim.

Hafta sonu kamp hazırlıklarıyla geçti, eğitim elbiselerini terziye düzelttirdim. Valizleri hazırladık ve pazar günü kamyonlara yükledik. Silah dağıtımı yapıldı. Sabah erkenden bando eşliğinde uygun adım marş söyleyerek Çengelköy'e oradan vapurla Yalova'ya. İskeleden otobüslerle Hersek ATAT Bölgesine. Kamp her zamanki gibi yorucuydu. Öğle arası çok sıcak olduğundan 15.00'e kadar serbest zamanımızdı. Çadırların önünde tavla turnuvası yapardık. Sanırım kampın 2'nci haftasındaydık yine öğle arası çadırların önünde tavla oynarken, beni karargâha anons ettiler. Gittiğimde Zekai Binbaşı karargâh binası önünde beni bekliyordu. "*Ne dertleri var seninle bilmiyorum ama ne yapıp edip seni beden eğitiminden yine sınıfta bırakmışlar, ikmal sınavlarına çağırıyorlar. Sen gelene kadar ben komutanı telefonla arayıp bilgi verdim. Komisyonun sınavında, kendisinin bilgisi dâhilinde gözetmen olarak tribünde olduğumu ve hakkınla sınavda başarılı olduğunu söyledim. Komutan, Barış Binbaşı ile görüşüp dönecek.*" dedi. Bir ara gözlerim kararır gibi oldu, öfkelendiğimi fark edince hemen olduğum yere çöktüm. Zekai Binbaşı *"Sakin ol, halledeceğiz."* dedi. Zekai Binbaşı içeri girdi. 10-15 dakika sonra tekrar geldi. *"Ben sana halledeceğiz dememiş miydim? Komutan, Barış Binbaşı ile konuşmuş, bir karışıklık olmuş, bütünleme sınavlarında durumu düzeltecekler, ama senin eylül başında bu sınavlara gelmen gerekecek. Bu durumdan ailene bahsetme, okula erken gelmek için bir bahane bulursun artık."* dedi. *"Sıkıntı olmaz komutanım, zaten bu sene üniversite hazırlık kursları için eylül başında okulda olacaktım."* dedim. Herkes karakterinin gereğini sergiliyordu. Barış Binbaşı kötülük adına elinden geleni ardına koymuyordu. Bu arada ben de sınanıyordum. Belki isyan etsen musibet ikileşecek, ama sabredince Rabbim bir taraftan Zekai Binbaşı ile benim yardımıma koşuyor diğer taraftan komutan ile Barış Binbaşının oyununu bozuyordu. Böyle düşününce ne kadar da rahatlıyordu insan ve ne kadar çok şükredecek vesile buluyordu.

Kamp bitince, yaz tatili için memlekete gittim. Babamla konuştum. Bu sene üniversite hazırlık kursuna gidecektim. Kurs erken başlayacaktı, onun için okula erken gitmem gerekiyordu. Bir de dershane için ödeme yapmamız gerekiyordu. Babam *"Oğlum biz konuları çok anlayamayabilir, doğru değerlendiremeyebiliriz ama sana güvenimiz tam, sen bizim kusurumuza bakma, bazı şeyleri akıl ede-mezsek sakın alınma, bize gücenme, ne yapmamız gerekiyor-sa sen onu söyle yeter."* dedi. Her zamanki gibi ailem arkam-daydı. Hiçbir fedakârlıktan da kaçınmıyorlardı.

Benim yüzümdeki siğillerin bir gecede yok olmasına kendi gözleri ile şahit olan Ömer, kendi ellerindeki siğilleri de Salih amcaya okutmak için yazın köye gelecekti, gelmişken birlikte 15 gün de tatil yapacaktık. Daha baştan şart koşmuştu, bizde kalmayacaktı, ona uygun pansiyon veya otel bulmamızı istiyordu. Ömer'in aile içi ilişkileri de çok garipti. Herkes birbirine, adlarının sonuna koyduk-ları hanım ve bey ile hitap ediyordu. Ömer öz babasına *"Olcayto Bey"* diyordu. Herkes aylık kazancını, ailenin or-tak kasasına koyuyor, ortak ödemeler oradan yapılıyor ve herkes ihtiyacı kadar harçlık alıyordu. Beklenmedik bir harcama ile karşılaşan birey, aile fertlerinin maddi durumu uygun olanından borç alabiliyordu ama ortak kasadan ilave tahsisat alamıyordu. Yıl sonunda herkes tatil planı ve bütçesini yapıyor, zamanı geldiğinde kasadan tatil ödeneği-ni alıyordu. Kasadaki artan paranın değerlendirmesi için uygun birikim yöntemine oylama ile karar veriliyordu. Herkes misafirini 15-20 dakika salona alıyor, bu sürede aile bireyleri ile tanıştırdıktan sonra misafiri ile odasına geçiyor ve misafirini kendisi ağırlıyordu. O dönemlerde köyde kon-aklamaya uygun otel, motel ve pansiyon yok tabii. Ne ya-parız derken, Cahit ağabey *"Sizin zeytin sırıkları ile ağaçların altına serilen sergilerden sahile çadır kuralım."* de-di. Fikir çok orijinal ve güzeldi. Sabah ilk iş malzemeleri traktöre yüklediğimiz gibi Cahit ağabey ile sahildeyiz. Akşamüstü palamut ağaçlarının gölgesinde 5 kişinin rahatlıkla yatabileceği bir çadır hazırlamıştık. Ömer çadırı, denizi, kumsalı, arkadaşlarımı ve özellikle Bozcaada'nın şaraplarını çok sevdi. İlk geldiği günün sabahında sahilde sergisinin başında Salih amcayı bulmuş, askerî liseden arkadaşım olduğunu, yüzümdeki siğillerin bir gecede yok olmasına şahit olduğunu anlatmış ve ellerini uzatarak okutmak istediğini söylemiş. Salih amca elindeki siğillere bakmamış bile, *"Okurum oğlum okumasına ama senin Allah'a inancın yok, şifasına nasıl nail olacaksın ki."* demiş. Gitmiş yandaki büfeden bir paket tuz alıp, okumuş, Ömer, o tuz paketi bitene kadar her akşam dili de tam dönmeden Fatiha ve İhlaslar eşliğinde ellerini tuzlu su ile yıkadı ama siğillerinde herhangi bir iyileşme olmadı. Biz Salih amcayı dindar bilmezdik ama İbrahim Hakkı Hazretlerinin *"Harabât ehlini hor görme zahir! Defineye malik viraneler var!"* dediği gibi meğer bizim virane sandığımız Salih amcanın yüreğinde de nice defineler varmış, bildiren bildirince de gönül gözüyle bize sır olanlara o muttali oluyormuş.

Okula dönmeme bir gün kala, köyden yakın arkadaşım Feyzullah, *"Akşam birlikte Kepez'e gidip gelelim."* dedi. Feyzullah Tarım Hayvancılık ve Ziraat Meslek Lisesini bitirmiş, kadroya müracaat etmişti, ama bir türlü atanamamıştı. Kepez'den bir arkadaşının göreve başladığını öğrenmiş, onunla görüşmek istiyordu. Kepez ile köyün arası 50 km idi ve onun mobileti ile gidecektik. Endişelenirler diye de ben bizimkilere bir şey demedim. Annem *"Akşam erken gel, zaten yarın gideceksin, son akşam ailece bir arada olalım."* dedi. *"Arkadaşlardan erken kaçabilirsem gelirim."* diye geçiştirdim. O gece Feyzullah'ın mobileti ile yollarda o zamanlar meşhur olan Ferdi Tayfur'un *"Sen de mi Leyla?"* şarkısını söyleye söyleye Kepez'e gittik, arkadaşıyla görüştü, saat 23.30 gibi dönüşe başladık. Normal şartlarda saat 01.00 civarında evde olurduk ama son 20 km kala yolda mobilet arızalandı, bir taraftan mobileti ittiriyor bir taraftan yürüyoruz. O saate köye doğru giden araç da yok. Feyzullah'ın Tarım Hayvancılık ve Ziraat Meslek Lisesini okuduğu köye gelince onların öğrenciyken kullandığı daha kısa kestirme bir yoldan çabucak köye dönelim diye ana yoldan ayrıldık. Çoban köpeklerinden kaçalım derken yolumuzu kaybettik, nihayet sabah ezanı okunuyordu ki saat 05.00 civarı köye geldik. Babalarımız bizi aramak üzere bir taksi kiralayıp, Çanakkale istikametinde yollara düşmüşler. Annem çok merak etmişti ama benim yorgunluktan konuşacak hâlim yoktu. *"Anne bir şey sorma, 2 saat yatayım kaldır beni."* dedim. Kalktığımda babam da gelmişti, kimse bir şey sormadı, duş alıp, üniformamı giydim, her zamanki gibi babam valizimi aldı, annemin elini öptüm, kardeşlerim de uğurlamaya geliyordu. Babamın elini öpüp kardeşlerime sarıldım, o geceye ait hiçbir şey konuşmadan Ezine'ye dolmuş yapan taksiye bindim. Yolda fark ettim ki babam üniformamın cebine harçlığımın haricinde üniversiteye hazırlık için dershane ücretini de koymuştu. Otobüse bindim, bir saat sonra Çanakkale'den vapura binecektik. Kahvaltı yapmamıştım, vapurda çay simit alırım diye düşünüyordum. Cebimdeki paketten bir sigara çıkardım sonra muavinin dürtmesi ve sesiyle uyandım. *"Hadi birader Topkapı'ya geldik."* diyordu. Başımı ön koltuğa dayayıp, sigaramı bile yakamadan uyuyup kalmışım. Sigara kırılmış, ağzımın içi tütünden zehir gibi olmuştu.

Bu sene okula erken dönmüştüm. Üniversite sınavlarına hazırlanmak için dershaneye gidecektim. İkmale kalmış olmam da dershaneye gideceğim bu sürede okulda kalmam için iyi bir bahane olmuştu. Sınav günü beden eğitimi dersinden kalanları arka bahçede futbol sahasında topladılar. 100 metre ve 1500 metre koşuları ile uzun atlama burada yapılacaktı. Sınıf Amiri Zekai Binbaşı da gelmişti. *"Endişe etme, sen zaten geçmiştin."* dedi. Endişeden ziyade öfkeliydim. Bu keyfi tutumu ve haksızlığı bir türlü hazmedemiyor, isyan etmek, bağırmak, çağırmak, vurmak, kırmak istiyordum. Sınavda o güne kadarki en kötü performansımı sergiledim, 100 metre koşarken bir ara arkaya bile baktım, 1500 metre koşusunun yarısında sözde ayağımı burktum bu bahaneyle uzun atlamaya da katılmadım. Sonunda Barış Binbaşı, Zekai Binbaşı'ya *"Komutanım sizin öğrencinin salona gelmesine gerek yok, sene sonunda komisyon huzurunda salonda yapılan testlerde başarılı olmuştu."* dedi. Giderken Zekai Binbaşı *"Aferin sana, saygısızlık yapmadın ama akıllıca çok güzel tavır koydun."* dedi.

Geçen sene okulun son günlerinde epey araştırmıştım. Arkadaşlar genelde Beşiktaş'taki Modern Eğitim Fen (MEF) dershanesine kayıt yaptırmışlardı. Kimya hocamız, bana eşinin öğretmenlik yaptığı Kadıköy Unkapanı Dershanesini önermişti. Fiyat konusunda da yardımcı olacaklardı. Kimya hocama güveniyordum düşünmeden oraya kayıt yaptırdım. Eşi konuşmuştu, yarı yarıya indirim yaptıkları gibi hem 3 taksitte ödeyecektim hem de beni süper öğrencilerin arasına özel sınıfa alacaklardı. Dershanenin asıl merkezleri Unkapanı'nda olmak üzere biri Bakırköy'de diğeri de Kadıköy'de toplam 3 şubesi vardı. MEF kadar adı duyulmamıştı ama bu yıl ilk kez bir uygulama deniyorlardı. Ayda bir ortak deneme sınavı yapmak üzere tüm öğrenciler otobüslerle Unkapanı merkeze götürülüyordu. Özel tasarlanmış sınav merkezlerinde sorular basılı kitapçık şeklinde verilmiyor, tavana asılmış dev televizyon ekranlarından yansıtılıyordu. Her sorunun zorluk derecesine göre soruya ayrılan süre de farklıydı ve bu süreyi öğrenciler bilmiyordu. Her soru değişiminde farklı bir klasik müzik eşliğinde ekranın sağ alt köşesinde ileri doğru sayan bir dijital süreölçer beliriyor, bazen bir dakika bazen de 45 saniye sonra soru değiştiriliyordu. Önümüzde sadece bir müsvedde A4 ve bir optik kâğıt vardı. Çoğu zaman soruyu çözer, doğru cevap hangi şıkta diye başımızı kaldırdığımızda sorunun bir iki saniye önce değişmiş olduğunu görürdük. Tabii bu durumda soruyu hiç çözemeyenlerden farkımız kalmaz ve aynı soruya bir daha dönme imkânımız da olmazdı. Okullar açılana kadar sabah saat 06.00'da personel servisleri ile Kadıköy'e gider, çoğu zaman yolda servisin içinde sivil giyinirdik. Bazı günler sabahın o saatinde staja gitmek için Karacaahmet durağında Emine'yi servis beklerken görür, birbirimize el sallardık. Bu arada dershanede hızlandırılmış bu programla konu eksikleri tamamlanmış ve genel deneme sınavı ile seviyelere göre sınıflar belirlenmişti. Unkapanı merkezde yapılan ilk deneme sınavında sayısalda dershane birincisi olmuştum.

Nihayet okullar açılmış herkes "Şanlı Yuva"ya dönmüştü. Duygu, Fındıkzade Kız Yurdu'nun telefonunu bulmuştu. Uğurcan ve Ömer'in de ısrarlarıyla nihayet Berlin'i aramaya cesaret edebildim. Telefonun karşısındaki ses *"Erkek arkadaşları ile telefonda görüştürmemiz yasak."* diyordu. Ne dediysem ikna edemedim. Zaten yurdun telefonu bazen saatlerce meşgul çalıyordu. Aşağı okulda toplam iki ankesörlü telefon vardı ve uzun kuyruk oluyordu. Çaresiz sınıf amirinin sekreteri Necla abladan yardım istedim, kendisi hepimize ablalık eder, her derdimize koşardı. Şanslı günümde olmalıydım, ilkinde meşguldü ama ikinci aramada telefon açıldı, Necla abla Berlin'i telefona çağırdı ve ahizeyi bana verdi. 2-3 dakikalık bir bekleyişten sonra telefonun öbür ucundan Berlin *"Alo, kiminle görüşüyorum?"* diyordu. *"Berlin, merhaba, ben Mustafa, köyden."* dedim. *"Evet, bildim, merhaba!"* dedi. *"Benim bir derdim var yıllardır içimde sakladığım ve artık bunu seninle yüz yüze konuşmak istiyorum. Beni dinler misin?"* dedim bir çırpıda heyecanla ve umutsuzca beklemeye başladım. Bana bir saat gibi gelen belki bir dakika süren bir sessizliğin ardından *"Bilmem ki nasıl olur?"* dedi. *"Benim için çok önemli bu hafta sonu müsaitsen, sahafların arkasında çınar altında görüşsek."* dedim. *"Anladım, bu görüşme yapılmak zorunda, o zaman bir an önce yapalım."* dedi. Hafta sonunu iple çektim ve anlatacaklarımı kafamda belki binlerce kez tasarladım. Nihayet büyük gün geldi. O büyük günde kısım arkadaşım Ali Can benimle gelecek, Berlin gelene kadar beni yatıştıracak, gelince de çay bahçesinin uzak bir köşesinde görüşmemizin bitmesini bekleyecekti. Bize doğru her geleni Berlin'e benzetiyor ve Ali'yi masadan apar topar kaldırıyordum. Gelenin o olmadığını anladığımızda Ali *"Ağabey, sen bu kızı görsen tanırsın değil mi?"* diye söylenerek tekrar dönüyordu masaya. Derken ikimiz de ılık bir *"Merhaba!"* sesiyle irkildik. Berlin'i üniversite tarafından beklerken o sahaflardan gelmişti. Ali de ben de ayağa fırladık, bir taraftan kalkarken devirdiğim sandalyeyi düzeltiyor bir taraftan da Berlin'e oturması için yer gösteriyordum. Ali aceleyle *"Ben buralardayım, sizin konuşacaklarınız vardır, ben sizi yalnız bırakayım."* dedi ve cevap bile beklemeden ayrıldı. Berlin otururken *"Yanlış anlamazsan, kabalık olarak algılama ama yarım saat sonra gerçekten kalkmam lazım."* dedi. *"Peki, o zaman doğrudan konuya giriyorum, bu benim hayatımın en önemli anı, çok heyecanlıyım, sonuna kadar sabırla dinlersen çok sevinirim."* dedim. Önce bir el hareketiyle garsonu çağırıp, içecek bir şeyler istedim. İçecekler gelene kadar söyleyeceklerimi tasarladım ve garson ayrılır ayrılmaz konuya girdim. *"Sen benim çocukluk aşkımsın, belki de saplantım. Daha ilkokul ikinci sınıftaydık ben sana vurulduğumda. O yaşta da âşık olunur muymuş? Bilemedim, çocukça bir heves geçer diye ben de çok bekledim ama sen aklımdan hiç çıkmadın. Benim sensiz hiçbir hayalim olmadı. Ben hayal dünyamda seninle öyle mutluydum ki bu mutluluğum bitiverecek diye duygularımı sana hiç açamadım. İç dünyamda çok iyi anlaşıyorduk ama gerçek hayatta sen bazen beni terk eder gider, hasrette bırakır, yakar kavurur, çöllere düşürür, peşinden sürüklerdin. Bazen de tam kavuştuk dediğimde senin benden ne kadar uzak olduğunu ve varlığımın farkında bile olmadığını görür, bu defa da delice kaçmak, senden uzaklaşmak, yalnız başıma kalmak isterdim. Sen ilkokul 4'ten sonra Çanakkale'ye gidince ben ardından nefes alamadım, darlandım, sırf sen oradasın diye Devlet Parasız Yatılı Sınavları ile Lise Pansiyonuna geldim. Baktım ki senin kendi dünyan, kendi arkadaşların var, benim varlığımın farkında değilsin, liseyi seninle okumayı göze alamadım, zamanla geçer belki diye askerî liseye kaçtım. O gün bu gündür sen kaçtın, ben kovaladım. Seninle biz denizle güneş gibiydik. Güneşin her doğuş batışında denizi kızıla boyadığı gibi, sen de her geliş gidişinde benim yüreğimi kanatıyordun. Ya gelse hiç gitmese ya da gitse hiç gelmese derdim ama sen bir gelir, bir giderdin. Evet, senden kaçmak için sığındığım Kuleli Askerî Lisesinde geçen yıl bir mucize oldu ve 139 yıllık geçmişinde tek ders beden eğitiminden sınıfta kalan ilk öğrenci ben oldum. Dönmeseydim tam sen İstanbul'a gelmişken, ben bundan habersiz Ankara'ya gitmiş olacaktım. Kader ilk kez benim iradem dışında, seninle aynı gök kubbenin altında nefes almayı nasip etti. Ben de bunu ilahi bir işaret olarak gördüm ve Ankara yerine İstanbul'da kalmak için önce askerî öğrenci olarak ama olamıyorsa da askeriyeden ayrılarak senin olduğun şehirde üniversite okumaya karar verdim. Yani bir defa daha kader denk noktasında hayatıma yön veriyorsun. Bu defa bunu bil istedim."* dedim. Gözleri dolmuştu, durmamı işaret etti. *"Benim bunlardan hiç haberim olmadı, seni umutlandıracak bir bakış, bir laf, bir söz, yanlış anlaşılacak bir tavrım oldu mu?"* deyince ben *"Yanlış anlama, ben seni suçlamıyorum, ben bu sevgiden hiç pişmanlık duymadım, senden karşılık da beklemedim."* dedim. Bu defa *"Desene insan farkında olmadan ardında bir enkaz bırakabiliyormuş. Sen yanıp, tutuşmuşsun ama ben bunu hiç bilmemişim. Ben de aynı köylüyüz, okul arkadaşıyız, karşılaştığımızda niye bakışlarını kaçırıyor, niye selam bile vermiyor diyordum, mesele şimdi anlaşıldı. Açık konuşayım o zaman, ben bugüne kadar kimseye bağlanmadım, âşık olmadım. Aslında nasıl olunur onu da bilmiyorum. Çocukluğumda akşamları uyumak üzereyken yoldan biri geçerdi,* ayak seslerinden tanıdığım ve hiç görmediğim bu kişi geçene kadar uyuyamaz, ya bu gece geçmezse diye endişelenirdim. Kalbimi titreten bu duyguyu ben yıllarca aşk sandım, hepsi bu. Onun için seninki aşk mı? Sevgi mi? Yoksa saplantı mı? Bilmiyorum. Böyle aşklar masallarda olur sanıyordum. Öncelikle çok etkilendim ve sen suçlamasan da ben kendimi sorumlu hissediyorum. Aslında mantıklı düşündüğümde bir erkekte aradığım her şey var sende. Bir tarafım zaman verelim, tanıyalım birbirimizi diyor diğer tarafım hiç umut vermediğin hâlde bu kadar bağlanmış sana, bu umuttan sonra ya olmazsa bu enkazın altında kalırsın diyor. Seni yedeğime almakla seni hepten bataklığa çekmeye hakkım olmadığını düşünüyorum. Diğer taraftan başka türlü nasıl şans veririz ki birbirimize diyorum. Aslında sen de beni hiç tanımıyorsun. Sadece hayal dünyanda bana bir kişilik girdirmişsin. Muhtemelen seninle çok uyumlu, nasıl istersen öyle davranıyor. Belki beni tanıdıkça gerçekleri görecek ve benim sevdiğim kız sen değilmişsin diyeceksin." dedi. Sözünü kesme pahasına araya girdim "Ben sadece senin beni sevebilme ihtimalini sevmiştim. Şimdi bu ihtimali sonuna kadar değerlendirmek istiyorum. Zaman verelim, emek verelim, tanıyalım birbirimizi. Kesinlikle sana baskı yapmayacağım hatta bu aşk meşk konusunu en erken bir yıl sonra bugün tekrar konuşmak üzere burada kapatalım. Öncelikle iki arkadaş olmaya, birlikte zaman geçirmeye ve birbirimizi tanımaya çalışalım. Benim için önemli olan senin mutluluğun. Bunun benimle olması da şart değil, senin başkasıyla mutlu olmana dayanabilirim ama benimle mutsuz olmana asla. Bunun için bu süre sonunda sen bana karşı bir şeyler hissetmiyor olursan ben senin için yanıp tutuşuyor da olsam söz, senden ilk ayrıl-

mak isteyen ben olacağım. Çünkü ben sevdiğim kıza sarıldığımda bana karşı bir şey hissetmeyen cansız bir mankene sarılmış olmak ve dünyada en çok sevdiğim insanın ileride mutsuzluğuna neden olmak istemiyorum. Senin beni sevebilme ihtimalin ile geçirdiğim her bir dakika için de ömrümün tamamını verir ve bir milyon kez gelsem bu dünyaya yine seni sever yine bu ihtimalin arkasından giderdim." dedim. Sanki rüyada gibiydim, benim hayal dünyamdaki Berlin de böyle konuşurdu benimle. Yarım saat için gelmişti ama 4 saattir konuşuyorduk. *"Özür dilerim tüm planlarını alt üst ettim."* deyince *"Bu ne ki ben senin hayatını alt üst etmişim, böyle bir aşk bu devirde kaç kişiye nasip olur ama gerçekten çok geciktim, haftaya aynı gün ve saatte devam edelim mi?"* dedi. *"Olur, ama ben seni hafta içi de arasam, bu arada mektup da yazsam olur mu? Anlatacak öyle çok şey biriktirdim ki içimde, hafta sonları yetmez bana."* dedim. Kalktık, sahaflardan geçerken küçük bir anayasa kitabı aldı *"Sınavda bunlardan da soruyorlar."* dedi. Yurda gitmek üzere otobüse binerken, *"Bu defa gelmesen."* dedi ve vedalaşmadan ayrıldık. Ali köşede bekliyor, saatini gösteriyordu. Muhtemelen okulda yoklamaya geç kalacaktık. Okula gidene kadar Ali'ye, etütten sonra da yatana kadar Uğurcan'a ve Ömer'e hiçbir detayı atlamadan saatlerce bugünü anlattım. Bugünden sonra Güneş bir başka doğacaktı. Artık canımı hiçbir şey sıkamayacaktı. En büyük sorunlar bile gözümde küçülüyordu. Eskiden hayatımda sadece o vardı, şimdi beni sevebilme ihtimali de vardı. Ben bunları hak edecek ne yapmıştım, tüm bunların şükrünü nasıl eda edecektim. Bak Rabbim bir musibete ne hayırlar bina etmişti.

1985 yılı "*Dünya Gençlik Yılı*" ilan edilmişti ve bu kapsamda, Helsinki'de "*Liselerarası Matematik Olimpiyatları*" düzenlenmişti. Türkiye yarışma için Kuleli Askerî Lisesini bildirmişti. Her ülke başlarında hocaları olmak üzere beşer kişilik takımlar hâlinde yarışmaya katılacaktı. Matematik hocaları, aralarında benim de olduğum 10 kişilik bir liste vermişlerdi. Bize bir sınıf ayarlamışlardı, derslerden bir ay muaftık, bu süre sonunda aramızdan 5 kişi takıma girecek, onlar olimpiyatlara kadar bu şekilde hazırlanacak, diğerleri derse dönecekti. Gün içinde okulun matematik hocaları uğruyor, değişik soru kitapları bırakıyor, tahtaya TÜBİTAK soruları yazıyordu. Biz kendi bildiğimize çalışıyorduk. Bu arada ben bunu da fırsata çevirdim ve bu sene beden eğitimi dersine giren Ali Yüzbaşı'ya gittim. Beni zaten biliyordu. Kuleli tarihinde bir tek ders beden eğitiminden devre dönen tek öğrenciydim. "*Hocam, Matematik Olimpiyat Takımı'na hazırlanan gruptayım, dersinizden bir ay muafım, takıma girersem olimpiyatlara kadar dersinize gelemeyeceğim. Bu arada üniversite sınavlarına da hazırlanıyorum. Kontenjan içinde üniversiteyi kazanamasam bile askerlikten ayrılacağıma ve ne pahasına olursa olsun KHO'ya gitmeyeceğime dair size namus sözü versem, beni beden eğitimi dersinden muaf tutup, sene sonunda geçer not verir misiniz?*" dedim. "*Oğlum sen kendi kararını vermişsin, yolun açık olsun. Ben sana engel değil destek olurum.*" dedi. Olimpiyat seçmeleri her açıdan bulunmaz bir nimet olmuştu, Derslerden muaftık, zaten matematikten pek eksiğim de yoktu. Dershane hocalarım çok farklı test kitapları veriyorlardı, her hafta onları çözüyordum. Bir de haftalık fasiküller hâlinde yayınlanan "*Başarı*" dergileri vardı. Haftalık onu takip ediyordum. Üniversiteye hazırlanırken farklı bir strateji geliştirmiştik. Herkes çalıştığı kitabı saklardı. Hangi kaynak olduğu belli olmasın diye her kitabın önce kapak sayfalarını yırtar, kitap bitene kadar gizli bölmelerde saklar ve işi bitince de yakardık. Herkesin kendine göre gizli bir çalışma yeri de vardı. Aslında üniversite için yarışan grup üç aşağı beş yukarı aynı zekâ kapasitesine ve aynı imkânlara sahipti. Bu grup içinde öne çıkmak için daha fazla soru tipi görmek, daha fazla kaynak taramak gerekiyordu. Olimpiyatlara hazırlanırken de rakiplerimi tanıma imkânım olmuştu. Bir ay sonunda 5 kişilik takımı belirlemek için onlarca sınav yaptılar, ama herkes tüm soruları cevaplıyordu, bir türlü aramızdaki farkı ortaya çıkaracak soru bulamıyorlardı. Sonunda bir gün okul komutanı geldi. *"Aranızdaki farkı biz ölçemedik ama siz birbirinizi bizden daha iyi tanıyorsunuz. Şimdi sizlerden elinize birer kâğıt kalem almanızı, kâğıdın sol üst köşesine kendi adınızı ve ortasına da bu yarışmada sizin takımda bulunmasını en çok istediğiniz bir arkadaşınızın adını yazmanızı istiyorum. Adı en çok yazılan 5 kişi olimpiyat takımında yer alacak, eşitlik durumunda soyadlarına göre alfabetik sıralama göz önünde bulundurulacak."* dedi. Oylama sonunda olimpiyat takımını kendi oylarımızla belirlemiştik ama maalesef umutlar yarım kaldı. Bizim gibi gelişmekte olan ülkelerin olimpiyat takımlarının askerî öğrencilerden oluştuğunu gören olimpiyat komitesi, Dünya Gençlik Yılı'nda dünya barışına katkı adına planlanan böylesi bir etkinliğin, orduların beyin gücü savaşına dönüşeceği endişesiyle olimpiyatlara askerî öğrenci katılımını yasaklamıştı. Bu durumda Millî Eğitim Bakanlığı Robert Kolejinden bir olimpiyat takımı oluşturmasını istemişti.

Bu sene ömrüm bereketlenmişti. Her şeye zaman buluyordum. Hocalarım çok anlayışlıydı. Derslerde bile üniversite hazırlık testi çözmemi, görmezlikten geliyorlardı. Derslerden sonra ankesörün başında her gün en az bir saat nöbet tutuyordum. Haftada bir bazen iki kez Berlin ile telefonda sohbet edebiliyorduk. Etütlerde arkadaşların anlamadıkları konuları tekrar ediyor ve örnek sorular çözüyor, Berlin'den gelen mektuplara cevap yazıyor, yat yoklamasından sonra gizli yerime çekiliyor, dershane hocalarının verdiği test kitaplarına yoğunlaşıyordum. Hafta sonları cumartesi sabah Eminönü taraflarında öğleye kadar Berlin ile takılıyor, Topkapı Sarayı'nı, Yerebatan Sarnıcı'nı, Etnografya Müzesi'ni ve Ayasofya'yı geziyor, bir yerlerde bir şeyler içiyorduk. Diğer zamanlarda genelde dershanede oluyordum. Sayısal dersler dışında dershanenin hemen arka sokağındaki Marmara Bilardo Salonu'nda genellikle Ömer ile 3 top bilardo oynuyorduk. Pazar günleri ilk dersler genelde sözel olurdu. Ömer önce Kızıltoprak'taki evlerine gider sivil elbiselerini giyinirdi. Ben bu arda salonda masa tutar, Ömer gelene kadar kendi kendime atışlar yapardım. Bir gün en son boş masayı tutmuş kendi kendime zaman geçirirken, biri geldi masanın yanına oturdu, bana bakıyor. Ben de zaman geçirmek için *"Arkadaş gelene kadar 20 sayı çekelim mi?"* dedim. *"Olur, tabii buyurun siz açın."* dedi. Ben özenle topları ayarladım, dikkatlice vurdum, günümdeydim, açılıştan sayı almıştım, ardından iki sayı daha aldım. Sıra ona geçince 1, 2, 3, ..., 18 derken Ömer içeri girdi, şaşkınlık içinde kolumdan tutup *"Oğlum deli misin sen, nasıl kabul etti seninle oynamayı?"* dedi. Semih Saygıner'miş, Türkiye bilardo şampiyonu, nereden bileyim. Belki de üniformamın hatırına beni kırmamıştı. Özür diledim ama çok kibardı. Dershaneye gidiyorum bahanesiyle *"Arkadaşımla devam eder misiniz, benim çıkmam lazım."* dedim. *"Enkaz mı devredeceksin, yeni baştan başlarız biz onunla."* dedi. O gün Ömer ile 100 sayı çekmişler.

Fırsat buldukça Emine ile görüşmek için nakış atölyesine uğruyor, bazen orada bazen dışarda o grupla da samimi sohbet ortamları oluyordu. Sohbetlerde konu ya benimle Berlin'e ya Uğurcan ile Duygu'ya ya Hayati ile Banu'ya ya da Serap ile İlker'e bağlanırdı. Bu arada Feyzullah da ziraat teknisyeni olarak, Düzce'ye atanmıştı, hafif kekemeliği vardı, heyecanlanınca takılırdı. Doktor kızlı erkekli ortamlarda heyecanını yenmesi gerektiğini söylemişti, arada İstanbul'a geldiğinde o da gruba katılırdı. Bunun dışında köyden Özer vardı o sene Kâğıthane Astsubay Sınıf Okulunda okuyordu. İstanbul'a gelince Kandilli Kız Lisesinden bir kızla tanışmış arada bir de olsa onunla görüşürdük bazen bu görüşmeye köyün gençlerinden Deniz Astsubay Okulunda öğrenci olanlar da katılırdı.

Bir gün Berlin, ortaokul arkadaşlarından Türker ile karşılaştığını söyledi. Onun da ailesi Berlin'inkiler gibi Almancıydı ve yıllar önce kesin dönüş yapmışlardı. Türker de İstanbul Üniversitesinde Alman Filolojisinde okuyormuş. Onunla karşılaşınca eskilerden sohbet ederken son dönemlerde benimle görüşmeye başladığından bahsetmiş. Ben; *"Aslında bizden bahsetmen iyi olmuş, daha ortaokuldayken sana karşı meyilliydi, en azından beklentiye girmez."* deyince *"Yok artık daha neler, bir kızla erkek arkadaş olmaz mı? Biz iyi dosttuk, hemen işin içine aşk meşk sokuyorsunuz."*

dedi. Konuyu uzatmaya niyetim yoktu. *"Umarım senin dediğin gibidir."* dedim ve konuyu değiştirdim.

Bu arada üniversite sınavının ilki olmuştu, çok iyi durumdaydım. Emine de ilk sınavı geçmişti. Nakış atölyesine gittikçe birlikte ders de çalışıyorduk ama yeterli değildi ve annesini Emine'nin de bizim dershaneye gelmesi konusunda ikna ettik. Birlikte müdür beyin yanına gittik. Ben, Emine'nin bizim sınıfa alınması için müdür beye baskı yapıyordum. Müdür bey de sınıfın seviyesinin çok yüksek olduğunu, dersleri takipte zorlanacağını ve onun için faydalı olmayacağını anlatmaya çalışıyordu. Tabii ki müdür bey, beni ikna edemedi, tehdit ve şantajlarıma boyun eğmek durumunda kaldı ve gönülsüzce Emine'yi bizim sınıfa kaydetti. Emine ile dershaneye birlikte gelip gidiyor, sınıfta yan yana oturuyorduk. Dershanenin deneme sınavlarında sayısalda ben ya birinci ya da ikinci olurken o da genelde sonuncu oluyordu ve hem sınıfın hem de şubenin ortalamasını düşürüyordu. Dershanede de iyi bir arkadaş ortamımız vardı. Kadıköy Kız Lisesinden Aylin, Kandilli Kız Lisesinden Semra, Haydarpaşa Lisesinden Levent ve Atatürk Fen Lisesinden birkaç kişi daha vardı. Emine de bu grupta hep yanımdaydı ama biz bazen Moda Sahil'e kaçsak da Emine dershaneden ayrılmazdı. Ben zaten her cumartesi sabahı Berlin ile görüşmeye, sözel derslerde de bilardo oynamaya giderdim. Hafta içi yat yoklamasından sonra herkesin yatıp uyuduğu saatlerde, tüm üniversite sınavına hazırlananlar, sır gibi sakladıkları gizli mekânlarına geçer, gecenin ilerleyen saatlerine kadar soru çözerlerdi. Ben sinevizyon dershanesini mekân tutmuştum, sorumlusu arkadaşımdı ve anahtarın bir kopyasını yaptırmıştım.

Pencereler siyah perdelerle kapatıldığı için dışarı ışık da sızmazdı. Her gece bir iki saat uykuyla yetinir, dershane hocalarının verdiği test kitaplarını kimseye göstermeden çözerdim. Aslında hafta sonu dershanede hocaların çözdüğü örnek soruların tamamını daha önceden çözmüş olurdum. Böyle olunca da derse ilgimi uzun süre muhafaza edemez, haftanın yorgunluğu ile de genellikle derste uyuyakalırdım.

Emine ile gerçekten çok iyi arkadaştık, her şeyimi paylaşırdım, can kulağı ile dinler, benimle sevinir, benimle ağlardı. Son dönemde Emine ile birlikte olduğumuz tüm gruplarda herkes bizim ne kadar iyi arkadaş olduğumuzu ve bunu bir ömür boyu devam ettirmemizi düşünmemizi söylüyordu. Zaman zaman ben de Emine'nin bana karşı bir şeyler hissettiğini fark ediyordum, ama benim kimseyi görecek hâlimin olmadığını da en iyi o biliyordu. Bir gün Çengelköy'de yeni açılan bir pastanede izin dönüşü grup hâlinde oturuyorduk. İzin isteyip Emine'yi yan masaya aldım. Benim için ne kadar değerli olduğunu, onu bir arkadaş olarak çok sevdiğimi, kaybetmekten çok korktuğumu, bana karşı ilgisinin farkında olduğumu ama benim Berlin'den başkasını gözümün görmediğini söyledim. Aslında ne kadar ciddi olduğumu göstermek istemiştim ama onun ne kadar kırılacağını düşünmeden bir anda ağzımdan *"Hayatta tek kız sen kalsan, seninle birlikte olmayı düşünmem."* diye bir cümle çıkıverdi. Emine'nin gözleri dolar gibi oldu ama kendini hemen topladı ve tüm sakinliğiyle *"Ben senden bir şey istemedim ki. Bırak benim hislerim bana kalsın."* dedi. Bu tavrımla onu kırdım mı bilemiyordum ama *"Büyük lokma ye, büyük laf etme."* diyen atalarımızın hilafına çok büyük bir laf etmiştim. Umarım bir gün bu yaptığıma pişman olmam.

Telefonda çok anlatamadı ama Berlin bu hafta çok üzgündü. Kafası da çok karışıktı. Cumartesi Fındıkzade'de bir pastaneye oturduk. *"Sen haklıymışsın. Ben o gözle hiç bakmamıştım ama Türker'in de bana ilgisi varmış. Üstelik benim de ona karşı boş olmadığımı düşünüyormuş. Ben etrafımdaki herkesin hayatını mahvediyorum. Aşk meşk düşüncem olmadığından benim arkadaşça yaklaşımımdan umutlanmış."* dedi. *"Bunda senin bir suçun yok ki."* desem de o farklı bir konuya takılmıştı. *"Seninle bu yaşadıklarımızdan sonra ben sana denedik ama olmadı diyemem ki. Yıllarca bir okyanusun kenarına kendini demirlemek ile yelkenlerini ümitle şişirip biriyle okyanusa açılmak aynı şey değil, birinde kopamazsın ama diğerinde geri de dönemezsin. Ben sende beklentisizliğin dinginliğini, Türker'de dönememe endişesiyle çaresizlik içinde çırpınışı gördüm. Korkarım bunun sonunda sevmeyi beceremezsem, sevgi dolu bir insanı enkaza çevireceğim. Bir haftadır kendimi yokluyorum. Mektubun bir gün gecikse ya da bir saat geç arasam, tıpkı çocukluğumda akşamları yoldan geçen o ayak seslerinin duyamadığımdaki gibi endişeleniyorum. Ben aşkı bu kadar biliyorum, bunun ötesi benim için bir meçhul ve bu belirsizlik bana ağır geliyor. Bugüne kadar birçok arkadaşlık teklifi aldım ve her defasında kimseye bağlanmak ve hesap vermek istemediğimi söyledim. Dün karar verdim bundan sonra teklif eden olursa seninle çıktığımı söyleyeceğim ve bugünden itibaren yaptığım ve yapamadığım her şeyde sana hesap vermek istiyorum. En kısa zamanda bunun da bir adını koyalım. Anneme de bir gün hayatımda biri olursa ilk ona söyleyeceğime söz vermiştim. Dün annemi aradım, senden bahsettim, çok sevindi.*" dedi. Sonunu böyle hayal etmemiştim. Bu bir erken finaldi. O rahatlamıştı ama benim bakışlarım bulanmıştı. "*Bir yıl bu konuyu konuşmayacaktık. Erken oldu sanki. İkimiz de biraz düşünsek haftaya konuşsak olur mu?*" dedim. Eminim daha ne bekliyor, nesini düşünecek diye aklından geçmiştir ama sadece başını salladı.

Ertesi günü bu konuyu Emine ile enine boyuna konuştuk. Akşam da Uğurcan ve Ömer ile tartıştık. Onlar endişelerimi yersiz görüyor "*Abartma işte, önce kendi aranızda adını koyun, baktınız iyi gidiyor sonra aileler devreye girer, baktınız yürümüyor herkes kendi yoluna.*" bu işler hep böyle diyorlardı. Benim için uykusuz geceler başlamıştı. Peki, evlendik ve bir gün Berlin aslında beni hiç sevmediğini anladı. En çok sevdiğim insanın yegâne mutsuzluk kaynağı bendim. O zaman ne olacaktı? Böyle bir yola çıkarken en azından başlangıçta insanın kendi duygularından emin olması gerekmez miydi? Şimdi üzerindeki baskıdan kurtulmak, belirsizliği ortadan kaldırmak için kendince durumu netleştirmeye çalışıyordu. Aslında böyle bir tehlikeye karşı ben ona güvence vermiştim. Benim için önemli olan onun mutluluğuydu. Bu süre sonunda bana karşı olan hislerinden emin olamadığında ondan ayrılmayı isteyenin ben olacağıma söz vermiştim. Sanırım sözümde durma zamanı gelmişti.

Hafta sonunu hep iple çekerdim, ama bu hafta hiç bitmesin istemiştim. Randevulara hep ben erken gelir, Berlin'i beklerdim. Aslında o gecikmezdi ama ben erken gelirdim. Bugün de erken gelmiştim ama Berlin daha erken gelmişti. Biraz oturduk hiç konuşmadan, sanırım ikimiz de düşüncelerimizi netleştirmeye çalışıyorduk. Sonunda *"Sana bir soru soracağım ama çok net bir cevap bekliyorum Beni seviyor musun?"* dedim. Biraz durakladı *"Bilmiyorum."* dedi. *"Bu şekilde devam edemeyiz değil mi?"* dedim. *"Görmüyor musun bu bataklık seni yutuyor, beni boğuyor?"* dedi. *"Sana bir söz vermiştim, bir gün buna bir son vermek gerekirse ayrılık teklifi benden gelecekti. Sanırım sözümü tutma zamanım geldi. Buna bir son verelim Berlin."* dedim. *"Biliyordum böyle diyeceğini ama kestirip atmak ne kadar doğru, aslında görüşmelere biraz ara verip kendimizi mi yoklasak? Belki duygularımı daha iyi tartarım."* dedi. *"Olur."* derken gözümden akan yaşlara engel olamadım. Bu arada kalktı, tam kapıdan çıkarken arkasını döndü *"Mektup yazsam olur mu? Ben çok alıştım, cevap yazacak gücün olmazsa bunu anlarım."* dedi. Cevabımı beklemeden çıktı. Bu bizim son görüşmemiz oldu. Daha sonra iki ay kadar daha 3-4 mektup yazdı, hepsine cevap vermeye çalıştım. Medeni insan gibi en azından arkadaş olarak kalacaktık. Mektuplar gün geçtikçe eski içtenliğini yitirdi, bazen yanlış anlar mı diye saatlerce kelime seçmeye çalıştığımı fark ettim. Gazetelerin hafta sonu köşeleri gibi ilgisini çekeceğini düşündüğüm fıkra ve bulmaca arayışına girmiştim. Bir köyün berberine tıraş olan biri, berbere kaç müşterisi olduğunu sorduğunda; berber köyün yarısının berbere, yarısının da kendi kendine tıraş olduğunu söylüyor. Acaba berber, kendi kendine tıraş olanlar grubuna mı yoksa berbere tıraş olanlar grubuna mı dâhildi? Aristo, döneminde bir öğrencisine, ilk davasını kazandığında borcunu ödemek üzere avukatlık eğitimi veriyor. Öğrenci avukatlık eğitimini tamamlıyor ama bir türlü dava alamıyor. Bunun üzerine Aristo öğrencisini mahkemeye veriyor ve mahkemede *"Aslında bu davanın görülmesine bile ihtiyaç yok. Yargılama sonunda mahkeme beni haklı bulursa mahkeme kararıyla öğrencim bana olan borcunu ödemek zorunda, yok davayı öğrencim kazanırsa aramızdaki anlaşmaya göre ilk davasını kazandığı için yine bana olan borcunu ödemek zorunda. Yani her hâlükârda bana olan borcunu bu dava sonunda ödeyecek."* iddiasında bulunuyor. Öğrencisi de *"Hocam yanılıyor, eğer ben davayı kazanırsam, mahkeme kararına göre borcumu ödemeyeceğim ama davayı hocam kazanırsa aramızda anlaşmaya göre ilk davamı kaybettiğim için zaten ödeme yapmayacağım. Bu davanın sonunda hocama herhangi bir şey ödemeyeceğim."* diyor. Mektuplarımda buna benzer paradokslar, akıl oyunları olurdu ama duyguya yer olmazdı. Zira açıkça dile getirmese de Berlin bağlanamadığı için kendini suçluyordu. Bir gün bana Emine'den bahsetti. Emine dayanamamış ve Berlin'e telefon etmiş. Ne konuştularsa aralarında en son mektubunda *"O kız seni, senin beni sevdiğin gibi karşılıksız seviyor. Ben sana karşılık vermek için inan ki çok çaba sarf ettim ya sevmeyi beceremedim ya da mantığımla hükmettim ama gönlüme söz geçiremedim. Sen hep benden gönlüme söz geçirmemi bekledin, mutluluğu buna bağladın. Ben yapamadım ama sen yaparsın, sen sevmeyi biliyorsun. Bu kızın sevgisine karşılık verebilirsen, o zaman çok mutlu olursun. Ben senden sevginin, karşındakini mutlu etmek olduğunu öğrendim. Ben, beni sevenin kıymetini bilemedim, sen aynı hatayı yapma seni mutlu edecek o kızı kaçırma."* diye yazmıştı. Bu yolda samimi çaba sarf etmiş olduğunu görmek mi? Ulaşılmaz sandığım hayalime bir nebze olsa yaklaşmış olmak mı? Karşımdakinin anlayışı, zarafet ve nezaketi mi? Bu süreçte grup arkadaşlarımın ve özellikle Emine'nin desteği mi? Bilemiyorum ama yıllar süren bu rüyadan uyanmak korktuğum kadar yıkıcı ve yakıcı olmamıştı. Biraz durgunlaşmış, biraz boşluğa düşmüştüm, artık her gün günlerden Berlin değildi. Her zorluk, onun varlığı ile hafiflemiyordu. Hayatın gerçeklerine dönmeye başlamıştım.

Haftaya üniversite sınavının ikinci aşaması yapılacaktı. Kontenjanlar gelmişti. Tercih yapabileceğimiz üniversiteler, bu üniversitelerin fakülteleri ve o fakültede kaç öğrenci istihdam edileceği tarafımıza tebliğ edilmişti. Askerî öğrencilerin üniversite yolculuğundaki en kritik aşamaya gelinmişti. Sınavda aldığınız yüksek puan kadar, tercihlerinizin sıralaması da çok önemliydi. Zira yerleştirildiğiniz fakülteyi kontenjan dâhilinde kazanamamanız durumunda üniversite yerine KHO'ya gitmek ya da tazminat ödeyerek askeriyeden ayrılıp sivil olarak kendi imkânlarınızla üniversite okumak zorundaydınız. Bu tercihlerinizi de sınavdan aldığınız puana göre değil de henüz sınava girmeden önce belli bir öngörüyle yapmanız gerekiyordu. Üniversiteler ve meslekler hakkında neredeyse hiç bilgim yoktu. Tercihler konusunda dershane mutlaka ilk sıraya Boğaziçi Üniversitesi Elektrik-Elektronik Mühendisliğini yazmam konusunda baskı yapıyordu. Zaten ilk tercihime yerleşeceğim için diğer tercihlerimin önemli olmadığını söylüyordu. Boğaziçi Üniversitesi veya ODTÜ'de okutulmak üzere Elektrik-Elektronik Mühendisliği ile Makine Mühendisliğine 1'er, İnşaat Mühendisliğine de 2 kontenjan ayrılmıştı. Bunların yanında Boğaziçi Üniversitesi Matematik, Fizik,

Kimya Öğretmenlikleri, İstanbul Üniversitesi Hukuk Fakültesi, İşletme ve Gülhane Askerî Tıp Akademisi için toplam 50 kontenjan verilmişti. Helsinki Olimpiyatlarına hazırlanırken en büyük rakibimin Kâzım olabileceğine kanaat getirmiştim. Devrenin başçavuşu olan Kâzım Orhan Yıldız'a benim ilk hedefimin sadece üniversiteye gitmek olduğunu, yanlış bir tercihle KHO'ya gitmek istemediğimi ve tek kontenjan verilen aynı bölümleri ilk tercihimize yazmamız durumunda birbirimize engel olabileceğimizi anlatıp, önceliği ona bıraktığımı, onun tercihine göre sıralama yapacağımı söyledim ve ilk tercihini sordum. Henüz karar veremediğini, düşünmek istediğini söyledi. Tüm ısrarıma rağmen son ana kadar da tercihini benimle paylaşmadı. Son akşam mecburen riske girmemek için 2 kontenjan verilen Boğaziçi Üniversitesi İnşaat Mühendisliğini ilk sıraya ve çok sevdiğim Matematik Öğretmenliğini de ikinci sıraya yazdım.

Nihayet okul bitmişti. Mezuniyet töreni için annem ve babam köyden gelmişlerdi. Tabii ki Emine'nin ailesi misafir etmişti. Zaten epey kaynaşmışlardı. Mezuniyet töreninde, Emine'nin ailesi de yalnız bırakmadı, mutluluğumuza, gururumuza ve sevincimize ortak oldu. Törenden sonra birlikte Boğaz'a gittik, Kanlıca'da yoğurt yedik. Bu yaz küçük kardeşim Hakan'ın sünnet düğünü vardı. Bu arada bizimkiler de onları sünnet merasimi bahanesiyle köye davet etmişler.

Hakan'ın sünnetine çok hazırlık yapmıştık. O yıl tüm evi boyattık, yeni koltuk takımları aldık. Emine, annesi, Murat, annesi Rahime teyze ve kız kardeşi Dilek, Hakan'ın sünnet töreni için İstanbul'dan yola çıkmışlar, o sabah erken saatlerde Ezine Otogarı'na ineceklerdi. Ben de onları karşılamaya gittim. Dönüşte tek bir taksiye doluştuk. Emine ısrarla sınav sonuçlarına bakmak için başvuru numaramı istiyordu. O sıkışık ortamda gazeteyi açıp listeyi taradılar. İlk tercihime Boğaziçi Üniversitesi İnşaat Mühendisliğine yerleşmiştim. Ertesi gün Afyon'dan Hakan da geldi. Gelirken *"Güldüren Soğuk Bilmeceler"* adlı bir kitap getirmişti. Bizimkiler grup hâlinde her fırsatta bir kenara çekilip, kaynatıyorlardı. Bu arada teyzem de İzmir'den gelirken akrabalarımızdan birinin kızını getirmişti. Kızın sık sık kıyafet değiştirmesi de sanki kendini bana beğendirmeye çalışıyor gibi algılanıp dalga konusu olmuştu. Arkadaş ortamında güzel bir tatil oldu, fırsat buldukça traktörle tarlaya, bahçeye, geçen yıl Cahit ağabey ile Ömer'e kurduğumuz çadıra gidiyorduk. Hatta bir defasında traktör ile bilmeden çok dar bir yola girmiştim. Römorkun kenarına oturan Emine'nin bacaklarını etraftaki çalı çırpı çizmiş, kanatmıştı. Sünnet düğününde köyün gençleri ile birlikte sabahın ilk ışıklarına kadar çalgılar eşliğinde güle oynaya evleri dolaşıp, çerez toplamış, daha sonra bahçede onları yemiştik. Bu adetler bizim gruba çok değişik ve eğlenceli gelmişti.

Menteş Askerî Kampı (1985)

Bir tatil daha bitmiş, bu defa İstanbul'a, "Şanlı Yuva"ya veda için gelmiştik. Son kez Boğaz yolu bizim için kapatılmış, bando eşliğinde marş söyleyerek Çengelköy'e oradan vapurla Haydarpaşa'ya gitmiş, Ankara'ya intikal için trene binmiştik. Daha sonra sivil kaynaktan ve Işıklar Askerî Lisesinden gelenler ile KHO'da toplanıp, tren ile İzmir/Urla Menteş'e ATAT Kampına doğru yola çıktık. Askerî öğrenciler, "*kaydı kabak*" dedikleri sivil kaynaktan gelen acemilerle yol boyu dalga geçiyorlardı. Bakıyorsun kompartımana giren bir grup askerî lise öğrencisi, sivillerden tren ücreti topluyor, onlar çıkıyor başka bir grup giriyor ve kurmay olmak isteyenlerin adını yazıyordu. Eğlenceli bir yolculuktan sonra ATAT Kamp Bölgesi'ne geldik. Deniz kenarına iki nöbetçinin yağmurluklarını birleştirerek orta direğinin yüksekliği 120 cm olan panço çadırları kurmuşlardı. Her çadırda, demir boru ve branda bezi ile kurulan ikişer seyyar kampet vardı. Çadır arkadaşım benim gibi 4 binlerden devre kaybı Abdullah'tı. Abdullah mangada 7'nci adamdı ve makineli tüfek taşıyıcısıydı. Valiz ve spor çantalarımızı kampetlerin başucuna koyup, tüfeklerimizi çadırın orta direğine çattık, makineli tüfeği de mecburen Abdullah'ın kampetin altına yerleştirdik. Kampetlerde sadece sırtüstü yatabiliyorduk, yan döndüğümüzde çadırın tentesi rüzgârın da etkisiyle nefes almamıza engel oluyordu. Sabah 06.00'da kalk borusu çaldığında, altımızda mayo, üstümüzde spor fanilası, omzumuzda havlu, ayağımızda spor ayakkabıları, başımızda miğfer, bir elimizde tüfek, diğerinde tokyo, çadırlar bölgesinde nöbetçi subay nezaretinde içtima ederdik. Her bölük kendisine ayrılan iskelenin yanında hizaya istikamete bakar, herkes ayak ucuna tokyolarını ve tokyolarının üzerine havlusunu bırakırdı. Oradan eğitim alanına gider, hiza istikamete bakar, sağ yanımıza miğferimizi bırakır, tüfeğimizi de namlusu miğferin üzerine gelecek şekilde yere uzatırdık. Buradan tekrar çadırlar bölgesine geldiğimizde beden eğitimi hocaları emir komutayı devralır ve 5 km sabah koşusunu başlatırlardı. Koşu esnasında nefesim daraldıkça, kafamın içinde grup şarkımız olarak belirlediğimiz Samime Sanay'ın o dönem meşhur ettiği *"Bir ilkbahar sabahı"* şarkısı, *"Bir ilkbahar sabahı Menteş'te uyandın mı hiç/Bir his dolup içine ölüyorum sandım mı hiç?"* sözleriyle kafamın içinde döner dururdu. Koşu sahilde her bölüğün iskelesinin önünde biterdi. Tokyo ve havlularımızı bulur, aynı yere spor ayakkabılarımızla fanilalarımızı da bırakır, koşarak iskeleye çıkar sırayla denize atlardık. Serin su çok hoşumuza giderdi, ama deniz sefası çok kısa sürerdi. Bölüğün son adamı da iskeleden atlayınca ilk giren denizden çıkar, havlu ve tokyolarını alır, duşların altından duraklamadan yürüyerek geçer, bu defa bir elinde spor ayakkabıları ve diğerinde fanilası, havlusu omuzunda uygun adım marş söyleyerek çadırlar bölgesine gelirdi. Çadırlar bölgesinde ellerinde süreölçerler ile takım komutanları bekliyor olur. Başlarda 3 dakika ile başlamışlardı ama sonlara doğru 45 saniyeye kadar düşürdükleri bir sürede üstümüzü değişip, eğitim elbiseli, botlar bağlanmış olarak aynı yerde içtima etmemizi emrederlerdi. Çadırların içinde soyunmak zaten mümkün değildi, iç çamaşırını havluya sarılarak değiştirmeye bile zaman olmazdı. Her defasında mutlaka geç kalanlar olurdu. Bunlar bölükten ayrı bir yerde toplanır ve bunlara istikamet verilirdi. Takım komutanı *"İstikamet sağınız!"* derdi. Bu grup esas duruşta başını sağa çevirip tekrar önlerine bakar, *"Dağılın marş marş!"* komutuyla *"Dur!"* emrine kadar delice koşardı. Bu defa *"Karşımda safta toplan marş marş!"* komutuyla, takım komutanının karşısında saf düzeni alırlar, takım komutanının o günkü hâletiruhiyesine göre ya alçak sürünme yapar ya da kollarını hissetmeyene kadar şınav çekerlerdi. Verilen istikamette herhangi bir engelle karşılaşılması durumunda, öncelikle engelin üstünden geçilir, olmazsa yanından dolaşılırdı. Genellikle her gün gecikenlere verilen istikametle, bölüğün seyyar tuvaletleri yerle bir olur, kahvaltı sonrası güne yeni tuvalet çukurları kazarak başlanırdı. Abdullah ile ben gecikenler grubunun müdavimiydik. Bir gün nasılsa kalk borusunu duymamışız. Bölük koşudan gelmiş, denize girerken uyandık, hemen giyinip çadırın arkasında beklemeye başladık, onlarla birlikte giyinmiş gibi çadırın önüne içtima ettik. İlk kez geç kalmamıştık. Yoklama alınmadığını ve çadırlar bölgesinin kontrol edilmediğini keşfetmiştik. O günden sonra bir daha sabah sporuna hiç çıkmadık, içtimaya da geç kalmadık. Kahvaltıyı müteakip, eğitim alanında öğleye kadar genellikle yanaşık düzen eğitimi yapılırdı. Öğle üzeri tam teçhizatlı ve tüfekli koşu ve ardından yarım saat deniz olurdu. Öğle yemeğinden sonra normalde 13.00-15.00 arası serbest saat istirahat zamanımızdı ama sahilde mayolu, tokyolu ve miğferli içtima edilir, bir gün denizden yumruk büyüklüğünde taşları toplar, miğferin içine yemekhane bölgesine getirir, toz olmasın diye etrafa dizerdik, ertesi gün de bu taşları miğferlerimize doldurur denize atardık. Saat 15.00'ten sonra bazı günler savaş beden eğitimi, bazı günler de yemin töreni provası olurdu. 18.00'de akşam yemeği sonrası isteyen sinemaya giderdi, isteyen gazinoda muhabbet ederdi. Saat 22.00'de yatardık, haftada bir, farklı günlerde alarm verilir, ya makineli tüfek atışı altında alçak sürünme ya da gece yürüyüşü olurdu. Kampta kimse yürüyerek dolaşamazdı, tek kişi koşar, iki kişi uygun adım koşar, üç ve daha kalabalık grup uygun adım koşarken marş söylerdi. Bu ilk kampta her türlü eziyet ve hakaretle kasten psikolojik baskı ortamı oluşturuluyor, dayanıksızların elenmesine zemin hazırlanıyordu. Zorluklara katlanamayıp ayrılmak isteyenler bile bu taleplerini sadece 12.30-13.00 arası bölük komutanlarına yazılı olarak bildirebiliyor, en erken ertesi günü aynı saatlerde kamp alanından ayrılabiliyorlardı. Kamp 45 gündü. Bu sürenin sonunda yemin ediyor ve *"Harbiyeli"* ünvanını alıyor, o güne kadar size hakaret eden komutanlarınızdan hayal bile edemeyeceğiniz bir itibar ve saygı görüyordunuz. Kamp boyunca provalarda onlarca kez yemin ettim ama gerçek yemin törenine birkaç gün kala üniversiteyi kazananları ayırdılar. *"Şimdi kararınızı verin bakalım, şanlı şerefli asker olmaya geldiğiniz bu yuvada yemin edip gerçek birer asker mi olacaksınız yoksa esnaf olmak için ayrılıp gidecek misiniz? Bu ihanetinizi belgelemek için ben üniversite sınavında yerleştirildiğim fakültede okumak istiyorum diye dilekçe yazacaksınız, karar vermek için iki gününüz var."* dediler. Askerî lise öğrencilerinin en zekileri üniversiteye, psiko-motor becerisi yüksek olanlar Hava Harp Okuluna (HHO'ya) ayrılıyor, geriye kalanlar da KHO'ya devam ediyordu.

Bölük komutanının dediklerinden etkilenen olmamıştı, zaten askerî lise öğrencisi böyle gaza gelmezdi. Hepimiz hemen birer dilekçe yazdık, yazıcıya verdik, her defasında bir bahane ile dilekçelerimiz iade edildi. En son benim dilekçe yazdığım A4 kâğıdının köşesinde sinek pisliği olduğu iddia edilmişti. Her iade edilen dilekçeden sonra kamp şartlarında A4 kâğıdı bulmak da zorlaşıyordu. Muhtemelen kantine emir verilmişti, kâğıdın bittiği, haftaya geleceği söyleniyordu. Mecburen son gece bir operasyon yaptık, kantinin deposunu patlattık ve her birimiz onar suret dilekçe yazdık. Sonradan öğrendik ki bize zulmeden bölük komutanı da kaydı kabakmış. Muhtemelen ilk kampında askerî lise öğrencileri tarafından çokça örselenmiş ve şimdi de aklınca intikam alıyordu. 15 kişi İstanbul'a, 35 kişi de Ankara'ya gitmek üzere ayrılmıştık. İzmir'den Eskişehir'e kadar trenle birlikte geldik. Eskişehir'de, İstanbul'a gitmek için Anadolu Ekspres'te sadece 6 kişilik bir kompartıman bulabilmişlerdi. Birine başımızdaki görevli üsteğmen oturuyor, diğer 5 koltuğa 15 kişi dönüşümlü olarak oturuyorduk.

Fakülte ve Yüksek Okullar
(1985-1990)

Gece yarısı başlayan yolculuk nihayet sabahın ilk ışıkları ile sona ermişti ve iki ay önce ayrıldığım İstanbul'a tekrar kavuşmuştum. Bizi almaya gelen iki minibüs ile önlü arkalı İstanbul FYO Komutanlığı nizamiyesinden içeri girip, saf düzeninde içtima ettik. Hepimiz form tutmuş, çakı gibi asker olmuştuk. Hayatımın en fit dönemindeydim. İlk kez kilom boyumdan daha küçük rakama inmişti. 172 cm boyum vardı ve kilom 70 idi. Bizi Harp Okulundan getiren üsteğmen, tekmil vermek üzere hazırlanırken, FYO nöbetçi amiri olan üsteğmen *"Arkadaşlar kusura bakmayın, sizi ayakta beklettim, geleceğinizden son anda haberim oldu, geçici odalarınızı hazırlatıyordum, karşılayamadım, yol yorgunusunuzdur, siz istirahat buyurun, kahvaltı hazır olunca haber veririm."* dedi. Bu arada meraklı bir grup, pijamalarla pencereden sarkmış bize bakıyordu. Geçen yıl 4 devresinden FYO'ya gelen Ali Işık ile Rahim Sarı beni tanımış, *"Dede hoş geldin."* diye bağırıyorlardı. Nöbetçi amiri bizi dörder kişilik odalara yerleştirdi. Odada banyo tuvalet vardı. Hepimiz hemen soyunup suyun altına attık kendimizi, yarım saat sonra hepimiz belimizde peştamallar yatakların üzerine uzanmış, nerdeyse uykuya dalacaktık ki ansızın kapı çalma sesiyle ürperdik. Nöbetçi amirini kapıda gören yataktan yay gibi fırlayıp esas duruşa geçmişti. Nöbetçi amiri *"Arkadaşlar rahatsız ettim ama kahvaltı hazır onu haber vermek istedim."* deyince hepimiz birbirimize baktık. Rüya olabilir miydi tüm bunlar? Böyle askerî bir birlik olabilir mi? Şaşkındık.

FYO'da mühendislik, öğretmenlik, hukuk, işletme, eczacılık, tıp, diş hekimliği ve veterinerlik gibi Silahlı Kuvvetlerin ihtiyaç duyduğu dallarda eğitim gören öğrencilerin az bir kısmını askerî liseden gelen öğrenciler çoğunluğunu ise üniversite okumakta iken askeriyeye geçmiş öğrenciler oluşturmaktaydı. FYO'da bu şekilde 150'ye yakın askerî öğrenci vardı. Bu yıl da askerî liselerden, astsubay okullarından ve üniversitede ara sınıfta okumakta iken sivil kaynaktan 30 yeni öğrenci daha alınmıştı. Kısa sürede tanıştık, eski öğrenciler ile de kaynaştık, zaten bir kısmı askerî liselerden devre arkadaşımızdı.

İstanbul FYO Komutanlığı, Sarayburnu'ndaydı. Sultanahmet ve Gülhane Parkı tarafından Topkapı Sarayı'nın dış avlusuna girişte sağdan aşağı indiğimizde Cankurtaran Feneri'nin arkasında kalıyordu. Tesis aslında Turizm ve Otelcilik Meslek Yüksek Okulu için Uygulama Oteli olarak yapılmıştı. İstanbul'un çeşitli üniversitelerinde okuyan askerî öğrenciler burayı yurt gibi kullanıyordu. Odaların tamamında tuvalet ve banyo vardı. Genelde odalar 4'er kişilikti, odada iki katlı ranza, soyunma dolapları ve çalışma masaları vardı. Mühendislik öğrencilerinin odalarında ayrıca çizim masaları da olduğu için onlar iki kişi kalıyordu. Büyük bir gazinosu, yemekhanesi, çok zengin bir kütüphanesi, küçük bir mescidi, reviri, terzisi, ayakkabı boyacısı, berberi, mini futbol sahası ve havalı silah atış salonu vardı. Sabah kahvaltısı, akşam yemeği ve sınav zamanları gece 10.00'da çorba çıkardı. Askerî öğrenci harçlıklarına ilave olarak öğle yemeği ve okul ulaşımı için ayrıca aylık ödeme yapılıyordu. Sabah dersi olan fakültesine gider, akşam dönerdi. Harp Okulunu derece ile bitirip, üniversitelerde yüksek lisans hakkı kazanan subaylar, önce varsa yabancı dil şartını sağlamak üzere hazırlık sınıfını okur, daha sonra fark derslerini verir ve en sonunda yüksek lisansa başlarlardı. Bu süre içinde de FYO'da nöbetçi amirliği tutarlardı. Yani sabahtan akşama kadar üniversitede birlikte derse girdiğimiz subaylar akşam başımızda nöbet tutar ve yoklamamızı alırdı. Yoklama öyle bildiğimiz anlamda içtima edilerek alınmazdı. Akşam yemeğinde yoklama dosyası yemekhaneye bırakılır, gelen yemeğini alırken, yoklama listesini de imzalardı. Gelemeyecek veya geç gelecek olanlar ya doğrudan nöbetçi amirine bilgi verir ya da arkadaşıyla haber gönderirdi. Askerî lisede olduğu gibi öğrenciler arasında ast-üst ilişkisi yoktu. Ara sınıftan girenler, üst sınıf olsa da askerî lise kaynaklılardan daha çömezdi. Üniversite hayatında alttan üstten ders alındığı için aslında kimin kaçıncı sınıfta olduğu da belli değildi. Onun için kimse kimseye astlık üstlük taslamıyor herkes yerini ve konumunu biliyor, seviyeli bir ilişki yürütüyordu. Sadece FYO'da nöbetçi amirliği tutan üsteğmenlere ağabey diyorlardı. Odalar sürekli açıktı, isteyen odasında ders çalışır, yatar, uyurdu. Aslında ne sabah kalk saati ne de akşam yat saati vardı. Herkes yatması ve kalkması gereken saati kendi ders durumuna göre kendisi belirlerdi. Her türlü imkân ve konfor sunulmuştu. Sene başında ihtiyacımız olan kitapları liste hâlinde kütüphaneye verirdik. Onlar mevcudu olmayanlar için hemen alıma çıkarlardı. Kitapları yıllık olarak kütüphaneden zimmetle alır, sene sonunda iade ederdik. Baba evinden daha rahattı.

FYO, öğrencilerin her türlü ihtiyaçları düşünülerek

tasarlamıştı. Çok rahat bir ortamı vardı ama ben en çok mescidini seviyor ve orada huzur buluyordum. Nedense öğrencilerden pek mescide gelen olmuyordu. Kat hizmetlileri, ayakkabı boyacısı ve aşçılar dışında bir de ilahiyat öğrencisi ile babası imam olan veterinerlik öğrencisi geliyordu. Bir gün arkadaşlar benim de mescide gitmemem yönünde telkinde bulundular. Onlara göre daha öğrenci iken fişlenirsem, tüm meslek hayatım boyunca bu yaftadan kurtulamazdım. Askerî lisede yaşadığım İrfan ağabey olayını hatırlayınca arkadaşlara hak verdim. Zaten bana ibadet etme demiyorlar, sadece bunu ulu orta yapma diyorlardı. Üstelik kendileri de aynı şekilde hareket ediyor, odalarında bir muşamba seccade üzerinde namaz kılıyorlardı. Lise Pansiyonunda yaptığımı yapmayacak, bu defa bu treni kaçırmayacaktım. Ben de kendime bir muşamba seccade edindim ve o günden sonra namazlarımı odamda eda etmeye başladım. Okulda kılamadıklarımı akşam geldiğimde kaza ediyordum. İnşallah bundan sonra namazlarımı hiç aksatmayacaktım ve bir gün mutlaka kılamadığım günlerin kazasını da eda edecektim.

9 Eylül 1985 Pazartesi günü FYO'da düzenlenen törenle yemin ettik. Bu tarih artık benim *"duhulüm"* olmuştu, yani artık bu tarih itibarıyla emekli sandığına girişim yapılmış, öğrencilikte geçen günlerim güne gün hesabıyla emekliliğe sayılacak, göreve başladığımda ise her yıl için ayrıca 90 gün yıpranma süresi ilave edilecekti.

Kendi benliğimizi bulma, hayata hazırlanma adına yeni bir dünyanın kapısını aralamıştık. Burada her türlü imkân vardı. Gazinoda herkes kendi ilgi alanına göre çeşitli kâğıt oyunları, tavla ve bilardo oynardı. Ben gelir gelmez briçe merak sarmıştım. Çok disiplinli oynanıyor, hataya tahammül edilmiyor, acemilere karede yer verilmiyordu. Briç masalarında bir yer edinebilmek için birçok kitap okumak, uzun süre sessiz sedasız seyretmek durumunda kalmıştım. Aylar sonra briç masalarının müdavimi olmuştum. Aslında her şeye zaman ayırıyordum en çok da okumaya. Zaman zaman odalarda toplanır, derin sohbetlere dalardık. Bu tartışma ve sohbet ortamlarında zamanla ne kadar yetersiz olduğumuzu gördük ve bu açığı kapatma adına okuyacaklarımızı planladık. Dünya klasikleri ile başladık, ders kapsamında da zaten haftada bir İngilizce roman okumamız gerekiyordu. Kişisel gelişimimiz için Dale Carnegie'nin tüm kişisel gelişim kitaplarını elden ele dolaştırdık. Atatürkçülük dışında bir şey bilmezdik ama entelektüel ortamlara girdikçe ne kadar yetersiz kaldığımızı, doğrularımızı savunamadığımızı fark ettik. Babanım ortağı Ali amca *"Oğlum, hayatta üçkâğıt dâhil her şeyi öğren, sen yapmasan bile üçkâğıda gelmezsin."* derdi. Bunu düstur edindik, karşı tarafın savlarını da öğrenmek için sosyalizm, komünizm, kapitalizm konularına giriyor, Karl Marx'ın Diyalektik Materyalizm (Eytişimsel Özdekçilik) yorumlarına dalıyorduk. Okudukça gerçeklerin bize anlatıldığından çok farklı olduğunu görüyorduk. Demokrasi şehidi olarak hafızalarımızda yer eden Menderes'in Demokrat Partisi gücü ele geçirdiği dönemde hızla yozlaşmış, yolsuzluklara bulaşmış, halk karşıtı baskıcı bir yönetime dönüşmüştü. 60 Darbesi sonrası Yassıada'da Menderes ve arkadaşları pek çok davadan yargılanmıştı. Adnan Menderes'in, metresi olan opera sanatçısı Ayhan Aydan'dan olan çocuğunu öldürttüğü iddiası ile hakkında bebek davası açılmıştı. Örtülü ödeneğini yasalara aykırı biçimde kullanmaktan, İstanbul'da birçok vatandaşın mülkünü bedelini tam olarak ödemeden istimlak etmekten yargılanmıştı. Detaylarını o günlere bizzat şahit olan babamdan da dinlediğim *"Geyikli Olayları"* nedeniyle *"CHP'li iki milletvekilinin seyahat özgürlüğünü engellemek"* ile suçlanmıştı. Yine tarihe *"6-7 Eylül Olayları"* olarak geçen birçok azınlık tebaanın mallarına çöküldüğü, ırzına geçildiği hadiseleri organize etmek ve bu hadiselere neden olan Selanik'te Mustafa Kemal Atatürk'ün evinin bombalanması olayını tertip etmekten yargılanıp mahkûm olmuşlardı. Yıllarca *"12 Eylül Askerî Darbesi"* de siyaseten çıkmaza giren ülkenin önünü açmak amacıyla askerin anayasal görevini ifa etmek için mecburen yapmak zorunda kaldığı emir komuta zinciri içinde kansız bir müdahale olarak lanse edilmişti. Zaten asker ülkeyi rayına sokmayı müteakip yönetimi siyasilere bırakarak sessiz sedasız kışlasına çekilmişti. Oysa Kenan Evren verdiği mülakatlarda, müdahale kararının çok önceden verildiğinden ancak şartların oluşması için belli bir süre beklenildiğinden ve darbeden sonra darağacına gönderilen gençler için her iki tarafa da haksızlık yapmadan bir sağdan bir soldan astıklarından bahsediyordu. Darbe kansız olmuştu ama darbe öncesi şartların olgunlaşması için 4 binden fazla vatan evladının ölümüne seyirci kalınmış ve sonrasında da dünya kadar mağduriyete sebep olunmuştu. 12 Eylül 1980 Darbesi sürecinde, 1 milyon 500 bin kişi fişlenmiş, 650 bin kişi gözaltına alınmış, 230 bin kişi askerî mahkemelerde yargılanmış, 7 binden fazla kişiye idam cezası istenmiş, 517 kişi ölüm cezasına çarptırılmıştı. Bu süreçte 171'i cezaevlerinde işkence sonucu olmak üzere yaklaşık 300 kişi ölmüş ve 48 kişi (24 adli suçlu, 15 sol, 8 sağ, 1 ASALA militanı) darağacına gönderilmişti. Diğer taraftan bizi biz yapan değerlerimizi keşfetme adına tasavvufi ve dini konuların kapısını aralıyor, İmam Gazali'de kendimizi buluyorduk. Cuma akşamları Çorlulu Ali Paşa Medresesi'nde nargile eşliğinde Üstat Necip Fazıl'ın şiir dinletililerine gidiyorduk. Kışın daha çok tiyatro etkinliklerini, yazın da Gülhane şenliklerini takip ederdik. Gülhane Parkı'nda halk konserleri olur, Ferdi Tayfur, Orhan Gencebay, Barış Manço, İzzet Altınmeşe gibi pek çok ünlü sahne alırdı. Gülhane Parkı'ndan Sultanahmet Meydanı'na çıkan Soğuk Çeşme Sokağı o yıl aslına uygun restore edilmişti. İçinde eski Cumhurbaşkanlarından Fahri Korutürk'ün doğduğu ev de bulunan Topkapı Sarayı surlarına bitişik onlarca yapı imitasyonla ayağa kaldırılmış ve sokak turizmin hizmetine açılmıştı. Sokağı işleten firmanın resepsiyonunda Gürhan çalışıyordu. Gürhan benim askerî liseden kısım arkadaşımdı. Birlikte üniversite sınavlarına girmiştik. O da İstanbul Üniversitesi Hukuk Fakültesini kazanmıştı ama sanırım kontenjana girememişti. Silahlı Kuvvetlerden ayrıldı, hukuk fakültesinde okurken burada da kendi harçlığını çıkarıyordu. Okula gelip giderken Eminönü-Uçaksavar arası belediye otobüsüne tek bilet kullanır, çok acelemiz yoksa Sirkeci-FYO arasını yürürdük. Bu arada fırsat buldukça da Gürhan'a takılırdık. Aynı güzergâhta Cankurtaran'a doğru butik oteller vardı. Ali Işık da hala dediği bir bayanın otelinde resepsiyon görevlisi olarak çalışıyordu. Bazı akşamlar da ona misafir olurduk. Özellikle hafta sonu akşam Cankurtaran'a iner, Erol Taş'ın kahvesinde okey oynardık. Sınıf amirimiz Beslen Binbaşı *"Bunlar okumuş adam, iş güç sahibi."* derdi. Gerçekten de nerdeyse herkesin kısmi zamanlı bir işi vardı. Tıpçılar, diş hekimleri ve veterinerler kliniklerde çalışırdı. Öğretmenler üniversite hazırlık ve dil dershanelerinde derse girerlerdi. O dönemlerde video çok yaygınlaşmıştı. Her kahvede sabahtan akşama film izletilirdi. Bu filmlerin Türkçe altyazı tercümesini yabancı dillerde okuyan öğrenciler yapardı. Türkiye'de kolej eğitimi yeni yeni başlıyordu. Boğaziçiliden, İngilizce verilen özel matematik, fizik ve kimya dersleri çok rağbet görürdü.

Birçok arkadaşımızın ekonomik durumu çok iyiydi. İkinci el de olsa arabasını bile almış olanlar vardı. Her şeyin bizcesini keşfettikçe heyecanlandığımız bu dönemde, Osmanlıların sadaka taşı uygulamasına özenmiştik. Veren el, alan eli görmüyordu. İnsanlar minnet altında kalmadan sıkıntılarını gideriyordu. Uygulamaya karar verdik. Oda arkadaşım Ekrem, Yıldız Teknik Üniversitesinde mimarlık okuyordu. Büyükçe bir metal çay kutusu bulup, içine belli bir para koymuştuk. Arkadaş çevremiz kutudan ihtiyacı kadarını alır, eli bollaştığında getirir fazlasıyla yerine koyardı. Kim ne alır ne koyar bilmezdik ama zaman geçse de oradaki para eksilmezdi.

Boğaziçi Üniversitesi (1985-1990)

İstanbul FYO'nun sıcak muhabbet ortamlarında, birbirimizle kaynaşırken ve meraklı sorularla üniversitelerimizi tanımaya çalışırken, çok şaşırdığım iki gerçekle yüzleşmiştim. Biri, Boğaziçi Üniversitesinde eğitim dili İngilizce imiş ve hazırlık sınıfı sonunda çok ağır bir *"Proficiency-Yeterlilik"* sınavı varmış. Bu sınavı vermeden bölüme geçiş yokmuş. Hatta bu seneye kadar Boğaziçi Üniversitesine girebilmek için İngilizce baraj puanı varmış. Eşitlik ilkesine aykırı bulunduğu için ilk kez bu yıl mahkeme kararıyla dil baraj puanı kaldırılmış ve hazırlık sınıfında da iki yıl okuma hakkı verilmiş. Almanca ve Fransızca okuyan Işıklar Askerî Lisesi öğrencileri de Boğaziçi Üniversitesine bu şekilde yerleştirilmiş. Yine korkulu rüyalarım başlayacaktı. Lisede Rabbimin yardımıyla son anda geçmiştim hazırlığı, bakalım burada ne yapacaktım. Belki de aradan geçen bunca yılda dil öğrenimine yeterince eğilmediğim için yine aynı yerden sınanacaktım. Zaten lisede devre kaybederek kendi devremden bir yıl geri kalmıştım, 4 yıllık Harbiye yerine 5 yıl üniversite okuyarak bu devreden de bir yıl geri kalacaktım. Sırf dershane aklıma soktu diye Boğaziçi Üniversitesini tercih etmiştim. Ne okulun eğitim sistemini ne nerede olduğunu ne de eğitim süresini biliyordum. Sadece üniversite mi? Bölüm tercihini de çok bilinçsizce yapmıştım. Sırf kontenjan durumunu göz önünde bulundurarak inşaat mühendisliğini seçmiştim. İnşaat mühendisi, mimar ve müteahhit arasındaki farkı bile bilmiyordum. Hedef sadece İstanbul'da bir üniversite olunca herhangi bir araştırma yapma gereği duymadan, dershane nasıl yönlendirdiyse o şekilde tercih yapmıştım. Birazcık araştırsam, eğitim süresi ve eğitim dilinden dolayı İstanbul Üniversitesi İşletme Fakültesi ilk tercihim olurdu herhâlde. Acaba bu da bir sevk-i İlahi mi? Yoksa ilgisizlik mi? Neyse olan olmuştu ve olanda hayır vardı. Şimdi tevekkül zamanıydı. *"Görelim Mevla'm neyler, neylerse güzel eyler."* deyip önüme bakacaktım. Bir diğer şaşırdığım konu da Kâzım'ın tercihiydi. Dershanenin baskısıyla benim Boğaziçi Üniversitesi Elektrik-Elektronik Mühendisliğini yazma ihtimalime karşın, çok istediği hâlde ilk tercihine makine mühendisliğini yazmış ve oraya yerleştirilmişti. Ve bu yıl Boğaziçi Üniversitesi Elektrik-Elektronik Mühendisliği kontenjanı boş kalmıştı. Peki, buna ne demeli. Kader diyeceğim ama Sezai Karakoç *"Sakın kader deme kaderin üstünde bir kader vardır / Ne yapsalar boş göklerden gelen bir karar vardır / Gün batsa ne olur geceyi onaran bir mimar vardır / Yanmışsam külümden yapılan bir hisar vardır / Yenilgi yenilgi büyüyen bir zafer vardır."* diyor.

Yemin törenin ertesi günü, Boğaziçi Üniversitesine kayda gidecektik. Boğaziçi Üniversitesinde okuyan 7-8 arkadaş bize mihmandarlık yapacaktı. O akşamki nöbetçi amiri üsteğmen ağabey de Boğaziçi Üniversitesinde okuyordu. Üniversite yaşantısı ve hareket tarzımızla ilgili biraz sohbet ettik. Okula resmi üniformayla gidiyorduk ve ister istemez odak noktası oluyorduk. Kız-erkek arkadaşlığı ile ilgili sınırları korumada zorlanabilirdik. *"Biraz duruşunuza dikkat edin. Hemen kendinizi olayların akışına bırakmayın önce bir kenardan gözlemleyin, daha sonra utanacağınız ya da pişman olacağınız hatalar yapmayın. Unutmayın yap-*

tığınız hatalar sadece size fatura edilmez, üzerimizdeki üniformadan dolayı hepimize hatta tüm Silahlı Kuvvetlere mâl edilir." demişti.

Okul Rumeli Hisarı yanında Boğaz'a hâkim bir tepedeydi. Güney Kampüs muhteşem Boğaz manzarası eşliğinde, Aşiyan Yokuşu'na paralel Bebek Sahili'ne kadar uzanıyordu. Çınar ağaçlarının altından kıvrıla kıvrıla sahile inen bu yol sonbaharda ayrı bir güzeldi. Büyülenmiştik. Kayıt esnasında istersek İngilizce muafiyet sınavına girebileceğimizi öğrendik. Kazım, Çağatay, Hasanbey ve Derya dışında hiçbirimizin aklından müracaat etmek geçmedi. Haftaya seviye tespit sınavı yapılacak ve ondan sonraki hafta da dersler başlayacaktı.

Uzun zamandır dershaneye uğramak istiyordum ama bir türlü fırsat bulamamıştım. Müdür beyin odasının karşına büyük bir pano asmışlardı. Hepimiz çok iyi yerler kazanmıştık. En üstte benim adım vardı parantez içinde *"Sayısal Türkiye 63'üncüsü"* yazıyordu. Nasıl yani derece mi yapmıştım? Çok şaşırdım, *"Hocam doğru mu bu?"* deyince *"Maalesef!"* dedi. Anlayamamıştım. Meğer o yıl İş Bankasının kuruluşunun 61'nci yılıymış ve banka o yıl ilk 61 kişiye birer cumhuriyet altını vermiş. *"Boş ver hocam, vermeyince Mabud, neylesin Sultan Mahmut?"* deyip geçiştirdim. Müdür bey asıl niye bu kadar puanla elektrik-elektronik mühendisliğini yazmayıp, ilk tercihine inşaat mühendisliği yazdığımı merak ediyordu. Silahlı Kuvvetlerin kontenjan stratejisini anlatıp, tercih politikamızı söyleyince *"Çok sinirlenmiş, çok kızmıştım ama çok haklıymışsın."* dedi. Hocalarımıza uğradık, teşekkür ettik, bizleri yeni öğrencilere tanıttılar. Gerçekten çok onurlanmıştım.

Derken dersler başladı. Hazırlık sınıfında *"Upper, Intermediate ve Lower"* olmak üzere 3 kur planlanmıştı. *"Upper"* grubunun İngilizce seviyesi zaten iyiydi, *"Proficiency-Yeterlilik"* sınavına yönelik teknik çalışıyorlardı, bu grubun büyük kısmının ilk dönem sonunda, tamamının da yıl sonunda bölüme geçeceği tahmin ediliyordu. *"Intermediate"* grubunun eksileri vardı, ilk dönem eksikleri tamamlanacak, ikinci dönem teknik çalışmalara ağırlık verilecekti. Büyük çoğunluğun yıl sonunda bölüme geçeceği tahmin ediliyordu. *"Lower"* grubunda bölüme geçişin ikinci yıl içinde olması bekleniyordu. Sınıflar ortalama 25 kişilikti. Kolçaklı sandalyeler U düzeninde duvar kenarına dizilmiş, tahtanın karşısında U'nun tabanına ikinci bir sıra yapılmıştı. Herkesin sabit bir yeri yoktu ama ben hep U'nun tabanının duvar kıyısında sabit bir yere oturuyordum. Son günlerde yanımda Leyla adında bir kız oturmaya başlamıştı. Cana yakın ve samimi biriydi. Bu Boğaziçi Üniversitesinde hazırlık sınıfını ikinci okuyuşu imiş. 3 yıl önce matematik öğretmenliğini kazanmış, hazırlıkta kaldığı için, İstanbul Teknik Üniversitesinin Matematik Öğretmenliğine yatay geçiş yapmış. Teknik Üniversitede çok zorlanınca 2 yıl sonra tekrar üniversite sınavına girip yine Boğaziçi Üniversitesinin Matematik Öğretmenliğini kazanmış. Genellikle ders kitabı olmaz, benimkini ortak kullanırdık. Sadece derste değil ders aralarında sigara içmeye de birlikte çıkardık. Giydiği tiftik yün kazağının tüyleri üniformamın her yerine yapışırdı. Bu durum beni çok rahatsız ederdi.

Bir gün Yavuz Üsteğmen ile sohbet ederek öğle

yemeğinden dönüyoruz. Mühendislik binasının arkasından Yabancı Diller Yüksek Okuluna doğru inerken Yavuz Üsteğmen *"Şu geçen kız çok hoşuma gidiyor tanıştırsana bizi."* dedi. *"Ben tanımıyorum ki ağabey."* dedim. *"Nasıl yani az önce geçerken selamlaştınız ya."* dedi. *"Hiç farkında değilim bir dakika."* dedim. Koşarak kızın arkasından *"Bakar mısınız? Biz tanışıyor muyuz?"* diye seslendim. Kız şaşkın bir ifade ile *"Tanışmıyor muyuz?"* dedi ve arkasını dönüp gitti. Ne diyeceğimi bilemedim demek ki tanışıyorduk. Öğleden sonra ilk ders başlamak üzereydi, Leyla ile sigaralarımız söndürüp, önlü arkalı sınıfa girdik. Ben yerime geçmek için her zamanki gibi önümde oturan kızdan müsaade istedim ama bu defa yerinden kalkmadı. Duymadı diye düşünerek tekrar *"Müsaade eder misiniz?"* dedim. *"Bir yüzüme bak istersen."* dedi. Başımı bir kaldırdım ki, bugün Yavuz Üsteğmenle yemekten dönerken *"Tanışıyor muyuz?"* diye sorduğum kız. Nasıl mahcup oldum. Leyla hemen araya girdi. *"Kusura bakma ve şahsi algılama, bunların formatı böyle. Ben tanışana kadar bir ay yanında oturdum."* dedi. Bundan sonra her karşılaştığımızda kız *"Tanışıyoruz değil mi?"* derdi, ama resmen tanışmamıştık. Biz üniformanın şerefini korumayı biraz abartmış olmalıyız ki bu tavrımız etrafımızda burnu büyüklük olarak yorumlanmış. Leyla başlarda selam vermiş, teneffüslerde ateş istemiş, sohbet etmeye çalışmış ama bakmış ki ben oralı değilim, iletişimimi maslahatgüzar seviyesinde tutuyorum. Önce şahsi algılamış, alınmış sonra kafasına takmış. Sabah akşam selam vermeye başlamış, derslerde yanıma oturmuş, kasten kitabını getirmemiş, kendi deyimiyle parmağını gözüme sokmuş, ağzımın içine girmiş. Yaklaştıkça tanımış, tanıdıkça sert bir kabuk gibi duran o üniformanın ardındaki duygusal ve mülayim kişiliğimi görmüş. Bu dostluğu sabırla ilmek ilmek örmüş.

Leyla'nın cana yakınlığı sayesinde üniversite ortamında pek çok sivil arkadaş edinmiştim. Gaye'yi, Meltem'i, Mehtap'ı, Ozan'ı onun sayesinde tanımıştım. Hüseyin Baştuğ ve Nurettin Selsil ile bölümde birlikte okuyacaktık. Dershaneden tanıdığımız arkadaşlar vardı, hatta zaman zaman diğer üniversitelerden ziyaretimize gelen dershane arkadaşlarımız vardı. Semra İstanbul Teknik Üniversitesi Kimya Mühendisliğindeydi, karşılıklı gider gelirdik. Arada Emine gelirdi. Askerî öğrenci grubumuz da vardı. Hüseyin Ceylan kontenjan dâhilinde inşaat mühendisliğine gelen diğer askerî öğrenciydi. Taner bu yıl kontenjan dâhilinde matematik öğretmenliğine gelen tek askerî öğrenciydi. Taner'in ağabeyi Tanju 4 bin devresinin başçavuşuydu ve kimya öğretmenliği ikinci sınıfta okuyordu. Ayrılmaz dörtlü olmuştuk, sürekli bir aradaydık. Kâzım, Derya, Hasanbey ve Çağatay hazırlık sınıfında İngilizce yeterliliği verip bölüme başlamışlardı. Derya, Hasanbey ve Çağatay İngilizce öğretmenliğindeydi ve derslerin yoğunluğundan pek bize takılamazlardı ama Kâzım mühendislikteydi ve neredeyse lisenin genel bir tekrarı gibi olan birinci sınıf ona çok basit geliyordu. İlk dönem Kâzım da bizim gibi kantinin müdavimleri arasındaydı, bu arada onlar da Meltem ile çok iyi dost olmuşlardı. Farklı farklı gruplarda olsak da zamanla hepimiz kaynaşmıştık. Genelde boş zamanlarda kantinde takılır ya muhabbete dalar ya da king oynardık. Güney kampüste iki, kuzey kampüste bir kantin vardı. Hazırlık sınıfı güneyde olduğundan kuzey kampüse sadece yemeğe ve kütüphaneye giderdik, bazen oradaki kantinde de çay içerdik. Asıl mekân Güney Kampüs'teki Askerî Öğrenci ve Kıro Kantini idi. Güneydeki diğer kantin Sosyete Kantini'ydi. Güney Kampüs'teki her iki kantinin ortamı, hitap ettiği kesim, ürünleri ve fiyatları adeta isimleri ile müsemma idi. Askerî Öğrenci ve Kıro Kantini'nde ortam daha sıcak, ilişkiler daha samimi, köy kahvesi kıvamındaydı. Sosyete Kantini'nde de daha çok isimlerini telaffuz edemediğimiz yiyecekler ve kılık-kıyafeti, saçı-başıyla okula değil de kırmızı halıya gelen sosyete dünyasının ünlüleri vardı.

Üniversitesi ortamı da FYO ortamı da çok iyiydi, yeni kurulan dostluklar, yeni keşfedilen ilgi alanları ve önümüze serilen imkânlar dolu dolu bir yaşam sunuyordu ama hazırlık sınıfı kaygısı bu ortamın tadını kaçırmaya yetiyor, *"Proficiency"* yaklaştıkça endişe ve stres seviyemi kontrol altında tutmakta zorlanıyordum. *"Proficiency"* altı bölümden oluşuyordu. *"While listening"* bölümünde önce bir iki kelimelik cevapları olan sorular veriliyor, ardından içinde cevapların yer aldığı parça anadili İngilizce olan bir hoca tarafından okunuyor ve bu okuma bitene kadar soruların cevaplanması bekleniyor. *"After listening"* bölümünde önce parça okunuyor, bu esnada öğrenciler not tutuyor ve daha sonra dağıtılan soruların cevaplanması isteniyor. *"Scanning"* bölümünde 8-10 sayfalık bir metin içinden 20 dakikada 10 sorunun cevabını bulmanız gerekiyor. *"Detail Reading"* bölümünde de bir iki paragraflık metin içinde yine 20 dakikada 10 zamirin yerine kullanıldığı isimleri bulmanız gerekiyor. *"Writing"* bölümünde genelde biri süreç veya ortam tasviri diğeri de kıyaslama olacak şekilde bir sayfadan az olmamak üzere bir saat içinde iki makale yazmanız bekleniyor. Sınav kâğıtlarında isimler kapatılarak, 3 farklı hoca tarafından kör hakem okuması yapılıp, notların ortalaması alınıyor, başarılı olabilmek için sene içindeki performanstan bağımsız 60 ve üstünde not almak gerekiyor. Yıl sonunda yapılan *"Proficiency"*de korktuğum başıma gelmiş, sınırdan 59 ile ikmale kalmıştım. Moralim gerçekten çok bozuktu. Nerede yanlış yapıyordum acaba? Niye hep aynı yerden sınanıyordum. Verilmek istenen bir mesaj vardı ve ben bunu alamıyordum, Allah da bunu fark edene kadar hep aynı yerden sınıyordu. Erzurumlular Allah'a *"Bahane Tanrısı"* dermiş. Kulunu affetmek için bahane arar ilk fırsatta da affedermiş. Bunu öğrencisini geçirmek için bahane arayan bir hocaya benzetirdim. Öğrenci çok gayretsiz, sınavlarda bir türlü geçer not alamıyor. Hoca, öğrenciyi sözlüye kaldırıyor, soru soruyor öğrenci bilemiyor, bilemedikçe hoca bir soru daha soruyor. Öğrenci sanıyor ki hoca bana taktı, oysa hoca belki bunu bilir de geçirmek için bir bahanem olur diye sürekli soru soruyor. Ne zaman hep aynı dersten sınansam bu aklıma gelir ve nerede yanlış yapıyorum ki hep aynı yerden sınanıyorum, diye düşünmeden edemem.

Okul kapanır kapanmaz, Bursa/Gemlik Askerî Veteriner Okuluna ATAT Kampına gittik. Aklımda *"Proficiency"* sınavı var ama sınav çok teknik nasıl çalışacağımı da bilmiyorum. Kuleli hazırlık sınıfında Caner adında karşı kısımda bir arkadaşım vardı. Ortaokuldan arkadaşım Şenol da o kısımdaydı ve onun sayesinde samimi olmuştuk. Caner, Boğaziçi Üniversitesi İngilizce Öğretmenliği ikinci sınıfa geçmişti, hocalarla çok iyi ilişkileri vardı. Aslında aradan geçen zamanda Caner ile dünya görüşlerimiz farklılaşmıştı ve bu aralar çok yakın olduğumuz söylenemezdi. Kampta beni yakın takibe aldı, *"Proficiency"* sınavına hazırlanmamda en yakın destekçimdi. Önemli olan makaleydi, ona yoğunlaşmak lazımdı ama yazdığım makalenin değerlendirilip hatalarımın gösterilmesi gerekiyordu. Caner bunun bir adım daha ötesine geçti. Biri *"Bir romanı okumak ile aynı romandan uyarlanmış sinema filmi seyretmenin karşılaştırılması"* diğeri de *"İstanbul'da bir manzara tasviri"* olmak üzere iki çok özel konu belirlemişti. İddiasına göre onun tanıdığı bir hocanın bu seneki ikmal sınavını hazırlama ihtimali vardı ve bu iki konu onun vazgeçilmezlerindendi. Son dönemlerde okuyup da etkisinde kaldığım *"Collector-Koleksiyoncu"* romanını merkeze alarak, özellikle psikolojik romanların ruhunun sinemaya yansıtılmasının zorluğunu savunan bir karşılaştırma yazdırmıştı. Manzara tasvirinde Boğaz Köprüsü'nü seçmiştik. Köprüyü güzel bir kızın boynundaki gerdanlığa, üzerlerindeki araçların ışıklarını da gerdanlığın incilerinden yansıyan ışık huzmelerine benzetmiştik. Kamp boyunca bu iki konuda yazdığım makaleleri defalarca düzeltmiş ve en sonunda hem fikir hem de gramer olarak kendince mükemmel hâle getirmişti. Ben daha çok makale türlerine göre belli kalıplar oluşturmak ve gelen konuyu o şablona uyarlamak şeklinde bir yol takip etsek diyordum ama o ısrarla kendisine güvenmemi istiyordu. Her iki makale için de binlerce hatta milyonlarca farklı konu verilebilirdi. Seçtiği konular çok gündemle de ilgili değildi ama ısrarla bu iki konuya yoğunlaşmıştık.

Kamp dönüşü bir hafta sonra ikmal sınavına girecektik. Stresten çalışmak mümkün değildi. Havalar da çok sıcaktı, akşamları Sultanahmet'e çıkıyor sağa sola takılıyorduk ve ancak sabah ezanları okunurken yatağa giriyor, öğleden sonra kalkıyorduk. Bir haftada gece ile gündüz adeta yer değiştirdi. Sınavdan önceki gece kendimizi normal zamanda yatmaya zorluyor, bir taraftan da sabah 07.00'de kalkamama endişesi yaşıyorduk. Hepimiz ayrı ayrı saatlerimizi kurduk, santraldeki askeri tembihledik ama heyecan bir taraftan, alışkanlık bir taraftan uyuyamıyoruz. En son saate baktığımda 3'tü ve uyuyamamıştım. Bir ara rüyamda matematikten hoca sözlüye kaldırmış, tahtada bir grafik çizdiriyor. Grafik x'i 7'de kesince 7'de düşey asimptot diye birden fırladım ve bir iki saniye sonra 07.00'ye kurduğum alarm çalmaya başladı. İnsan beyni ne muhteşemdi, biyolojik saat böyle bir şey olmalıydı. Duş alıp, kahvaltı yapıp sınava gittik. "*Listening*" ve "*Reading*" çok iyi geçmemişti ama ben garip bir şekilde "*Writing*" bölümünden çok umutluydum. Gözlerime inanamadım ama her iki makale de Caner'in ısrarla kampta çalıştırdığı konulardandı. Adeta ezbere ilk yarım saatte ikisini de yazdım ve kendimden çok emin bir şekilde sınavdan çıktım. Bir hazırlık sınıfı kâbusu daha Caner sayesinde sona ermişti. 59 ile ikmale kaldığım "*Proficiency*" sınavından 61 ile geçmiştim.

Hazırlık sınıfını geçmiş olmanın verdiği huzur ve sevinçle köye tatile gittim. O yaz Kurban Bayramı'nda köye ailesiyle birlikte Emine de geldi. O yıl bizimkiler bostan ekmişlerdi. Bahçede tulumbadan su çekerek bostanı suluyor ardından denize gidiyorduk. Sahilde uçsuz bucaksız kumsal vardı. Bir gün Emine ile o sahilde saatlerce yürüdük. Emine bütün açıklığı ile bana olan hislerini anlattı ve benden iyice düşünüp artık kendisine net bir cevap vermemi istedi. Kayıtsız kalamadım. Hep, *"Hayatına her gün birileri girip çıkıyor, insan ne istediğini bilmeli ki aradığını bulduğunda kolundan tutup dur diyebilmeli, yoksa kaçan fırsatı geri getiremeyebilir."* derdim. Ben ne istediğimi biliyor muydum? İstediğimin bir gün farkına vardığımda, şu an yanımdan geçen Emine'nin kaçan fırsat olma ihtimali var mıydı? Bir de son dönemlerde *"Hayat arkadaşını gözünle değil de kulağınla seç."* diyorlardı. Gözünle seçtiğinde zaten bir şekilde kaşına gözüne vurulmuş oluyordun. Tanıma aşamasında da önceden etkilendiğin bu kişiyi tarafsız değerlendiremiyor, hatalarını göremiyordun. Gün geliyor aşk bitiyor ve tüm gerçekler ortaya çıkıyordu ama iş işten geçmiş oluyordu. *"Hayat arkadaşını kulağınla seçmek"* demek, her ikinizi de yakından tanıyan birileri, sizi birbirinize yakıştırıyor ve birlikte mutlu olabileceğinizi söylüyordu. Siz de bu ihtimali değerlendirmek için birbirinize şans veriyor, tanıma sürecine giriyordunuz. Daha önceden etki alanına girmediğiniz için karşınızdakini daha gerçekçi değerlendiriyordunuz. Baştan beri grup arkadaşlarımız bizi birbirimize yakıştırıyor, birlikte mutlu olacağımızı söylüyorlardı. Berlin de Emine için aynı şeyleri söylemişti. *"O kız senin beni sevdiğinden daha çok seni seviyor. Benden beklediğin sevgiyi sen ona verebilirsen çok mutlu olursunuz."* demişti. Dershanedeki arkadaşlarım ve özellikle Semra, benim farkında olmadığımı ama Emine'ye çok farklı baktığımı ve çok değer verdiğimi söylüyordu. Gaye de aynı şeyi söylüyordu. En son Leyla da çok mutlu edersin, çok da mutlu olursun demişti. *"Aşk biter, arkadaşlık kalır, âşık olduğunla değil de arkadaş olduğunla yola çıkmalı."* diyorlardı. Yıllardır çok iyi arkadaştık, hatta bu arkadaşlığı kaybetmemek adına *"Hayatta tek kız sen kalsan, seninle birlikte olmayı düşünmem."* demiş ve çok büyük laf etmiştim. Çok iyi düşünmek lazımdı. Böyle bir ilişkiye başladığımda artık bunun dönüşü olamazdı. Hemen cevap vermedim. *"Düşüneceğim ve dönemin başında İstanbul'a döndüğümde kararımı vereceğim. O zamana kadar bu aramızda kalsın."* dedim. O gece herkes yatmıştı ve biz hâlâ bahçede sedirde konuşuyorduk. İlk kez dizine yatmak istedim, *"Yanlış anlamazsan dizine yatabilir miyim?"* dedim. Kim bilir içinde ne çiçekler açmıştı. Ben de çok heyecanlanmıştım.

Bir yaz tatili daha bitti, ders seçimi için bir hafta erken dönmüştüm. Ders programını kendimiz oluşturuyorduk. Okul kaydını yenilerken, ders seçimi için elimize *"Schedule"* denilen bir kitapçık tutuşturdular. Hangi dersi hangi hocanın, hangi gün verdiğine buradan bakıyorduk. Ders planı oluştururken ilk kıstas dersin hocasıydı. İmkân dâhilinde fizik Neyzi'den, matematik Soysal'dan alınırdı. Her ikisi de çok iyi hocaydı ve derslerine yoğun ilgi olurdu. Çok da güzel kadınlardı ve giyimlerine de çok dikkat ederlerdi. Öğrenciler arasında Ayşe Soysal'ın Mudo'nun mankeni olduğu yönünde rivayet vardı. Neyzi'nin dersinde bir gün bir arkadaşla en ön sırada oturuyoruz. İkimizde resmiyiz. Neyzi alışık olmadığımız tarzda bir ceketle derse geldi. Arkadaş da *"Neyzi bu ceketi çok aramamış sanki mağazaya girince gördüğü ilk ceketi almış gibi."* dedi. Neyzi bir an durdu, bize doğru döndü ve *"Hey gentlemen, is there any problem with my jacket?-Beyler, ceketimle ilgili bir sorun mu var?"* deyince nasıl mahcup olduk anlatamam. *"Schedule"*da hocaların sadece soyadları yer alırdı ve pek çoğunun adını bilmezdik. Dersin hocası belli değilse karşısında

"*Staff*" yazardı bunu bilmeyen bir arkadaş bir gün "*Staff ne muhteşem biri, her dersi veriyor.*" dediğinde çok gülmüştük. Neyzi'yi de muhteşem İngilizcesinin de etkisiyle kafamızda yabancı hoca olarak kodlamıştık. Arkadaş da hem duymaz hem de Türkçe bilmiyordur düşüncesiyle böyle bir boşboğazlık yapmıştı. Ders arasında gidip özür dileyince öğrendik ki Neyzi'nin ön adı "*Fahrünnisa*" imiş ve soyu Osmanlı Sarayı'na dayanıyormuş.

Dönem başlayalı iki hafta olmuştu. Ben hâlâ Emine ile görüşmemiştim. Çok zor bir karardı, her iki şekilde de onu üzmek ve kaybetmek istemiyordum. Bu konuda tek dert ortağım Ali Işık idi. Ali Işık da 4 bin devresiydi ama askerî lisede tanışmıyorduk, FYO'da samimi olmuştuk. Boğaziçi Üniversitesi İngilizce Öğretmenliğinde o yıl ikinci sınıfı okuyordu. Onun da aynı bölümde okuyan gönlünü kaptırdığı bir papatyası vardı. Ali onu ilk, altında beyaz etek ve üzerinde sarı bir tişörtle görmüş ve papatyaya benzetmişti. Ona olan duygularını açamadan, papatyanın çok yakın arkadaşı balerin bir kız Ali'ye olan ilgisini papatyaya anlatıyor. Ali bir gün papatyaya açılıyor ama nafile. Papatya Ali'ye "*Arkadaşımın aşkısın*" diyor. Belki balerin Ali'yi, Ali'nin papatyayı sevdiğinden daha çok seviyor ve papatya da Ali'ye balerinle çok mutlu olabileceklerini söylüyor. Biz Ali ile bu konuyu haftalarca konuştuk, tartıştık. Akşamları havalı silah atış salonun çatısına çıkar, sırtımızı bacaya yaslar bazen sabahlara kadar Cankurtaran Feneri'nin ışığıyla yolumuzu bulmaya çalışırdık. Sonunda karar verdik. Mutluluk sevgide değil de daha çok uyumda aranmalıydı. Ali dâhil herkes benim Emine ile dünyalarımızın aynı olduğunu ve mutlu olabileceğimizi söylüyordu, ama kimse balerin ile Ali arasında bir uyumdan söz edemiyor, tam aksine dünya görüşü ve kültürel bir uçurumdan bahsediyordu. Bu durumda ben Emine ile bir yola çıkabilirdim. Hafta sonu Ali ile Taksim'de bir tiyatro gösterisine gidecektik, Emine'yi de davet ettim. "*İnsan Meier*" üç kişilik bir oyundu. Babanın çeşitli biçim ve koşullarda karısını ve oğlunu baskı altında tutarak onların kişiliklerini hiçe saydığı, bu yüzden de ailesinin mutsuzluğuna neden olduğu Meier ailesinin dramı ile biz mutluluğa yelken açmıştık. İlk kez o gece Emine'nin elini tuttum ve "*Ben varım.*" dedim. Bu ilişkimizin ilk şahidi Ali olmuştu.

Birinci sınıf genellikle lisenin tekrarı gibiydi. Dersler çok sıkıcı ve basitti. Okulda olduğum zaman daha çok arkadaş gruplarıyla kantinde takılıyorduk. Leyla tüm derslere gidiyor, muntazam not tutuyor, benim için notların fotokopilerini de çektiriyordu. Dersleri o takip ediyordu ama ona ben ders çalıştırıyordum. O sene matematik (Thomas' Calculus) ve fizik (Physical Science Study Committee-SSCB) kitabının bütün sorularını Kâzım ile birlikte elle çözmüş, bunları fotokopi ile çoğaltıp, kitapçık hâlinde bütün okula satmıştık. Okulda olmadığım zamanlarda özel ders verdiğim öğrencilerim vardı.

Geçen dönemin sonunda Emine'nin ailesi Üsküdar'dan Ümraniye'nin Çakmak Mahallesi'ne taşınmıştı. Köylülerinin yoğun olduğu bir apartmanın giriş katında nakış atölyesi işletiyor, ikinci katında da oturuyorlardı. Mesafe uzamıştı ama biz yakınlaşmıştık. Her hafta sonu görüşmek için birbirimize zaman ayırmaya çalışıyorduk. Bazen atölyede çalışıyor bazen evin önündeki çamların altında çay eşliğinde muhabbete dalıyor bazen de Emine'nin babasıyla kahvede oyun oynuyorduk. Zaten baştan beri aileden biriydim.

Hazırlık sınıfının stresinden sonra üniversite hayatı gerçekten çok keyifliydi. Arkadaş ortamlarında genellikle bir ya da iki yabancı öğrenci de olduğundan aramızda da İngilizce sohbetler yaygındı. Belki bunun da etkisiyle, dışarıdan ukalalık gibi görünse de Türkçe muhabbet ortamlarında da elimizde olmadan araya İngilizce kelimler sıkıştırıyorduk. Sayısal derslerin İngilizce olmasına zaten liseden alışkındım bu yüzden Teknik İngilizce ile problem yaşamıyordum. Genellikle matematik ve fizik dersleri Kuzey Kampüs'te Eğitim Fakültesi Binası'nda, kimya dersleri de Kare Bina'da yapılırdı. Bir gün Leyla ile Eğitim Fakültesi Binası girişindeki panonun önüne yığılan kalabalığın arasından fizik ara sınav sonuçlarına bakmaya çalışıyorduk. Bir taraftan gözlerimle Leyla'yı arıyor bir taraftan da kalabalığın arasından çıkmaya çalışıyordum birden askerî lisede hazırlık sınıfındaki İngilizce hocamla burun buruna geldik. Aradan geçen altı yıla rağmen belki de üstümdeki üniformanın da etkisiyle kadın beni tanıdı ve *"Senin ne işin var burada?"* dedi. *"Hocam ben burada inşaat mühendisliğinde okuyorum."* dedim. *"Proficiency sınavını verdin o zaman."* dedi. *"Evet, hocam biraz stresli ve zor da olsa verdim."* dedim. Bir araştırma projesi için okuldaymış. Bu arada Leyla da bize katıldı, birlikte kantine geçtik. Beni Leyla'ya anlatıyordu. Kısmın en kötüsü olduğumu, final sınavında devrenin en iyi notunu aldığımı ve bunun üzerine kendisinin okul komutanı tarafından taltif edildiğini anlattı. Bu taltif olayını bilmiyordum. Aslında sınavdan çok erken çıkmamdan bir şeyler çevirdiğimi anlamış ama hem ispatlayamayacağı hem de o kadar subayın arasında taltif edilmekten hoşlandığı için sineye çekmiş. Vicdanı da rahat bırakmadığı için o yıl kısımda kimseyi sınıfta bırakmamış, zaten son yılıymış ondan sonra da askerî liseden ayrılıp, Marmara Üniversitesine dönmüş. O gün sadece durumu kurtarmak için inanmadığı hâlde *"Ben zaten senin ne cevher olduğunu keşfetmiştim. Seni nasıl motive ettim bak, başardık işte, demiştim. Farkında olmadan doğru yapmış seni bu topluma kazandırmışım. Sende gerçekten bir cevher varmış, vicdanım rahat artık."* dedi. Ben de *"Hocam, babam da dağda maden varsa çıkar derdi ama cevahir kadrini de cevher fürûşân olmayan bilmez. Siz de gerçek bir sarraf edasıyla keşfedip sabırla işlediniz teşekkürler."* dedim.

4 Mart 1987 gecesi İstanbul'da yoğun bir kar yağışı başlamıştı. Sabah kimya dersinin laboratuvarı vardı. Okullar tatil edildi diyorlardı ama üniversiteler tatil olmayabilirdi. O havada okula gitmek için yola çıktık. Etiler Polis Kolejinden sonra yolda kalan araçlardan trafik felç olmuştu. Yaklaşık 2 saatlik yürüyüşle okula ulaştık. Ders yoktu ama dönüş de mümkün değildi. Hafta sonuna kadar yurtta kaldık. Kar, yaklaşık bir ay boyunca etkisini sürdürdü. Balkanlardan gelen kar yüksek kesimlerde dört metreyi geçti. Hava sıcaklıkları bir gecede dokuz dereceden eksi dört dereceye kadar düştü. 2 hafta boyunca okullar kapalı kaldı ve çalışanlar iş yerlerine gidemedi. Ama ben tüm bu olumsuz şartlara rağmen Emine'nin doğum gününü kaçırmamış, 9 Mart'ta bata çıka elimde bir demet çiçekle kapısını çalmıştım.

Sene sonunda ilk mühendislik stajını okulda

topoğrafya üzerinde yaptık. Bir hafta sınıf ortamında ders görmeyi müteakip sahaya çıktık. Mira tutmayı, niva kullanmayı, ileri geri okumalarla kot taşımayı öğrendik. Bebek Sahil'den, Mühendislik Binası'na kadar kot taşıdık. Bu arada fırsat buldukça Bebek Girişi'ne yeni yapılan açık havuzda serinliyorduk.

İkinci sınıfta artık mühendislik derslerine giriş yapmıştık. Matematik, fizik, kimya ile birlikte statik, dinamik, mukavemet, akışkanlar, malzeme, ekonomi, Türkiye Cumhuriyeti Tarihi (HTR), Türkçe ve spor gibi zorunlu derslerin yanında teknik ve teknik olmayan seçmeli dersler de vardı. Teknik seçmeli ders olarak Kriton Curi'den çevre mühendisliğine giriş almıştım. Kriton hoca Rum kökenliydi. Derslerin dışında insanlığa ve hayata dair pek çok şey öğrendik kendisinden. Değişik bir demokrasi anlayışı vardı. *"Yıllardır demokrasi adı altında çoğunluk azınlığı baskıladı."* derdi. Onun dersinde azınlık ne derse o olurdu. Alışmıştık, sınav tarihini erteletmek istediğimizde, çoğunluk karşı çıkar ve sınav ertelenirdi. Ondan insana ve insan onuruna saygıyı, birlikte kardeşçe yaşamayı öğrendik. Tatil dönüşünde evde oluşan kötü kokunun lavabo ve tuvalet eslerindeki suyun buharlaşmasından kaynaklandığını ve ilk işimizin sifonu çekmek olduğunu öğrendik. O yıl İstanbul bir çevre felaketine maruz kalmıştı. Boğazdan geçen gemilerin sintine artıkları deniz yüzeyinde yağ tabakası oluşturmuştu. Güneş ışınları yansıdığından balıklar soğuktan ölüyor ve yüzeye çıkan balıkları almaya çalışan martı ve karabatakların kanatları ziften yapışıyordu. En etkili ve en ekonomik çözüm her zamanki gibi Kriton hocadan geliyordu. *"Saman balyalarını atın denize yüzeydeki yağı emsin, sonra toplarsınız.*" diyordu. Bazı arkadaşlar hocanın İzmir çöplüğü projesinde çalışıyordu. Katalizör yardımıyla kontrollü yanma sağlayıp metan gazı elde etmeye çalışıyorlardı.

İki yıldır İstanbul'da çevre seferberliği ilan edildi adeta. 1980'li yıllara kadar endüstriyel atıkların döküldüğü bir yer olan Haliç, dönemin Belediye Başkanı Bedrettin Dalan'ın "*Haliç gözlerim gibi mavi olacak.*" vaadiyle temizlenmeye başlanmıştı. Öncelikle Haliç'in etrafındaki sanayi tesisleri bölgenin dışına taşındı. Yılların ihmaliyle artan Biyolojik Oksijen İhtiyacını (BOİ'yi) karşılamak üzere Haliç'in suları havalandırılıyordu. Haliç'i bu denli kirleten en önemli etken de Galata Köprüsü'ydü. Galata Köprüsü dubalar üzerine inşa edilmişti. Duba sistemi yüzey akıntısını kesiyordu. Yüzey akıntısı olmayınca da ters yöndeki dip akıntı da kesiliyordu. Bu durum Haliç'i adeta durgun göl hâline getiriyordu. Galata Köprüsü dubalardan kurtulup, ayaklar üzerine inşa edilecek ve yüzey akıntısına izin verilecekti. İlk kez şantiyeye çıkmıştık. Sirkeci'nin göbeğinde böyle bir inşaat faaliyeti trafiği çok zora sokuyordu. Köprü, Eminönü-Karaköy arasına 2 m çapında 114 adet çelik kazık üzerine mesnetlenecekti. Zemin haritası çıkarılmıştı. Her kazığın sağlam kayaya oturtulması için ne kadar çakılacağı belliydi. İstanbullu güne bu kazıkları çakan şahmerdanların sesiyle uyanıyordu. Son zamanlarda iş programında hesapta olmayan gecikmeler olmuştu. Kazıkları proje derinliğine kadar çakamıyorlardı. Sorunun tespiti ve çözüm önerileri için üniversitelerden yardım istenmişti. Mukavemet hocamız Prof. Dr. Vedat Yerlici'nin çok önemli bir tespiti vardı. Aslında ortada bir sorun yoktu. Sorun her bir kazığın proje derinliğine bir defada çakılmaya çalışılmasından kaynaklanıyordu. Ona göre her şahmerdan için yirmişerli kazıklardan gruplar oluşturulacak ve şahmerdanlar bu kazıkları bir defada çakılabildiği kadar çakıp, diğerine geçecekler, 20 kazığı bu şekilde bir miktar çaktıktan sonra tekrar başa dönüp ilk kazıktan itibaren tekrar çakmaya başlayacaklardı. Bu işleme her kazık, projede derinliğine ulaşana kadar tekrar edilecekti. Bu bir zaman problemiydi. Mimar Sinan bunu biliyordu ve bunu dönemin padişahına anlatamayacağı için Selimiye Camii'nin temellerini attıktan sonra yıllarca kaçmak zorunda kalmıştı. Temellerin iyice oturmasını beklemiş ve yedi yıl sonra üst yapıya başlamıştı. Günümüzde bu durum *"Pore Water Pressure-Boşluk Suyu Basıncı"* olarak biliniyordu. Deniz tabanı da tıpkı bulaşık süngeri gibi toprak molekülleri arasında su barındırıyordu ve üzerindeki tonlarca suyun da etkisiyle moleküller arasındaki bu su hızla tahliye olamıyor ve kazık çakılmasına yalancı mukavemet ediyordu. Suyun tahliyesine fırsat verildiğinde bu yalancı basınç ortadan kalkıyor ve kazık rahatça çakılıyordu. Vedat hoca bu gerçeğin göz ardı edilmesine şaşkındı, firma da sorunun bu kadar basitçe halledilebilmesine.

Emine okulu bitirince birkaç iş teklifi almıştı ama benim, çalışan kadının en önemli ve en kutsal vazifesi olan anneliği hakkıyla yapamayacağı yönündeki düşüncemi bildiğinden, kendi nakış atölyelerinde çalışmaya başlamıştı. Erzurum gelenek ve göreneklerine göre evlilik yaşına da gelmişti. Yakın uzak akrabalar ve köylülerden talipler çıkmaya başlamıştı. Her geri çevrilen görücü ayrı bir küskünlük yaratıyordu. Daha fazla beklemeden bizim ilişkimize bir isim koymak ve gelenlerin ayaklarını kesmek gerekiyordu. Emine ailesi ile konuşmuştu. Sıra bendeydi. Geçen yıl ağır kış şartlarından zeytin ağaçları da çok etkilenmişti. O sene sömestre tatilinde babamla zeytin ağaçlarının geçen yıl kuruyan dallarını temizliyorduk. Konuyu direk olarak kendisine açtım. *"Ramazan geçse de gitsek olur mu?"* dedi. Babam çok anlayışlıydı ve bana hep güvenmişti. *"Emin misin?"* diye bile sormadı.

Ramazan biter bitmez de yola çıkmış ve bayram sabahı saat 06.00 civarında Topkapı'ya inmişlerdi. Üsküdar'dan çikolatamızı, çiçeğimizi almış ve daha saat 10.00 olmadan kız evinin kapısını çalmıştık. Sabah kahvaltısını müteakip heyecanla babamın Allah'ın emriyle başlayan cümlesini beklemiştik ama onlar memleket meselelerine dalınca biz de annemlerle oturma odasına geçmiştik ki, Emine mutfaktan koşarak gelmiş ve *"Babam sen daha okuyorsun diye beni sana vermiyor."* demişti. Hemen salona geçtim ve bu durumun okumama engel olmayacağını, aksine okulu en erken zamanda bitirmek için motive edeceğini söyleyince babası okulu aksatmayacağıma söz alarak kızı vermişti. Bayramın üçüncü günü 19 Mayıs 1988'de aile arasında söz yapmıştık. Söz yüzüklerimizi aile dostları Kore Gazisi Mehmet Albay takmıştı.

Bu yaz Hüseyin Ceylan ile birlikte İstanbul İnşaat Emlak Başkanlığı'nda mühendislik stajı yapacaktık. İlk stajımız ağırlıklı olarak büro stajıydı, sadece bir kez Tuzla Deniz Harp Okulunun (DHO'nun) açılış törenine iştirak etmek için ofis dışına çıktık. DHO projesi 1977 yılında başlamıştı. İhaleyi bir dönem Gençlik ve Spor Bakanlığı da yapan Trabzon Spor Başkanı Mehmet Ali Yılmaz'ın TekArt Holding almıştı. Anlatıldığına göre, firma projeyi geliştirecek teknik personelini, Balkan ülkelerindeki tüm harp okullarını gezip görmek üzere bir yıl süreyle yurt dışına göndermişti. DHO döneminin en donanımlı ve kapsamlı Askerî okul projesiydi. Açılışa dönemin Cumhurbaşkanı Kenan Evren de katılmıştı. Açılış esnasında Millî Eğitim Bakanına hitaben *"Okulların kalitesini ve eğitim seviyesini bizim üstümüze çıkaramazsanız asker bu ülkede daha çok darbe yapar."* demişti. Gerçekten de o dönemde ülkenin en gözde okulları askerî okullardı ve subaylar sivil bürokratlara göre daha donanımlı yetişiyorlardı.

Sözlendikten sonra, Emine'nin babası *"Oğlum hafta sonları akşam gidiyor, sabah geri geliyorsun, sana da zamanına da yazık, eğer mümkün olabiliyorsa hafta sonları burada kalabilirsin."* demişti. Evci çıkar gibi hafta sonları cuma akşamından geliyor, pazar akşamı dönüyordum. İşlerinin yoğunluğuna göre bazı hafta sonları Emine ile dolaşmaya çıkıyor, bazen atölyede hep beraber çalışıyor, bazen o aşağıda atölyede çalışırken ben de yukarıda özellikle sınav dönemlerinde derslere yoğunlaşıyor, bazen babasıyla kahveye okey oynamaya veya derneğe muhabbete gidiyorduk. Karşı komşuları ve köylüleri Muammer amca temelden çatıya kaba inşaat işleri yapıyordu. Özellikle yeni başlayan projelerde Muammer amcayla birlikte kazı taban kotunu belirler, projeyi zemine aplike eder, aks sistemini oluşturur, kolon-kiriş ve tabliye kalıplarını çakar, donatı döşerdik.

Emine'nin babası Erzurumlu ve annesi Artvinli idi. Artvin halkının, Erzurum halkına nispeten dine daha mesafeli bir yaşam tarzı benimsemiş olmasına rağmen bu ailede durum tam ters şekilde tezahür etmişti. Baba, Ramazan orucunu tutar, cuma, bayram ve teravih namazlarını kılar ama beş vakit namazı ihmal ederdi. Anne tesettürüne dikkat eder ve beş vaktini eda etmeye çalışırdı. Emine de orucunu tutuyordu ama henüz namaza başlamamıştı. Memleketin iki ucundan olmamıza rağmen aslında bu anlamda aile yapılarımız birbirine çok da uzak değildi. Bizimkiler de aynı şekilde Ramazan oruçlarını aksatmazdı ama düzenli bir beş vakitleri olduğu da söylenemezdi. Ben Emine'den biraz daha farklı olarak, cami hocalarından Kur'an-ı Kerim okumayı öğrenmiştim. Üniversiteye gelene kadan düzenli bir ibadet hayatım olamamıştı ama Allah'a çok şükür ki son zamanlarda namaz konusunda bir istikrara kavuşmuştum. Emine ile bu konuda da uyum hâlinde olmayı çok istiyordum ama acele etmemem ve bu konuda baskı yapmamam gerekiyordu. Eminim kal dilinden ziyade hâl dili daha etkili olacak ve kendi kendine doğruyu bulacak, ben istiyorum diye değil de Allah'ın emri olduğu için bir gün ibadetlerini aksatmadan yerine getirmeye başlayacaktı. Hafta sonları onlarda kaldığım dönemlerde de namazlarımı onun gözüne sokmamaya ve elimden geldiğince ona göstermeden kılmaya çalışıyordum. Sadece Ramazan aylarında kitap fuarlarını değerlendiriyor ve oralardan aldığım kitap ve broşürler ile yolunu bulmasına yardımcı olmaya çalışıyordum. Nihayetinde kalpler Allah'ın elindeydi, her fırsatta O'na dua ediyor ve O'ndan hidayet talep ediyordum.

Özellikle sonbaharda Rahim ile av maceralarımız olurdu. Rahim Yakacık'ta oturuyordu. Ava çok meraklıydı. Hafta sonları birlikte kamuflajları giyer, tüfekleri alır, Yakacık ormanlarında çulluk avına giderdik. Rahim'in bir de av köpeği vardı, sonbaharda düşen yaprakların arasına gizlenen çulluk kuşlarını havalandırır, biz ateş edene kadar yerinden kıpırdamazdı. Rahim ona hiç çiğ et yedirmemişti, vurulan çulluklara hiç zarar vermeden toplar getirirdi. Bir gün kulübesinin yanındaki arı kovanları devrilmiş, arılar sokarak dilini şişirdiği için nefes alamayarak boğulmuştu. Çok etkilenmiş ve çok üzülmüştüm. Ben zaten ava spor olsun diye ve Rahim'in köpeğini sevmek için giderdim, aslında hiçbir çulluğa da hedef gözeterek ateş etmemiştim. Genellikle havaya ateş ederdim. Bu olaydan sonra bir daha ava gitmek de hiç içimden gelmedi.

Bu arada Kazım, Makine Mühendisliğinde okurken Çift Anadal Programı (ÇAP) ile Temel Bilimler Fizik ve Yan Anadal Programı (YAP) ile Elektrik-Elektronik Mühendisliğini 4,00 ortalama ile tamamlayarak bir ilke imza atmıştı.

Bu senede tamamlanmıştı. Ertesi günü ATAT Kampına hareket edecektik ve tüm bahane ve çabalarımıza rağmen bu sene kamptan muaf olamamıştık. Akşam yemeğine oturduk bir iki lokma aldık ki, oda arkadaşım Ekrem *"Hadi kalk, ziyafete davetliyiz, Ali Işık bizi halanın oteline çağırıyor. Son akşam size moral olsun, burada takılın."* diyor. Yedik, içtik, halanın kızları ve turistlerle sohbet, muhabbet derken yarın görüşemeyiz diye Ali ile de vedalaştık ve yurda döndük. Bir de ne görelim, FYO'nun bahçesinde 3-4 ambulans, revirde kıvrananlar, yerlerde yatanlar. Akşam yemekten zehirlenmişler. Psikolojik miydi yoksa birkaç lokma da olsa akşam yediğimiz yemekten mi bilmiyorum ama bu manzara karşısında bizim de midemiz bulanmaya başladı. Bizim gibi durumu biraz daha iyi olanlarla birlikte biz de bir askerî servise bindik ve kendimizi Gümüşsuyu Asker Hastanesi aciline attık. Hemen serum bağladılar, durumu gerçekten çok kötü olanlar vardı. Murat Kayraklık'ın ateşini düşüremiyorlardı, sayıklamaya başlamıştı. Ertesi sabah, hastaneye kaldırılanlar dışında kampa gidecekler feribotla kamp alanına intikal ediyor. Öğle yemeği feribotta kumanya olarak veriliyor. Muhtemelen kumanyadaki tavuklardan diğerleri de zehirleniyor. Kamp alanında yeterli tuvalet yok, hijyen şartları malum. Bir hafta oralarda rezil oluyorlar ve normal kamp faaliyetlerine ancak ikinci hafta başlayabiliyorlar. Bizim durumumuz iyi olduğu için ertesi gün birkaç kişiyle birlikte taburcu olduk ama hastanedekilerin tamamının yurda dönmesi bir haftayı buldu. Daha sonra bir ara bizim de kamp alanına intikal edeceğimiz yönünde çeşitli söylentiler çıktı ama o yıl ne kadar içten istemişsek dualarımız kabul olmuş ve kampa gitmemiştik.

Ali Işık ve Rahim Sarı bu yıl mezun olmuştu. Ali, halanın otelinde bize bir iki ziyafet çekmişti ama o kadarla kurtulmak mümkün değildi. Güzel bir geleneğimiz vardı. Mezunlar ilk maaşlarını aldıklarında yakın arkadaşlarını orduevinde yemeğe götürürlerdi. Ali ve Rahim Kalender Orduevinde 20 kişilik yer ayırmıştı. Emine de davetliydi. O olayı bayağı ciddiye almış, bir hafta sofra adabı ve yemekte görgü kuralları çalışmış. Daha önceki tecrübelere istinaden garson sipariş için geldiğinde Rahim *"Arkadaşlar müsaadenizle hepiniz adına ben sipariş veriyorum."* dedi. Garsona *"Oğlum soğuk meze arabasında ne varsa hepsinden 5'er 10'ar porsiyon aralara serpiştir, sonra bak işte biz dur diyene kadar mutfakta sulu yemek hariç, et, balık, tavuk bulduğunu ızgaraya at getir."* deyince bir alkış koptu. Garsonlar iki saat süreyle taşıdı ve nihayetinde tıka basa doymuştuk. Gecenin sonunda çok eğlenmiştik ve Emine *"Her şey çok güzeldi de o garsonlar sürekli başımızda bekliyorlardı ya o çok sinir bozucuydu."* dedi.

Tüm hazırlıklar yapılmış, davetiyeler dağıtılmıştı. 29 Ekim bizim için farklı bir anlam daha taşıyacaktı. Nişanlanıyorduk. Nişanı kız tarafı yaparmış, bir düğün salonu tutmuşlardı. Annem, babam kardeşlerim, halam, babaannem geliyordu. Kardeşim Hasan, Arifiye'de askerdi. Bölük komutanı ile görüşmüştük, *"Rütbeli biri gelir, alırsa onun nezaretinde gönderirim."* demişti. Henüz Ali Işık'ın nasbı onaylanmamıştı. Omuzlarına birer yıldız taktık, gitti aldı Hasan'ı. Tüm arkadaşlarım da geliyordu. Ali, Rahim, Ekrem, İlhan, Ahmet, Ümit, Hakan, Kâzım yakın FYO çevrem dışında, üniversiteden Leyla, Gaye, Meltem, Hüseyin, Nurettin, Erkin geliyordu. Askerî liseden beraber mezun olduğumuz 3 bin devresi Harp Okulundan da mezun olmuş, piyadeler, sınıf okulu için Tuzla'ya gelmişlerdi. Nişana Ömer, Uğurcan ve İlker de geliyordu. Çok güzel bir nişan oldu, hepimiz çok eğlendik. Son demlerde Uğurcan ve Ömer almışlar mikrofonu ellerine Yeni Türkü'den *"Telli Turna"* ile ortamı coşturmuşlardı.

Son sınıfa geçmiştim, bu sene nasipse mezun olacaktım. Nurettin *"Öğrenci işlerinden transkript alalım, bazen farkında olmadan alttan ders kalmış olabiliyor."* dedi. İyi ki gitmişiz. İkinci sınıfta HTR'den kalmışım. Hatırlamıştım, o sene derse Türkiye'nin Emekli ABD Büyükelçisi Nüzhet Kandemir gelmişti ve sınavda *"Soğuk savaş döneminde Rusya'nın Türkiye'den toprak talebi vardı, Rusya, bu talebinden vazgeçtiğini resmen bildirmiş midir?*

Bildirmemiş midir? Lütfen Evet/Hayır şeklinde cevaplayın." demişti. O zaman ne cevap verdim bilmiyorum ama yanlışmış demek ki. Aklıma gelip kontrol da etmemiştim. Aslında ders ekle bırak dönemi de sona ermişti. Bölüme gittim. Bölüm Başkanı Prof. Dr. Mim Kemal Öke zaman zaman FYO'da konferans verir, bize Ermenilerin Kızıl Sultan dediği II. Abdülhamit'in Ulu Hakan olduğunu anlatırdı. Bu konferanslardan sonra birebir çay sohbetlerimiz de olurdu. Durumumu anlatınca *"Ben bir inceleteyim sen haftaya tekrar uğra."* dedi. Bir hafta sonra tekrar uğradığımda *"Notlar girilirken bir karışıklık olmuş düzelttik."* deyince çıkışta hemen öğrenci işlerinden tekrar transkript aldım, gerçekten hallolmuştu.

Babam bahçedeki eski ahırı yıktırıp, ahırın içine daha önce yaptırmış olduğu zeytin havuzlarını muhafaza ederek ve o alanı zeytin depolama ve işlemeye uygun hâle getirerek üzerine kardeşim Hasan için betonarme bir bina yaptırmak istiyordu. Oda arkadaşım Ekrem mimarlık öğrencisiydi, o da son sınıftaydı. Bu bizim ilk projemiz olacaktı. O mimari tasarımı, ben de statik ve betonarme hesaplarını yapacaktım. Köy yaşantısını ve ihtiyaçlarını göz önünde bulundurarak bizimkilerin ve Emine'nin de fikrini alıp, kullanışlı bir yapı tasarlamıştık. Bina bodrum, zemin artı iki katlı olacaktı. Henüz okul bitirme projemizi yapmamıştık ama inşa edeceğimiz ilk projemizi tamamlamıştık. Projeyi, Belediye Fen Memuruna götürdüğümüzde, mezun da olsak imza yetkimizin olmadığını, o ilin mühendisler odasına kaydolmamız ve büro tescil belgemizin olması gerektiğini öğrenmiştik.

Bu arada acı bir haberle sarsılmıştık. Ömer, KHO'yu

bitirdiğinde babası mezuniyet hediyesi olarak o yıl yeni çıkmış Renault 11 Flash marka bir otomobil almıştı. Araç zaten çok seriydi ve Ömer de çok hızlı kullanıyordu. Birlikte dolaşmaya çıktığımızda belki de hızdan duyduğumuz tedirginliği gizlemek için Uğurcan, Paytak ve ben avazımız çıktığı kadar *"Telli Turna"* ile Yeni Türkü'ye eşlik ederdik. Bir gün Ömer, Tuzla Piyade Okuluna giderken askerî servisle kafa kafaya çarpışıyor. Aracın kadranı 130'a takılı kalmıştı. Ömer iki hafta bitkisel hayatta kalmış ve turnalarla birlikte göçüp gitmişti. Tertemiz, saf bir çocuktu, kimseyi incitmemişti bu dünyada. Salih amca yıllar önce inancının olmadığını söylemişti ama parayla imanın kimde olduğu belli olmazmış. Ömer ile bu konuları hiç konuşmazdık. Ancak ben inanıyorum ki inancı olmayan bir insan Ömer gibi saf ve adil olamazdı. Allah rahmetiyle muamele eylesin. Âmin.

Bu arada Emine önce kapanma kararı aldı. Tesettüre uygun giyinmek istiyordu. Çok sevindim ve tüm kalbimle destek oldum. Bundan sonrası daha kolaydı, kısa zamanda Allah'ın izni ve inayetiyle namaza da başlardı. Üniversite mezuniyetine de FYO'daki askerî törene de tesettürüyle gelmişti. O kadar yakışıyordu ki kimin ne düşündüğü umurumda bile değildi.

Haziran 1990'da mezun olmuştuk, subay olarak nasbedilebilmemiz için Milli Savunma Bakanı, Başbakan ve Cumhurbaşkanı'nın 3'lü kararnameyi imzalaması gerekiyordu. O yıl patlak veren Körfez Krizi nedeni ile devlet erkânının yoğun temas ve mesailerinden fırsat bulup o yılki nasıplar imzalatılamamıştı. Beklememize gerek yoktu, nasbedildiğimizde tebligat yapabilecekleri bir adres ve telefon bırakıp izne ayrıldık.

Babam zaten projeye başlamak için dört gözle köye dönmemi bekliyordu. Babamın bir arkadaşının oğlunun Çanakkale'de bir mühendislik bürosu vardı. Projeleri de alıp onun yanına gittim, *"Oda tasdik harcını öderseniz ben imzalarım, isterseniz eksik makine ve elektrik tesisat projelerini de çizdiririm."* dedi. Anlaştık ve onaylı birer suretleri Belediye Fen Memuruna teslim ederek hemen işe başladık. İlkokul arkadaşım Ahmet, ağabeyleri ile birlikte kaba inşaat yapıyordu. Bilgi ve tecrübe paylaşımıyla Ahmet ile bu projeyi gerçekleştireceğimize inanıyorduk. O işin fiili uygulamasını ben de proje okumayı biliyordum. Muammer amcayla çalışmanın bana ne kadar çok şey kattığını görüyordum. Ahmet de proje okumayı öğreniyordu. Birlikte kazı temel kotuna karar veriyor, kolon-kiriş aks sistemini çakıyor, kalıbı kuruyorduk. Kolon ve kiriş donatılarında 16 ve 18 mm kalınlığında tor çelik çubuklar vardı. Bu donatıları doğrayacak makas bile bulmakta zorlanıyor, zaman zaman spiral demir testeresi ile kesim yapıyorduk. Bodrum katı tamamlamış su basman tabliyesini atmıştık, zemin kat kolon ve kiriş donatılarını hazırlarken benim nasbım imzalanmıştı. Bu yıl zaten bodrum ve zemin katın inşasını planlamıştık. Ahmet kendine güveniyordu, *"Sen git ben bu katı tamamlarım."* dedi.

Artık subay olarak nasbedilmiştim, FYO'dan subay istihkaklarımı ve bu arada birikmiş 5 aylık maaşımı almıştım. Bu yıl benimle birlikte Ankara FYO'dan bir inşaat mühendisi daha mezun olmuştu. Malatya ya da Balıkesir için gidip kura çekmemiz gerekiyormuş. Telefonla aradık ben Tayin Dairesine sözlü taahhüt verdim. Oradaki arkadaşa kura çektireceklerdi, ben kalan yere atanmaya razıydım.

Ben öğrenciyken televizyon ve buzdolabını almıştım. Emine de yatak odasını almıştı. Salon takımı da alalım da çeyizle birlikte tayin yerimize götürürüz düşüncesiyle mobilya da baktık ama karar veremedik. İnegöl'de daha fazla model buluruz diye hafta sonu Emine ile Bursa'ya gittik. Mehmet ağabey hâlen Bursa'daydı. Mehmet ağabeyin yönlendirmesiyle Bursa'dan, İnegöl Mobilya yerine Ankara/Siteler Mobilyası aldık. Salon için koltuk takımı, sehpa, 12 kişilik yuvarlak bir yemek masası sandalyeleri, 4 parça vitrin ve bir adet çekyat için 5 aylık birikmiş maaş karşılığı aldığım 6.500 liraya anlaşmıştık. Tayinimiz nereye çıkarsa oraya getirip kuracaklardı. Bu arada Ankara FYO mezunu arkadaş kurada Malatya'yı çekince benim tayinim Balıkesir İnşaat Emlak Başkanlığına çıktı. Mehil müddetini de kullanarak en geç 30 Kasım 1990 tarihine kadar tayin yerime katılmam gerekiyordu.

Köye döndüğümde Ahmet zemin kat tabliyesini atmış, duvarları örmeye başlamıştı. Birkaç gün ona yardım ettim, traktörle Taştepe kum-çakıl ocağından malzeme çektim.

Balıkesir (1990-1998)

Birliğime katılmak üzere Balıkesir'e gelmiştim. Bu, şehre ilk gelişimdi. Otogardan taksiye bindim. Şoföre orduevine gideceğimi söyleyince sakince taksiden indi, valizleri bagajdan çıkardı, birini eline aldı, diğerlerini de benim almamı işaret ederek *"Beni takip et ağabey."* dedi. Orduevi ile otogar arasında sadece iki şerit bir yol vardı. *"Kusura bakma, şehrin yabancısıyım."* dedim. *"Ağabey sen kusura bakma, sıradan çıkmaya değmeyecekti."* dedi. Sabah erkenden kalktım, duş aldım, tıraş oldum, üniformamı giydim, kahvaltı yaptım. Otogara geçtim, sıradaki taksiye binip, şoföre *"İnşaat Emlak Başkanlığına!"* dedim. *"Ağabey şu yolu takip etsen, yürüme mesafesinde, ben sıradan çıkmasam."* dedi. Daha sonra Balıkesir'de taksiye binmek hiç nasip olmadı.

İdari işler astsubayı beni nizamiyeden aldı, birlikte şubeye gittik, katılış işlemlerimi yaptı. İnşaat Şube Müdürü Yarbay Nihat Seçkiner'e çıkardı, o da beni komutana takdim etti. Komutan Albay Mustafa Tunçkol nereden mezun olduğumu, nereli olduğumu, kalacak yerim olup olmadığını sordu. İstersem başkanlığın misafirhanesinde kalabileceğimi söyledi. Şube müdürüne *"Bir odaya tıkılıp kalmasın, daha sonra bir yer ayarlayalım, şimdilik personel odalarında misafir olarak ağırlansın, hem personeli hem ortamı tanısın, yıl sonu yoğunluğunda işlere de bulaştırmayın."* diye talimat verdi. Şube müdürü odasının hemen karşısındaki odaya *"Orhan, yeni atanan teğmenimiz, sana emanet, arkadaşlarla tanıştır, komutan bir yer gösterene kadar da misafir edin."* dedi. Beyaz saçlı ihtiyar üsteğmen ile bu ilk karşılaşmamızdı. Üsteğmen Orhan Yıldız yerinden kaktı, babacan bir tavırla kucakladı *"Hoş gelmişsin kardeşim, buyur bakalım."* dedi. Orhan ağabey, 1982 İstanbul Teknik Üniversitesi mezunuydu. Aynı odada yine aynı okuldan 1984 mezunu Üsteğmen Ali Kargıoğlu ve 1985 mezunu Üsteğmen Ali Dolunay vardı. Dolunay'ı FYO'dan hatırlıyordum. Biz ilk geldiğimizde onlar mezun olmuş nasıp bekliyorlardı. Hepsi çok yakın davranıyordu. Bütçe şube tek kişilik dev kadrosuyla Danış ağabeye emanetti. Yan odasında Mimar Hüseyin, alt katta Yüzbaşı Mehmet Getiren vardı. Diyarbakırlıydı, astsubaylıktan geçmişti. O da çok samimiydi. İnşaat kontrol mühendisi asteğmenler onun karşı odasındaydı. Yan odaların birini elektrik mühendislerine diğerini de makine mühendislerine tahsis etmişlerdi. Bu binaya paralel bir bina daha vardı. Onun alt katı erat tesisleri, üst katı da dışardan merdivenle çıkılan emlak şubeydi. Emlak şubede astsubaylar sayman, sivil memurlar da emlak uzmanı olarak görev yapıyordu. Hepimiz bu kadardık toplam 40 personel ile 30 er-erbaş. Nizamiyenin karşısındaki bu ofis binalarına dik binanın altı saymanlık deposu, üstü misafirhane idi. Emlak şube ile misafirhane binası arasında saklı bir bahçe vardı. Misafirhane binasında bir özel misafir süiti bulunuyordu. Süiti Nihat Yarbay kullanıyordu. Ailesi Ankara'da ikamet ettiğinden hafta içi misafirhanede kalıyor, hafta sonları Ankara'ya gidiyordu. Misafirhanede iki koğuş vardı ve bu koğuşlarda 11 asteğmen kalıyordu. Büyükçe bir gazino, mutfak, banyo ve tuvalet ortak kullanım alanlarıydı. Ben de misafirhaneye yerleşmiştim. Asteğmenler ile kısa sürede kaynaştık, bir briç ekibi bile kurmuştuk. Fırsat buldukça Kargıoğlu da briçe geliyordu.

Sabahları mesaiye tüm subaylar ve şube müdürleri komutanın odasında çay içerek başlıyorduk. Günlük işler planlanıyordu. Toplantının sonunda komutan ilave görüşülecek konu olup olmadığını sorardı. Ben ikinci haftadan itibaren her gün toplantının sonunda *"Komutanım benim odam ve çalışma masam yok."* diyordum. *"Sen tüm odaları dolaş. İstediğin personele misafir ol. Gözlem yap. Personelin birbirine ve müteahhit elemanlarına davranışlarını gözlemle."* diyordu. Ben her toplantı sonunda ısrar ettikçe artık *"Teğmenin oda problemi dışında gündemi olan var mı?"* demeye başladı. Bir gün artık dayanamayıp, toplantı sonunda *"Komutanım sizin görmezden gelmeniz benim sorunumu çözmüyor. Ben yine emrettiğiniz gibi gün boyu odamda oturmayayım ama benim de artık kendime ait bir masam olsa."* dedim. Karargâh binasının komutan girişinin sağında, müteahhit görüşme odası, solunda da harici posta ile maaş mutemedinin birlikte kullandığı bir oda vardı. İnşaat Şube İdari İşler Astsubayı Başçavuş Ahmet Kalfa'yı çağırttı ve ona *"Ahmet toplantıdan sonra teğmeninle birlikte depodaki demirbaşlara bir bakın. Birbiriyle uyumlu masa, koltuk, misafir grubu ayarlayın, gerekirse odaları da dolaşın, birbiriyle uyumlu olacak şekilde aralarında değişim yapın. Müteahhit görüşme odasını geçici olarak teğmene hazırlayın, yılbaşından sonra şube içinde tekrar düzenleme yaparsınız."* dedi. Bana da *"Odada tıkılıp kalma, giriş çıkışta gözüm üzerinde."* dedi. İkimiz de *"Emredersiniz."* dedik ve toplantı sonunda Kalfa Başçavuş depodan birkaç masa sandalye çıkarttı. Uygun bir makam koltuğu bulamamışlardı. Odalara bakmaya başladık. Maaş mutemedinin masasının yanında harici postanın masasında uygun sayılabilecek bir koltuk vardı. Kalfa, askerlere *"Bunu alın oğlum, karşı odaya koyun."* deyince maaş mutemedi *"Teğmenim, ölüyü diriyi hallettin, gözü bizim koltuğa diktin."* der demez, askerlere *"Bırakın oğlum!"* deyip, soluğu komutanın odasında aldım. *"Komutanım, siz Harbiye'den mezun olduğunuzda kıtada böyle mi karşılandınız? Ben öğrenciyken daha itibarlıydım, odam da vardı, masam da. Ne hevesim kaldı, ne heyecanım. Emrettiğiniz gibi mesai boyunca odalarda dolaşacağım ama bir masam olana kadar da hiçbir yere oturmayacağım, gün boyu ayakta kalacağım bilgilerinize arz ederim."* dedim, bir şey demesini beklemeden odadan çıktım. Çok sinirlenmiştim, elim ayağım titriyordu. Kendimi Orhan ağabeyin odasına zor attım, odada yalnızdı. Kargıoğlu'nun masasının yanındaki duvara yaslandım. Hâlimi görünce Orhan ağabey *"Sakinleş de öyle konuşalım."* dedi. Komutan, Kalfa'yı çağırıp bilgi almış olmalı ki birlikte odadan koridora çıktıklarında, Orhan ağabey *"Komutanım, seni kim kızdırdı, gelin size bir kahve söyleyeyim."* dedi. Komutan *"Kalfa, bize iki kahve söyle."* dedi ve benim kapının arkasında olduğumu görmeden içeri girdi. Bir taraftan da *"Az önce odaya teğmen daldı, albay olmuşsun ama komutan olamamışsın dedi, işin kötüsü haksız da sayılmazdı. Canım sıkıldı."* diyerek otururken beni fark etti. Ben çıkmaya yeltenince, *"Otur şuraya!"* dedi. *"Böyle iyi, müsaadenizle oturmayacağım komutanım."* deyince kalktı, *"Orhan, kahveleri benim odada içelim."* dedi ve birlikte çıktılar. Akşama doğru Kalfa *"Hemşehrim, odan hazır."* dedi. İnşaat şube içinde Dolunay ile birlikte kalacağımız demirbaşları uyumlu güzel bir oda hazırlamışlardı.

Öğle ve akşam yemeklerini genellikle orduevinde yiyordum. Dönüşte de namaz için otogarın alt katındaki mescidi kullanıyordum. Otogarda genellikle yolcular olduğundan dikkat çekmeyeceğimi düşünüyordum. Balıkesir Astsubay Hazırlama Okulunda FYO'dan tanıdığım çok sayıda öğretmen sınıfı subay vardı. Zaman zaman onlarla Kafe Şan'a gider briç oynardık.

Bir taraftan da evlilik hazırlıkları yapıyorduk. Babam buraya gelirken *"Oğlum biz annen ile konuştuk. Dünürlerin âdetlerini, gelenek ve göreneklerini bilmiyoruz, arada mesafeler de uzun sık sık bir araya gelip konuşamıyoruz, biz sana evlilik için ayırdığımız parayı versek de siz ihtiyaçlarınızı kendiniz alsanız olur mu?"* deyip yetecek parayı topluca vermişti. Onunla ihtiyaçları ucundan karşılıyorduk ama asıl düğün ve nikâh konusunu çözmeye çalışıyorduk. Bizimkiler *"Nişan İstanbul'da oldu, onların aile çevresi kızlarının mürüvvetlerini gördüler, düğünü de bizim tarafta yapalım."* diyordu. Buna kız tarafının da bir itirazı yoktu ancak bizimkiler nikâhı düğünde o dönem Belediye Başkanı olan dayımın kıymasını istiyordu. Kız tarafı da *"Nikâhsız baba evinden kız mı çıkar?"* diyordu. Ben özellikle bizim tarafta düğün yapılmasına kesinlikle karşıydım zira düğünlerde su gibi içki içilirdi ve ben bu günaha ortak olmak istemiyordum. O aralarda Körfez Krizi nedeniyle izinlerin askıya alınma durumu da vardı. Bunu da fırsat bilerek Kargıoğlu'na *"Ağabey bugün öğleden sonra seninle evlendirme dairesine gitsek ya."* dedim. Evlendirme dairesi Atatürk Parkı'nın içindeydi. Görevli memura nikâh günü almak istediğimi söyledim. *"Tabii, gelin ve damat adaylarının kimliklerini alayım."* dedi. Benimkini uzattım, gelin adayının İstanbul'da olduğunu, ancak bilgilerini verebileceğimi söyledim. *"Öyle bir uygulamamız yok ama devletimizin iki subayını kıracak değiliz ya."* dedi ve böylece 29 Ocak 1991 tarihine nikâh günü almış olduk. Artık Emine kendi ailesini ben de bizimkileri ikna edecektim, böylece nikâh ve düğün konusu çözülmüş olacaktı. Çok sağlam bir gerekçemiz vardı, Körfez Krizi'nden dolayı izinler ikinci bir emre kadar iptal edilmişti.

Her sabah Kargıoğlu benim odaya uğruyor, sabah çayını birlikte içiyoruz, çıkarken *"Araba sana lazım olur."* diyor anahtarı masada bırakıp gidiyordu. Başkanlık personeli seferber olmuş, bana kiralık ev arıyordu. Nihayet demiryolu blokları karşısında 52 Evler'de, şirin bir daire bulmuşlardı. Pencereden İnşaat Emlak Başkanlığı görünüyordu, arada sadece Balıkesir-Bandırma tren hattı vardı. Bursa'dan mobilyalarımız da gelmişti, ufak tefek eksikleri aklıma geldikçe gidip alıyordum. Kömürlü bir soba almıştım ama kömür almak aklıma gelmemişti. Kargıoğlu kendi kömürcüsüne telefon etti, yarım ton kömür getirdiler, sonra birlikte hemen Başkanlığın arkasındaki Marangozlar Sitesi'nden tahta parçası ve çıra aldık. Onlar olmadan soba tutuşturulamıyormuş. Kargıoğlu incitmeden yardımcı olmaya çalışıyordu. Bir gün elinde 900 Markla geldi, *"10 kişi bir araya geldik, adam başı ayda 100 Mark topluyoruz, ilk çekiliş sana çıktı."* diyordu. Orhan ağabeyin tarzı daha farklıydı. Odada otururken birden cüzdanımı isterdi. Kalfa'yı da çağırır iki cüzdanı ona verir, *"Kalfa bunlardaki paraları birbirine iyice karıştır sonra da bize kardeş payı yap."* derdi. *"Ağabey yapma böyle benim paraya ihtiyacım yok."* derdim. *"Ne biliyorsun belki benim ihtiyacım vardır."*

derdi. Ne güzel insanlardı. Allah hepsinden razı olsun.

Bu sene pazartesiyi salıya bağlayan gece yılbaşıydı ve ben cuma akşamından itibaren İstanbul'a gitmek için izin almıştım. Öğretmen teğmenler ile plan yapmıştık, cuma akşamı trenle Bandırma'ya gidecektik, oradan Feribotla İstanbul'a. Çok keyifli bir yolculuk oluyordu, sohbet, muhabbet ediyor, iskambil oynuyorduk. Sabahın ilk ışıkları ile de Sarayburnu'na iniyorduk. Cuma öğleden sonra idari işlerden bir evrak tebliğ ettiler. 1 Ocak 1991 Salı günü Memduh Asteğmenin yanına intibak nöbeti yazmışlardı. Nöbet hizmetine dâhil etmeden önce kıdemli biriyle intibak nöbeti tutturulurdu. Benim de ilk nöbetimi intibak nöbeti olarak tutmam kadar normal bir şey yoktu. Lakin teamüller gereği benim kendimden kıdemli biriyle intibak nöbeti tutmam gerekiyordu. Birlikte nöbet tutan üç üsteğmen ve bir yüzbaşı varken bir asteğmenin yanında intibak nöbeti yazılması normal bir uygulama değildi. Diğer taraftan başka gün mü kalmamıştı, yılbaşında izinli olduğumu ve İstanbul'a nişanlımın yanına gideceğimi bildikleri hâlde niye böyle bir güne nöbet yazmışlardı. Orhan ağabey ile konuştum, ne yapayım diye. *"Hem izin kâğıdını hem de intibak nöbetini komutan imzalamış, yani bilgisi olmaması mümkün değil. Muhtemelen geçen günkü çıkışından dolayı sana haddini bildirmek istiyor, istersem sana hayatı zindan ederim, ayağını denk al diyor. Bana sorarsan nöbete gelme, savunma verir, sen de savunmanda izinli olduğun bir zamanda ve kendinden ast biriyle nöbet yazılmasının, askerî teamüllere uygun bulmadığını, zaten asıl nöbetçi olmadığından herhangi bir emniyet zaafı da olmayacağını düşünerek inisiyatif alıp nöbete gelmediğini yazarsın, gerisi Allah Kerim. Çok da kafana takma, daha buna benzer nelerle karşılaşacaksın bu meslekte. "* dedi. Orhan ağabey zaten çok keskin ve dik birisiydi. Kargıoğlu da *"Zaten bir ay sonra evleniyorsun, bundan sonra hep berabersiniz, çok mu önemli yılbaşında birlikte olmanız. Daha mesleğin çok başındasın, sicilini bozarsa ilerde çok başın ağrır. Bırak kendi yaptığından kendi utansın. Geliver ne olacak sanki?"* dedi. Yılbaşı kutlamaları benim için özel bir anlam ifade etmiyordu. En fazla çay, çerez ve meyve eşliğinde televizyonda eğlence programı izlenir ve saatin gece yarısını geçmesine müteakip yatılırdı. Bu sene yeni yıla Harem Otogarı'nda girmiştim ve ertesi sabah günün ilk ışıklarıyla Balıkesir'e inmiştim. Sabah 09.00'da Memduh ile nöbeti devralmıştık. Memduh eziliyor, büzülüyordu ama ben, yokmuşum gibi hareket etmesini ve rahat olmasını söylüyordum. Öğleye doğru misafirhanenin gazinosundan dışarıyı seyrederken komutanın aracının çalıştırıldığını ve nizamiye kapısının açıldığı görünce, Memduh *"Komutanın aracı dışarı çıkıyor bilgin var mı?"* dedim. *"Biz ona karışmayız komutanım."* deyince pencereyi açıp, nizamiye nöbetçisine kapıyı kapatmasını ve komutanın şoförü ile postasını bana göndermesini söyledim. Az sonra şoför ve posta gazinoya gelmişlerdi. *"Nereye gidiyorsunuz oğlum siz?"* dedim. *"Komutan aracını istedi."* dediler. *"Hanginizden istedi?"* dedim. Postasını aramıştı. Santral nöbetçisi de teyit ediyordu. *"Peki, aracı yerine çekin, benden emir almadan çıkmayacaksınız."* dedim. Baktım posta ile şoför ukalalık yapıyorlar, *"Memduh çıkar bunları, nizamiyeye de talimat ver, benden habersiz o kapı açılmayacak."* dedim. Memduh *"Emredersiniz komutanım!"* dedi askerleri aldı, nizamiyeye emrimi iletmeye gitti. Ben de telefonu kaldırdım, santral nöbetçisine *"Komutanı irtibatla, hatta bekliyorum."* dedim. Komutan *"Buyur teğmenim."* deyince, *"Komutanım az önce postanızı ve şoförünüzü aracınızla dışarı çıkmak üzere iken durdurdum. Akılları sıra fındık kadar beyinleri ile beni kandıracaklar. Cahil tabii bunlar, koskoca albayın arabasını nöbetçi amiri dururken postasından istemeyeceğini düşünemediklerinden bir de sizin adınızı kullanıp emir verdiğinizi söylüyorlar. Bilgi vermek için rahatsız ettim kusura bakmayın."* dedim. *"Ben, siz rahatsız olmayın diye postaya söyleyivermiştim aracı getirmesini."* deyince, *"Tamam komutanım, ben de anlayıp dinlemeden askerlere fındık beyinli dedim, gönderiyorum hemen aracınızı."* dedim. Kızgın bir sesle *"Gönderme şimdi, ben gerekirse isterim, sabah da beni karşılamaya intibak nöbetçisi olarak senin çıkmana gerek yok. Nöbetçi amiri karşılasın yeterli."* dedi ve telefonu yüzüme kapattı. Sabah her zamanki gibi komutanın odasına toplantıya giriyordum ki Memduh *"Komutanım hafta sonu mesaj gelmiş, Edremit Tugay Komutanlığının acil keşif ihtiyaçları varmış. Emrinize benimle birlikte 6 asteğmen daha vermişler, Land Rover'e de bir haftalık görev yazmışlar. Komutan teğmene emrimi iletin gecikmeden hemen ekibini alıp çıksın, dedi."* deyince *"Tamam o zaman topla milleti, 15 dakikaya teker dönüyor."* dedim. İlk sürgünümdü.

Görev dönüşü komutana tekmil verdim, 15 gün sonra nikâhım olduğunu ve nikâh şahidim olmasından onur duyacağımı söyledim. Hiçbir şey olmamış gibi davrandı ve olur anlamında başını salladı. Kamp sezonu değildi ama komutan *"İsterlerse Erdek Hava Kampı'nı balayı için ayarlayın."*

demiş idari işler astsubayına. Teşekkür ettim, balayı istemiyorduk. Sağ olsun, Kalfa her şeyi düşündü benim yerime. Gelin arabası olarak kendi aracını süsletmişti, nikâh şekeri dağıtılırmış çıkışta, onların siparişini vermişti. Birkaç gün önce Emine, annesi ve Muammer amcanın kızı Ayşe gece yarısı geldiler, babası da eşyalarla birlikte gündüz gelmişti. Onlar evi yerleştirdiler, bizimkiler de nikâh günü gelmişti. Nikâh salonunda asıl büyük ailem bekliyordu. İnşaat Emlak Başkanlığı tam kadro oradaydı. Salon, müteahhit firmaların ve başkanlığın çelenkleriyle donatılmıştı. Biz içeri girdiğimizde büyük bir şaşkınlık oldu. Sürpriz! Gelin hanım türbanlıydı. Sanırım kimse beklemiyordu. Herkesin aklından *"Damat, askerî lise kaynaklı Boğaziçi mezunu, iyi derece İngilizce biliyor, Batı da yetişmiş, briç oynuyor, içkisine şahit olmadık ama sigara içiyor, namazda niyazda gözü yok."* diye geçiyor, gördüğü manzaraya pek anlam veremiyordu. Bazıları da *"Tamam ama kız doğu kültürüyle yetişmiş, Erzurumluymuş, bak annesi de türbanlı."* diye duruma kendince mantıklı açıklama getirmeye çalışıyordu. O gün çekirdek ailelerimizin desteği ile büyük ailemin şaşkın bakışları altında Emine ile dünya evine girmiştik.

Hafta başı normal mesaiye başladım. İlk gün herkes tekrar tebrik etti, hayırlı olsun temennilerinde bulundu. Hayatım düzene girmişti. Beş vakit namazımı evimde kılabiliyordum. Öğle yemeğine eve geldiğimde günlük 3-5 sayfa Kur'an-ı Kerim bile okuyabiliyordum. İş yerinde görevlendirmem de yapılmıştı. Komutan, beni Orhan ağabeyin kontrol şefi olduğu inşaatlara kontrol mühendisi olarak atamıştı. Nikâhtan sonra zaten Orhan ağabey ile daha bir yakınlaşmıştık. Aslında yalnız değilmişim, Orhan ağabeyin eşi de türbanlıymış ve Emlak Bankasında memurmuş. Orhan ağabey benimle daha yakından ilgilenmeye başlamıştı, usta çırak ilişkimiz vardı. Her şeyi bana en ince ayrıntısına kadar anlatıyordu. Bir süre sonra fark ettim ki kendisi hem yasal mevzuata çok hâkimdi hem de kalemi çok kuvvetliydi. Kritik konularda sadece şube içinde değil, emlak şubeden de görüşüne başvuruluyor, zaman zaman Daire Başkanlığından da fikrine müracaat ediliyordu. Bu konularda ahkâm kesebilmek ve isabetli yorumlarda bulunabilmek için öncelikle yasal mevzuata çok iyi hâkim olmak gerekiyordu. 2886 Sayılı Devlet İhale Kanunu, işin esasını teşkil ediyordu, bunun yanında ikincil mevzuat olarak pek çok yönetmelik, yönerge, şartname mevcuttu. Orhan ağabey bunların hepsine *"Kara kaplı"* derdi. Bir konu hakkında görüş beyan edecekse önce bu konuda kara kaplı şöyle der diye başlar, daha sonra uygulamanın nasıl olması gerektiğini anlatırdı. Kara kaplı genelde karşımıza, işin önünü tıkayan, işi yokuşa süren bürokratik engeller olarak çıkardı. Her bir durum için denenmiş bir reçete geliştirilmişti. Komutanlar, yasal mevzuatla karşılarına çıkılmasından hoşlanmaz, kendilerine intikal ettirilmeden sorunların çözülmesini ister, nasıl çözüldüğü ile ilgilenmezlerdi. Bu durumda devleti zarara uğratmadığın, kendine menfaat temin etmediğin ve boğazından haram lokma geçmediği sürece yasal mevzuatta yeri olmasa da çözüm adına yapılan hiçbir işlem kanun dışı kabul edilmiyordu. Keşif, hakediş, ataşman, mukayeseli keşif, geçici ve kesin kabul gibi teknik konular dışında işin etiğini de öğreniyordum. *"İmza çok önemli, kişinin namusu."* derdi. İmza kişinin kartvizitiydi.

Karalamadan, baştan savmadan, itina ile atılmalıydı. Onun için bir hakediş imzalarken, tükenmez, dolma kalem ve pilot kalemi önüne sıralar, saman kâğıda tükenmez kalemle, Parşömen kâğıda pilot kalemle ve beyaz kâğıda da dolma kalemle imza atardı. İmzayı aceleye getirmez, bir iki imzadan sonra çayından veya kahvesinden bir yudum ve önündeki küllükte yanan sigaradan bir nefes alırdı. Onun küllüğünde yanan sigara hiç eksik olmazdı. Kazaen sönse telaşlanır *"Eyvah ocağımız söndü!"* derdi. *"Müteahhit bizim hısımımız da değil, hasmımız da, biz birlikte meydana getiriyoruz bu eserleri, onlar bizim iş arkadaşlarımız."* der, öyle davranırdı. Şantiyeye gittiğimizde onların yemeğini yer, kahvesini ve çayını içerdi. Aynı şekilde onlar da iş takibi için başkanlığa geldiklerinde imkânlar dâhilinde onları en iyi şekilde ağırlardı. *"İtimat, kontrole mâni değil."* derdi. *"Güvenmediğimiz için değil, hataya engel olmak için ve görevimiz olduğu için her şeyi tek tek kontrol etmeliyiz."* derdi. *"Bilmediğin konuyu biliyormuş gibi yapma, bilmediğini açıkça söyle ve en kısa zamanda bu konudaki bilgi eksikliğini gider. Unutma günümüzde en büyük güç bilgidir."* derdi. Kulaktan dolma bilgiye itibar etmez, mutlaka referans sorar ve kaynağından kontrol ederdi. Kendi özel arşivi vardı. Önemli içtihatları, prensip emirlerini konularına göre dosyalar, *"Mehaz elinin altında olmalı her zaman."* derdi. Terazinin bir kefesine tüyü bitmedik yetimin hakkını koyar diğer kefesine de Efendimiz'in (aleyhissalâtü vesselâm) *"İşçinin hakkını alın teri kurumadan verin."* hadisini. *"Müteahhide baktığında onun nezdinde akşam eve ekmek götürmek zorunda olan işçiyi gör. Hakedişini geciktirdin diye müteahhit o akşam kendi keyfinden taviz vermez ama onun arkasına sığınıp işçinin alacağını ödemez. Müteahhit taahhütle iş yapar, kendi sermayesini kullanmaz, aldığı mal ve hizmet karşılığında çek ve senetle piyasaya borçlanır, senden kaynaklı gecikme, piyasada dengeleri bozabilir, birilerinin zarar etmesine, batmasına ya da faize bulaşmasına neden olabilir. Bunların müsebbibi sen olma, işini zamanında ve tam yap."* derdi. *"Her işini ilgilileri ile istişare ederek yap, bir konuda kendi personelinin de, müteahhidin personelinin de, sahadaki ustanın da görüşünü al ama görüşünü aldığın kişiler verdikleri karardan direkt etkilenen kişiler olsun, hariçten kimseye de gazel okutma."* derdi. Kendi şantiyesinin dışında başka bir şantiyeye uğramak zorunda kalırsa, sahaya çıkmaz, şantiye binasında çayını sigarasını içerdi. Ona göre geçici kabul aşaması bir düğün, kendisi o işin kontrol şefi olarak kız babası ve tamamlanan proje de onun gelinlik kızıydı. Kabul işlemlerinde kontrol heyeti dışında ayrı bir heyet oluşturulur ve bu heyet işin projeye, fen ve sanat kurallarına uygun yapılıp yapılmadığını denetler, eksik ve hatalı işleri düzeltilmek üzere raporlardı. Heyet bir eksik yazdığında telaşlanır, *"Eyvah bizim kızın namusuna halel geldi."* derdi. Kabul aşamasında kendisi bir eksik görse heyet fark etmesin diye gözden kaçırmaya çalışır, kabulden sonra hem müteahhidin hem de kontrol mühendislerinin canına okur, onu gerekirse yıktırıp tekrar yaptırırdı. Bakkalını, manavını, pazarda esnafını, berberini ve tamircisini değiştirmez hepsiyle dost olurdu. *"İnsan tanımadıklarına daha kolay kazık atar."* derdi. Yemek konusunda da çok hassastı. Kebap türü yemeklerden nefret eder, *"Yemek dediğin tencere de pişer, kepçeyle konur, kaşıkla yenir."* derdi. Balıkesir'de küçük bir esnaf lokantamız vardı: *"Kupiko."*

Sadece kuru fasulye, pilav ve komposto yapardı. Şimdi düşünüyorum da ne çok şey öğrenmişim Orhan ağabey-den.

Evlendikten kısa süre sonra Emine, ilk bebeğimize hamile kalmıştı. Bunu da Emine'den bile önce köye git-tiğimizde ilk babaannem fark etmişti. Bizim evde köşede oturuyordu. Emine'yi görünce *"Gelin hoş gelmişsin, sen hamilesin hem de erkek."* demişti. Başlarda çok sıkıntılı bir süreç yaşadık. Sürekli midesi bulanıyordu. Yemek kokusuna tahammül edemiyor, mutfağın kapısından içeri giremiyordu. Çok da zayıflamıştı. Bu arada Orhan ağabey bizi, eşi de askerî hastanede doktor olan kadın doğum uz-manı Buket Hanıma emanet etmişti. Buket Hanım, Orhan ağabeyin iki oğlunun da doğumunda bulunmuştu, onlara torunlarım diyordu. Bebeğin gelişimini biraz yavaş gör-müştü. Son dönemlerde *"Bebeğinin gün içinde hareket edip etmediğini kontrol et."* diyordu.

Bir gün Kalfa bir dilekçe getirdi ve evrak zimmet def-terini uzatarak *"Evrakı teslim aldığına dair imzala teğ-menim."* dedi. Defteri imzalayıp, evrakı aldım. Evrak *"Balıkesir Hava Üssü Er Pavyonu İnşaatı"* ile ilgili yük-lenicinin hakediş talebiydi ve arkasına Orhan ağabey *"Teğ-men Yılmaz gereği."* yazmıştı. Çok zoruma gitmişti. Biz ağabey kardeş gibiydik. Bu resmiyet de neydi. Elimde evrak odasına daldım. Anlamış olmalı ki *"Gel bakalım, Gereğini yapabilir misin?"* dedi. Yapamam der miyim? *"Evet."* ded-im. *"İstersen ilkine birlikte bakalım."* dedi. *"Gerek yok."* dedim. *"İyi o zaman hadi bakalım."* dedi. Oturdum önce, tüm sözleşme ve uygulama yılı birim fiyatlarını, yıl sonu tespit miktarlarını, bir önceki hakediş miktarlarını, nakliye ve fiyat farkı katsayılarını tek tek kontrol ettim. Birkaç katsayı hatalıydı onları düzelttim. Bu hakedişe giren 5-10 yeni poz vardı, onların metrajlarını projeden kontrol etmem gerekiyordu. Akşam herkesin çıkmasını bekledim, projelerle hakedişin bir takımını aldım eve götürdüm. Odanın ortasına serdim projeyi, metrajları kontrol ediyorum ama mahya, parapet, denizlik, harpuşta ve limonluk ilk kez duyduğum terimlerdi. Hanımla birlikte metrajdaki eni, boyu, yüksekliği hanesine yazılan rakamları projede bilmece çözer gibi araya araya bulduk. Metrajda da birkaç rakam hatası vardı, onları düzelttim ve sabah bir takım hakedişi ödeme rakamına bağladım. Kargıoğlu yine sabah çayına uğramıştı. Ona projede ve birim fiyat tariflerinde geçen bilmediğim terimleri sorarak bu terimlerle ifade edilen imalat kalemlerinden ve hakedişe esas mahal metrajlarından da emin olmuştum. Bu şekilde kontrol etmiş olduğum hakediş raporlarının diğer nüshalarını da düzeltip, imzaladım ve öğleden sonra koltuğumun altında Orhan ağabeye götürdüm. Müteahhit ile sohbet ediyorlardı. *"Bırak masaya, birazdan bakarız birlikte."* dedi. *"Ben baktım."* dedim. *"Birlikte bakmamız gereken bir yer var mı?"* dedi. *"Yok."* deyince *"Tamam o zaman iki dakika bekle, imzalayayım da şube müdürüne götür."* dedi. Zaten kapak sayfalarında birer imzası vardı. İmzalamaya başladı. Odadaki herkes şok olmuştu. Nasıl yani? Orhan Üsteğmen bir hakedişi incelemeden nasıl imzalar. Müteahhit de şaşırdı. *"Ağabey sen bakmayacak mısın?"* dedi. *"Teğmenim baktıysa, birlikte bakacağımız yer yok diyorsa, o anlayarak benim gözümle bakmıştır. Takıldığı yer olsaydı sorardı, biliyormuş gibi yapmaz o."* dedi. Herkes Orhan ağabey o hakedişi sonra didik didik etmiştir diyordu ama ben kapağını bile açmadığından eminim.

Sayıştay Başkanlığından teftişe gelmişlerdi. Rutin bir faaliyetmiş. Bizim gibi kamu kaynağı kullanan devlet kurumlarının harcamaları Türkiye Büyük Millet Meclisi adına her yıl denetlenirmiş. Bu denetleme genelde Saymanlık Müdürlüğünde yapılır, ihtiyaç hâlinde ilgili birimden evrak ve açıklama istenirmiş ama o yıl Sayıştay denetçileri Başkanlığın teftişini kendi binasında almak istemişler. Müfettişler için emlak şubede bir oda hazırlandı, kendilerine bir araç tahsis edildi ve mihmandar olarak da ben görevlendirildim. Başta bu işi angarya gibi görüp içerlemiştim, ama Orhan ağabey *"Bu yaşta senin için bulunmaz bir nimet, bak ne tecrübeler edineceksin."* demişti. Zaten sonradan beni o göreve kendisinin önerdiğini de itiraf etti. Her sabah müfettişleri orduevinden alıyorum, birlikte komutanın odasında kahve içiyoruz ve kendilerine ayrılan odaya geçtiklerinde ben de odama geçiyordum ve ihtiyaç duydukları evrakı benden telefonla istiyorlardı. Teftişe tabi dosyaları önceden hazırlamıştık, benim odamda duruyorlardı. Ben *"Ağabey, tüm dosyaları odalarına koysak da benden evrak istemeseler."* dediğimde Orhan ağabey, *"Senin sandığın gibi onlar her şeyi bilmez ama dosyalar ellerinin altında olursa her şeyi karıştırır, olmadık şeylere takılırlar. Bu şekilde önce neye bakacaklarını bilmeleri gerekiyor ki o evrakı senden isteyebilsinler. İstedikleri evrakı da onlara götürmeden önce bana getir, bakalım bir hata var mı diye son kontrolden geçirelim. Hatta zamanında atlanmış ve tanzim edilmemiş önemli bir evrak varsa eski tarihli düzenlemenin yollarını arayalım."* deyince bu işin içinde çok ince siyaset olduğunu anlamıştım. O seneden sonra tüm Sayıştay teftişlerine ben nezaret ettim ve Orhan ağabeyden öğrendiklerim sayesinde birçok başkanlık personelinin Sayıştay sorgusuna muhatap olmalarına engel olmuştum.

Çanakkale de Başkanlığın sorumluluk sahasındaydı. O yıllarda Ezine 177'nci Piyade Alayında, Geyikli Deniz Piyade Taburunda ve Bozcada Komando Taburunda devam etmekte olan inşaat faaliyetleri vardı. Bazen bunların demir ve beton kontrolüne, bazen birliklerin keşiflerine beni gönderirler, gitmişken ananın babanın da elini öp, öyle dön derlerdi. Yani aslında ilk görev yerim bir anlamda kendi memleketimdi. Bu görevlere gidişlerde Balıkesir'den Ezine'ye gitmek için otobüse verdiğimden daha fazla parayı köye gitmek için taksiye verirdim. Her gidiş gelişimizde bizim en kısa zamanda bir araba almamız lazım derdik. Aslında babamın evlenmemiz için verdiği paradan 2,5 milyon kadar artırmıştık. Bu miktar maaşımın 2 katından biraz fazlaydı. O zaman başka tasarruf aracı da bilmediğimiz için babamdan o parayla bizim adımıza zeytin alıp, havuza basmasını istemiştim. En fazla 3-4 ay içinde sofralık salamura zeytin olarak sattığımızda paramız ikiye belki üçe katlanıyordu. Düğünde takılan altınlarımız da vardı. Bunlarla işimizi görecek ikinci el bir araba alırız diye konuşuyorduk. Bu Orhan ağabeyin kulağına da gitmiş. *"Araba mı lazım sana?"* dedi. "Ağabey *tam bir hazırlığımız yok da, yaza doğru ikinci el bir araba alabilecek gibiyiz sanki."* dedim. *"O zaman gelsin, konuşuruz, olmadı bizim düldülü veririz sana."* dedi. Orhan ağabeyin arabası 1989 model Renault 9 *"Broadway"* idi. *"Ağabey bizim ona gücümüz yetmez ben en fazla 12 milyona kadar 1980 model Station Renault *düşünüyorum.*" dedim. "*Bakalım bizimki o kadar ediyor mu?*" dedi ve Kalfa'yı çağırıp arabasına galerilerden fiyat alması için anahtarı verdi. Kalfa döndüğünde "*Ağabey bunların sıfırı 45 milyon olmuş, seninkine de peşin 30 milyon veriyorlar.*" dedi. Bu defa telefona sarıldı "*Yengene soralım bakalım kaç paramız varmış.*" dedi. Orhan ağabeyin gönlünde Renault 21 "*Concorde*" yatıyormuş ve bunun için birikim yapmışlar. İlk zamanlar bu aracın 50 milyon civarı satışa çıkarılacağı tahmin ediliyormuş, ama ilk piyasaya 125 milyondan sürülünce Orhan ağabey için ulaşılır olmaktan çıkmış. "*Bizim Concorde hayal oldu, benim düldülü sana veririz, biz de bunun yenisini alırız. 20 milyonumuz varmış, geri kaldı 25 milyon, sen 15-20 arası bir şeyler denkle, gerisini biz yengenle borçlanırız.*" dedi. "*Ağabey ben zaten dostumla alışveriş yapmak istemem. Sen durup dururken arabanı yarı fiyatına satıp niye zarar ediyorsun ki.*" dedim. "*Biz de zaten alışveriş yapmıyoruz, dostumuzun bir ihtiyacı için imkânlarımızı zorluyoruz. Benim temmuzda tayinim çıkacak. Ben şimdi Bandırma Renault bayiini arayıp, sıraya yazılıyorum. Allah izin verirse haziran sonunda beraber bu araçla Bandırma'ya gider, önlü arkalı iki araçla döner geliriz. Bu konuyu özellikle para pul kısmını bir daha konuşmayalım.*" dedi. Bu arada komutan bu konuyu duyunca "*Orhan, arabayı satıyormuşsun, ben de "Broadway" düşünüyorum, konuşalım mı?*" diyor. Orhan ağabey "*Komutanım, ben teğmene verdim aracı.*" diyor. Komutan "*Orhan, teğmen İnşaat Emlak Başkanlığına tayin olur olmaz hemen araba sahibi oldu, nerden buldu bu kadar parayı diye millet dedikodu eder.*" diyor. Orhan ağabey de "*Benim hibe ettiğimi söylersiniz, eğer derlerse ki Orhan nerden bu-*

luyor da böyle dağıtıyor, merak buyurmayın, bizim ver-
ilmeyecek hesabımız olmaz." diyor. Bir ay sonra komutan da
kendi aracını satıp, aynı renk bir *"Broadway"* almıştı. Şu-
nun şurasında hazirana iki ay kalmıştı, aldı bizi bir telaş.
Babamı aradım, *"Piyasa çok durgun, her sene bu aylarda*
alıcılar gelirdi ama bu sene zeytine kurt girmiş, şimdilik
arayan soran yok. Ben yine de sağa sola bir bakayım." dedi.
Emine annesini aradı, onlarda da yoktu ama atölyeye
makine alırken eniştesinden borç aldıkları cumhuriyet al-
tınlarını yeni ödemişlerdi. *"Eniştenden onları geri isteye-*
lim." dediler. Eniştesi *"Seneye annemle hacca niyetleniyo-*
rum, o zamana kadar ihtiyacım yok, vereyim." demiş. Enişt-
eden aldığımız 36 Cumhuriyet altını 9,5-10 milyon yapıy-
ordu. Bizim takıları aldık, Mili Kuvvetler Caddesi'ndeki
sağlı sollu kuyumculardan fiyat alıyoruz. En son girdiğimiz
kuyumcu 4,5 milyon ediyor deyince şaşırdık. Diğerleri 3,9
milyon civarında birbirine çok yakın fiyat vermişlerdi.
Diğerlerinin verdikleri fiyatları gösterip, tekrar hesapla-
masını istedim. *"Yanlışlık yok."* dedi. *"Nasıl yani, altın fiyat-*
ları bu kadar değişiyor mu?" deyince *"Hemen bozduracak-*
sanız, o kadar nakidim yok, bir iki yere telefon etmem lazım,
zamanınız var mı?" dedi. Beklerken, soğuk bir şeyler ikram
etti, bir iki telefon görüşmesi yaptı. *"Yarım saat misafir ede-*
ceğiz sizi, bu arada az önceki sorunuza şöyle bir hikâye ile
yanıt vermeye çalışayım. Zamanın birinde bir adam çok
beğendiği bir kumaştan kendine takım elbise diktirmek için
terzileri dolaşıyor ama kime gittiyse bu kumaştan kendisine
takım elbise çıkmayacağını söylüyor. Son gittiği terzi de
adamın ölçüsünü alıyor, kumaşı ölçüp biçiyor, yelek de ya-
palım mı? diyor. Adam şaşkın nasıl yani diğerleri bu kumaş-

tan bana elbise çıkaramıyorlardı deyince terzi bundan bizim oğlana bir pantolon ile bana da bir şapka çıkıyor ama onların çocukları büyük diyor. Bilmem meseleyi anlatabildim mi? Burası bizim kendi yerimiz, onlar kira veriyor, kâr oranında dini sınırlara da hassasiyet gösterdiğimizden genelde bizim fiyatlarımızı daha makul buluyorlar." dedi. Bu arada biri gazete kâğıdına sarılı desteler hâlinde para getirmişti. Takılarımızı bozdurup çıkarken fark ettim ki, Balıkesir'e ilk geldiğim gün ben buradan bir kol saati de almıştım. Kuyumcu Cengiz ağabey ile kader bizi Balıkesir'e ilk geldiğim gün karşılaştırmıştı ama dostluğumuz bu alışverişle başladı. Büyük bir kısmını tamamlamıştık ama hâlen eksiğimiz vardı. Annemin altın bir zinciri ile Trabzon işi hasır bir bileziği varmış, onları gönderdi, babam da TARİŞ'ten 5 milyon alıverdim dedi. Babamın TARİŞ'ten aldığı bu paranın 6 aylık vadede 1,35 milyon yasal faizi varmış. Nasıl bir hırsa yenik düştüm ise o anda bu imtihanı fark edememiş, sadece parayı denkleştirmeye odaklanmış, faize bulaştığımı aklımın ucuna bile getirmemiştim. Ne zaman ki parayı denkleştirme baskısı üzerimden kalktı, aklım başıma geldi. Arkadaşlardan bu kadar borç bulup hemen bankanın parasını kapatmayı düşündüm ama paranın vadesinden önce ödenmesini banka kabul etmedi. Babam *"Parayı başka bankaya faize yatıralım, faizi faizle ödeyelim."* diyordu. Bu musibeti ikileştiriyordu, vermenin yanında bir de faiz almanın günahına girecektim. Gerçekten pişmanlık duydum, tövbe ettim. Bunun benden bir şekilde çıkacağını da biliyordum ve Allah'ım ne olur bir kaza bela verme, verirsen de bu hata benim, sen bunu çoluk çocuğumdan çıkarma, sen bundan sonra beni doğru yolundan ayırma, her zaman doğruların yardımcısı ol diye dua ediyordum. Dünyanın bu cazibesi karşısında temiz kalabilmek gerçekten çok zordu. Allah o arabayı nasip etmişse, bana da hani şu hikâyedeki genç gibi helal yoldan verecekti ama ben onun gibi sabredememiş harama bulaşmıştım.

Vakti zamanında Hac vazifesini yapmak üzere Mekke'de bulunan bir kimse, oradaki bir adamın sürekli *"Allah'ım, sen doğruların yardımcısı ol, onlara yardım et."* diye dua ettiğine şahit olur. Öyle ki bu adam bu duadan başka dua etmez. Bu duruma şahit olan biri meraklanır ve adama sorar; *"Sen neden hep aynı duayı ediyorsun?"* Adam başlar hikâyesini anlatmaya: Yıllar önce hac vazifemi yapmak üzere Mekke'ye gelmiştim. Burada Kâbe'nin etrafını tavaf ederken ayağıma bir şey takıldı. Eğilip onu aldım. Büyükçe bir keseydi ve içi altın doluydu. Önce o kesenin sahibini bulmayı düşündüm. *"Bu kalabalıkta bulamam."* dedim. *"Altınları alıp gideyim."* dedim. Hem epeyce altın vardı. Uzunca bir süre nefsimle mücadele ettim. O esnada birtakım kişiler *"Bir adamın içinde bin tane altın olan bir keseyi kaybettiğini ve bulup getirene 30 altın hediye edeceğini"* bağırıyorlardı. Bu duyuru ile nefsimi yenebildim. Helal olan 30 altın, haram olan bin altından daha iyiydi. Keseyi sahibine ulaştırdım ve onun hediyesi olan 30 altını aldım. Hac vazifemi tamamlayıp kendi memleketime giderken o altınlar ile bir köle satın aldım. Kölem çok efendi bir gençti ve iyi çalışırdı. Ben de ona bir köle gibi muamele etmezdim. Birlikte çalışır, aynı sofrada yemeklerimizi yerdik. Bir müddet bu böylece devam etti. Bir gün kölemin tanımadığım birkaç adamla gizlice konuştuğunu gördüm. Ona, o adamların kim olduğunu sordum. Dedi ki; *"Ben falanca di-*

yarın hükümdarının oğluyum. Babam ve ben bir savaşta esir düştük. Beni köle pazarına getirdiler ve sen beni satın aldın. Bu adamlar ise babamın askerleridir. Bana babamın esaretten kurtulduğunu ve beni 50 bin altın karşılığında satın almak istediği haberini getirdiler. Sen iyi bir adamsın sakın ola fiyatı düşürme, o 50 bin altın senin hakkındır." Kölemin babasının askerleri tekrar geldiler ve onu o adamlara 50 bin altına sattım. Bu para ile de tüccarlığa başladım. Birçok tüccar dostum oldu. Bir gün o dostlarımdan yaşça pek ileri olanlarından birinin üzgün olduğunu gördüm. Ona sebebini sorduğumda; *"Bir başka tüccar dostunun vefat ettiğini ve o adamın kızının yapayalnız kaldığını, o dostu için ve dostunun kızı yalnız kaldığı için üzgün olduğunu"* söyledi. Ve beni çok sevip güvendiği için o kızla evlenmemi teklif etti. Onun teklifini kabul ettim. Evlilik için gerekli hazırlıklar tamamlandıktan sonra âdet olduğu üzere kızın çeyizini görmek için evine gittim. Çok değerli bir çeyizi vardı kızın ve çeyizinde altın kâseler içinde kese kese altınlar... Her kâsenin içinde, bin altınlık keseler vardı. O keselerden birinde ise 970 altın vardı. Bütün keselerde bin altın var iken o kesede neden 970 altın olduğunu merak etmiştim. Bunu kıza sorduğum zaman; *"Babasının hac vazifesini yaparken içinde bin altın olan kesesini kaybettiğini ve o keseyi bulup getiren kişiye 30 altın hediye ettiğini, daha sonra ise o keseyi hiçbir zaman tamamlamadığını"* anlattı. Yıllar önce aldığım 30 altın ile o kese de tamamlanıyordu. İşte bu nedenle Allah'a doğru kimselere yardım etmesi için yalvarıyorum.

Evet, ben bu hikâyedeki genç kadar sabırlı olabilseydim, inanıyorum Rabbim bana da eksik kalan miktarı helal yoldan verecekti ama hata etmiştim bir kere ve şimdi Hz. Musa (aleyhissalâtü vesselâm) gibi *"Rabbim! Şüphesiz ben nefsime zulmettim. Beni affet!"* (Kasas suresi 28/16) diye dua etmekten başka çarem yoktu.

Ben paramı denkleştirmiştim, Bandırma bayii de aracın geldiğini bildirmişti. Daha önce konuştuğumuz gibi Orhan ağabey ile arabayı almaya gittik. Biz içeride çay içerken, benim arabayı da bakıma almışlardı. Orhan ağabey talimat vermiş, arabasının son bakımını yaptırmış, güzelce yıkatıp temizletmişti. Bu arada sıfır araçlar zamlanmış aracın satış fiyatı 45 milyondan 52,5 milyona çıkmıştı.

Orhan ağabey Ankara İnşaat Emlak Başkanlığına atanmıştı. Yıllar önce geçirdikleri bir trafik kazasından eşi çok etkilenmiş ve odaklanma problemi yaşıyordu. Yeni bir düzen kurulana kadar da Ankara'da çalışmayı göze alamıyor, Balıkesir'de iki küçük çocukla tek başına kalmak da istemiyordu. Son çare geçici bir süreliğine ailesinin destek olabileceği memleketi Salihli'ye tayin istiyordu. Emine'nin kuzeni Ayşe abla da Emlak Bankta personel müdürüydü. Rica ettik, kırmadı ve Nermin ablayı Salihli'ye tayin etti. Orhan ağabeyin ev eşyasını kamyona yükledik; geceyi bizde geçirip, sabah önlü arkalı yola koyulduk. Nermin ablayı ve çocukları Salihli'ye yerleştirip aynı gün sabaha karşı tekrar Balıkesir'e dönmüştük. İlk uzun yolculuk tecrübemdi, Orhan ağabey arkamdan ayrılma demişti ve hızlı da kullanıyordu. Özellikle geceye kalan kısımda zorlandım ama Orhan ağabeyden geçer not almıştım.

Orhan ağabeyin ayrılmasından bir hafta sonra bana da İstanbul Tuzla Piyade Okulunda 3 aylık subay tekâmül kursu çıkmıştı. Önce Buket Hanım'a uğradık. Bizim İstanbul'a gitmemizde bir mahsur olup olmadığını sorduk. Gidebileceğimizi ama annenin her gün bebeğin hareket edip etmediğini kontrol etmesini istemişti. Hanımı baba evine bıraktım, ben de kursa katıldım. Geneli bu yıl mezun olan öğretmen ve mühendis subaylardan oluşan iki takım vardı. Birinci takımın kıdemlisi İstanbul İnşaat Emlak Başkanlığında staj yaparken samimi olduğum Üsteğmen Tuncer Aksu, ikinci takımın kıdemlisi de bendim. İlk kez o yıl bayan subaylar da orduya alınmıştı ve Tuzla'da birlikteydik. Yanaşık düzen, yürüyüş ve piyade tüfeği, el bombası ve havan atışları gibi konular vardı. Bir gün açık travers eğitimi için gruplara ayrıldık. Travers eğitiminde gruplar, bir noktadan yürüyüşe başlar, bir harita ve pusula yardımı ile belirtilen koordinatlardaki bir sonraki hedefe ulaşır, oradan yeni koordinatları alır, diğer hedeflere aynı şekilde ulaşır, böylece yürüyüşün biteceği son noktaya en kısa zamanda varmaya çalışılırdı. Eğitime başlamadan önce sınıf subayı, nöbetçi subayına *"Dosyadan parola ve işareti al, arkadaşlarına ver, dış kuşak nöbetçileri parola sorabilir."* dedi. Nöbetçi subayı günleri karıştırıp, dosyadan farklı bir günün parola ve işaretini alıp, gruplara veriyor. Bayan subaylar da kendilerini ispatlama gayretiyle, bayanlardan oluşan bir grup kuruyor ve aralarına erkek subay almıyorlar. 7 noktalı traversin, 3'üncü noktasından itibaren bunlar yanlış yöne yöneliyor ve dış kuşak nöbetçilerine temas ediyorlar. Bayanlar yanlış parola ve işareti söyleyince, biraz da biz subayız diye nöbetçiye diklenince, nöbetçi veriyor mermiyi namlunun ağzına, yatırıyor bunları yere, düdük çalıp devriyeyi bekliyor. Saatler geçti bayanlar kayıp, çıktık Jeeplerle bunları aramaya. Baktık nöbetçi başlarında bunlar yüzükoyun elleri arkada yatıyor. Dış kuşak nöbetçisi bizi görünce *"Komutanım bunlar terörist, sanki orduya kızları alıyorlar. Bir de beni aptal yerine koyuyorlar, sözde bunlar subaymış."* dedi. Nöbetçi subayın küçük bir dikkatsizliği az daha elim bir hadiseye neden oluyordu.

Günler böyle geçerken, bir gün bölük komutanı *"Seni telefondan istiyorlar."* dedi. Eşim *"Telaşlanma ama gelsen iyi olur, bebeğimiz anne rahminde ölmüş."* dedi. Aslında doğuma da bir ay kalmıştı. Bölük komutanı bir şeylerin ters gittiğini anlamıştı. Daha ben bir şey demeden *"Zaman geçirmeden çık ama telaşlanma, sakin kalmaya çalış, gelişmelerden bilgi ver."* dedi. O gün bebeğin kımıldamadığından şüphelenince Çakmak Polikliniğine gidiyorlar ve bebeğin yaşamadığını öğreniyorlar. Hemen Buket Hanım'ı aradım. *"Eşinizin dikkati sayesinde çok erken fark etmişsiniz, Allah muhafaza anneyi zehirleyebilirdi, şimdi onun oradan alınması lazım ama iyi bir kadın doğum uzmanına gidin normal doğum yaptırması konusunda ısrarcı olun, sezaryeni son çare olarak düşünsün."* dedi. *"Abla sen hazırlıklarını yap, biz Balıkesir'e geliyoruz."* dedim. *"Orada da yaptırabilirsiniz."* dediyse de, sabah gelmiş oluruz inşallah deyip telefonu kapattım. Bölük komutanını aradım. Şehir dışına izin verme yetkisi yokmuş, Alay komutanına yarından önce izin kâğıdı çıkaramazlarmış. Zaten öyle bir hafta süreli izin olmazmış, üç gün kursa katılmazsan kursu tekrarlamam gerekiyormuş. *"Komutanım sizi anlıyorum, yanlış anlamayın ama bu dedikleriniz zerre kadar umurumda değil, ben zaten şu anda Balıkesir'e doğru yola çıktım. Eşim kurtulmadan da gelmem. Siz nasıl uygun görürseniz öyle yapın."* dedim. *"Elimden geleni yapacağım, Allah yardımcınız olsun, beni bilgilendir.*" dedi. Ertesi gün eşimi Buket Hanım'ın yönlendirdiği özel hastaneye yatırdık. İstediği suni sancı serumunu bulduk ve iki gün kanalların açılmasını bekledik. Gerçekten dediği gibi normal doğum yaptırdı. Babaannem haklıymış, bebek erkekmiş. Daha sonra yapılan tetkiklerde kordon dolanmasından dolayı boğulmuş olduğuna kanaat getirdiler. Sonraki hamilelikler için ilave bir tedaviye ihtiyaç yoktu ama Buket Hanım, anne psikolojisi açısından olabilen en kısa zamanda bir hamilelik öneriyordu. Çok üzülmüştük ama bir arkadaşın *"Anne karnında ölen dört ayını tamamlamış bebeklerin ruhları üflenmiş olduğundan normal çocuk kabul edildikleri; onların cennette anne ve babaları ile birlikte olacakları ve bu dünyada kısa süreliğine mahrum kaldıkları evlat sevgisini cennette de tadacakları; hadislerde ise erken yaşta ölen çocukların anne babaları için rahmet ve mağfiret vesilesi olacakları ve onlara şefaat edecekleri"* müjdesiyle teselli bulmuştuk. O vermişti, O aldı. Verdiğine şükretmiştik, aldığına da şükrettik. Kursa bir hafta aradan sona dönebilmiştim ama herhangi bir sıkıntı çıkmadan normal süresinde kursu tamamlamış oldum.

Kurs dönüşü birliğime katıldım. Orhan ağabeyden kalan işler bana devredilmişti. Benim kontrol mühendisliğim sona ermiş artık kontrol şefi olmuştum. Neyse ki önümde Kargıoğlu gibi zorlandığımda danışabileceğim güvenilir bir ağabey daha vardı. Komutan teknolojiye çok meraklıydı. Makama aldığı her yeni cihazın hemen kullanma kılavuzunu gönderir, *"Teğmen bunu tercüme etsin, bana da bilgi notu hazırlasın."* derdi.

Araba büyük nimetti, vakitli vakitsiz her yere rahatça

gidiyorduk. Babam depodaki kurt girmiş zeytinin salamura olarak kolay kolay satılmayacağını anlayınca, çıkarıp yağ sıktırmış ve TARİŞ'ten aldığı kredinin taksitlerinin büyük kısmını ödemişti. Biz de bu arada maaştan yaptığımız tasarruflarla kalan kısmını ödeyip, kredi meselesini kapattık. Annem takılarını altın olarak değil de döviz olarak istemişti, onların karşılığını da Mark olarak ödedik ama eniştenin altınlarını ödeyemiyorduk. Mecburen arkadaşlara haber saldık. Ali Işık, Kırklareli'nde kıta stajındaydı ve Maltepe Askerî Lisesinde 4 aylık maaşı mutemetteydi. Ekrem Almanya'daki amcasının ev kiralarını çeyrek altına çevirmişti. Himmet'in de 3.500 Markı vardı. Topladık hepsini, eniştenin altınlarını ödedik. Birinin külahını öbürüne giydiriyorduk. Borçla borç ödemek akıl kârı değildi ama başka çare yoktu. *"Derdi dünya olanın dünya kadar derdi olur."*derdi bir arkadaş. Dünya malına meyletmiştik, her ay maaşı alır almaz kuyumcuya koşuyor, zorunlu harcamalar dışında kalanla hemen Mark alıyorduk, vergi iadesiyle de ay sonunu getirmeye çalışıyorduk. Cengiz ağabey durumu fark etmiş olmalıydı ki bir gün *"Sen böyle her ay Mark alıyorsun ya ne yapıyorsun onları?"* dedi. *"Birinin borcunu denkleştirene kadar duruyor evde* ağabey." deyince *"Bak o zaman şöyle yapalım, bugünden sonra ben sana hep bu kurdan Mark ya da altın satayım ve her ay aldığın Mark ya da altın bende kalsın, karşılığında ben sana imzalı kâğıt vereyim. Sen Marklarını ya da altınlarını alacağını bana bir gün önceden haber ver, ben sana onları hazır ederim. En azından bu aradaki kur farkından korunursun."* dedi.

Hanım ikinciye hamile kalmıştı. Babaanne bunu da ilk

görüşte bilmiş, *"Gelin yine yüklüsün ama bu defa kız."* demişti. Hanımı yine baba ocağına bıraktım, ben bu defa Kırklareli'nde kıta kursuna gittim. Tuncer 33'üncü Tümen Karargâhında, Balıkesir 1012 Ana Tamir Fabrikasından Makine Mühendisi Güçlen Teğmen, Kuleli Askerî Lisesinden 3 bayan teğmen ve ben 10'uncu Zırhlı Alay Komutanlığında görevliydik. 10'uncu Zırhlı Alay o dönemde zehirli alay olarak anılırdı. Ülkede ne kadar hapçı, jiletçi, psikolojik sorunlu asker ve terör şüphelisi varsa ağırlıklı olarak bu alayda toplanmıştı. Terör şüphelileri doğu ve güneydoğuya gönderilmiyordu zira o dönemlerde bu bölgelerdeki askerî birliklere yapılan baskınlarda teröristlerle iş birliği yapıyorlardı. Büyük şehirlerdeki askerî birliklerde de eylem yapıp, kışla dışına çıktıklarında izlerini kaybettiriyorlardı. Son dönemler İstanbul Sarıgazi Lojmanlarının su deposuna zehir atmış, Fenerbahçe Orduevinin düğün salonuna bomba koymuşlar ve tel örgünün dışına çıkar çıkmaz da izlerini kaybettirmişlerdi. Tüm sorunlu askerî personel Trakya bölgesinde toplanmıştı. Herhangi bir olay sonrası Çanakkale ve İstanbul istikameti trafiği kapatıldığında failler kolayca ele geçiriliyordu. Bizim katılışımızdan 3 gün önce hafta sonu tümen komutanını konutuna bırakmayı müteakip, dönüşte şoför ve muhafız büfeden sigara almak üzere aracı terk ediyorlar. Aracın çalışır hâlde bırakılmasından istifade eden çarşı iznindeki bir grup asker araçla Edirne istikametine kaçıyor ve araç emniyet güçlerince ancak İpsala sınır kapısına yakın bir yerde durdurulabiliyor. O dönemde disiplin cezası alan askerlerin cezalarını çekmeleri için kışlanın içerisinde *"Disiplin Koğuşu (Disko)"* tabir edilen askerî cezaevleri vardı. Ondan önceki hafta sonu diskodaki askerler ayaklanmış, nöbetçi heyetini esir almış, spor sahası etrafında yarı çıplak koşturmaya yeltendikleri aşamada ani müdahale mangası ile etkisiz hâle getirilmişlerdi. PKK, çocukları asker olan ailelere ve askerlik sonrası bölgeye dönen gençlere ciddi baskı yapıyordu. Onlar da bu tür eylemlerle, aileleri üzerindeki baskıyı azaltmaya ve döndüklerinde dağa kaldırılmaktan kurtulmaya çalışıyorlardı. Oturup konuştuğumuzda onlara da hak vermiyor değildik. Bölge halkı iki arada kalmıştı. Teröre destek veriyor diye gündüz asker baskısı, devlete arka çıkıyor diye de gece PKK baskısı altında bölge halkı çaresizlik içinde kıvranıyordu. Bu soruna devlet yetkililerince silah kullanımı dışında acil bir çözüm bulunması gerekiyordu. İlk geldiğimiz gün tabur komutanı tüm kursiyerleri toplamış, alayın özel durumundan bahsetmiş ve kendi güvenliğimiz için gerektiğinde askere karşı silah kullanmaktan çekinmememizi söylemişti. Servis araçlarına arka kapıdan biniliyor ve binerken tüm subay astsubay MP5 makineli tabanca alıyordu. Herhangi bir saldırı anında hemen hedef küçülterek servis araçlarının yan camlarından dışarıya ateş etmenin eğitimi yaptırılıyordu. İlk gün, beylik tabancası olmayanlara ve belinde 7,65 mm çapındaki Kırıkkale veya Çek Vizör taşıyanlara atış gücü daha yüksek 11,43 mm Colt tabanca dağıtılmıştı. İlk etapta askerin, subay astsubayın belindeki silahını ele geçirmesi ihtimaline karşı emniyet açısından şarjörler silahtan ayrı olarak göğüs cebinde muhafaza edilecek ama gerektiğinde silah kullanmaktan çekinilmeyecekti. Bölüklerin bütün yükü sayıları 7-8'i geçmeyen batılı çocukların üstündeydi. Zaten psikolojik sorunları olan, sabıkalı ya da sakıncalı askerlere bırak silah vermeyi, mutfakta patates soymak için bıçak bile verilmiyordu. Madde bağımlılarına doktor kontrolünde günlük minimum doz hap veriliyordu. Özellikle nöbetlerde diken üstündeydik, nöbetlerde devriyeye mutlaka onlarla çıkılacak, nöbetçinin silah doğrultması durumunda devriye tereddütsüz nöbetçiyi etkisiz hâle getirecekti. Batılı bu çocuklar da zaman zaman bu sorumluluktan kurtulmak için acemice kendilerini jiletlerler, ciddi hayati tehlike atlatırlardı.

Alay Komutanlığı daha önce malzeme ihalesi yapmış, kum-çakıl, çimento, donatı demiri, kereste ve profil demiri almış, asker gücüyle tank garajı inşaatı yapmaya çalışıyordu. İnşaat ekibinin başına da makine mühendisi bir asteğmen vermişlerdi. Asteğmen haftaya teskere alıyordu. Bir hafta birlikte çalışacak sonra emir komutayı ben devralacaktım. İnşaat ekibinde günlük ortalama 35 asker olurdu. Bunların 5'ini İstihkâm Taburundan gelen inşaat ustası askerler, geri kalanını da bölüklerin günlük görevlendirdikleri askerler oluşturuyordu. Bölükler de hâliyle ne kadar problemli askeri varsa inşaat ekibine onları görevlendiriyorlardı. Asteğmen zamanla bu ekibi çalıştırmak için kendine göre bir yöntem geliştirmiş. İnşaat sahasında gölge bir yere masasını kuruyor, güneş gözlüklerini takıyor, elinde havalı bir tüfekle kaytaran askerin poposuna boncuk atıyordu. Bu yöntem bana göre değildi. Ben daha insani davranıyor, motive etmek için istirahat saatlerinde çay ısmarlıyordum. Sanırım benim bu yumuşak tavrım, onlara cesaret veriyordu zira her fırsatta kaytarıyorlardı. Cemalettin adında 35 yaşlarında bir askerim vardı. Yanıma geldi, *"Komutanım, siz Ali Işık Teğmenimin dostuymuşsunuz, sizin geleceğiniz-*

den bahsetmişti. Müsaade ederseniz siz günlük yapacak-
larımızı bana söyleyin, ben onlara anlayacakları dilden an-
latırım." dedi. Benden önce bu taburda Ali Işık staj yap-
mıştı ve hem Cemalettin'e hem de tabur komutanına ben-
den bahsetmişti. Sonraki birkaç gün ben sabah yapılacak-
ları Cemalettin'e söylüyorum, o inşaat ekibini hizaya diziy-
or, gruplara ayırıyor, her birine yapacaklarını söylüyor,
kimse de itiraz etmiyordu. *"Cemalettin sen dışarda da bu*
işleri mi yapıyordun?" deyince *"Komutanım, ben hiç dışar-*
da olmadım ki." dedi. Cemalettin üniversitede okurken sağ
sol çatışmalarında üç kişiyi vurmuş, içerde 15 yıl yattıktan
sonra şartlı salıverilmiş bir ülkücü gençmiş. Askerler arasın-
da bu durum biliniyormuş ve inşaat ekibindekiler de bun-
dan çekindikleri için pek itiraz eden olmuyormuş. O gün-
den sonra Cemalettin sağ kolum oldu, saygılı ve samimi
davranıyordu.

Haftaya 1'inci Ordu Komutanlığının denetlemesi
vardı. Ona hazırlık yapıyorduk. Ordu Komutanı Orgen-
eral Muhittin Füsunoğlu'ndan çok çekiniyorlardı. Onun
denetlemelerinde, sabahın ilk ışıklarıyla verilen alarm ile
alay kışladan çıkar ve alarm ilk toplanma bölgesinde
toplanırmış. Denetleme heyeti önce kışlayı dolaşır, intikale
çıkamayan arızalı araç olup olmadığına, alarm zarflarının
açılıp açılmadığına, teslim tesellüm heyetlerinin oluştu-
rulup oluşturulmadığına ve kışla emniyetinin alınıp alın-
madığına bakarmış. Daha sonra alarm ilk toplanma böl-
gesine gider, her bölükten 5 askeri kendi seçer, 5 askeri
de bölük komutanına seçtirir, tüm denetlemeyi bu karma
takım üzerinden yaparmış. Bölük komutanlarının
denetleme günü de inşaat ekibine asker verelim, böylelikle

sorunlu erlerden kurtulalım ve başarı şansımızı artıralım teklifini çok cazip bulmuşlardı. İlk etapta kışlada göze görünmeyecek şekilde kamufle olacak ancak tespit edilmemiz durumunda inşaat faaliyeti yapıyor gibi davranacaktık. İnşaat ekibini kışlanın uzak noktasındaki bir kereste deposunda topladık, kerestelerden görülmeyecek gibi gizli bir bölge oluşturduk, kimse ses çıkarmadan burada oturacaktı. Ben de bu depoyu ve denetleme ekibinin giriş çıkışını görebilecek bir noktada bekleyecektim. Cemalettin'e de bir telsiz vermiştim. Denetleme heyeti depoya doğru gelirse, benim komutumla Cemalettin ekibi kereste taşır vaziyette inşaat mahalline doğru hareket ettirirken, ben de Jeep'le olay yerine intikal edip duruma vaziyet edecektim. O gün her şey planlandığı gibi gitmiş, denetleme heyeti birkaç bölük garajına bakıp, alarm ilk toplanma bölgesine çıkmıştı. Denetleme gayet başarılı geçmesinin ötesinde o yıl kuvvet denetlemesinde 10'uncu Zırhlı Alay en başarılı birlik seçilmişti.

Tuncer ile birlikte her hafta sonu benim araçla İstanbul'a gidiyorduk. Bazı hafta sonları tabur komutanı da bizimle geliyordu. Kursun son haftası kayınbiraderim Erkan ziyaretime gelmişti. O hafta içi Erkan ve Tuncer ile birlikte Kırklareli ve civarını gezdik hatta bir akşam Türkiye'nin Bulgaristan'a açılan Dereköy sınır kapısında görevli karakol komutanına misafir olduk. Son gün sabah erken saatlerde eşyalarımızı arabaya yükledik ve Kırklareli'nden kaçarcasına ayrıldık. İstanbul'un tam tersi istikamete Edirne'ye doğru gidiyorduk. Buraya kadar gelmişken Erkan'a Selimiye Camii'ni göstermeden Edirne'nin meşhur tava ciğerini yedirmeden dönmek olmazdı. Tuncer ile aylardır her hafta sonu bu yolda Kırklareli-İstanbul arasında molasız yolculuk ederdik ama bu defa her gözümüze takılan yerde duruyor, adeta belli bir saatte bir yerde randevumuz var da biz o randevu saatine kadar oyalanıyorduk. Akşam saat 24.00'e gelirken İstanbul Boğaz Köprüsü'ndeydik. Tuncer yan koltukta oturuyor, geriye gönmüş arka koltukta oturan Erkan ile muhabbet ediyor, Erkan da Boğaz Köprüsü'nün fotoğrafını çekmeye çalışıyordu. Trafik epey yoğundu ve en sol şeritteydik. Bir ara öndeki arabanın yalpaladığını gördüm. Hafif frene dokundum, baktım kayıyoruz, sağa kaçmayı düşündüm, sağ şerit dolu, *"Beyler tutunun!"* dedim, Tuncer *"Ne oluyor?"* diye öne dönmüştü ki, önümüzdeki iki araçla zincirleme bir kazaya karışmıştık. En önde 4x4 bir Jeep vardı, arada doğan türü bir araç ve en sonunda biz. Köprünün tam ortasındayız. Aynı noktada az önce yaşanan bir kazadan akan yağdan dolayı önde aniden duran Jeep'e arkadan ayak uyduramamış ve çarpmıştık. Jeep'te hiçbir hasar yoktu, arada kalan aracın ön ve arka tamponu hasar almıştı, bizim de ön kaput açılmış ve ön panel dağılmıştı, başta radyatör de delindi sanmıştık ama sadece tahliye hortumu yırtılmıştı. Kaza sonrası araçtan inen herkes çok medeni bir şekilde *"Geçmiş olsun, yaralanan var mı?"* diyordu birbirine. Şükür ki cana gelen bir şey yoktu, aslında mala gelen de öyle ciddi bir hasar yoktu. Araçlar çalışır hâldeydi zaten, Beylerbeyi tarafına çektik. Trafik polislerinin yönlendirmesiyle kazanın ağırlık merkezi köprünün ortasından 5 metre diğer tarafta kaldığı için işlemler diğer yakada yapılacaktı. Hep birlikte kazaya karışan Jeep'e bindik, Ortaköy Polis Karakolunda ifade verdik, hastaneye muayene ve alkol kontrolüne gittik ve en son Zincirlikuyu Karayolları Binası'ndaki ekspertize kazayı anlatıp, rapor ve olay yeri krokisi alarak, tekrar karakola geldik. Polis bize *"Sizinle ilgili bir şey yok. Siz arkadan vurduğunuz için suçlusunuz. Muhtemelen sizin trafik sigortanız öndeki aracın hasarını karşılar. Kaskonuz varsa onunla görüşün yoksa siz kendi hasarınızı kendiniz yaptıracaksınız."* dedi. Biz bindik bir taksiye sabah ezanıyla birlikte eve geldik. Ertesi gün tanıdık bir tamirci ile aracın başına gittik, o da aracın yürüyen aksamında bir şey olmadığını teyit etti ve aracı Maltepe'de tanıdığı bir yetkili servise çektik. Servis ilk inceleme neticesinde 6 milyon 350 bin lira masraf çıkardı ve tanıdık tamircinin de etkisiyle 5 milyona pazarlık ettik. Konuşulan miktarlar, TARİŞ'ten alınan kredi ve geri ödenen faizli tutar ile kuruşu kuruşuna aynıydı. Bunun benden zaten bir şekilde çıkacağını biliyor ve direksiyona hep tedirginlikle oturuyordum. Rabbim dualarımı kabul etmiş, ciddi bir kaza bela vermeden bu pisliği temizlemişti.

Askerlik içindeki zorunlu askerlik hizmetlerimi de tamamlamış, nihayet Balıkesir'e birliğime dönmüştüm. Artık işime daha iyi yoğunlaşabilecektim. Sınıf okulu ve kıta stajı boyunca fırsat buldukça yaptığım işi düşünmüştüm. Kontrol teşkilatı olarak zamanımızın büyük bir kısmını hakediş kontrolleri alıyordu ve sahada imalat kontrolüne neredeyse hiç zaman kalmıyordu. Sadece donatı kontrolü, beton dökümü ve ıslak mahal yalıtımı gibi kritik imalat süreçlerine nezaret edilebiliyorduk. Hakediş kontrolü için aslında Kargıoğlu ile birlikte bir bilgisayar programı yazabilirdik. Başkanlığa bu yıl hem bakım onarım hem de döşeme demirbaş alımı için ciddi ödenek tahsis edilmişti.

Genel bakım onarım ve emlak şube binası ile ana başkanlık binası arasına ikinci kat seviyesinde bir bağlantı koridoru yapımı için ihale açılmıştı. Birkaç bilgisayar alımı için de şartname hazırlanacaktı ama konusunda yetkin teknik eleman bulamıyorlardı. Birlikte komutana çıktık, ben bilgisayar alımı için teknik şartname hazırlayabileceğimi, ancak ileride Başkanlık'a kurulacak bir ağın altyapısını hazır etmek için bu bakım onarım işi bünyesinde her odaya boya ve sıva öncesi kablo kanalı içinde cat 5 kablo çekmemizin çok iyi olacağını anlattım. Kablo kanalı ve kablo maliyeti mukayeseli keşif içinde o dönem yasanın izin verdiği %30 artış ile çözülebiliyordu. O dönemin en iyi konfigürasyonu kabul edilebilecek INTEL i486 DX 2-66 işlemcili iki bilgisayar almış, birini komutanın odasına diğerini de benim odama kurmuştuk. Biz bir taraftan başkanlığın bilgisayar altyapısını oluştururken diğer taraftan da alınan bilgisayarda *"gw basic"* ile hakediş kontrolüne yönelik kod yazmaya başlamıştık. Tüm birim fiyat analizlerini, yıllara göre son on yılın birim fiyatlarını, nakliyeye ve fiyat farkına tabi malzeme miktarlarını dosyaladık. Diğer tüm katsayıları ve birim fiyatları bir kez kontrol ederek dosyaladığımız ve bu dosyaları her türlü yetkisiz müdahaleden uzak kendi bilgisayarımızda muhafaza etiğimiz için hakediş kontrolü artık sadece imalat miktarı kontrolüne indirgenmişti. Daha önce günler süren hakediş kontrolü bu yazılım sayesinde bir saatten az sürede tamamlanır hâle gelmişti. Bu durumdan sadece idarenin personeli değil müteahhit de çok memnundu. Başkanlık binasının bakım onarımı kapsamına dâhil edilen kablolama imalatını müteahhit alt yüklenici olarak HCS bilgisayar firmasına vermişti. Kablolama esnasında firma sahibi Hasan yazılım işiyle uğraştığımızı görünce bu türden verilerin *"Clipper Veri Tabanı ve Programla Dili"* ile daha kolay ve hızlı işlenebileceğini söyleyip ertesi günü bize program disketlerini ve kitabını getirdi. Algoritmaya hâkim olduğumuzdan bir hafta sonra *"Clipper"* ile yazmaya başladık. Öncelikle komutan yılbaşında ve bayramda göndereceği yüzlerce tebrik kartlarının zarflarını otomatik yazdırabileceği bir program istiyordu. Bunun için adres bilgilerini şehir, rütbe ve birlik gibi parametrelerle süzebilecek ve bunları kendinden yapışkanlı etiketlere dökebilecek bir program yazdık. Ardından nöbet programı geliştirdik. Bu programla, çok hızlı, hatasız ve bir yıllık süreçte, hafta içi, hafta sonu, cuma günü, bayram ve yılbaşlarında personel arasında adalet sağlayacak şekilde nöbet yazılabiliyordu. Personel maaşları da hassas konulardan biriydi. Maaş mutemetlerinin havasından yanına yaklaşılmıyordu. Zaten bana oda ve masa ayarlanırken de maaş mutemedi ukalalık yapmıştı. Maaş programına da el attık, artık maaş bordroları tek tuşla yarım saatte basılabiliyordu. Her yıl Emlak Şube Müdürlüğünün taşınmaz mal sayımları olurdu. Bu sayım cetvelleri haftalar öncesinden hazırlanmaya başlanırdı. Üstelik hangi arazinin üzerinde hangi binaların bulunduğu ya da birlik envanterindeki taşınmaz bilgileri hep sorunlu konulardı. Taşınmaz mal saymanları, tüm zimmetlerini yazdığımız programa haftalar içinde aktarmıştı. Sayım tablolarını oluşturmak artık saatler içinde mümkün hâle gelmişti. O yıllarda her bir inşaat projesine yıllık ödenek tahsis edilirdi, herhangi bir nedenle harcanamayan veya artan ödeneğin yıl sonunda tenkisi istenmezdi. Bu artan ödeneklerle çimento, seramik, lavabo, boru, kiremit gibi inşaat malzemeleri alınır ve Başkanlık bünyesindeki inşaat mal saymanlarınca depolanırdı. İhtiyacı olan birlik komutanları İnşaat Emlak Başkan'ından malzeme talebinde bulunurdu. Bu talepler başkana genellikle önce ilgili birlik komutanı tarafından telefonla iletilirdi. Başkan da depoda bu malzeme mevcut mu diye her defasında saymanı aratır bu arada genellikle general rütbesindeki birlik komutanlarını telefonda bekletirdi. Bunun için saymanlık kayıtlarını ve hareketlerini bilgisayarda görebileceği bir program istiyordu. Özellikle malzemelerin mevcut stok miktarları ile bir malzemenin verildiği birliklerin tarih ve miktar olarak dökümüne ya da bir birliğe verilen malzemenin tarih ve miktar olarak dökümüne ihtiyaç duyardı. Bu tür programlar sayesinde kolayca erişilen bilgi, başkana işine son derece hâkim, ilgili, bilgili bir komutan edası verirken, başkanın gözünde de beni yücelttikçe yüceltiyordu. Silahlı Kuvvetlerde bilginin gerçekten ne derece önemli bir güç olduğunu daha genç rütbelerde keşfetmiştim. Daha sonraları piyasaya yönelik yaptığım birtakım ilaveler ile muhasebe programına dönüştürdüğüm bu saymanlık programını ve birkaç çapraz kontrol ile kısmen akıllı hâle getirdiğimiz adres programını demo olarak Hasan her sattığı bilgisayara standart olarak yüklemeye başladı. Her açılışta demo uyarısı verip, kısıtsız kullanım için cüzi bir ücret karşılığında HCS bilgisayardan telefon ile şifre alınması uyarısı veren program bir yılını doldurduğunda kilitleniyordu. Bir yıldır muhasebe verilerini bu programa giren firmalar mecburen arayıp şifre alıyordu. Adres programının kullanımını daha esnek tutmuş, diğer muhasebe programı gibi şifre istemiyorduk ama ilk 50 kayıttan sonra program bizi de otomatik kaydediyordu. Yılbaşlarında ve bayramlarda bize gelen tebrik kartlarından programın ne kadar yaygın hâle geldiğini görebiliyorduk. Aslında bir nevi bu programı yazılımlarımızın reklam yüzü hâline getirmiştik. Kullanışlı olmasının yanında bedava olmasının da etkisiyle kısa zamanda on binlere ulaşmıştık. Daha sonra dönemin mimarlar odası başkanına, mimari ve statik büroların proje bedellerini hesaplayan ve bu bedeller üzerinden oda tasdik harcını hesaplayan bir program hazırladık. Bu programı yüzlerce diskete çoğaltarak o dönem oda seçimlerinde kendi amblemi ile eşantiyon olarak bürolara dağıttı. Yine o dönemde ülke genelinde PVC doğrama değişim furyası başlamıştı. Mantar gibi PVC doğrama atölyesi açılıyordu. Hepsinde kapı pencere ölçüleri bilgisayara giriliyor, kesim listesi bu programdan alınıyordu ancak kesim listesinde optimizasyon yapılmamıştı. Standart profil boyları 6 metreydi ve buradan rastgele yapılacak kesimler ile ciddi fireler veriliyordu. Bu mesleğin kilit elemanları kesimci ustalarıydı. Kendilerine göre geliştirdikleri yöntemlerle zayiatı minimize etmeye çalışıyorlardı ama %10-%15 civarının altına indiremiyorlardı. Kendi kesim programları aracılığı ile oluşturdukları kesim listesi verilerini okutup, ilave bir şey girmeden optimize ediyorduk ve bizim verdiğimiz sıralama ile kesim yaptıklarında zayiat %1'ler seviyesine iniyordu. Bu program da kısa zamanda PVC doğrama atölyelerinin gözdesi olmuştu.

Türkiye genelinde A, B ve C tipi olmak üzere büyülüklerine göre sıralanmış 3 tip İnşaat Emlak Başkanlığı vardı. Ankara ve İstanbul A tipi, Balıkesir ve Çorlu C tipi, diğerleri B tipiydi. C tipi Başkanlıkların kadrosu da sorumluluk sahası da, desteklediği birlik sayısı ve iş yükü de diğerlerine göre çok azdı. Diğer taraftan geliştirdiğimiz bu hakediş programı da işimizi o kadar kolaylaştırmıştı ki, sahada imalat kontrolü, birinci-ikinci keşif faaliyetleri ve program yazılımları gibi her şeye zaman buluyorduk. Bu arada eğlenceye de vakit ayırıyor, akşamları ve öğle araları briç oynuyorduk. Şehirdeki öğretmen ve mühendis sınıfı pek çok subay ile ya FYO'dan ya sınıf okulundan veya kıta kursundan arkadaştık. Balıkesir küçük bir şehirdi ve bu arkadaşlarla orduevinde, lojmanda, çarşıda pazarda veya görevli gittiğimiz birliklerinde sık sık karşılaşırdık. Kıta kursundan döndüğümüz ilk günlerde orduevinde Teğmen Ali Koyunoğlu ile karşılaştık. Ali ile FYO'ya aynı yıl girmiştik. Onlar Ahmet Âşık, Kerim Açık, Ahmet Çelik, Mehmet Avcıoğlu, Ekrem Bali ve İlhan Dayı ile birlikte Astsubay Hazırlama Okulundan gelmişlerdi. Ali, Marmara Üniversitesi Tarih Bölümü mezunuydu. Çorumlu bir köy ağasının oğluydu. Öğrencilikte çok samimi olamasak da sevdiğim bir arkadaşımdı. O, Satı ile beşik kertmesiymiş, FYO'da okurken evlenmiş ve Hakan da o daha öğrenci iken doğmuş. En kısa zamanda eşleri tanıştırdık. Onun eşi de türbanlıydı. Daha sonra Ali'nin okulda birlikte çalıştığı devreleri Şenol, Mahmut ve Metin ile tanıştık. Hepimiz evliydik, kısa zamanda eşler de kaynaşınca koca bir aile olmuştuk. Her doğan bebekle ailemiz her geçen gün biraz daha büyüyordu. O süreçte birbirimize destek olduk, kardeş gibiydik. Hafta sonlarını iple çekerdik. Özellikle cuma ve cumartesi akşamları muhabbet geç saatlere kadar uzayınca çocuklar uyuyakalırdı. Erkekler için salona yastık, yorgan ve çarşaf bırakır, hanımlar kendi yataklarını serer çocuklarını alır yatarlardı. Bazen mesai sonraları, Değirmen Boğazı'na gece pikniğine giderdik. Balıkesir yol üstüydü. *"Her yere yakın."* derdim ben. Öğretmen sınıfının belli başlı görev yerleri Bursa, İzmir, İstanbul, Ankara ve Çankırı illerindeki askerî okullardı. Özellikle yıllık izine çıkan öğretmen sınıfı subaylar memleketine gidip gelirken yolları Balıkesir'e uğrar ve bir gece de olsa misafir olmadan geçmezlerdi. Genelde her hafta olmasa da iki haftada bir bu illerdeki askerî okullarda görevli arkadaşlar izine gidip gelirken yolları Balıkesir'e düşerdi. Şehir dışından gelen misafir, hangimize gelmiş olursa olsun ev sahibinden bağımsız, Balıkesir ekibi olarak Ali, Şenol, Mahmut, Metin ve benim tarafımdan ağırlanırdı.

Bir gün öğle yemeğine eve geldiğimde, hanım *"Sabahtan beri sancım çok arttı ama anneannem henüz erken diyor, öğleden sonra işe gitme, doğuma gidebiliriz."* dedi. Tahmin ettiği gibi saat 15.00 sıraları doğum evinin yolunu tuttuk. Hanımı hemen yatırdılar, hemşire elime bir liste tutuşturdu. Ne kadar eczane dolaştıysam listedeki malzemelerden birini bulamadım. Çaresiz doğumevine döndüm ve hemşireye aldıklarımı uzatırken birini bulamadığımı söyleyince güldü. *"Tamam, siz aşağıda bekleyin."* dedi. Doğum, 11 Temmuz 1992 gece saat 02.00'de gerçekleşmişti. İki tarafın da ilk torunuydu ve haberi alır almaz aileler gelmişti. Hanımın anneannesi doğum öncesi gelmişti ve kırkı çıkana kadar da kalacaktı. İnsan böyle zamanlarda bir aile büyüğünün desteğine çok ihtiyaç hissediyordu. Hanım, kızımıza *"Nisa"* ismini koymak istiyordu, ben de Boğaziçi Üniversitesinde okurken hayranlık ve saygı duyduğum fizik hocam *"Neyzi"*'den esinlenerek,

"*Çok övülen, şanlı, şerefli, onurlu kadın*" anlamında "*Fahrünnisa*" koyalım o zaman, dedim. Getiren Yüzbaşı o yıl Binbaşı olmuştu. Eşiyle birlikte o da diğer arkadaşlarım gibi lohusa ziyaretine gelmişti. Kapı zili çalınca balkondan baktım ve içeriye buyur ederek kapıyı açtım. Eşi Fahrüntaç Hanım kapıda yalnızdı. "*Bizim âdetlerimize göre kırkı çıkmadan lohusa evine erkek girmez, eşim aşağıda sizi bekliyor.*" dedi. Doğunun duygu dünyasına bir kez daha hayran olmuştum. Biz de gidip başkanlığın bahçesinde oturmuştuk.

Haftaya Daire Başkanı denetlemeye geliyordu. Denetlemeler, karşılamayı müteakip brifing ile başlardı. Komutan masa brifingi yerine bilgisayardan takdim yapmak istiyordu. O zamanlar bu tür sunumlar için "*Harvard Graphics*" kullanılıyordu. Komutan "*Pazar günü öğleden sonra brifing provası yapalım.*" emrini vermişti. Ben de kontrol şeflerinden ancak cuma akşamı alabildiğim güncel inşaat bilgilerini brifinge aktarmak için cumartesi günü odamda çalışıyordum. Hanım telefon etti. Erkan İstanbul'dan ziyaretimize gelmişti ve o da o gün benimle birlikte bilgisayarın başında akşamlamıştı. Ertesi günü komutanla birkaç kez prova yaptık. Denetleme günü komutan kendi başına takdim yapabileceğine ikna oldu. Denetleme çok başarılı geçti, komutan brifingle epey göz doldurmuştu. Daire Başkanına daha sonra odaları dolaştığı esnada, kendi imkânlarımızla geliştirdiğimiz amatör bilgisayar programlarını, bu programlar sayesinde sahaya daha fazla zaman ayırabildiğimizi ve daha etkin imalat kontrolü yapabildiğimizi anlattık. Sonunda da başkanlığın ağ altyapısının hazır olduğunu ancak bilgisayar ve yazıcı alımı için ödenek ihtiyacımız olduğunu söyledik. Daire Başkanı gördüklerinden çok etkilenmişti. Ödenek sözü verdi. *"Bunları Daire Başkanlığı ve diğer Bölge Başkanlıklarına da yaygınlaştıralım, seni de en kısa zamanda Ankara'ya alalım."* dedi. Komutan denetleme sonrası personeli topladı, teşekkür konuşması yaptı. Odalarımıza yeni geçmiştik ki idari işler memuresi elinde bir sarı zarfla geldi. *"Teğmenin, komutan savunmanızı akşama kadar istiyor"* dedi. Birkaç emrin ilgisi verilerek, ilgili emirlere rağmen odamda ziyaretçi kabul etmek ile ilgili savunmam isteniyordu. İlgi emirlerin bir kısmı mesai saatleri içinde müteahhit elemanları ile görüşmelerin müteahhit görüşme odası dışında yapılmayacağı, bir kısmı da yine mesai saatleri içinde ziyaretçiler ile ziyaretçi görüşme odası dışında görüşülmemesi ile ilgiliydi. Her iki grup emirde de, komutanın izin verdiklerini müstesna tutuyordu. Savunmama, ilgi emirlerin mesai saatleri içindeki hâl ve hareket tarzını düzenlemeye yönelik olduğunu ancak bahse konu görüşmenin hafta sonu gerçekleştiğini belirterek başladım. Sonra her iki grup emirde de komutanın izin verdiklerinin müstesna tutulduğunu, hafta sonu gerçekleşen bu görüşmenin de komutanı temsile yetkili nöbetçi amirinin bilgisi dâhilinde yapıldığını belirterek devam ettim. Sonuçta da ilgi emirler kapsamında söz konusu eylemimin herhangi bir suç unsuru barındırmadığını ifade ettim. Komutan savunmanın altına, bu defa ceza vermediğini, bir daha tekerrür etmemesini ve bilgisayarın odamdan alınarak, oluşturulacak ayrı bir bilgisayar odasına konmasını ve kendisinin izni olmaksızın bilgisayara erişimimin ikinci emre kadar yasaklandığını yazmıştı. Bir şeyler dönüyordu, birileri komutana benimle ilgili muhtemelen bir şeyler anlatıyordu.

Kargıoğlu da olanlara bir anlam verememişti ama yakında durum anlaşılır deyip zamana bırakmaya karar verdik. İki gün sonra maaş mutemedi elinde bir disketle geldi. *"Teğmenim maaşları havale etmemiz lazım, disketi hazırlayabilir miyiz?"* dedi. Personel maaşları son iki aydır mutemet aracılığı ile dağıtılmıyordu. Yapı Kredi Bankası ile anlaşma yapılmıştı. Aybaşından 10 gün önce maaşların Ziraat Bankasından Yapı Kredi Bankasına aktarılması ve personele dağıtımı için bankanın formatına uygun bir text dosyasının hazırlanarak disket hâlinde bankaya teslim edilmesi gerekiyordu. Maaş mutemedinin bunu ben olmadan yapması mümkün değildi. Yapı Kredi Bankası seçilirken, banka bir miktar idareye promosyon ödemesi yapmıştı. Anlaşmaya uyulmaması durumunda bankanın anlaşmayı tek taraflı feshederek promosyonu geri alma hakkı vardı. Öte yandan komutanın büyük oğluna eczane açarken Yapı Kredi Bankasından uygun faiz oranıyla kredi kullandığı yönünde etrafta birtakım dedikodular dolaşıyordu. *"Komutan benim bilgisayar başına oturmamı yasakladı. Artık bana bu tür taleplerle gelmeyin."* dedim. Ardından Danış ağabey *"Teğmenim personel maaşlarını zamanında veremezsek başımız belaya girer, sen bir el atsan."* dedi. *"Bunu bana değil de komutana söyle, garnizondaki diğer birliklerin mutemetlerinden yardım istesin."* dedim. *"Onu biz de düşündük ama garnizonda Yapı Kredi Bankası ile bir tek bizim anlaşmamız var."* dedi. Öğleden sonra komutan beni çağırdı. Daha içeri girer girmez kapıyı bile kapatmaya fırsat bulamadan *"Teğmen sen kendini ne sanıyorsun. Benim emrime atandın sen, ne emir verirsem onu yapacaksın, istersem seni emir erim yaparım. Şimdi git o disketi hazırla."* dedi. Ben de tüm soğukkanlılığımı kaybettim ve *"Ben ülkenin en iyi okulunda mühendislik eğitim aldım. Daha dün Daire Başkanı denetlemeye geldi, onun da emir eri kabak kafalı bir erdi. Bu devlet bir albaya, teğmen emir eri tahsis edecek kadar zengin değil. Arz ederim komutanım."* dedim. Kıyamet koptu, masanın üstündekileri yerlere fırlatıyor, avazı çıktığı kadar bağırıyordu. Tüm başkanlık bizi dinliyordu. Bir ara susar gibi olunca *"Bittiyse çıkabilir miyim komutanım?"* dedim ve cevabını beklemeden kapıyı dışardan kapattım. İçerden hâla bağırma sesleri geliyordu. Bir hafta boyunca köşe kapmaca oynar gibi gözüne görünmedim. Nöbet değişimi için bile beni içeri almıyor, sabahları karşılamasın diyordu. Bir gün bir evrak almak için yazıcıların odasına girdim, komutanın içerde oturduğunu görünce dışarı çıkmak için selam verip arkamı döndüğümde komutan *"Odama geç, bekle geliyorum."* dedi. Makamına girerken postasına bize iki kahve getir deyince gayri ihtiyari arkama baktım, başka birisi mi var diye. Kimse yoktu. İçeri girdik, *"Kapıyı kapat, otur!"* dedi. Kapıyı kapattım, *"Müsaadenizle ben oturmayayım, emredin."* dedim. *"Kahveyi ayakta mı içeceksin, otur şuraya."* dedi. Ben otururken, asker kahveleri bıraktı. *"Oğlum, mutemet ile Daniş Bey'i çağır."* dedi. Asker kapıyı kapatınca, bana döndü, *"Sen akıllı adamsın, lafın tamamı aptala söylenir, onu için bir tek cümle söyleyeceğim. Her zaman hatayı küçükler yapıp büyükler affetmez bazen de büyükler eşeklik eder."* dedi. Bu arada kapı çalındı, Daniş ağabey ve mutemet içeri girdi. Komutan onlara dönerken bana *"Daire Başkanı bilgisayar ve yazıcı için ödenek göndermiş, sana daha iyi bir bilgisayar alana kadar, bilgisayar odasın-*

daki ile idare et, onu senin odana aldırtıyorum, bir an evvel ihale hazırlıklarına başlayın." dedi. "*Emredersiniz.*" deyip çıktım. Doğruca bilgisayar odasına gittim, banka disketini hazırladım ve maaş mutemedi içerden çıkınca vermek üzere komutan postasına bıraktım. Gönderilen ödenekle 10 tane giriş ünitesini yıldız bağlantı ile bir ana terminale Novell Netware 3.11 üzerinden bağlamıştık. Ayrıca bir adet dizüstü, iki adet masaüstü bilgisayar ve 2 adet de yazıcı almıştık.

Daire Başkanlığı, Bölge Başkanlıklarından hakediş programı önerilerinde bulunmasını istemişti. Başkanlıkların tercihi Avinal hakediş programından yanaydı. Mimar Ahmet Avinal, daha önce Maltepe Askerî Lisesi inşaatında şantiye şefliği yapmıştı ve işleyişi biliyordu. Programda da bu işleyişe özgü birtakım yansımalar vardı. Diğer taraftan program hâlen geliştirilme aşamasındaydı, koordineli olarak ihtiyaç ve talepler doğrultusunda birtakım ilaveler yaptırılabilecekti. Daire Başkanlığı, bu programı Bölge Başkanlıklarının ihale yoluyla temin etmesini emretmişti. İç Tedarik Bölge Başkanlığı, o zamanki ihale usullerinden çarşı pazarlığı ile alıma çıktı, ben de ihale komisyonun teknik üyesiydim. Alım yapıldı, muayene ve kabul komisyonu malı yerinde görmek için başkanlığa geldi. Programı yeni aldığımız masaüstü bilgisayarlardan birine kurduk. Gelen heyete programın şartnamedeki gereksinimleri karşıladığını göstermek üzere bir takım örnek uygulamalar yapıyoruz. Heyet anlattıklarımızdan pek bir şey anlamıyordu. Sonunda heyet başkanı dayanamadı "*Biz gözle görüp, elle tutmadığımız bir şeyin kabulünü daha önce hiç yapmadık. Sizin aldığınız, ekran veya bilgisayar kasası değil. Bu program silinirse tekrar nasıl kurulacak?"* deyince uyandım ve hemen programın kutu içindeki 10 tane kurulum disketini çıkardım. *"Tamam, disketlerin üzerinde TSE uygunluk damgası zaten var, bize iki saattir ne anlatıyorsunuz ki."* dedi. Heyet, muayene ve kabul tutanağını imzalayıp gitti.

O yıl 30 Ağustos'ta üsteğmen olur olmaz Balıkesir Üniversitesi Fen Bilimleri Enstitüsüne yüksek lisans başvurusu yapmıştım. O zamanki yönetmeliğe göre üsteğmen olmadan yüksek lisans yapılamıyordu. Ali, Marmara Üniversitesi Tarih Bölümü'nden mezundu ama gecesini gündüzüne katıyor, tüm izinlerini sınav döneminde alıyor ve iki yıldır İstanbul Üniversitesinde Extern Hukuk okuyordu. Özellikle de beni tembellikle suçluyor, *"Verilen imkânları yerli yerinde kullanmıyorsun, bunun öbür tarafta hesabı var."* diyordu. *"Tamam, üsteğmen olur olmaz yüksek lisansa hemen müracaat ettim işte."* desem de *"Balıkesirspor'un Başkanı Talat Bey sizin müteahhidiniz değil mi? Ona söyledin mi? Hayır. O zaman sen elindeki imkânları hakkıyla kullanmış mı oluyorsun?"* derdi. Ben de *"Allah niye Talat Bey'e torpil yaptırmadın diye mi hesap soracak? Ben müracaat ettim, nasipse olur."* derdim. Başkan izne çıkmıştı. İnşaat Şube Müdürü de raporluydu. Getiren Binbaşının Diyarbakır'da taziyesi vardı. Kargıoğlu da şantiyedeymiş. Nizamiye nöbetçisi telefonda *"Komutanım, Sabri Bey sizinle görüşmek istiyor."* dedi. Tanımıyordum ama *"Gönderin gelsin."* dedim. Sabri Bey hafif aksayarak yürüyordu, *"Prof. Dr. Sabri Savaş"* diye elini uzatarak içeri girdi. Sabri Bey, Balıkesir Üniversitesi Mühendislik Fakültesi Makine Bölüm Başkanı imiş. Oğlu Selçuk Savaş da aynı üniversitenin Elektrik Mühendisliği'nden mezun olmuş. Askerliğini tamamlayınca soğutma üzerine yeni bir firma kurmuş. Sabri Bey de zaten daha önce Kibaroğlu firmasıyla Balıkesir Astsubay Hazırlama Okulunun soğutma tesisatlarını yapmış. Oğlunun firma tanıtım dosyasını getirmiş, davetiye usulü ihalelere teklif vermek için davet listesine dâhil edilmesini istiyordu. Konuşurken konu döndü dolaştı, bana geldi, *"Çok iyi bir okuldan mezunsun, sana yüksek lisans yaptıralım."* dedi. Talat Bey Kibaroğlu firmasının sahibiydi ve ben yüksek lisans için yardım isteseydim zaten o da muhtemelen Sabri Bey'e söyleyecekti. Ben Talat Bey'den torpil istememiştim ama Allah Sabri Bey'i benim ayağıma göndermişti, üstelik ben herhangi bir talepte bulunmadan teklif ondan gelmişti. Hafta sonu Sabri Bey, oğlu Selçuk'un bürosunda beni Yrd. Doç. Dr. Erdal İrtem ile tanıştırdı. Böylece Erdal Hoca'yla yüksek lisansa başlamış olduk. Tüm evrakları hazırlayıp Kuvvet Komutanlığına yüksek lisans izin başvurusunda bulundum. Branş itibarıyla açık kontenjan olmadığı gerekçesiyle bir hafta sonra reddettiler. Gelen bu yazı üzerine komutan çağırdı ve *"Ben müsaade ediyorum, haftada iki gün izinlisin, ders durumlarını buna göre ayarla, işlerini aksatma, kimseye de söyleme, bitirince kendi nam ve hesabına müracaat edersin, hakkını vermezlerse idari mahkemeye dava açarsın. Sen benden sonra kolay kolay komutan da beğenemezsin, farkında olmasan da benim gözümde biz baba-evlat gibiyiz."* dedi. Böylece yüksek lisansla akademik hayata adım atmış oldum.

Fahrünnisa daha sekizinci ayını doldurmadan hanım tekrar hamile kalmıştı. Doğum yaklaştığında bir gün Satı, oğlu Hakan'la birlikte bize gelmiş, annem de bizde, hanımlar birlikte yemek hazırlamışlar, akşam mesai sonrası da Ali işyerine bana uğradı ve birlikte eve geldik. Yemek yerken bir ara hanım ortadan kayboldu, bazen sancılanır yatak odasında biraz yatardı. Öyle sandık, ama duşa girmiş, çantasını hazırlamış, *"Beyler muhabbetinizi bölüyorum ama doğum başladı bizim artık doğumevine gitmemiz lazım."* dedi. Biz Fahrünnisa'yı evde anneme ve Satı'ya bırakıp, doğuma gittik. Oğlum Cumhuriyet Bayramı'ndan bir gün önce 28 Ekim 1993'te dünyaya gelmişti. Genç yaşta belki de imansız bir şekilde ahirete göçen arkadaşım Ömer gibi olmasın, o doğruyu eğriyi bilsin diye hakkı batıldan ayıran anlamında ona *"Ömer Furkan"* adını verdik. Allah adıyla müsemma eylesin. Artık Rabbim iki kanat vermişti. Bir kızım vardı, bir de erkek evlat vermişti. Şükürler olsun. Getiren Binbaşı yine eşiyle birlikte lohusa ziyaretine gelmiş yine beni aşağı çağırmış ve kırkı çıkmadan lohusa evine girmemişti.

Yüksek lisans dersleri bir yılda bitmişti, Erdal Hoca doktora çalışmasında İstanbul Teknik Üniversitesinde Prof. Dr. Erkan Özer ile *"Çok Katlı Çelik Yapıların Göçme Yükü"* üzerine çalışmıştı. Elinde Erkan Hoca'nın doktora çalışmaları sırasında geliştirdiği bir bilgisayar programı vardı. Bu programa, Amerikan "Load and Resistance Factor Design (LRFD)", Alman DIN 4114, TS 648 ve Eurocode şartnamelerine uygun ön boyutlandırma yapabilecek bir bölüm eklemek istiyordu. Program Fortran 77 dilinde kodlanmıştı. Yapı, yatay ve düşey yükler altında çözümleniyor, daha sonra taşıma kapasitesine göre en kritik kesitte plastik mafsal olacak şekilde yükler artırılıyor, plastik mafsalı tanımlamak için denklem takımına bir satır bir sütun ilave edilerek tekrar çözüm yapılıyor ve yapı göçene kadar iterasyona devam ediliyordu. Bu esnada kısmî göçme mekanizması oluşmayacak şekilde her bir düğüm noktasında ilk mafsallaşmaların kolon yerine kirişte oluşmasını sağlayacak şekilde ön boyutlama yapılıyordu. Bazen yapı göçene kadar her mafsal oluşumuyla satır sütun sayısı bir artan rijitlik matrisi binlerce kez baştan indirgeniyor ve tekrar çözülüyordu. Bu işlem o dönemin bizim ulaşabileceğimiz en gelişmiş bilgisayarlarında bile bazen günlerce zaman alıyordu. Bu iş için Başkanlığın *adanmış* kurulum yaptığımız ana bilgisayarını kullanıyordum. Programın üzerinde çalışırken, farkında olmadan orijinal denklem takımını kaybetmiştim. Her mafsal sonrası satır sütün ilavesini de farkında olmadan indirgenmiş matrise yaptığım için program aynı çözümü dakikalar içinde yapmaya başladı. Matematikçiler bunun aynı şey olmadığını, çözümlerin yanlış olabileceğini söylese de, sonuçlar çok yakınsaktı ve bizim mühendislik amacımıza yeterince hizmet ediyordu. Böylece tez kısa zamanda tamamlandı ama o dönemde bugünkü gibi Microsoft Office yok ve yazım hataları otomatik denetlenmiyor. Jüride Erkan Hoca da vardı ve tez savunma sınavının İstanbul Üniversitesinde yapılmasını istedi. Gittiğimizde tezi çok beğendiğini, ancak zaman yokluğundan 3 kez okuyabildiğini, yazım hataları konusunda çok hassas olduğunu, tezin basılmadan önce mutlaka okumayı yeni öğrenen bir çocuğa okutturularak bir kez daha denetlenmesini rica etti. Zira biz kaç kez okursak okuyalım, beyin yazım hatalarını düzeltiyordu ama yeni okumayı öğrenen çocuk heceleme esnasında gördüğünü okurdu. Erdal Hoca da yapı üzerinde mafsal oluşumunu işaretlediğimiz noktaları beğenmemiş, her noktanın 1,4 radipo ile bir defada konmasını istemişti. Jüri üyelerine göndermek üzere Balıkesir'de çoğalttığımız tez nüshalarını da beğenmemiş, dramları daha temiz ve mürekkep oranları daha iyi diye tezin düzeltilmesini müteakip mutlaka Beşiktaş Necdet Ozalitte çoğaltılmasını istemişti. Bu tür davranışlar tüm akademik hırsımı ve bilim aşkımı kökünden sarsmaya yetmişti.

Bu kadar yoğunluk arasında fırsat buldukça kızımla zaman geçirmeye çalışıyordum. Birlikte Değirmen Boğazı'na giderdik. Bazen saatlerce arabanın içinde oturur, kuş seslerini dinlerdik. O zaman çok dikkatimi çekmezdi ama kızım *"Kuşun sesi geliyor."* yerine *"Sesinin kuşu geliyor."* derdi. Aslında bunun bir disleksi belirtisi olduğunu sonradan anlamıştık.

Bu arada Ali'nin de bir kızı oldu. Hakan'a kardeş geldi. Ali adını Hilal koymak istiyormuş ama Ali'nin annesi Sevim koymak istiyordu, biz de Nuran olacak diyorduk. Ali ne annesini kırabildi ne de bizi. *"Tamam, ama bundan sonra ilk kimin bir kızı olursa adı şimdiden belli, Hilal olacak."* diyordu.

1995 ramazanıydı. Daire Başkanlığınca, Bozcaada Komando Taburu Tesisleri İnşaatı ihale edilmişti. Temel atma törenine Daire Başkanı gelmek istiyordu. Bu durumda yer teslimini müteakip, hazırlıklar tamamlanana kadar adada kalmak gerekiyordu. Oturduğumuz ev sobalıydı, kömürlüğe merdiven altından gemici merdiveni ile iniliyordu. Evde zaten iki bebek vardı ve hanım üçüncüye hamileydi. Hanıma zor olmasın diye evdeki tüm kömür kovalarını doldurmuştum. Aşağıda sadece 3-5 kova kömür kalmıştı.

Hanımla sofranın başında ezanı bekliyorduk. *"Aybaşına da daha var ama Ali'ye söyleyeyim, hem gelip kovaları doldursun hem de kömür istesin de parasını ben geldiğimde veririm."* dedim. Bu sırada aşağıdan kapı çaldı. Hanım kapıyı açtıktan sonra bana seslendi. *"Kapıda bir teyze var, kömür istiyor."* dedi. Yaşlı teyze *"Oğlum yetimlerim çok üşüyor, Allah rızası için kömür verir misin?"* dedi. *"Olur, teyze, hani nereye koyacaksın?"* deyince boynunu büktü. Gemici merdiveninden inip hanımın verdiği naylon çuvala birkaç kova kömür koydum, teyze Allah razı olsun diyerek, çuvalı sırtlandı, sokakta kaybolana kadar arkasından baktık. Ertesi gün ben adaya gittim, bir hafta içinde temel kazısı yapıldı, temel kalıpları çakıldı, donatı döşendi ve beton dökümüne hazır hâle geldi. Bir de Daire Başkanının beton dökeceği ahşaptan platform yapmıştık. Daire Başkanı ile komutanı gemiden inişte karşılamış, temel atma törenini müteakip de aynı gün hep birlikte Balıkesir'e dönmüştük. Ali ile Satı, Emine'yi hiç yalnız bırakmamışlar, kömür kovalarını hep onlar doldurmuş ama kömür ben dönene kadar yeter diye sipariş etmemişlerdi.

Adada temeli atılan tesisin ihalesi Daire Bakanlığınca geçen yıl yapılmıştı. Nakliye birim fiyatlarının bu senenin rayiçlerine göre güncellenmesi gerekiyordu. Nakliye analizinde, ana karada ocak ile iskele arası mesafeye bağlı bir bedele, boş-dolu gemi geçiş ücretine, ada içinde iskele ile şantiye arası mesafeye bağlı bir bedele ve yükleme-boşaltma-istif bedeline yer verilmişti. Müteahhidin onaya sunduğu analizlerde iki konuda anlaşmazlığa düşmüştük. Biri gemi geçiş ücreti, diğeri de taşıma yapılan aracın yük taşıma kapasitesi idi. Boş dolu gemi geçiş ücreti, Denizcilik İşletmelerinin güncel rayiçlerinden alınmıştı. Oysa sözleşme hükümlerine göre nakliye birim fiyatlarının her yılın başında bir kez belirlenmesi ve yıl içinde değişen fiyatlara göre güncellenmemesi gerekiyordu. Bu hüküm doğrultusunda güncel rayiç yerine yılbaşındaki rayiç kullanılmalıydı. Gerçekte devasa araçlarla bir defada onlarca ton malzeme naklediliyordu. Sözleşme aşamasında da iş makinesi ve teknik araç taahhütnamesi kapsamında bildirim yapılan kendi malı araçlar vardı ve bunların istiap haddi çok düşüktü. Aslında bu araçlar daha çok şantiye içi yatay malzeme hareketlerinde kullanılırdı. Nakliye analizleri bu araçlara göre tanzim edildiğinde birim malzeme başına düşen gemi geçiş ücreti olduğundan çok yüksek rakamlara ulaşıyordu. Müteahhit firmanın kendince haklı savları da vardı. Nakliye mesafelerine bağlı formülle hesaplanan nakliye bedellerine, boş-dolu gemi geçiş ücretleri de eklenerek elde edilen nakliye birim fiyatının ancak 5 katına fiilen nakliye gerçekleştirilebiliyordu. Zira adaya gemi ulaşımı günde bir defa olduğu için araçla o gün başkaca nakliye yapma imkânı yoktu. Diğer yandan adaya geçtiğinizde hava şartları aynı gün dönüşe müsaade etmeyebiliyor, birkaç gün araç adada mahsur kalabiliyordu. Gemi geçiş ücretleri de ortalama ayda iki kez zamlanıyordu. Ancak tüm bunlar sözleşme hükümlerinin değiştirilmesine cevaz vermiyordu. Aslında ihale makamı Daire Başkanlığı olduğu için bu fiyatların belirleyicisi ve onay makamı da orasıydı ancak analizlerde Başkanlığın da imzası aranıyordu. Müteahhit firmanın tüm itirazlarına rağmen, ben analizleri sözleşme hükümlerine göre düzelterek onaya gönderdim. Nakliye analizleri, Daire Başkanlığından müteahhit firmanın düzenlediği şekliyle tekrar onaya sunulmak üzere iade edilmişti. Müteahhit firma aynı analizleri tekrar hazırlamış ancak ben Daire Başkanlığına onaya göndermemiştim. Daire Başkanlığı birkaç kez telefonla analizleri istese de Başkanlığın bu konudaki görüşünün belli olduğunu, isterlerse daha önce onaysız iade ettikleri analizleri gönderebileceğimi söyleyip konuyu tartışmaya kapatmıştım. Bunun üzerine müteahhit firma nakliye analizlerini doğrudan Daire Başkanlığına onaya sunmuş ve Daire Başkanlığı Başkanlığın imzası bulunmayan analizleri onaylayarak daha fazla sürtüşmeye meydan vermeden hakediş ödemelerinin bu bedeller üzerinden yapılması talimatıyla göndermişti. Daha fazla direnme imkânı kalmamıştı ve ödemeler bu bedel üzerinden yapılmaya başlanmıştı. Bir ay sonra saymanlık teftişine gelen Sayıştay Denetçisi konuyu fark ediyor ve konu hakkında bilgi almak üzere bir ilgili ile görüşmek istemişti. İşin kontrol şefi olarak ödeme evrakında imzam olduğundan ve zaten Başkanlığın tüm Sayıştay denetimlerine ben refakat ettiğimden komutan beni gönderdi. Ben kendimden emin bir şekilde, daha önce Daire Başkanlığı ile aramızdaki yazışmaları da izah ederek Sayıştay Denetçisi'ne *"Bunun bize değil de analizi bize rağmen onaylayan ve uygulanmasını emreden Daire Başkanlığına sorulmasını"* söyleyince tecrübeli denetçi gülümseyerek *"Ödeme evrakında onların değil sizin imzanız var yani hazine zararının müsebbibi sizsiniz. Sakın savunmanızda "sehven" ifadesini kullanmayın çünkü bu gösterdiğiniz evraklara göre yanlışlıkla değil, kasten bilinçli bir şekilde zarara sebebiyet vermişsiniz. Kanunsuz emir olmaz yani sizin amiriniz size yasal olmayan bir emir veremez, verirse uygu-*

lamamanız lazım, bırakın o sizi emre itaatsizlikten mahkemeye versin veya emri uygulamak zorunda kaldıysanız, kanunsuz emri verenlerle ilgili savcılığa suç duyurusunda bulunup bu ödeme evrakının işleme konmasına engel olmak suretiyle hazine zararını önlemeniz gerekirdi. Şu durumda suçlu Daire Başkanlığı yetkilileri olsa bile siz de en hafif tabiriyle suç ortağı durumundasınız." dedi. Hâlbuki bizi yıllarca kandırmışlardı. Hani 1050 sayılı Muhasebe-i Umumiye Kanununda *"Deruhte-i mesuliyet"* vardı. Senin imzalamamanı dikkate almaksızın amirin bir belgeyi imzalaması baskı yaptığı ve varsa bir mesuliyet onun üstlendiği anlamına geliyordu. Zaten ilk okuduğumda da aklıma yatmamıştı. Herkes yaptığı işin sorumluluğunu almalıydı. Bundan sonra bana hiçbir kuvvet inanmadığım evrakı imzalatamadı. Bir musibet bin nasihatten hayırlıydı. Tabii Sayıştay sorgusuna yapılacak tek bir işlem vardı, hesapladıkları hazine zararını saymanlığa yatırıp, dekontunu göndermek. Aynen öyle yaptık.

O sene ihale kapsamındaki tesisler bitene kadar nerdeyse her hafta gittik adaya. Bu geliş gidişlerde feribot beklerken bir saatliğine de olsa mutlaka zaman ayırır anababamın elini öperdim. Bazen de çoluk çocuk birlikte gelirdik. Onları annemlere bırakır ben geçerdim adaya. Genellikle gidişte gemiye yetişmek için acelemiz olurdu, ama dönüşte anneannem ve dedeme kapıdan da olsa uğrar, gönüllerini alırdım. Tek başıma döneceğim zaman onları da yol arkadaşı yapar, bir hafta sonra yine birlikte dönerdik. Ne güzel günlerdi.

O sene Kargıoğlu da Orhan ağabey gibi Ankara İnşaat Emlak Başkanlığına tayin olmuştu. Giderken *"Artık hazır-*

lıklarını yap seneye sen de Ankara'dasın" diyordu. Zaten Daire Başkanı ve Orhan ağabey yeterince baskı yapıyordu, anlaşılan seneye bu baskı daha da artacaktı. Aslında tayin subayı muhtemelen Daire Başkanının talebiyle her sene arayıp, tayin formu doldurmamı istiyordu. Ben de tayin formuna Ankara dışında birkaç yer yazıp, *"Tayin yerimdeki garnizon süremi doldurmadan atanmak istemiyorum, zaruret hâlinde Ankara dışında herhangi bir garnizona talibim."* diyordum. Tayin subayı *"İnşallah garnizon süren dolduğunda ben burada olmam. Her sene nedir ya bu senden çektiğim? Kimden alıyorsunuz bu akılları bilmem ki?"* diyordu. Daire Başkanının emri ile her yıl Ankara'ya atama teklifim yapılıyor ancak Kuvvet Komutanı imza aşamasında *"Personel sizden belirli bir garnizon veya makam istememiş, sadece Ankara dışını talep etmiş. Diğer tüm garnizonların olmadığını bana izah etmedikçe böyle teklifle gelmeyin. Atamalarda personel memnuniyetine dikkat edin."* diye geri çeviriyormuş. Tayin Dairesini ve İnşaat Emlak Dairesini çaresiz bırakan bu ifadeyi ilham eden Allah'a bir taraftan şükrediyor, bir taraftan da o ifade karşısında hiçbir kuvvet beni Ankara'ya atayamaz diye gurura kapılıyor ve acaba yine boyumdan büyük laflar mı ediyorum diye içten içe endişeleniyordum. Bu yıl sadece Kargıoğlu atama görmemiş, inşaat şube müdürü emekliye ayrılmıştı. Erzurum'dan Elektrik Mühendis Binbaşı Selim Tanışık, Ankara'dan İnşaat Mühendisi Yüzbaşı Mustafa Ardıç ve İnşaat Şube Müdürlüğüne de İstanbul'dan Yüksek Mimar Mühendis Albay Nebil Özkor atanmıştı. O yıl yapılan atamalarla birlikte rütbe ortalamamız da artmıştı ama aramızdaki dostluk, arkadaşlık, saygı ve uyum hâlen korunuyordu.

1990'ların ikinci yarısından itibaren ileride *"28 Şubat"* olarak anılan bir sürece girilmişti. Balıkesir'in Susurluk ilçesinde meydana gelen trafik kazası ile cumhuriyet tarihinin en büyük skandallarından biri açığa çıkmıştı. Kamyonun arkadan çarpması sonucu Mercedes otomobilde bulunan Abdullah Çatlı, sevgilisi Gonca Us ve Emniyet Müdürü Hüseyin Kocadağ kaza mahalinde yaşamını yitirmişlerdi. Aynı araçta bulunan DYP Şanlıurfa Milletvekili Sedat Bucak ise ağır şekilde yaralanmıştı. Kazanın sonrasında devlet-mafya-siyaset üçgeninde ilişkiler yumağına dair ciddi tartışmalar gündemi meşgul etmişti. Bu çerçevede suç örgütü lideri, milletvekili ve emniyet müdürünün aynı arabada ne aradığı kamuoyu tarafından sorgulanmıştı. Otomobilde bulunan kişilerin kimliği sebebiyle bu olay, Türkiye'de *"derin devlet"* kavramının ortaya çıkmasına ve bir dönemin başlamasına yol açmıştı. Adı derin devlet ile özdeşleşen Abdullah Çatlı için *"Bu devlet için kurşun sıkan da yiyen de şereflidir."* diyen dönemin Başbakan Yardımcısı Çiller, bu krizden sorumlu tuttuğu dönemin DYP'li İçişleri Bakanı Mehmet Ağar'a görevi bıraktırmış ve boşalan makama DYP İstanbul Milletvekili Meral Akşener getirilmişti. Akşener döneminde ordu-emniyet çatışması, Emniyet İstihbarat Daire Başkanlığında görevli Onbaşı Kadir Sarmusak'ın Batı Çalışma Grubu'nun (BÇG'nin) Deniz Kuvvetleri Komutanlığındaki darbe planlarını deşifre etmesiyle ayyuka çıkmıştı. Öte yandan Susurluk skandalını araştırmak için oluşturulan Meclis Araştırma Komisyonu Başkanı Mehmet Elkatmış, *"Susurluk'un arkasında JİTEM'in olduğunu"* iddia etmiş ancak olayların üzerine gidilmediğini gören vatandaşlar bir sivil itaatsizlik eylemi olarak *"Sürekli Aydınlık İçin Bir Dakika Karanlık"* eylemini başlatmıştı. Bu doğrultuda her gece saat 21.00'de evlerin ışıkları kapatılıp açılmış, sonrasında ise balkonlarda tencere tava çalınmış, ellerinde mumlarla sokağa çıkılmıştı.

Bu dönemde Cumhuriyet tarihinde bir ilk daha yaşanmış, Başbakan Erbakan tarafından Nurcu, Kadiri, Nakşibendi, Menzil cemaatlerinin önde gelen temsilcileri Başbakanlık Konutu'nda iftar yemeğine davet edilmişti. Bu olay üzerine Türk Silahlı Kuvvetlerinin üst rütbeli subay ve generalleri Gölcük'te toplanmış ve irtica tehdidini izlemek ve değerlendirmek üzere BÇG'nin kurulmasına karar vermişlerdi.

Bu yıllarda Aczimendi Tarikatı kamuoyunda radikal fikirleri ve liderleri tarafından yapılan açıklamalarla gündemi yoğun bir biçimde meşgul etmeye başlamıştı. Liderleri Müslüm Gündüz bir taraftan televizyon kanalları ve gazetelerde açıklama yapıyor bir taraftan da tef çalarak laik, demokratik rejime yönelik protesto eylemleri düzenliyordu. Mevcut rejime tahammülsüzlüğüyle bilinen Gündüz İstanbul'da polis ve basın eşliğinde bir eve yapılan baskında dinî nikâhlı eşi olduğu iddia edilen Fadime Şahin isimli genç bir kızla uygunsuz bir şekilde yakalanmıştı. Olay medyada büyük infial uyandırmış Gündüz, cezaevine gönderilmiş; Şahin de basın aracılığıyla sözde tarikat şeyhlerinin bilinmedik yönlerini ifşasında kullanılmıştı. Ankara Kocatepe Camii'nin önünde ellerinde asaları ve üstlerinde cüppeleriyle zikir eşliğinde eylem yapan Aczimendiler'e güvenlik güçleri müdahale etmiş, eylemciler gözaltına alınmıştı.

Adeta gizli bir el tarafından bir düğmeye basılmıştı. 28 Şubat aslında, TSK merkezli planlanan, yargının, medyanın, rejim partilerinin, Kemalist derneklerin, Beyaz Türklerin, TÜSİAD sermayesinin desteklediği topluma ayar verme, devleti ve kurumları dizayn etme çabasıydı. Statükocu, vesayetçi Kemalistler tehdit gördükleri kişileri, kesimleri devletten tasfiye etmek, toplumda itibarsızlaştırmak için geniş bir kampanya yürütüyorlardı. Bu uğurda medyayı, yargıyı etkin bir şekilde kullanıyorlardı. İktidara verilen muhtıra ile 28 Şubat ete kemiğe büründü. İllegal BÇG talimatlar veriyor, tehditler yağdırıyordu. Halkı ikna etmek için provakatif olaylar tertipleniyor, medya marifetiyle bunlar köpürtülüyor, ülkede suni gerilim ve korku iklimi oluşturuluyordu. Bu dönemde TSK merkezli BÇG sadece Silahlı Kuvvetlerde değil tüm devlet kademelerinde kamu görevlilerini anası bacısı örtülü diye fişlemeye başlamıştı. Özellikle Balıkesir Astsubay Hazırlama Okulunda bu çalışmalar ayyuka çıkmıştı. Öğretmen sınıfının gidebileceği en kötü tayin yerlerinden biri olduğu için zaman içinde sağcı, solcu, alevi, dindar tüm aşırı uçlar burada toplanmış ve şimdi birbirlerine diş gösteriyorlardı. Her gün imzasız şikâyet mektupları ile insanlar aileleri, ana babaları, çoluk çocukları üzerinden karalanıyor, çeşitli yolsuzluk iftiralarına maruz kalıyordu. Anasının bacısının ya da eşinin başının kapalı olması, babasının sakallı olması, pantolonun ütüsü, eşinin eteğinin boyu, çocuklarının adı, eğlencelere katılmaması, katılsa da içki içmemesi, eşiyle dans etmemesi, kampa gitmemesi, gitse de eşinin bikini giymemesi, lojman dışında oturması, yüksek lisans yapması, iyi derecede dil bilmesi, konuşurken kullandığı kelimeler gibi şeytanın bile aklına gelmeyen kıstaslarla insanlar fişleniyordu. Fişlediklerini hayatın önemli alanlarından tasfiye için sistemi zorluyorlardı. Öğretmen sınıfı tayin yeri olmamasına rağmen okullardan uzaklaştırmak için kıtalara sürülüyordu. Dönemin Eğitim ve Okullar Daire Başkanı Tuğgeneral Volkan Kaplama'nın da teşvikiyle Okul Komutanı Albay Bahadır Tetik, Binbaşı Zeki Tatar gibi BÇG'nin okuldaki temsilcilerinin de zorlamasıyla her hafta sonu bir eğlence düzenleyip, sözde irticacı avına çıkıyorlardı. Özellikle düşük rütbeli genç subayların en büyük problemi bu tür toplantılara giderken küçük çocuklarını bırakacak yer bulamamalarıydı. Bu toplantı zamanlarında Ali, Mahmut, Metin ve Şenol çocuklarını bize bırakırdı. Çocuklar zaten kardeş gibi olmuşlardı, o zamanlarda bizim ev kreş havasına bürünürdü.

Bu arada güzel şeyler de olmuyor değildi. Yine sonbahar gelmişti ve bizde doğum heyecanı başlamıştı. Bu defa ekim ayının ilk gününde üçüncü evladımız dünyaya gözlerini açtı. Hamilelik başlangıcında epey korkutmuştu bizi, bir düşük tehlikesi yaşamıştık. Hatta *"Sabah gelin alalım."* demişti Buket Hanım, ama gittiğimizde gözlerine inanamamış *"Tutunmuş, yaşıyor, bu size çok yapışık bir çocuk olacak."* demişti hanıma. Doğum sonrası ikimizin de anne babası gelmişti. Bu defa isim bulmakta biraz zorlanmıştık. Zamanın ruhuna uygun, anlamlı bir isim olsun istiyorduk. Kimse dile getirmedi ama acaba dedeleri niye bizim adımızı koymuyorlar ki, buna da *"Mehmet Ali"* deseler ne olur diye düşünmüşler midir? Zira bir dedenin adı Mehmet, diğerinin de Ali idi. Sonunda kararımızı verdik ve Mehmet Akif'in anlattığı *"Âsım'ın neslinden"* olur muradıyla *"Asım Murat"* dedik. Akif'in *"Çanakkale Şehitler-*

ine" şiirinde şöyle bir kesit vardı: *"Âsım'ın nesli diyordum ya... nesilmiş gerçek:/ İşte çiğnetmedi namusunu, çiğnetmeyecek.".* Akif, *"Âsım'ın nesli"* derken iman, irfan, fazilet ve bilgi ile donanmış; karakterli, ahlaklı, kişilikli; vatanına, milletine ve dinine sahip çıkan, dahası bunları yüceltmek için tüm imkânları seferber eden bir gençlikten bahsediyor olmalıydı. Bizim *"Âsım'ın neslinden"* derken bu nesilden muradımız her birinin *"Arıların koruduğu sahabe"* olarak bilinen Hz. Asım İbni Sabit (r.a) gibi olmasıydı. Peygamberimiz (aleyhissalâtü vesselâm) kabilelerine İslam'ı öğretmek üzere öğretmen talebinde bulunan kişilerle beraber, aralarında Hz. Asım'ın (r.a) da bulunduğu 10 kişilik bir eğitici heyet gönderir. Ancak Reci denilen bir subaşında bu öğretmen sahabeler topluluğu Lihyanoğulları'nın saldırısına uğrarlar. Lihyanoğulları'nın amacı onları esir edip Kureyş'e satmaktır. Bu nedenle onları sağ ele geçirmeye çalışıyorlardı. Fakat Asım, teslim olmamaya kararlıdır. O yiğitçe, bir taraftan *"Ben müşriklerin himayesini ömrüm boyunca kabul etmemek üzere yeminliyim. Vallahi bu kâfirlere asla teslim olmam. Allah'ım Resulullah'ı durumumuzdan haberdar et."* diye haykırırken bir taraftan da düşmana ok atmaktadır. Bu kahraman sahabe birçok müşriki yere serdikten sonra, şehit olacağı esnada şu duayı yapar: *"Allah'ım Senin dinini korumaya çalıştım. Sen de cesedimi müşriklerden koru."* Müşrikler Hz. Asım (r.a)'ın başını alıp Sülafa adındaki bir kadına satmak istiyorlardı. Sülafa, Hz. Asım'ın (r.a) kafatası ile şarap içmeye yemin etmişti. O gün orada mevcut bulunan on sahabeden yedisi şehit oldu, üçü esir edildi. Müşrikler Hz. Asım'ın (r.a) başını kesmek istediler. Fakat Allah Teâlâ, Hz. Asım'ın (r.a) duasını kabul buyurdu ve mübarek cesedine müşrikler el süremediler. Allah bir arı sürüsü gönderdi. Bulut gibi Hz. Asım'ın (r.a) üzerinde durdular. Hiçbir müşrik yanına yaklaşamadı. *"Bırakın akşam olunca arılar onun üzerinden dağılır, biz de başını alırız."* dediler. Akşam olunca Allah hiç bulut yok iken bir yağmur gönderdi. Görülmemiş bir yağmur yağdı. Sel geldi ve Hz. Asım'ın (r.a) cesedini alıp götürdü. Cesedin nerede olduğu bilinemedi. Ne kadar aradılarsa da bulunamadı. Bunun için müşrikler Hz. Asım'ın (r.a) hiçbir yerini kesmeye muvaffak olamadılar. Bu olaydan sonra Hz. Asım (r.a) anılırken, *"Arıların koruduğu kimse"* diye anılmaya başladı. İnşallah Rabbim bu nesil ile boyunduruğu yere koydurmayacak, ırzını çiğnetip, namusunu pâyimal ettirmeyecekti. Getiren Binbaşı yine eşiyle birlikte lohusa ziyaretine gelmişti. Hanım kapıyı açarken ben de ceketimi aldım kapıya yöneldim ki Getiren Binbaşı ayakkabılarını çıkarıyordu. Şaşkın bir eda ile içeriye buyur ettim. Biraz oturdu, lavaboya gitme bahanesiyle, odaları kolaçan etti. Gözleri duvarlardaydı. Belli ki bir görevle gelmiş ve bir şeyler arıyordu.

Basında irtica haberlerini izledikçe içimiz daralıyordu. Baskı her geçen gün artıyordu. Gün geçmiyordu ki bir öğretmen subayın kıtaya sürüldüğü haberini almamış olalım. Daha yakın zamanda BÇG askerî kurum ve kuruluşlara bir kontrol formu yayımlayarak, irtica faaliyetlerinden şüphelendikleri personelin odalarında, evlerinde hatta memleketlerinde bu formdaki hususlar doğrultusunda arama yapılmasını istemişti. Okuldan bir şekilde sızan bu formu görünce Getiren Binbaşının lohusa ziyaretinin amacı daha anlaşılır olmuştu. Formda evin duvarlarında dini resim ve Arapça yazı olup olmadığı, açıkta seccade, tesbih ve namaz takkesi bulunup bulunmadığı gibi hususlar yer almaktaydı. Bir akşam Ali ile eşlerimizin de olduğu bir ortamda konuyu enine boyuna ele aldık. Gerçekten bizim ne Aczim endiler ile ne şeyhler ile ne de tarikatlar ile ilişkimiz vardı ama BÇG'nin kıstaslarına uygun davranmayan herkes aynı şekilde fişleniyordu. En azından bu adamların eline herhangi bir gerekçe vermemek için ne tür tedbirler alabilirdik. Hiç birimizin gelecek kaygısı yoktu. Rızık Allah'tandı. Tam aksine hepimizde önümüze serilen imkânların hakkını verememek, durmamız gereken yerde duramamak, cepheyi terk etmek ve yarın Hakk'ın Divanı'nda bunun hesabını verememek endişesi vardı. Zaten bugüne kadar Anadolu irfanı gençler buralara yaklaştırılmamış, okumasının önüne katsayı engeli konmuş, başörtüsüne saldırılmış, neticede bir şekilde asker, polis, hâkim, savcı, öğretmen olmasına, devletinin yönetiminde söz sahibi olmasına engel olunmuş ve meydan bugünün BÇG zihniyetine kalmıştı. Onlar da kontrolü ele geçirdikleri dönemlerde milletin dinine diyanetine kastetmişler, ezanı Türkçeleştirmişler, Kur'an-ı Kerim'i yasaklamışlardı. Şimdi Allah da bize bu rütbeleri emanet etmiş, bu makamlara getirmiş, yarın ülkenin kaderini değiştirecek gençleri yetiştirme imkânı vermişti. Diklenmemek ama dik durmak ve cepheyi terk etmemek gerekiyordu, yoksa yarın başından başörtüsü alınan bacıların, dinine yabancılaştırılan bu milletin vebali bizi de bulurdu. Dini doğru anlamak, doğru yorumlamak gerekiyordu. İslamiyet fıtrat diniydi. İslam'ın şartı beşti. Bu şartlar sırasıyla: Şehadet etmek, namaz kılmak, zekât vermek, oruç tutmak ve hacca gitmekti. Şehadet etmek dışındaki şartlar îtikadî yani dininin inanç esaslarına dair olmayıp, amelî yani davranışsal ibadete ilişkin şartlardı. Namaz, beş vakit olarak hicretten bir buçuk yıl kadar önce Miraç'ta; Ramazan orucu, Peygamberimizin (aleyhissalâtü vesselâm) Medine'ye hicretinin 18. ayının başlarında, Şaban ayında; zekât, Hicretin ikinci yılında Ramazan orucunun farz kılınmasından ve fıtır sadakasının vacip kılınışından sonra ve hac da, hicretin dokuzuncu senesinde farz kılınmıştı. Buna göre sıralama; namaz, oruç, zekât ve hac şeklinde olmaktaydı. Diğer taraftan içki, hicretin dördüncü senesinde, faiz de onuncu senesinde Veda Hutbesi ile yasaklanmış, tesettür emri ise hicretin beşinci senesinde gelmişti. Bugün fişlenmemize neden olan içki ve tesettür, İslam'ın hac haricindeki şartlarından daha sonra gelmişti. Özellikle iman konusu ve dinin direği kabul edilen namaza ait meseleleri daha öncelikli görüyor, sırf Allah'ın rızasını gözeterek burada tutunma adına içki ve tesettür konusunda *"Zaruretler haramı mubah kılar."* kaidesine sığınabileceğimize inanıyorduk. Bu bizim kendi şartlarımızı değerlendirerek aldığımız bir istişare kararıydı. Aldığımız kararın doğru veya yanlışlığından emin değildik ama niyetimiz halisti ve isabet ettiysek iki, yanıldıysak bir sevabının olduğuna inanıyorduk. Öncelikle imkân dâhilinde her eğlenceye gitmeye, giyim, kuşam, hâl ve hareket tarzımızla dikkat çekmeyecek şekilde ortama uyum sağlamaya özen gösterecektik. Bu arada çocukları bize bırakabileceklerdi. İnşaat Emlak Başkanlığı olarak sorumluluk bölgemizde Erdek'te, Ören'de, Gemlik'te, Akçay'da, Gökçeada'da ve Uludağ'da onlarca askerî kamp vardı ve bu kamplardan tahsis dışında kısa süreli yer taleplerimiz genelde geri çevrilmiyordu. Zaten bu aralar Erdek'te bulunan Kara ve Hava Kampları'nda biyolojik arıtma tesisi inşaatımız, Harita Kamp'ında da kapı pencere tadilatı işimiz vardı. Gün aşırı Erdek bölgesindeydim. Özellikle kamp ara dönemlerinde bu arkadaşlar için yer tahsisi yaptırabilirdim. En önemlisi, en acili ve en zoru eşlerimizin başlarını açmasıydı. Bu öyle çok kolay uygulanabilecek bir karar değildi. Ali yıllarca memleketine giderken eşi tesettürünü takınmıştı. Murat'ın da dünyaya gelmesiyle sobalı küçük bir odada üç çocukla zaten zorlanmaya başlamıştık. Yeni bir çevrede başı açık bir imaj oluşturmak daha kolay olabilecek düşüncesiyle vakit kaybetmeden uzak bir semtte kaloriferli bir eve taşındık. Taşınma esnasında Ali eski oturduğumuz evin kömürlüğündeki kömürlerin zerresini zayi etmeden aldı. *"Siz farkında değilsiniz ama o teyze Hızır idi ve bu kömüre o günden sonra Hızır bereket verdi."* derdi. Balıkesir Hava Üssüne yakın Cengiz Topel Caddesi'nde hava lojmanları karşısında havacı subay-astsubayların kooperatif olarak yaptırdığı kaloriferli binalara taşınmıştık. Yeni bir ortamımız ve yeni bir hayat tarzımız vardı. Ali de buraya yakın 66 Evler'de oturuyordu. Hanımlar artık daha sık görüşüyor ve bu yeni hayat stillerinde birbirlerine destek olmaya çalışıyorlardı.

Yüksek lisansım tamamlanmıştı. Bu süreçte, üniversite sanayi iş birliği çerçevesinde çok güzel işlere de imza atmıştık. Balıkesir Üniversitesi, İnşaat Emlak Başkanlığı ve 1012 Ana Tamir Fabrikası Müdürlüğü bünyesindeki tüm mühendisler ayda bir sırayla birimizin ev sahipliğinde bir araya geliyor, sazlı sözlü muhabbet ediyor, bu arada yeni ortak projeler geliştiriyorduk. Üniversite, öğrencilerini bizlere staja gönderiyor, biz de genç mühendis subaylarımızı onlara yüksek lisans ve doktora eğitimine gönderiyorduk. Bu arada fabrikadaki Güçlen Üsteğmen de yüksek lisansa başlamıştı. Metin de motor bölümü mezunuydu ama makine mühendisliğinde yüksek lisans yapabilirdi. Mahmut da eğitim bilimlerinde yüksek lisans yapmak istiyordu. Yüksek lisans sırasında tanıştığım ailece görüştüğümüz Mehmet Terzi'nin doktora danışmanı Prof. Dr. Şerif Saylan aynı zamanda benim de tez jürimdeydi. Şerif Hoca'nın eşi Prof. Dr. Nevin Saylan da eğitim bilimlerindeydi. Mahmut için Nevin Hoca'yla, Metin içinde Sabri Hoca'yla görüşmek için üniversiteye gitmiştik. Sabri Hoca, Metine yüksek lisans yaptıracaktı ama benim doktoraya devam etmemi şart koşmuştu. Sonuçta o gün Mahmut ve Metin'in yüksek lisansı için gitmiştik ama ben de Erdal Hoca'yla doktoraya başlamıştım. Dönüşte yüksek lisans diplomasını ve doktora kayıt belgelerini Kuvvete gönderdik. Kendi nam ve hesabıma yüksek lisansı sorun çıkarmadan kabul etmişler ve bir yıl kıdem vermişlerdi ama yine kontenjan yokluğu nedeniyle doktora eğitimine izin vermemişlerdi. Her zamanki gibi komutan, desteğini esirgememişti.

Bir gün komutan akşam evden aradı ve yanıma mimar, makine ve elektrik mühendisi de alarak sabah 09.30'da Burhaniye Subay Gazinosu'nda hazır olmamı emretti. 3'üncü Ordu Komutanı gelecekmiş. Gazinonun tadilatı için ödenek tahsisine ilişkin keşif yapacaktık. Bu tür dış görevler için uygun askerî aracımız yoktu. Genellikle şantiye kontrollerine müteahhit araçlarıyla gidilirdi. Zaten sözleşmelere de bunun için çok açık hükümler konurdu. Müteahhit kontrol teşkilatı için şantiyede çalışma ve barınma imkânı hazırlamak ve her istediğinde şantiye ulaşımını sağlamak zorundaydı. Birliklerin keşif taleplerinin karşılanması için de bazen birlik araç tahsis ederdi bazen de en yakın şantiyenin müteahhit araçları kullanılırdı. Kibaroğlu firmasının Edremit'te devam etmekte olan bir işi vardı. Dönüşte zaten şantiyede demir teslimi de yapılacaktı. Burhaniye Subay Gazinosunda sabah 08.00'de hazırdık, ön incelemelerimizi yaptık, heyecanla komutanı beklemeye başladık. Özellikle ben çok heyecanlıydım. 3'üncü Ordu Komutanı Orgeneral Doğu Aktulga benim Kuleli Askerî Lisesinde okuduğum dönemde okul komutanımızdı. Birlikte gazinoyu gezdik, zaten binanın ikinci katını emniyet açısından kapatmışlardı. Birlik komutanı ve gazino müdürü düşündükleri değişiklikleri anlattılar. Biz de teknik olarak öncelikle yapının güçlendirilmesi gerektiğini daha sonra tadilat yapılabileceğini anlattık. *"Tamam, siz bir taslak çalışması ve keşif çıkarıp gönderin."* dedi. Bir ara bir boşluk oldu, çay içiyorduk, ben komutana *"Komutanım, 1980-1982 arası siz Kuleli Askerî Lisesinde bizim okul komutanlığımızı yapmıştınız."* dedim. *"Desene sen kalburüstünde kalan, sağlam çocuklardansın."* dedi ve etrafındakilere *"O dönem askerî liseden ve daha sonra KHO'dan yüzlerce öğrenciyi irticadan attık. Bu işi bitireceğimizi sandık. Meğer o dönem biz bu değirmene su taşımışız. Çok iyi seviyede İngilizce bilen bu zeki çocuklar sadece Türkiye'de iyi yerlere gelmemişler, bunlar yıllar sonra başta Türkî Cumhuriyetlerde olmak üzere tüm dünyada karşımıza çıktılar. Bizden önce oralarda okullar açmışlar, tüm devlet başkanlarının ve bakanların çocuklarını okullarına almışlar. Yani bugün irtica bu boyutlara geldiyse bunu bana borçlular. Bugünkü aklım olsaydı, hiçbirini atmaz, elimin altında pasifize ederdim."* dedi. Acaba bugün atmayıp kıtaya sürmelerinin altında bu tecrübe paylaşımı mı yatıyordu?

Nöbet devir tesliminden çıkmış, benim odamda çay içiyorduk. Levazım Depo Amiri Mahmut Üsteğmen *"Ağabey elimde biniciye yarayacak çok iyi bir araç var, 1993 model Renault 21, iç döşeme özel deri kaplama, "Optima", "Manager" ya da "Concorde" değil, orijinal Fransız bu araba düz 21. Türkiye'ye sadece 3 tane girmiş, senin "Broadway" ile başa baş takas edelim."* dedi. *"Benimki 1989 Model Renault 9, niye böyle bir takas istiyorsun ki?"* deyince anlatmaya başladı. Araba deri mont satan bir arkadaşınınmış. Bir dönem maaşından arttırdıklarıyla kâr ortaklığı karşılığı sermaye verdiği arkadaşı işleri bozulunca, *"Haciz gelip, icra kapıya dayanmadan 3'e 5'e bakma al şu arabayı hemen sat, paranı kurtar."* demiş. Mahmut da bu arabayı hemen satamayınca benimle takasa girip, parasını kurtarmaya çalışıyordu. Metin'i aradım, arabayı alıp, Renault servisinden ayrılan Bican Usta'ya gösterdik. *"Ağabey araba çok iyi ama sana tavsiye etmem, sen pimpirikli adamsın. Kaportayı bir yere sürter, başıma ekşirsin; motor seninkinin aynı ama kasa 21'e benzemekle birlikte farklılıkları var."* dedi. Ben vazgeçince Metin *"Ağabey bir konuşalım ya, benim 1985 Şahin ile değişirse ben bizim atölyede her türlü parça uydururum."* dedi. Mahmut *"Ağabey üstüne bir şeyler eklerseniz, olur."* dedi. Anlaştılar, Metin arabayı aldı. Akşam bize oturmaya geldiklerinde Özlem, eşime arabayı anlatmaya başlayınca hanım *"Biliyorum ben arabayı önce bize teklif etmişlerdi."* diyor. Akşam eve gidince Özlem, Metin'in başının etini yiyor. "*Sen Emine Ablaların alacağı arabayı niye alıyorsun ?*" diye. Metin "*Yok öyle bir şey, biz Mustafa ağabey ile birlikteydik, o vazgeçtiği için ben aldım hatta pazarlığı o yaptı.*" dediyse de Özlem "*Hiç birimizin arabası yokken onların vardı, hepimizi çoluk çocuk, çarşı, pazar, piknik demeden taşıdılar. Onlardan daha lüks arabaya binmek sana yakışır mı? Ben binmem ona.*" diyor. Gerçekten de o dönemde bir tek bizim araba vardı. Kimin işi varsa gelir alır, işini görür getirirdi. Birlikte pikniğe gidilecekse bizim araç 2-3 sefer yapar, çoluk çocuk herkesi taşırdı. Daha sonra birazcık birikimi olana, birkaç arkadaş bir araya gelir, OYAK'tan kredi çeker, bir araba alırdık. Ali'ye de bu şekilde bir Broadway almıştık. Bir gün Metin, Başkanlığa geldi, kendininkini otoparka bıraktı, benim arabayı aldı, gitti. Pek bir anlam veremedim. Akşamüstü döndü. Baktım elinde bir anahtar sallıyor: "*Ağabey, kahveleri söyle, kahveler gelene kadar da aşağıya inelim, sana yeni arabanı göstereyim.*" dedi. Şaşkın bir şekilde otoparka gittik. 67 Plaka mavi bir Renault 21 "*Optima*". "*Ağabey, ben kendim de baktım, Bican'a da gösterdim, bu araba sana yarar, seninkini verdim bunu da aldım. Hayırlı olsun.*" dedi. Dostluk böyle bir şeydi. Güzel günlerdi. Orhan Ağabey de kurtulmuştu. Ben eskisini de hâlâ üzerime almamıştım. Zaten o dönemlerde alım satım masrafı da çok yüksekti. Orhan Ağabey zaman zaman çok endişelenirdi. "*Oğlum yaptığımız işi görüyorsun, bir gün bana bir zimmet çıkar, haciz gelir, alırlar elinden arabanı.*" derdi. Ben de "*Ağabey, sana haciz gelse, arabayı almalarına gerek yok ki, ben zaten gönüllü verir, senin borcunu kapatırım.*" derdim. Orhan Ağabey de derin bir nefes almıştı. Ali, "Optima"yı görünce güldü. "*Oğlum önce kaloriferli eve geçtin, şimdi de arabayı büyüttün. O arabanın da evin de hakkını vermek için bir çocuk daha yakışır."* dedi.

Komutan bu ağustosta emekli oluyordu. Son günleriydi, her zamanki gibi makamında sabah toplantısı yapıyorduk. *"Artık emekli oluyorum, bugüne kadar emredersin diyenlerin nihayet gerçek yüzlerini göreceğiz yakında."* deyince, odadaki herkes âdete birbiriyle yarışırcasına *"Komutanım, göreceksiniz, yarın da sizin emrinizde olacağız, ne zaman ihtiyacınız olsa iki elimiz kanda da olsa koşarız."* diyorlardı. Sonra birden bana döndü *"En çok seni merak ediyorum."* deyince, *"Komutanım ben size hep samimi davrandım. Zaman geldi ters düştük, bazen haddimi aşan ifadelerim oldu ama bir komutan olarak size daima saygı duydum. Siz emekli olsanız da hep benim komutanım olarak kalacaksınız ve ben sizi her gördüğüm yerde aynı sevgi, saygı ve tüm içtenliğimle selam vereceğim."* dedim. Güldü, *"Selam verecekmiş."* dedi.

Bu sene tayinlerde Başkanlığa, Daire Başkanlığından Murat Kayraklık atanmıştı. Kayraklık ile FYO'da odalarımız karşılıklıydı. İyi dosttuk. ATAT Kampına gitmeden önceki gece yaşanan gıda zehirlenmesinden en çok etkilenenlerden biriydi ve kısa bir süreliğine olsa hastane arkadaşlığı da yapmıştık. İki kızı vardı. Büyük kızlarımız yaşıt gibiydi. Eşi öğretmendi. Balıkesir'in bir köyüne atanmıştı. Aile ortamında çok birlikte olamıyorduk ama iş ortamımızda sürekli beraberdik. Mezuniyetinden itibaren Daire Başkanlığı kesin hesap şubesinde genelde büro ortamında çalışmıştı. Taşra teşkilatının hareketli yaşantısına ve şantiye koşuşturmalarına hızla uyum sağlıyordu.

Komutanın yerine de İzmir'den bir albay atandı. Giden komutanım haklı çıktı. *"Sen benden sonra komutan beğenmezsin artık."* derdi. Yeni komutan gelir gelmez ağırlığını hissettirmek istiyordu. Bundan önceki görevinde İstihkâm Okulunda personel şube müdürüymüş. Maaş mutemedi aylıksız izne ayrılan hamile bayanları bu sürede çalışıyor gösterip maaşlarını zimmetine geçirmiş. Bu yolsuzluktan personel şube müdürü olarak kendisi de sorumlu tutulmuş ve hakkında tahkikat başlatılmıştı. Bunun etkisiyle olsa gerek ödeme evraklarına imza atmaya çekiniyordu. Hakediş evraklarını imzaya çıkardığımızda, bu hakediş bünyesinde ödeme yapılan imalat kalemleri ile ilgili kendisine kısaca bilgi vermeye çalışırdık. Çok anlamaz ama bunu da belli etmek istemez ve *"Tamam anlatmana gerek yok, biliyorum ben, bırak inceleyeyim, imzalayıp gönderirim."* derdi ancak günler, haftalar geçer hakediş, odasından bir türlü çıkmazdı. Bu arada kontrol mühendisi asteğmenleri odasına çağırır, günlerce onlardan hakediş öğrenmeye çalışırdı. Asteğmenler heyecandan bildiklerini de anlatamaz, hepten kafasını karıştırırdı. Bir gün beni odasına çağırıp *"Senin bu asteğmeninin mühendislikle uzaktan yakından alakası yok, inşaat hakkında hiçbir şey bilmiyor, buna nasıl güvenip de kontrollük yaptırıyorsun?"* deyince ben de *"Komutanım, müsaadenizle şöyle izah edeyim. Öncelikle asteğmen benim değil devletin asteğmeni, onu kontrol mühendisi olarak ben değil siz görevlendiriyorsunuz ama nihayetinde onlar üniversiteden diplomalı inşaat mühendisleri, siz mühendis olmadığınız hâlde onların mühendislik adına hiçbir şey bilmediğine nasıl kanaat getirdiniz? Ben bu hakediş hakkında sizi teknik detaylara boğmadan komutan olarak bilgilendirmiştim. Siz tüm teknik detaylara muttali olmaya çalışıyorsunuz ama bu kadar detaya inecek ne bilginiz ne de yetkiniz var zira mühendislik altyapısı olmadan böyle bir hâkimiyet mümkün değil zaten hakedişin içeriğinden bu anlamda sorumlu da değilsiniz. Sayıştay sorgularında da sırf bu nedenden dolayı her türlü hesap teknik personele sorulurken komutan istisna edilir. Sizin asli sorumluluğunuz hakedişin sizin görevlendirdiğiniz yetkili kişilerce imzalandığı ve imzalarının da aldığınız imza sirkülerleri ile uyumlu olduğunu tasdikten ibaret. Hakedişleri haftalarca odanızda imzalamadan bekletmeniz, müteahhitler lehine ve hazine zararına birtakım sonuçlar doğurur, sizin farklı beklentilere girdiğiniz şeklinde bir takım yanlış anlaşılmalara neden olur.*" deyince sinirden kıpkırmızı oldu, eli ayağı titremeye başladı. "*Sen de bizi hepten bostan korkuluğu yaptın, bizim hiç mi müteahhide karşı yaptırımımız yok.*" deyince "*Komutanım biz ne güne duruyoruz, müteahhidin size ya da kuruma karşı bir saygısızlığı veya hatası varsa siz bize söyleyin, biz ona haddini bildiririz. Siz maşa dururken ateşe elinizi uzatmayın.*" dedim. İkna olmuş olmalı ki odasından çıktıktan bir saat sonra beklettiği tüm hakedişleri imzalayıp, tahakkuka göndermişti. Birkaç hafta sonra beni odasına çağırdı. Çanakkale Nara Burnu'nda bir şantiyemiz vardı. Komutan hafta sonu oraya dalmaya gitmiş, tanımadıkları için içeri almamışlar, şantiye şefi de yerinde yokmuş, hem şantiye şefinin şantiyeyi izinsiz terk etmesinden dolayı ceza kesmemizi hem de hakediş taleplerini biraz bekletmemizi istiyordu. "*Emredersiniz.*" dedim. Şube müdürüne durumu anlattım, odadan çıkarken şantiye şefi de odaya girince, şube müdürü, şantiye şefine *"Hafta sonu başkanı kızdırmışsınız, bu hafta pek buralarda görünme, patronuna söyle gelip komutanın gönlünü alsın."* dedi. Ben de dilekçe ekinde gelen hakedişleri kontrol mühendisine verdim, *"Haftaya planlama yapalım, yerinde inceleyelim, sonra bakarız"* dedim. Patronu da Balıkesir'de olmalı ki, öğleden sonra hemen komutanı ziyarete geldi. Müteahhit, komutanın yanından çıktı, benim odaya giriyordu ki posta beni çağırmaya geldi. Gittim *"Buyurun komutanım."* dedim. *"Sabah konuştuğumuz hakediş konusu vardı ya, ona öncelik verelim, akşama kadar tahakkuka gönderelim."* deyince *"Komutanım, müteahhit sizi neyle korkuttu ise endişelenmeyin, bana da güvenin hiçbir şey yapamaz."* dedim. *"Nerden çıkarıyorsun, ne tehdidi, adam özür diledi."* deyince tam *"Komutanım şube müdürünün de sabahki emrinizden bilgisi var, kontrol mühendisi asteğmene de haftaya yerinde gördükten sonra inceleyelim diye talimat verdim. Şimdi tam aksi davranışı nasıl yorumlar bu insanlar, müteahhit geldi sizinle görüştü ya tehdit etti korkuttu, ya da rüşvet verdi."* diyordum ki sözümü kesip *"Nasıl yere geldik ya. Bekletsen bir dert acele etsen bir dert. Tamam, nasıl biliyorsan öyle yap."* dedi.

Yeni komutan sigaraya mı savaş açmıştı, yoksa personele mi baskı yapıyordu? Çok anlaşılmıyordu. Başkanlıkta da sigara içmeyen yok gibiydi. 1996 yılının son aylarında yürürlüğe giren 4207 sayılı kanun kapsamında kamu hizmeti yapan kurum ve kuruluşlarda beş veya beşten fazla kişinin görev yaptığı kapalı mekânlarda tütün ve tütün mamullerinin içilmesi yasaklanmıştı. O yıl başkanlık binası çalışma odalarına klima takılmıştı. Komutan, iklimlendirilen tüm başkanlık binasının tek bir mahal olduğunu ve yaklaşık 40 kişinin çalıştığını dolayısıyla bu binanın tamamında 4207 sayılı kanun gereği sigara içilmesinin yasak olduğunu iddia etmekteydi. Bu yasak sonrası personel mesaisinin yarısında giriş kapısı önünde sigara içmeye başlamıştı. Erat, alaylı bakışlarla günün yarısında kapıda sigara içen subay astsubayı süzüyordu. Bu durumdan en az benim kadar rahatsız olmalarına rağmen benden daha üst rütbeli subayları bu konuyu tekrar değerlendirmesi için komutanla görüşmeye ikna edemedim. Benim tek başıma çabam ve gayretim de komutanı ikna etmeye yetmedi. Komutan bunun kendi inisiyatifinde olmadığını ve kanunun amir hükmü olduğunu ileri sürüyordu. Komutanın en çok da bu tutumu rahatsız ediyordu beni. Komutan sorumluluğu ile ben emir verdim, yasakladım deme cesaretini gösteremiyor, kanunun arkasına saklanıyordu. Bu gergin ortamda birlik mal sorumlusu astsubay başkanlığa ait ikinci keşif belgesini imzaya getirmişti. Bu belgeye göre başkanlık bünyesinde 300 torba çimentonun sarf edildiğini onaylamamı istiyordu. Nereye sarf edildiğini sorduğumda komutan dışında bu konuda kimsenin bilgisi olmadığını söylüyordu. Ben de sarf yerini görmeden onaylamamın mümkün olmadığını söyledim. Astsubay, sarf belgelerini diğer mühendis subaylara imzalatmaya çalıştıysa da ikinci keşif sarf belgesi tanzim görevinin benim sorumluluğumda olduğunu bildiklerinden, kimse imzalamaya yanaşmamış. Yılbaşı arifesindeydik ve ödenek sarf belgeleri birkaç gün içinde imzalanmak zorundaydı. Başka çaresi kalmayan komutan aslında çimento alınmadığını bu şekilde açığa çıkarılan ödenekle hanımların toplantılarında kullanılmak üzere gazinoya alınan yemek takımlarının ödemesinin yapılacağını itiraf etmek zorunda kaldı. Ben de *"Komutanım, harcama kalemleri arasında ödenek aktarımı ancak Maliye Bakanlığı yetkisinde, yerinde harcanmayan ödeneklerin sarfına onay vermem kanunen mümkün değil."* deyince *"Tamam, tamam anladım ben."* dedi. Öğleden sonra, astsubay, komutanın sigara yasağını kaldırdığını söyleyerek sarf belgelerini tekrar imzaya getirdi. Birlik mal sorumlusu astsubaya, komutanın konuyu yanlış anladığını, başkanlık bünyesinde uygulamaya çalıştığı sigara yasağının yasal bir zemini olmadığı için bu yanlıştan dönülmesinin isabetli olduğunu ancak başkanlığın yerinde harcanmayan ödeneğe sarf belgesi düzenleme yetkisinin olmadığını anlatmasını söyledim. Konu bir daha gündeme gelmedi. O tarihten sonra komutanın eşi de bir daha gazinoda gün yapmadı. Tüm hanımlar da katılmadıklarında mazeret üretmekten, çocuk getirdiklerinde azar işitmekten ve ayda bir kuaför masrafından kurtulmuş oldular. Tıpkı hamile olan kızının doğum yapmasından önce bir müteahhide askerî hastanenin doğum bölümünde bir özel oda hazırlatması veya yeni aldığı aracın taksitlerini ödetmesi gibi tahminim o yemek takımlarının parasını da bir müteahhide ödetmişti. İnşaat emlak camiasında müteahhitler idarenin her türlü talebini yerine getirir ama bunu her ortamda da anlatırdı.

Komutan, bayram ziyaretinde eşiyle birlikte hanemizi şereflendirmişti ama ikisi emekleme çağında üç küçük çocuğun olduğu eve müsaade etmememize rağmen ayakkabıları ile girmişti. Bayram günü hanım hamile hâliyle arkalarından halıları silmek durumunda kalmıştı. Aynı şekilde Getiren Yarbaya da bayram ziyareti yapınca ertesi günü iadeyi ziyarette bulunmaya karar vermiştik. Yağmurlu bir havaydı ve Fahrüntaç Hanım özellikle ayakkabılarının altını çamura bulayarak, komutanın salonuna girmişti. Koltuğa oturduğunda salondaki beyaz halıda ayak izlerini görünce yapmacık bir edayla *"Kusura bakmayın, fark edemedim ayakkabılarım da çamurluymuş."* demişti. Komutan da eşi de camianın hassasiyetlerini hiçbir zaman anlayamamış ve dengeleri hiçbir zaman gözetememişti.

Balıkesir'de zaman zaman ailecek görüştüğümüz Ali Taştekin Binbaşı vardı. Eşi de kendisi de kayınpederimin köylüsüydü: Üngüzek'ten. Üngüzek, Erzurum'un Uzundere İlçesinin Dikyar Köyü'ydü ama köy halkı Ruslardan kalma bu adla anardı köylerini. Ali Binbaşı'nın edebiyat alanında doktorası vardı. Eşi de türbanlıydı ama her türlü toplantıya giderdi, komutan eşleriyle muhabbeti iyiydi, bilgisi ve samimiyeti ile kendisini kabul ettirmişti. Ali Binbaşı da sevilen bir insandı. Saygılı, samimi ve sevecen. Lojman süresi dolmuştu. Bizim yeni taşındığımız blokta alt komşumuz olmuştu. Ali Binbaşı bizim bloğa taşınır taşınmaz, Hava Lojmanlarının karşısındaki büfenin yanında bir seyyar köfteci belirdi. Benim aslında büfeciyle muhabbetim iyiydi. Civarda ekmek, sigara alabileceğimiz tek yerdi. Ben de bu tür esnafları yaşatmak için destek olmak amacıyla onlardan alışveriş yapmaya dikkat ederdim. Köfteci bütün gün orada beklerdi. Zaman zaman bizim bloğu gözetlediğini düşünürdüm. Öğleye doğru ekip arabası yanaşır, polisler köfte ekmek alırlardı. Lojmanın içinde okul vardı ama öğrencileri nizamiye dışına köfte almaya salmazlardı. Ali Binbaşı'ya *"Ağabey, bu köfteci ya seni ya beni takip ediyor, ama sanki sen geldikten sonra peyda oldu buralarda.*" diyordum ama o pek de üstüne alınmaz ve "*Bizim gizli saklı bir şeyimiz yok, takip etsin ne olacak.*" derdi. Derken bir gün Ali Binbaşı, Edirne'ye sürülüyor ve dersten çıkarılarak aynı gün ilişiği kesiliyor. Edirne'ye tayin olduğu birliğe katıldığında Tugay Komutanı "*Karşımdaki lojman bloğunda oturacaksan ve eşin de başını açacaksa gel, yoksa hiç katılış yapma, ilk şûrada atacağım seni.*" diyor. Ali Binbaşı o lojmana taşınmak için evini toplamaya gelmişti. Son gece uğurlamaya gelenlerle bizim evde görüşüyorlardı. NATO Enfrastrüktür Bölge Başkanı ailesiyle birlikte uğurlamaya gelmişlerdi. Bizi de tanıştırınca, ilerde görüşelim diye Başkan evini tarif ederken, Milli Gençlik Vakfının üst katında olduğunu söyledi. Daha sonradan öğrendik ki Ali Binbaşı, düzenli aralıklarla Milli Gençlik Vakfına gidiyor diye fişlenmiş ve okuldan sürülmüştü. O günlerde sürülen bu ekibin tekrar okullara dönmesi on yıllar almıştı.

1997'nin sonbaharı ve bizde yine doğum telaşı var. Bu defa doğum doğumevinde değil, askerî hastanede sezaryen ile olacaktı. Doğuma, Başhekim girecekti ve yıllık iznine çıkmadan doğumu gerçekleştirmek için 20 Ekim tarihini belirlemişti. Yani bebek dünyaya geldiğinde henüz gözleri açılmamıştı. Doğuma hanımın anne babası ile benim annem de gelmişti. Annemi çocukların başında bıraktık. Fahrünnisa o yıl anasınıfına başlamıştı. Hanım sabah 07.00 gibi sezaryenden çıktı, henüz yoğun bakımdan çıkmamıştı ama çok şükür kendisi de iyiydi, küçük kızım da. İyi haberlerini alır almaz bizim acilen adaya gidip gelmemiz gerekiyordu. Kayınpederim de arkadaş oldu ve hemen yola çıktık. Son anda gemiyi 10 dakika ile kaçırma ihtimalimize karşın kaptanı arayıp, beklemesini söyledik. Kaptan zaten bu tür durumlara alışıktı. İşimizi gemi kalkış saatine kadar bitirip adanın meşhur çavuş üzümlerinden de bir kasa aldığımız gibi aynı günün gecesinde Balıkesir'e geri döndük. Hastaneye uğradık. Hanım da iyiydi bebek de. Küçük kızımın eve gelmesini en çok Murat bekliyordu. *"Bana ağabey diyecek değil mi?"* diyordu. Ancak dördüncü gün taburcu olabildik. Eve geldiğimizde Murat biraz hayal kırıklığına uğradı. Bebeği kucağına yatırdık, sürekli yüzüne bakıyordu. En sonunda *"Ama bana ağabey demiyor."* dedi. Akşam Ali gelmişti. Daha kapıdan girerken *"Getirin bakalım bana Hilal bebeği."* diyordu. Bebeği kaptığı gibi kıbleye yöneldi, son anda babaannesinin *"Nazlı büyütülmüş, zarif ve taze kadın"* anlamındaki adını da yanına ekleyebildik ve bir kulağına ezan bir kulağına da kâmet okuyarak adını *"Naime Hilal"* koydu. Hanım ertesi günü Fahrünnisa'nın sık sık başını kaşımasından şüpheleniyor, bir de başına bakıyor ki bitlenmiş. Ne yaptıysa başa çıkamamış, en sonunda gaz yağı ile saç diplerinden tek tek temizlemişti.

Fahrünnisa'nın ana sınıfı öğretmeni de fark etmişti, gördüğünü yazmaya çalışırken hem harflerin yerini hem de yönünü ters yazıyordu. Ana sınıfı öğretmeni hanıma *"Bundan sonra yemek masasında karşınıza değil de yanınıza oturtun, çocuğu endişeye sevk edecek şekilde sorunu da büyütmeyin, beyin kendi kendine çözümler bunu."* demişti. Şükür öyle de oldu.

Hilal'in doğumuyla birlikte çocukları bir odada yatırabilmek için ranza almamız şart oldu. Her konuda sabit bir esnafımız olduğu gibi mobilya konusunda da Baykan Mobilya yıllardır değişmeyen esnafımızdı. Baykan Mobilya'nın sahibi benden birkaç yaş büyük Metin idi. Ondan ilk olarak, bebek beşiği almıştık, sonra oturma odası, şimdi de iki adet çift katlı ranza. Metin'de hep bir açık hesabımız olurdu, ay başı gider taksitimizi elden öderdik. Bir gün hesabı karıştırdım. *"Ağabey bizim hesaba bir baksan iki taksit mi kaldı üç mü? Karıştırdım."* deyince. *"Biz dostlarımızın hesabını tutmayız. Onu sen bileceksin, senin borcunun hesabını ben mi tutacağım?"* dedi. *"Tamam, o zaman üç taksit daha öderim."* deyince *"Hem hesabını tutmuyorsun hem beni vebal altına sokuyorsun. İki taksitten fazlasını almam."* diyor başka bir şey demiyordu. Hafızamı ne kadar zorlasam da hatırlayamıyordum. Yazmamış olduğuna da inanamıyordum. Bana göre bu nasıl bir esnaflıktı. Onun da aklına dostunun borç hesabını tutmak sığmıyordu. Kur'an-ı Kerim'inde Allah iki sayfa alışveriş hukukunu anlatıyor, alan da yazsın veren de yazsın diyordu. En az benim kadar o da suçluydu. İki saatlik tartışma sonunda 2,5 taksit ödemeye ve helalleşmeye ikna edebildim. Bundan sonra Allah'ın emriydi, alan da veren de yazacaktı. Böyle başlayan dostluk yıllar ilerledikçe kuvvetlenmişti. Bu arada Ali de çocukların beşiğini ve oturma odasını ondan almıştı. Çocukluk arkadaşımın kardeşi Cihat polis olmuş ve Balıkesir Çevik Kuvvete atanmıştı. Onun da mobilya ihtiyaçlarını buradan almıştık. Biz evlenirken mobilyalarımızı Mehmet Ağabey ile birlikte Bursa'dan almıştık, o da kızı Hilal'i evlendirirken mobilyalarını bizimle birlikte almak üzere Balıkesir'e göndermişti. Onları da Baykan Mobilya'dan almıştık. Kayınvalide ziyaretimize geldiğinde bir yatak odası beğenmişti. Metin o takımı da bizim hatırımıza Balıkesir'den İstanbul'a götürmüştü. Benden iki yaş küçük kardeşim Hasan, çok saf, iyi kalpli ve mülayim bir çocuktu ama ona uygun bir hayat arkadaşı bulmak pek kolay olmamıştı. Hasan, önce bize zeytin toplamaya gelen köyden bir kızla nişanlamıştı ama onunla tamamına erdirmek nasip olmadı ve ayrıldılar. Daha sonra uzunca bir süre Hasan'a köyden ve civar köylerden kız aradık. Daha önce nişanlıdan ayrılmış olması ve annemle aynı bahçeye inşa edilen evde oturacak olmaları Hasan'la izdivacın önünde en büyük engel kabul ediliyordu. Nihayet rahmetli anneannemin köyü Kemallı'dan ve sanırım uzak akrabalarımızdan bir kızla nişanlanmıştı. Kızı ve babaannesini alıp, mobilya seçmek üzere Balıkesir'e getirdik. Yol boyunca kızla Hasan arasında bir soğukluk vardı. Mobilya seçerken de babaannesinin tüm baskılarına rağmen kız çok ilgisiz davranıyordu. Metin'e aldığımız mobilyaları ev hazır hâle geldikten sonra bizim söyleyeceğimiz bir tarihte Çanakkale'ye teslim edersin deyince Metin bir olay anlattı. Geçen gün bir amca gelmiş, oğlu ve gelin adayıyla mobilya bakmaya. Gençler mobilya bakıyormuş ama amcanın bir derdi varmış da sanki Metin'in uygun bir zamanını kolluyor gibiymiş. Biraz daha dikkat edince Metin, amcayı hatırlamış. Amca onlardan 2 yıl önce yine oğlu ve gelini için mobilya almış, ücretini de peşin ödemiş ama mobilyayı bir hafta içinde bildirecekleri bir günde teslim etmesini istemiş. Aradan aylar geçmiş amcadan haber çıkmamış, ücretini de peşin dediklerinden amcanın irtibat bilgilerini almadıklarından ulaşamamışlar. Yıllar sonra amca şimdi tekrar karşısına çıkmış. Metin, *"Amca ben seni tanıdım, sen bizden 2 yıl önce yine böyle oğlunla gelinin için mobilya aldın, ben haber verince gönderin dedin ama senden bir daha haber çıkmadı.*

O zaman biz seni çok aradık bulamadık." deyince adam ağlamaya başlamış. Giderken kaza yapmışlar, oğlu ve gelini aylarca komada kalmış ve vefat etmişler. "*O zaman mobilyayı düşünecek hâlimiz yoktu ama ölenle ölünmüyor, her şeye rağmen hayat devam ediyor, bu benim küçük oğlum şimdi de ona mobilya almaya geldik.*" demiş. Metin "*Amca bizden yana dert etme, o zaman aldıkların bizde kayıtlı, şimdi oğlun ve gelin hangi mobilyayı beğenirlerse yükleyip göndeririz, sen bunların parasını iki yıl önce ödedin.*" demiş. Ağabey "*Sizin gelin adayını görünce niyeyse bu olay aklıma geldi. Korkarım bunlar nikâhı görmeden bu işi bitirir. Biz de bu mobilyayı yakında göndermeyiz.*" demişti. Aynen dediği gibi oldu, bir haftaya varmadan ayrılmışlar, ama biz mobilyayı onlar ayrılmadan göndermiştik. Hasan'ın kısmeti aslında hep gözümüzün önündeymiş. Hanımların nakış atölyesinde çalışan babasının köylüsü bir kız vardı. Ağabeyi de aynı binada oturuyordu. Yaşı biraz küçüktü, 17'sinde sanırım. Gittik talip olduk. Nasip oldu. Mihriban gelinimiz oldu. Biz de iki kardeş aynı köye damat olmuştuk. Mihriban'ın ağabeyi ve yengesiyle yıllardır tanışıyorduk. Babası ve annesiyle de tanıştık. Çok anlayışlı insanlardı. Mihriban da bize gelinden ziyade kız evlat olmuştu. Daha önce aldığımız mobilyaları da değiştirmeye gerek yok demişti.

Balıkesir garnizon süremiz dolmuştu, bu yıl tayin kaçınılmazdı. En büyük korkumuz Ankara'ya gitmekti. Aslında hiçbir büyük şehri istemiyorduk. Çocuklarımız lise ve üniversite çağına geldiklerinde hem onlara göz kulak olabilmek hem bir nebze eğitim giderlerini azaltabilmek için büyük şehre tayin olmak istiyorduk. Bunun için de çocuklar büyüyene kadar şark hizmetini aradan çıkarmak istiyorduk. İlk tercihimize Erzurum yazmış, şarka talip olmuş, talip olmanın da ötesinde ısrarcı olmuştuk. Bursa Askerî Hastanesi onarımı işine başlamıştık. İhale kapsamında rehabilitasyon merkezindeki kaplıca havuzlarının döşeme ve duvar kaplamalarının değişimi de vardı. Havuzların mermer kaplamaları kaplıca suyunun bıraktığı tortulardan dolayı kötü bir görünüm aldığından hastane yönetimi tarafından en geç iki yılda bir değiştirilmiş ancak artık kalıcı bir çözüm bulmamız isteniyordu. Müteahhit firma Afyon ve Kütahya bölgelerindeki termal otelleri yerinde incelemeyi önermişti. Bir haftadır bölgede dolaşıyorduk. Termal oteller gelen kaplıca suyunu havuzlarda dinlendiriyor, içindeki mineraller çökeltiliyordu. Dolayısıyla onların kaplama yüzeylerinde tortu oluşmuyordu ama kaplıca suyunun kalitesi ciddi oranda düşüyordu. Kaplıca suyunun kalitesinden ödün vermeden yüzeyde tortu oluşturmayacak kaplama malzeme temini için seramik firmaları ile görüşüyor, firmalara kaplıca suyundan numune bırakıyorduk. Firmalar da laboratuvarlarında bu su içeriğindeki mineraller ile reaksiyona girmeyecek seramik kaplama sırrı ve cilası için araştırma yapıyordu. Bursa Askerî Hastanesi Başhekimi'nin odasında, müteahhit firma yetkilisi, kontrol mühendisim Hüseyin Bey ve Şube Müdürü Nebil Albay ile toplantı hâlindeyken tayinlerin açıklandığı haberini aldık. Erzurum İnşaat Emlak Başkanlığına tayin olmuştum. Nebil Albay da binbaşılığında orada görev yapmıştı. *"Zor bir coğrafya, ağır kış şartları, geniş bir sorumluluk alanı, ciddi bir iş yükü, burası her yere yakın ya orası da her yere uzak ve mağduriyetler bölgesi idi şimdi bir de terör belası eklen-*

di, Allah yardımcın olsun." diyordu. Allah'tan hakkımızda hayırlısını istemek, O'na güvenip, O'na dayanmak varken sanki O'ndan daha iyi biliyormuşum gibi Erzurum'da ısrar etmiştim. Oysa Kur'an-ı Kerim'inde *"Sizin hayır sandığınızda şer, şer sandığınız şeyde hayır vardır. Allah bilir, siz bilmezsiniz."* (Bakara suresi 2/216) diyordu. Beni tüm bunların ötesinde asıl düşündüren bu yersiz ısrarımın aksiyle tokat yeme endişesiydi. Allah affetsin ve utandırmasın. Bursa Askerî Hastanesi ıslak mahallerinde kullanılmak üzere, kaplıca suyunun kalitesinden ödün vermeden yüzeyde tortu oluşturmayacak şekilde su içeriğindeki mineraller ile reaksiyona girmeyecek seramik kaplama sırrı ve cilası önerilerimizin yıllar içinde soruna kalıcı bir çözüm olup olmadığını kendi gözlerimle görme imkânım olmamıştı.

Bundan sekiz sene önce okuldan yeni mezun olmuş tecrübesiz bir mühendis teğmen olarak tek başıma geldiğim bu şehirden huzurlu bir evliliği olan mutlu bir eş, pırlanta gibi dört evlat sahibi bahtiyar bir baba, mesleğinde ihtisas yapmış bilgili ve tecrübeli bir mühendis ve yüzbaşı namzedi bir subay olarak ayrılıyordum. Hafızalarımızda unutulmaz anılarla ve gönüllerimizde yıllara meydan okuyacak eskimeyen dostluklarla yeni bir başlangıca yelken açıyorduk. Geriye dönüp baktığımda ürkek bir yabancı olarak geldiğim bu şehrin her köşesinde bir anım vardı. Şehir merkezi neredeyse hiç değişmemişti, zamana karşı nasıl da direnmişti. Şehre geldiğimde beni ilk karşılayan otogar, ilk gece misafir olduğum orduevi, misafirhane, ilk evimiz, caddeler, sokaklar hepsi ilk günkü gibiydi. Yeni bir çevre yolu inşaatına başlanmış ve otogarın şehir dışına alınmasının planları yapılmıştı ama henüz çehresini değiştirmeden biz şehre veda etmiştik.

Erzurum (1998-2002)

Tayin olan personelin birliğe katılmadan garnizonda lojman dağıtımına katılması mümkün olamıyordu. Personel yeni atandığı birliğine ilk etapta bekâr olarak katılır, lojman dağıtımını müteakip mehil izninde evini taşırdı. Bu aşamada çocukların başında bulunmak ve eşya toplamaya yardımcı olmak için Emine'nin annesi, babası ve kız kardeşi Halime Balıkesir'e gelmişti. Babası zaten askerî ortaokulda okumuş, daha sonra dedesi Erzincan Askerî Lisesine gönderemediği için askerî ortaokulda okumasının tazminatı olarak belli bir süre askerî fabrikada zorunlu hizmete mecbur edilmişti. Askerî fabrikada çalıştığı dönemde de pek çok el becerisi kazanmıştı. Hatta Yalova PTT'de çalıştığı dönemde ek iş olarak çilingirlik bile yapmıştı. Şimdi de mobilyaların sökülüp, takılması ve eşyaların paketlenmesi konusunda en büyük yardımcımızdı. Ben Erzurum'a gidip lojman alana kadar onlar da yavaş yavaş eşyaları toplayacaklardı. Daha sonra birlikte Erzurum'a gidecektik.

İnşaat Emlak Bölge Başkanlığı, Askerî Mahkeme, Kara ve Hava Lojmanları ile Subay ve Astsubay Orduevleri hepsi bir arada Lojmanlar Sokak'ta yan yana sıralı olarak konuşlandırılmıştı. Mecburiyet Caddesi olarak da anılan Cumhuriyet Caddesi, Yenişehir Caddesi, Hastaneler Caddesi ve Cemal Gürsel Caddesi, Havuzbaşı kavşağında kesişiyordu. Kavşağı, 9'uncu Kolordu Komutanlığı Karargâh Binaları, Polisevi ve Hamidiye Mesleki ve Teknik Anadolu Lisesi çevreliyordu. Cemal Gürsel Caddesi'nden üniversite kavşağına doğru giderken askerî lojmanların bitiminde yol sağa Org. Selahattin Demircioğlu Caddesi'ne ayrılırdı. Bu cadde boyunca sağda sırasıyla askerî lojmanlar ve Subay Orduevi, solda da 100'üncü Yıl Parkı ile DSİ 8'inci Bölge Müdürlüğü yer alırdı. Lojmanlar Sokak, Hastaneler Caddesi ile Org. Selahattin Demircioğlu Caddesi arasında Cemal Gürsel Caddesi'ne paralel olarak uzanırdı. Bir nöbetçi kulübesi, sokağın Hastaneler Caddesi girişine Erzurum Lisesinin hemen bitimine, bir nöbetçi kulübesi de Org. Selahattin Demircioğlu Caddesi girişine konarak, sokak bir dönem sivillere kapatılmıştı.

İnşaat Emlak Bölge Başkanlığı, Kara Lojmanlarının karşısında Subay Orduevi ile Askerî Mahkeme arasında yer alıyordu. Başkanlık binasının en üst katında karşılıklı iki tahsisli lojman, bir alt katında başkanlık makam odası, idari işler, bütçe ve emlak şube müdürlüğü, giriş katında inşaat şube müdürlüğü ve nöbetçi subaylığı, zemin katında da erat tesisleri yer alıyordu. Yaklaşık 250 m^2'lik oturma alanı olan 4 katlı binada 40'ın üzerinde personel ve bir o kadar da er-erbaş bulunuyordu. Odalar çok dar ve sıkışıktı. Lojman katı haricinde her katta sadece tek göz kadın erkek müşterek kullanılan bir tuvalet vardı, giren içerden sürgülerdi.

Başkanlığın sorumluluk sahasında Erzurum, Erzincan, Ağrı, Iğdır, Kars, Gümüşhane, Bayburt, Trabzon, Rize, Ardahan ve Artvin olmak üzere 11 il yer almaktaydı. Erzincan'da 3'üncü Ordu Komutanlığı, Erzurum'un içinde 9'uncu Kolordu Komutanlığı, Sarıkamış'ta 9'uncu Piyade Tümen Komutanlığı ve diğer sorumlu olduğu il ve ilçelerde onlarca Tugay Komutanlığı bulunmaktaydı.

Başkan Atilla Böcekçi Albay'dı. Binbaşı Ahmet Kocakaya, Ankara'ya tayin edilen İnşaat Şube Müdürü Binbaşı Emin Mardin'in yerine geçmişti. Başkan ve şube müdürü dışında subay olarak başkanlık binasında Binbaşı Ahmet İhsan Gündüz ve Üsteğmen Necmettin Koçak ile Doğubayazıt Kontrol Şefliğinde görevli Uç Beyi diye çağırdıkları Binbaşı Muammer Alacacı vardı. Makine ve Elektrik Mühendisliklerinde muvazzaf subay yoktu, sivil personel istihdam edilmişti. En eski personel herkesin Yüksel ağabeyi, Makine Teknikeri Yüksel Yılmaz'dı. Sorumluluk bölgesindeki tüm askerî birliklerin kazan dairelerini ve müştemilatını ezbere bilirdi.

Erzurum'a giderken özellikle Erzincan'dan sonra ciddi endişelenmiştim. Erzincan-Tunceli arası kutu deresi yol ayrımı girişinde bölgenin *"Özel Güvenlik Bölgesi"* ilan edildiğine dair bir tabela görmüştüm. Tabelada *"Tunceli ili sınırları içinde faaliyet gösteren bölücü terör örgütü ve diğer terör örgütlerinin son zamanlarda yapmış oldukları terör ve yıldırma eylemleri, ilimizin sosyal ve ekonomik gelişmesini de olumsuz etkilemeye başlamıştır. Bu eylemler neticesinde vatandaşlarımız, ekonomik, sosyal faaliyetlerini yürütme ve seyahat etme haklarını kullanmaktan mahrum kalmıştır. Günlük hayatları olumsuz etkilenen vatandaşlarımız büyük mağduriyet yaşamaktadırlar. Tunceli Valiliğimiz, öncelikle vatandaşlarımızın can ve mal güvenliğinin sağlanması, mevcut huzur ve güven ortamının devam ettirilmesi, devletimizin ve milletimizin her türlü terörist tehdidi ve saldırısından korunması maksadıyla; bölgesinde emniyet ve asayişi temin etmek için ilgili mevzuat çerçevesinde her türlü tedbiri almaktadır."* yazılıydı. Bu yol ayrımından sonra, başlarında bandana, ellerinde otomatik silahlar, kollarına dolanmış şerit hâlinde mermiler ile yüreğinizi ağzınıza getiren, terörist mi asker mi ayrımı yapmakta zorlandığınız güvenlik güçleri tarafından sık sık yol kontrolleri yapılıyordu. Bu kontrollerde kesinlikle resmi kimlik gösterilmemeli, hatta askerî kimlik kartları üzerimizde hiç bulundurulmamalı diye aklımdan geçiyordu.

Erzurum'da Subay Orduevi'ne yerleşmiş, ertesi gün de Başkanlığa katılışımı yapmıştım. Kocakaya Binbaşı önce Atilla Albay'a takdim etti daha sonra İhsan Binbaşı ve Necmettin ile tanıştırdı. İhsan Binbaşı odasındaki boş masaya yerleşebileceğimi söyledi. Odanın içine 2 metreye 1,2 metre ebatlarında PVC bir bölme yapılmış, tabanı halıfleks kaplanmış ve içerisine bir masa üstü bilgisayar ile bir sandalye koyulmuştu. Bir kişinin girebileceği bu oda hiç boş kalmıyor, sırayla birileri girip oyun oynuyordu. En çok da 5 farklı renkten oluşan topların aynı renklilerinin bir araya getirilerek patlatıldığı renkli toplar oyunu oynuyorlardı. Başkanlıkta başkaca bilgisayarda yoktu. Bu bilgisayarda Avinal Hakediş Programı da yüklüydü ama belki de program hiç kullanılmamıştı. Daire Başkanlığının iki yıl önceki emri ile programın temini esnasında bir müteahhide de bu bilgisayarı aldırmışlardı. Personelin ifadesine göre o günden beri program hiç kullanılmamış, hatta varlığından haberdar olan bile kalmamıştı ama bilgisayar mesai saatleri içinde hiç boş kalmıyor, herkes oyun oynamak için sıraya giriyordu. Komutanın masasında da Olivetti ekranlı elektronik yazı makinesi dikkatimi çekmişti. Muhtemelen onun son model bir bilgisayar olduğunu sanıyordu. Oysa Balıkesir İnşaat Emlak Bölge Başkanlığında Novell Netware 3.11 kurulu bir ana makine ve buna yıldız bağlı 10 adet terminal, ayrıca bir adet dizüstü, iki adet müstakil masaüstü bilgisayar ve 2 adet de yazıcı vardı. Şantiyeye gittiğimizde telefon hattı üzerinden dizüstü ile ana makineye bağlanıp, istediğimiz bilgiye erişebiliyorduk. Teknolojik altyapı oluşturma adına burada yapılacak ne çok iş vardı.

Necmettin 1989'lu idi. Ben 1990 mezunuydum ama yüksek lisansla 1989'a nasbedilmiştim. Necmettin ile aramızda astlık üstlük yoktu. Dün ikimiz de yüzbaşı olmuştuk. Boş kaldıkça onun odasına gidiyordum. Bu aralar konumuz lojman dağıtımıydı. Necmettin 100'üncü Yıl Parkı'na bakan lojman bloğunda oturuyordu. Lojmanlar Sokağı'na bakan lojmanları kimse önermiyordu. Konumu ve yönü itibarıyla nerdeyse hiç güneş görmüyordu. *"Yazın güneş batınca gece yazlıklarla, kışın da kaloriferler çok yandığı için kışlıklarla oturulmuyor, yaz kış hiçbir kıyafetini kaldıramazsın."* diyorlardı. Bu arada Kolordu Komutanlığı lojman dağıtımı için boş dairelerin listesini gönderip lojmanlar bölgesi vaziyet planına işlemesini istemişti. Necmettin listeye bakınca *"Burada alınabilecek tek bir daire var o da benim lojman bloğu gibi 100'üncü Yıl Parkı'na bakan Aksalur Apartmanı."* dedi. *"Lojman puanım çok yüksek, belki de listenin ilk sırasındayım."* deyince *"Görev tahsisliler puana bakmaksızın en öne geçiyor, onlar bırakmaz sana bunu."* deyip lojman vaziyet planında kendi blokuyla Aksalur Apartmanı üzerine kırmızı kalemle paralel iki çizgi çizdi. Altına lejant kısmına da aynı çizgiyi çizip, karşısına *"Deprem fay hattı"* yazdı. *"Ben de işe yaramıştı, bakalım hâlâ işe yarayacak mı?"* dedi. Dağıtım öncesi Kolordu lojman şubede görevli memur isteyenlere

boş daireleri gösteriyordu. Kimse Aksalur apartmanına gir-
miyor, *"Altından fay hattı geçiyormuş, uzak durun."* diy-
orlardı. Listede beşinci sıradaydım ama ilk dört dağıtıma
gelmemişti. Listeye geçilmeden önce iki de görev tahsisli
lojman dağıtılmıştı. Sıra bana gelene kadar Aksalur apart-
manındaki boş daireyi seçen olmamıştı. Lojmanın konumu
ve yönü çok iyiydi, ama içi çok kötü durumdaydı. Boya
badana gerekiyordu. Odalar PVC marley, koridorlar,
banyo, tuvalet ve mutfak zemini dökme mozaikti. O güne
kadar duvarlara sürülen her renk boyanın lekesi mozaik
döşemenin içine işlemişti. Temizlenmesi pek mümkün
görünmüyordu. Pek çok yerde eksik ve kırık marley vardı.
Salonun tam ortasında yumruk girecek büyüklükte bir de-
lik vardı ve delikten neredeyse alt kat görünecekti. Kolordu
istihkâm şube geçen yıl sonunda artan ödenekleri ile plastik
boya almıştı. Bu dağıtımda lojman tahsis edilen personelin
talebi doğrultusunda ya dairenin boyasını verecek ya da bir
plan dâhilinde karargâh hizmet takımı askerlerine daireyi
boyatabilecekti. Boyayı alıp, dışardan bir ustaya boyatmak
daha uygun gibi görünüyordu. Bu arada usta marifetiyle ek-
sik ve kırık marleyler de değiştirilebilirdi. Mozaik döşemel-
erdeki boya lekeleri çıkacak gibi görünmüyordu, en kolay
çözüm üzerlerine halıfleks döşetmekti. Yüksel ağabey ile
birkaç nalbura boyacı sorduk. Yüksel ağabeyi tanıdıkları
için *"Ağabey üç ay sonra boyatsan, bu zamanda piyasa fiy-
atından boyasak sana yazık, normal fiyattan boyasak bize
yazık."* diyorlardı. Anlamadığımı görünce *"Sorma komu-
tanım, Dadaşlar terk edince Erzurum bu kodoşlara kaldı.
Eskiden böyle bir şey yoktu, şimdi bunlar iklim şartlarından
dolayı ancak dört ay çalışabiliyor, sekiz ay da bununla*

geçiniyoruz diye bu mevsimde üç kat fiyat söylüyorlar." diye tercüme etti Yüksel ağabey. Başkanlığa dönüşte Cumhuriyet Caddesi üzerindeki bir büfenin önünden geçerken, içerde rafları düzelten büfeciye *"Pardon bir Tekel 2000 alabilir miyim?"* dedim. Döndü *"Ne yalvarısın gardaş, parasıyla değil mi veririk elbet."* deyince Yüksel ağabey *"Komutanım, bunlar nezaketten anlamaz, hele bir 2000 ver oradan."* şeklinde iste bundan sonra dedi. Başkanlığa dönünce Yüksel ağabey, *"Pasinler'de Sinema Salonu Onarımı işimiz var, elektrik tesisatı da değişecekmiş diye boya imalatını durdurduk, o boyacılar boştaysa onlara boyatalım. Ben bir Celal'i çağırayım."* dedi. Celal Bey ile ilk kez orada tanıştık. İstanbul'dan bir arkadaşı almış bu işi ama sağlık sorunları nedeniyle ilgilenememiş. Celal Bey işi onun adına tamamlamaya geldiğini söylüyor ama işi daha çok gayri resmi devralmış gibi görünüyordu. İhale kapsamında elektrik tesisatı onarımı da varmış ama ilgilenen olmayınca konu atlanmış ve boya aşamasında fark edilince boyayı durdurmuşlar. Bu arada işin süresi geçen hafta bitmiş, henüz elektrik projelerinin Daire Başkanlığı onayı da yok, cezalı çalışma söz konusu. Celal Bey'in evdeki hesap şaşmış, bir sürü sorun ve işin sonunda ciddi bir zarar görünüyor. Başkanlıktaki tek elektrik mühendisi iş yoğunluğu, müteahhit de sağlık sorunları nedeniyle projeyi takip edemeyince iş sahipsiz kalmış. Biz Yüksel ağabeyin odasında bunları konuşuyorduk. Koridordan geçen Kocakaya Binbaşı bizi görünce içeri girdi. *"Celal hoş geldin, yeni kontrol şefinle tanışmışsın bakıyorum, şu işi nasıl çözecekseniz aranızda bir konuşun sonra da gelin birlikte değerlendirelim."* dedi. İşin kontrol şefi Kocakaya Binbaşı imiş, kendisi şube müdürü olunca tüm işlerini bana devretmiş, bunun görevlendirme yazısı da imzadan çıkmış ama henüz bana tebliğ edilmemiş. Normal şartlarda Daire Başkanlığına bir projenin tasdik ettirilmesi ortalama bir ay sürerdi. Bu durumda, onaylı proje doğrultusunda elektrik tesisatının revize edilmesi ve ardından boya badana işlerinin yapılması için minimum iki aya yakın cezalı çalışılması gerekiyordu. Celal cezalı çalışarak işi tamamlamak istemiyordu. Asıl müteahhit de sağlık problemleri nedeniyle işi takip edemeyeceği için iş, feshedilmek durumunda kalınacaktı. Kocakaya Binbaşı'ya konuyu takip edeceğimi, çözüm yoluna karar verdiğimizde kendisine bilgi vereceğimi söyledim. Kontrol teşkilatı ve müteahhit ile konuyu değerlendirmek üzere bir araya geldik. Elektrik röleve ve tadilat projesi hazırmış, ancak Daire Başkanlığına onaya gönderilmesi durumunda gecikme cezası kesilmek zorunda kalınacağı ve bu durumda müteahhidin bu cezanın altından kalkamayacağı endişesiyle işin kilitlendiği anlaşıldı. Daire Başkanlığı Etüt Proje Şube Müdürlüğü Elektrik Kısım Amiri, Balıkesir'den geçen yıl atanmış Selim Tanışık Binbaşı idi. Onu aradım. Erzurum'a tayin olduğumu, problemli bir işi kucağımda bulduğumu, kendisine bir elektrik röleve ve tadilat projesi göndersem kapağını bile açmadan aynı gün onaylayıp elden verme imkânı olup olmadığını sordum. Mevzuata hâkimiyetimden dolayı üstat derdi bana, *"Üstat, senin için olmazı olduruuruz."* deyince, Celal Bey *"Yarın projeleri getirecek size komutanım."* dedim. Celal ile anlaşmamız şöyle oldu. Müteahhit firma, İstanbul merkez bürolarından işin son günü tarihli bir iş bitim dilekçesi postalayacaktı. Celal de yarın sabah projelerle Selim Binbaşıya gidecek, onaylı projeleri alıp ertesi gün işinin başına dönecekti. Bu arada isterse projeler onaylıymış gibi elektrik taşeronu işe başlayacaktı. Boyacı ekibi de kendisi ile ne kadara anlaştı ise aynı birim fiyattan benim lojmanı boyayacaktı. Parasını ben boyacıya kendim ödeyecektim. Boyacıya para almaması konusunda baskı yaparsa bu işi cezasız tamamlama şansı olmayacaktı. Yüksel ağabeye de boyacıların ihtiyaç duyacağı eksik malzemeleri ve marley alması ve de halıfleks döşetmesi için bir miktar para bırakmıştım. Kocakaya Binbaşı çözüme çok memnun oldu. Ben de mehil müddetimi kullanarak ailemi getirmek üzere izne ayrıldım.

Erzurum'a ilk geldiğim gün orduevinde Hâkim Yüzbaşı Önder Başoğul ile karşılaşmıştık. Önder, Kuleli 4000 devresindendi, FYO'da da yakındık. Erzurum'u ilk o tanıttı. Onun da Ankara'ya tayini çıkmıştı. Ailesini göndermiş, kendisi orduevine yerleşmiş, ilişik kesmeyi bekliyordu. O zamanlar tayin olan personel A ve B grubu şeklinde gruplandırılırdı. Şarka tayin olanlar A grubu, şarktan tayin olanlar da B grubunda yer alırdı. Önce A grubu katılır, bir müddet birlikte çalışırlar ve daha sonra devir teslimi müteakip B grubu ilişik keserdi. Şehirde gidilecek yerleri, askerî birliklerdeki sosyal tesis imkânlarını uygulamalı olarak göstermiş, geldim geleli elimi cebime attırmamıştı. Kışın Laleli Kışlası'ndaki kayak tesisleri, yazın da Mimar Sinan Kışlası'ndaki aile piknik alanı revaçtaymış. Palandöken dünyanın en uzun kayak pistiymiş, kayak merakı yoksa bile teleferikle mutlaka havadan kayak yapanlar izlenmeliymiş. Cağ döner nerde yenir? Taş Han'ın meşhur tesbih ustası kimdir? Kısa sürede intibak etmiştim. Askerî mahkeme ile komşuyduk. Onun sayesinde pek çok yeni arkadaş da edinmiştim. Artık ayrılık zamanıydı. Ben döndüğümde o ilişik kesmiş olacaktı. Teşekkür ettim, Ankara yolumuzun üstündeydi. Sık sık toplantılara giderdik. İrtibatı kesmeyelim, arayı da uzatmayalım temennileri ile ayrıldık.

Balıkesir'e döndüğümde eşyaları toplamışlardı. Hemen bir nakliye firması ile anlaştık ve iki gün sonra eşyaları yükleyip yola çıktık. Emine'nin babası kamyon ile gitmeyi planlamıştı ancak şoför bu teklife çok sıcak bakmayınca mecburen hepimiz bir arabaya doluştuk. Benim dışımda herkesin kucağında bir çocuk vardı. Ankara'yı çıkarken polis durdurdu ve *"Ön koltukta yolcunun kucağında çocuk..."* derken baktı ki şoför dışında herkesin kucağında bir çocuk var, gördüğü manzara karşısında cümlesi yarım kaldı. Önce hayret ifadesiyle ellerini yana açtı, sonra sağ elini gittiğimiz istikamete sallayarak devam edin işareti yaptı. Hilal henüz sekiz aylıktı, uyuduğunda arka camın önüne yatırıyorduk ve bu sayede sırayla birinin kucağını boşaltarak onu dinlendiriyorduk. Sık sık mola veriyorduk. Sivas'tan sonra mola verilecek benzin istasyonları seyrekleşmeye başlayınca, bir iki su kenarı veya çeşme başında durduk. Erzincan'da uzunca bir mola verdik, yemek yedik, su içtik, iyice dinlendik. Kimseyi endişelendirmek istemiyordum, usulca askerî kimliklerimizi paspasın altına koydum ve bundan sonra Erzurum'a kadar mola yok dedim. Şükürler olsun yolda durduran da olmadı.

O gece biz hanım ve çocuklar ile orduevinde kaldık. Emine'nin annesi, babası ve kız kardeşi Mustafa amcalara misafir oldu. Mustafa amca, Emine'nin babasının teyzesinin oğluydu. Cumhuriyet Caddesi'nde, Çifte

Minare'nin yanında Bingöl Giyim Mağazası vardı. Mustafa amca aynı Yüksel ağabey gibi gerçek bir dadaştı; çevresinde sevilir, sözü sohbeti dinlenirdi. Büyük oğlu Mete ile Boğaziçi Üniversitesinde aynı dönemde okumuştuk. Küçük oğlu Cafer de babasının yolundan gidiyordu. Biz daha nişanlıyken babası bir yaz tatilinde Emine ile beni hem kendi köyü Üngüzek'e hem de hanımının köyü Ersis'e götürmüştü. Ersis, Artvin'in Yusufeli ilçesine bağlı Kılıçkaya Köyü'nün eski adıydı. Üngüzek'te kendi kız kardeşi ile dayısı Tüccar Mehmet vardı. Ersis'te de kayınvalidenin annesi, ablası ve erkek kardeşinin eşi ve çocukları vardı. Lojmana kabaca yerleşmiştik. Önce Üngüzek'e Tüccar Mehmet dayıya gittik. Mustafa amca da gelmişti. Mehmet dayı ne yapacağını şaşırdı hemen oğlu Yusuf'a bir koyun kestirip, bahçesinde bize cağ döner ziyafeti çekti. Çocuklar koştu, eğlendi, eşeğe bindi, derede suya girdi. Hafta sonu Mustafa amca ile önlü arkalı iki araba Ersis'e, Emine'nin kuzeni Süleyman'ın düğününe gittik. Üngüzek ile Ersis bir dağın iki yamacında birbirine oldukça yakın iki köy ama bu iki köyü bağlayan dağ yolu yılın çok az bir kısmında ulaşıma açıktı. Ersis'e, giderken Erzurum Artvin karayolunu kullandık, Tortum Şelalesi'nde mola vermiştik. Üngüzek'e dönerken de dağ yolundan indik, bu defa molayı Oşvank Kilisesi'nde vermiştik. Dağ yolu çok dar, dik ve toprak bir yoldu ama manzara çok güzeldi.

Döndüğümde Başkanlıkta bir hareketlilik göze çarpıyordu. Haftaya Daire Başkanı denetlemeye gelecekti. Şantiyeleri de yerinde gezecekmiş. İhsan Binbaşı Mareşal Çakmak Hastanesi İnşaatına odaklanmıştı. Selim Binbaşı söz verdiği gibi aynı gün projeleri onaylayıp, Celal'e vermiş,

Celal de projeyi bu arada kabule hazır hâle getirmişti. Pasinler Sinema Salonu fiilen de tamamlanmış olduğundan, süresi içinde gecikmeye mahal verilmeden bitirilmiş gibi kabul işlemleri de neticelendirilerek denetleme programından çıkarılacaktı. İhsan Binbaşının Sarıkamış Orduevi İnşaatı ile Dağ Taburu İnşaatına denetleme öncesi son kontrolleri yapmak üzere beni gönderdiler. Her iki inşaatın da yüklenicisi Tuncer Alpaslan'dı. Mimar Bülent Alpaslan, Tuncer Bey'in kardeşi idi. Orduevinin projesini kendisi çizmişti. Aynı zamanda *"Prodek"* adında bir taahhüt firması ve *"Yontu Sanat"* adında ahşap imalat atölyesi vardı. Her iki inşaatın da şantiye şefliğini ODTÜ mezunu İnşaat Mühendisi Behzat Uluer yapıyordu. Behzat başlangıçta Başkanlıkta yedek subaylığını yapmak üzere asteğmen olarak gelmiş, burada görevli olduğu esnada başkanın sekreterliğini yapan Ayten Hanım'la evlenmiş, teskere alınca da Bülent ve Tuncer Beyin bölgedeki inşaatlarında şantiye şefi olarak çalışmaya başlamıştı. Bir bel rahatsızlığı vardı, gittikçe kamburlaştığı söyleniyordu ama hem sözünün eri dürüst bir insan hem de iyi bir mühendisti. Birlikte önce Sarıkamış Orduevi şantiyesine gittik, binanın bölgeye uyumlu orijinal bir mimarisi vardı. Bülent Bey kendi memleketine özel bir eser kazandırma gayretiyle estetik kaygısını ön planda tutarak projeye çok emek vermişti. Binanın çatısında yer yer %87'ye varan eğimle ve mahyadan saçağa yekpare özel alaşımlı kenetli kaplama malzemesi ile çatının kar tutmasını engellemiş, fuayeye yerleştirdiği döner merdivenin kıvrımlarına uyumlu kavisler ile resepsiyon masalarını ahenkli hâle getirmişti. Binanın henüz ikinci kat beton tabliyesi atılmıştı. Zemin ve alt kat tabliyelerinde yer yer donatılar açıkta kalmış, bazı kolon kiriş birleşimlerinde boşluklar oluşmuş, perde betonların alt kısımlarında segregasyon meydana gelmişti. Şantiye alanına büyük bir hızar atölyesi kurulmuş, tomruklar yerinde biçilerek kereste hâline getirilmişti. Şantiyede bol miktarda ahşap kalıp kerestesi mevcuttu. Denetlemeye kadar betonarmedeki hataların giderilmesi mümkün değildi ama gizlenebilirdi. Hemen binanın girişlerini tekrar kalıba aldırıp, altına da kalıp iskelesi kurdurduk ve denetleme sabahı sulanması talimatını verdik. Dağ Taburu İnşaatı kapsamında 4 adet er pavyonu yapılmıştı. Binalar kabule hazır hâldeydi. Boya rötuşu yapılıyordu. Burada da yer karoları henüz kurumadan üzerinde boyacı ve elektrik ekipleri dolaştığı için zemin çok kötü bir hâl almıştı. Önünüze bakmadan yürümeniz hâlinde ayağınız takılıp düşebilirdiniz. Bu hatanın da bu kadar kısa zamanda telafisi mümkün değildi ama bu da gizlenebilirdi. Aşağıda Orduevi şantiye sahasındaki hızar atölyesinde bol miktarda talaş vardı. Yerlere bol miktarda talaş dökülmesi ve denetleme günü 3-5 boyacı ile rötuş yapılması talimatı verdik. Aynı günün akşamına Erzurum'a dönmüştük. Ertesi günü sabah ilk iş komutana çıktım. Masasında duranın bilgisayar değil de, ekranlı elektronik yazı makinesi olduğunu ve yazıcıların odasına indirilmesinin uygun olacağını söyledim. Daire Başkanının gelişi ile ilgili brifing hazırlayabileceğimi, bilgisayar odasındaki masaüstü bilgisayarı taşıyarak brifingi makamda verebileceğini, sunumun sonunda bilgisayar altyapımız için ödenek talebinde bulunmamızın iyi olabileceğini söyledim. Çok memnun oldu. Sarıkamış ziyareti denetlemenin ikinci gününe planlanmıştı. Biz akşamdan geldik. Sabah son kontrolleri yaptık ve öğleye doğru Daire Başkanı ile Bölge Başkanını şantiye girişinde karşıladık. İhsan Binbaşı yoldaydı ve yetişememişti. Ben kontrol şefiymiş gibi brifing verdim. Şantiye denetimi için binanın alt girişine yönelmişti ama adeta yağmur yağarcasına kalıplardan su damlıyordu. İçerde de kalıp iskelesi dolaşmaya izin vermeyecek sıklıktaydı. Daire Başkanı *"İçerde göreceğimiz bir şey yok herhâlde."* dedi. Tam geri dönerken Kocakaya Binbaşı *"Bu tabliye geçen yıl dökülmemiş miydi? Niye kalıpta?"* deyince Behzat serinkanlı bir şekilde *"Geçen yıl dökülen kısımlar iç tarafta kaldı, projede dilatasyonla ayrılmış birkaç blok var, bunlar daha dıştaki bloklar, betonu yeni döküldü."* dedi. Kocakaya Binbaşı ikna olmamıştı ama Daire Başkanı *"Şimdi ne yapıyoruz?"* deyince *"Programda Dağ Taburu var komutanım, yarım saatlik mesafede, uygun görürseniz öğleden önce oraya gidebiliriz."* dedim. Daire Başkanı ile gelen Vural Yüzbaşı *"Komutanım oradaki inşaat kabul aşamasında, heyet onayımızı bekliyorlar."* deyince *"Haydi gidelim o zaman, gecikmeyelim, öğle yemeğine Tümen Komutanını bekletmeyelim."* dedi. Brifing bile almadan doğrudan er pavyonlarını dolaşmaya başladık. Her binada birkaç kişi ellerinde boya fırçaları, kimi duvarda, kimi kapı kasalarında boya rötuşu yapıyordu. Yerdeki talaş dikkatini çekmişti. *"Bunu niye serdiniz?"* deyince *"Komutanım, özellikle yağlı boya lekeleri kimyasal kullanmadan çıkmıyor, kimyasal da karo mozaiğe zara veriyor."* dedim. Daire Başkanı Vural Yüzbaşıya dönüp *"Bunu not al da diğer bölgelere örnek uygulama olarak yazalım, bu arkadaşları da takdir edelim."* dedi. Kocakaya Binbaşı yutmamıştı, bir taraftan ayağı ile talaşları eşeliyor bir taraftan da Vural Yüzbaşı'ya "*Bak şu zeminin hâline, bunu gizlemişler.*" diyordu. Vural Yüzbaşı bir ara Kocakaya Binbaşı'yı kenara çekti "*Komutanım niye ayağına sıkıyorsun, bu hataları bize göstermeniz hataları da sorumluluğunuzu da ortadan kaldırmıyor, bunları böyle kamufle eden zihniyet düzeltmenin de bir yolunu bulur, olmadı zaten kabulde tespit edilir.*" dedi. Orhan ağabey ile Kocakaya Binbaşı aynı dönem aynı okul mezunuydular. Biri dürüstlük adına ayağına sıkıyordu, diğeri de bu tür kusurları gelinlik kızının namusuyla bir tutuyordu. Zaten birbirlerini de hiç sevmiyorlardı. Aslında Kocakaya Binbaşı da art niyetli biri değildi. Gerçekten çok dürüsttü, her söylediği doğruydu, tek hatası her doğruyu her yerde söylemesiydi. Teknik bilgisi yüksek donanımlı bir mühendisti. Bunun yanında çok yönlü ve entelektüel bir insandı. Çiçek merakı vardı, her çiçeğin orijinal adını ve bakımını bilir, elinden geldiğince de çok çeşitli çiçek yetiştirirdi. Resim merakı vardı. Profesyonel makinesi vardı, lojmanda küçük tuvaleti karanlık oda yapmış, resim tabediyordu. İyi bir müzisyendi, org çalardı, beste yapardı. Özellikle sanat müziğinde bilmediği makam yoktu. Son zamanlarda bilgisayara merak sarmıştı. Programcılıkla ilgisi yoktu ama bilgisayarda beste çalışmaları yapıyordu.

Daire Başkanlığından bir emir gelmişti. Başkanlık sorumluluğunda devam etmekte olan tüm projeler için bir yüzünde işin adı, proje numarası, ihale tarihi, ihale bedeli, iş bitim tarihi gibi tanıtım bilgilerinin yer aldığı bir tablo, diğer yüzünde de ihale kapsamındaki tesislerin gösterildiği vaziyet planı olacak şekilde A5 kâğıdında bilgi notu istemişlerdi. Her projenin yerleşim planı projelerin başlık kısmında yer alıyordu. Bu kısmın vaziyet planlarından bir tarayıcı ile taranıp resim hâlinde kaydedilerek A5 bilgi formuna aktarılması en pratik yol olarak görünüyordu. O dönemde Erzurum'da bu işin yapılabileceği bir internet kafe, ozalit ve kopya merkezi veya bilgisayar firması bulamamış, taradığı kimlik kartlarını küçülterek, PVC kaplayıp anahtarlık hâline getiren bir seyyar satıcıya gitmek durumunda kalmıştık. Cadde ortasında saatlerce ayakta bekleyerek tüm projelerin başlıklarındaki vaziyet planlarını taratmış, resim hâlinde diskete kaydetmiştik. Sadece Başkanlık değil, şehir de teknolojiden henüz nasibini alamamıştı.

Başkanlıkta tüm yapılanma sanki yönetmek için değil de yönetmemek üzerine kurulmuştu. İnşaat şubeye görevlendirilmiş 5 veri hazırlama ve kontrol işletmeni memur vardı. Hepsi bir odada kıdem sırasına göre oturuyorlardı. Zamanla aralarında hiyerarşi oluşmuştu. Kontrol şeflerinden veya şube müdüründen bir evrak geldiğinde kimin işlem yapacağı belli değildi. İnşaat işlerine ait proje ve yazışma dosyalarında aranan bir evrakı bulmak nerdeyse imkânsızdı. Kocakaya Binbaşı'yı bir düzenleme yapmaya ikna ettim. Şube müdürüne ve her kontrol şefine bir veri hazırlama ve kontrol işletmeni tayin ettik. Artık gelen evrakı birbirlerine paslayamıyorlardı. Kontrol şeflerinin de herhangi bir gecikme, hata veya karışıklık durumda kime hesap soracağı belli olmuştu.

Başkanlığın iş yükü İhsan Binbaşı ile Necmettin'in üstündeydi. Ben sadece Kocakaya Binbaşı'nın işlerini devralmıştım. Önceki dönemlerde yoğun olarak etüt, proje ve keşif faaliyeti yürütmüş olduğundan sorumluluğunda devam eden Pasinler ve Laleli'de iki küçük iş vardı. Pasinler

Sinema Salonu Onarımı işinin de kabulü yapılmıştı. Yılın ikinci yarısından itibaren Daire Başkanlığı ödeneklerin son çeyreğini göndermeye başlamıştı. Erzurum Bölgesine özellikle çatı onarımı, PVC değişimi ve kazan dairesi tadilatı için 20'nin üzerinde emanet iş gelmişti. Bu işlerin projelendirilmesi, dosyalarının hazırlanması, ihale işlemlerinin neticelendirilmesi ve bir an önce yer teslimlerinin yapılarak yıl sonuna kadar tamamlanması için zamanla yarışıyorduk. Kocakaya Binbaşı ile adeta şantiyeler ile Başkanlık arasında mekik dokuyor, çoğu zaman karşılaşamıyor ve birbirimize yapılacak işler listesi bırakıyorduk. İyi bir uyum yakalamıştık. Emanet işler davetiye usulü ihale ediliyordu ve Başkanlık davetiye listesindeki firmalar arasında ihale yapıyorduk. Bu sayede Başkanlık bünyesinde iş yapan irili ufaklı birçok firmayı da tanıma şansım olmuştu. Davetiye listesine eklenmek üzere yeni firma başvuruları da oluyordu. Uygun gördüklerimizi bir sonraki yıldan itibaren değerlendirmek üzere dosyalıyorduk. Bu arada Ağrı Diyadin'de termal tesis yapan ve seneye Palandöken'de termal su arayacak olan Doğan Jeotermal adlı bir firma da MSB teşkilatına girmek için tanıtım dosyası vermişti. Ben dosyaları hazırlayıp imzalaması için Kocakaya Binbaşı'nın masasına bırakıyor, ihalesi tamamlanan işin yer teslimine gidiyordum. Benim ihale işlemlerim olduğu günlerde de o yer teslimine gidiyor, o döndüğünde ben tamamlanan işlerin kabulüne gidiyordum. Fırsat buldukça da beraber gidiyorduk. Günler hızla akıp gidiyordu.

Sene sonunda Daire Başkanlığı ödenek toplantısına Başkan, Kocakaya Binbaşı, Muammer Binbaşı ve ben birlikte gidecektik. İlk kez uçağa binecektim. Güvenlik kontrolü için sırada bekliyorduk ama Muammer Binbaşı bir türlü metal dedektöründen geçememişti. Cebinden bozuk paralarını çıkardı, olmadı; kemerini çıkardı, olmadı; gözlüklerini çıkardı, olmadı; sigara paketini ve çakmağını çıkarıyordu ki belindeki silahı fark ettim. O kadar bütünleşmişti ki üzerinde silah olduğunun farkında bile değildi. Uç beyi Doğubayazıt'taki karargâhından çıkar bir hafta Tendürek Dağı eteklerindeki karakolları, diğer hafta da Ağrı Dağı eteklerindeki karakolları ve bölük merkezleri inşaatlarını denetlerdi. Bu denetimlerde yüklenicinin tahsis ettiği sivil aracı kullanır, tabancasını kuşanarak, otomatik silahlarını arka koltuğa uzatarak, el bombalarını ön koltuğa dizerek kendi güvenliğini sağlamaya çalışırdı. Aslında terör ve terörle mücadele eğitimi olmadığı gibi emniyet için yanına aldığı silah ve teçhizatın kullanımı konusunda da yetkin değildi. Yıllardır bu şekilde görev yaptığı için artık bu türden silah ve mühimmat adeta onun ayrılmaz bir parçası olmuştu. Üzerinde tabanca olmasını değil de olmamasını yadırgıyordu. Toplantıya girdiğimizde *"Daire Başkanı Muammer Binbaşı'ya dönerek, Uç Bey'imiz hoş geldin, sen boş gezmezsin, üzerinde silah veya patlayıcı olmadığına eminsin değil mi?"* diye espri yaparak *"Geçen bölgeyi denetlemeye gittiğimizde Tugay Komutanının verdiği yemekte tuza uzanırken göğüs cebinden el bombasını masaya düşürdü de."* deyince herkesin yüzünde bir gülümseme belirdi.

Fahrünnisa Tatbikat İlkokulunda birinci sınıfa, Ömer de ana sınıfına başlamıştı. Kocakaya Binbaşı'nın kızı Dilek de aynı okula gidiyordu. İhsan Binbaşı'nın kızı Begüm ise üniversitenin içindeki ilkokula başlamıştı. Tatbikat İlkokulu Hastaneler Caddesi ile Org. Selahattin Demircioğlu Caddesi'nin kesiştiği noktada, aslında lojmanlara yürüme mesafesindeydi. Çocuklar okullarına yazın yürüyerek gidiyorlardı ama kışın özellikle yollar kar ve buzla kaplı olduğunda Kolordunun kapalı kamyonu ile gidiyorlardı. Kışın hafta sonları çocuklarla Laleli'ye kayak tesislerine gider, kar pikniği yapardık. Zaman zaman da hanımın halasını ziyarete giderdik.

Erzurum'da inşaat sezonu çok kısaydı. Ekim ayından itibaren harçlı imalatlara ara verilir, şantiyeler en erken Nisan ayının sonunda açılırdı. Yılın yarısından fazlası masa başında geçerdi. Balıkesir'in aksine Erzurum her yere uzaktı, yol üzerinde de değildi ve neredeyse hiç gelen gidenimiz olmazdı. Kış şartları gerçekten çok ağırdı. Halk arasında ilk kar 29 Ekim'de beklenir yağmazsa 10 Kasım'da kesin yağacak gözüyle bakılırdı. Kar yağışı Palandökenden takip edilir, "*İki dağa bir bağa.*" denirdi. Şehre bir kez kar düştü mü hareket imkânı kısıtlanır, hayat yavaşlardı. Başkanlık binasının hemen arkasındaki askerî kantinden veya en yakın marketten haftalık alış verişimizi yaptığımızda bile üzerimizden büyük bir yük kalkar, sorumluluğumuzu yerine getirmiş olmanın dayanılmaz hafifliğini duyar, mutlu olurduk. Başkanlık ile lojmanlar arasındaki daracık Lojmanlar Sokağı'nı geçip de öğle yemeğine gitmek istemezdim. Özellikle öğleye doğru çıkan güneş buz tutan yolun yüzeyini adeta cilalardı ve karşıdan karşıya geçerken her defasında şapka bir tarafa ben başka bir tarafa giderdim. Sabah akşam lojmandan işe gelip giderken Murat ve Hilal pencereden bana bakar hele bir de düşmüşsem gülmekten yerlere yatarlardı. Ömer okuldan dönerken lojman girişinde kar yığınlarının üzerine atlar denizdeymişçesine kulaç atarak eve gelirdi. Daha kışın başında arabamız karla kaplanır, nisan ayının sonunda Belediye, Lojmanlar Sokağı'nın buzunu kırıcılarla parçalayıp kamyona yükleyene kadar da yerinden kımıldamazdı. Kışla birlikte Erzurum'da dingin bir yaşantımız olurdu. Bu karla kaplı uzun kış günlerinde ve gecelerinde kendimize bir uğraş bulmamız gerekiyordu. Yıl sonunda Başkanlığa gelen ödenekle onlarca bilgisayar ve birkaç da yazıcı almıştık. Bu süre içinde bir taraftan personele eğitim veriyor bir taraftan da Windows tabanlı yeni bir dil üzerinde çalışıyordum. Başta personel çok zorlanmıştı. Fareyi hareket ettirirken masanın üstü dar gelen ve ekranda istediği yere getiremeyeni mi ararsın, CD sürücüyü kahve tutamağı olarak kullanmaya çalışırken kıranı mı ararsın. Neyse ki zamanımız da vardı Allah'a şükür sabrımız da. Ben de bu arada *"Delphi"* çalışmaya başlamıştım. İlk kez nesnel tabanlı bir dil ile tanışıyordum. *"Clipper"*dan sonra çok kolay ve eğlenceli gelmişti. Önce *"Clipper"* ile derlemiş olduğum Adres-Etiket ve Stok-Muhasebe programını *"Delphi"*ye aktarmaya başlamıştım. Bilgisayar başında geçirdiğim bu uzun kış gecelerinde hanım da yanımda oturur, çayımız bittikçe doldururdu. O dönemlerde hanım çayına, kaşığın ucuyla çok az şeker atardı. Çayları tazelerken bardakları karıştırdığı da olurdu ama ben bu şekerli tadın hemen farkına varırdım. Hanım ne kadar dikkat ederse etsin bir şekilde bardakları karıştırmayı engellemeyeceğini anlayınca şekeri bırakmıştı. O zamandan beri artık bardakları karıştırsa da bunun ne ben farkında oluyorum ne de o karıştıracağım endişesi duyuyor. Başkanlığın bilgisayar kurulumları sırasında Levent ile tanıştık. Levent, hem bilgisayar ve bilgisayar sarf malzemesi pazarlıyordu hem de yazılımla ilgiliydi. Oltu Devlet Hastanesinin bilgisayar altyapısını almıştı. Kablolama ve ana makine ve terminal kurulumları yapıyordu. Başhekim kendisinden hastane otomasyon programı istemiş, bir iki alternatif götürmüş ama personel kullanamamış. Daha doğrusu eş dost kayırmaya alışan personel yazılımla elindeki bu inisiyatifi kaybetmek istemediğinden her programa bir bahane buluyor ve kendi kullanımlarına uygun olmadığını ileri sürerek bu değişime direnç gösteriyormuş. Başhekim de personelin elinden bu bahaneyi almak için onların istekleri doğrultusunda bir yazılım yaptırmak istediğini söyleyince, Levent birlikte yazalım teklifinde bulundu. Bilmediğim bir alanda yazılım yapmak çok mantıklı değildi ama Levent gün içinde hastanede personelle birlikte olacak işleyişi öğrenecek bana da aktaracaktı. Bazı modülleri ben, bazılarını da o yazacaktı. Hasta kayıt, poliklinik, röntgen, yatan hasta, eczane, personel, maaş, nöbet derken program elle tutulur ve hastanede kısmen test edilir hâle gelmişti. Zamanla buradaki tecrübeyle ve referansla Levent diğer ilçelerdeki devlet hastanelerine de kurulum yapmaya başlamıştı. Farklı talepler de geliyordu. Erzurum Müzesi için bir adet sanal müze programı yapmış, müzedeki eserlerin resim ve video kayıtlarına program üzerinden ulaşım imkânı vermiştik. Kocakaya Binbaşı da bu arada epey beste yapmıştı.

Bölge Başkanları ve şube müdürleri katılımıyla Daire Başkanlığında yıl sonu toplantısı yapılacaktı. İhsan Binbaşı izinde olduğu için başkanlık ve şube müdürlüğü için vekâleten görevlendirme yapılacaktı. Ben henüz yeni gelmiştim, bölgeye de personele de yabancıydım, işlere hâkim değildim. Necmettin'e bırakılması isabetli olur demiştim ama Kocakaya Binbaşı *"Çayda dem, asker de kıdem."* deyip, Kuvvet Komutanlığından kıdem sıra sicil durumumuzu sormuş ve benim daha kıdemli olduğumu öğrenince, Başkanlık vekâletini bana, şube müdürlüğünü de Necmettin'e bıraktırmıştı. Necmettin ile lojmana yerleştiğimden beri eski samimiyetimiz kalmamıştı. Niyeyse her geçen gün daha bir soğuk davranır olmuştu. Ben denetlemede çok ön plana çıkmıştım. Daire Başkanı denetleme sonrası bana takdir yazmıştı. Başkanlığın teknolojik ve bilgisayar alt yapısını değiştirmiştim. Kocakaya Binbaşı ile çok iyi uyum sağlamıştık. Geldim geleli 20'ye yakın emanet iş ihale etmiştim. Başkanlıkla iş yapan tüm taşeron firmalar iş takibi için bana geliyordu. Komutan, Daire Başkanlığı toplantısına beni de götürmüştü. Benden bir yıl kıdemli olmasına rağmen ben yüksek lisansla onun önüne geçmiştim. Başkan, şube müdürü, İhsan Binbaşı ve personel ile kısa sürede kaynaşmıştık. Yüksel ağabeyin dediğine göre benim dört çocuğum olduğunu duyduğunda devreleri yakmıştı. Zira kendi çocuğu olmuyor diye eskiden beri bir aşağılık kompleksi varmış. *"Biraz yavaş Yüzbaşım adamı hırsından çatlatacaksın. Hadi diğerleri neyse de bu adam 4 çocuğu nasıl yapsın. Dikkat et bu adam bir açığını yakalarsa veya bir fırsatını bulursa sana ya da ailene bir zarar verir."* demişti.

Daire Başkanlığınca Ankara ve Diyarbakır Bölge Başkanlıklarından mühendis subaylarla birlikte Nahçivan'a etüt, proje ve keşif faaliyetine görevlendirilmiştik. Heyette bulunan Yüzbaşı Haluk Göğüş benden bir yıl daha kıdemli olmasına rağmen heyet başkanlığı bana tevdi edilmişti. Belirtilen tarihte Iğdır Hudut Alayında hazır olacaktık. Bir ekip bizi Aralık Hasret Sınır Karakolu'ndan pasaportsuz olarak geçirecekti. Sorumluluk bölgesi çok geniş olmasına rağmen Başkanlık envanterinde bu bölgede kontrol faaliyeti icra edecek askerî araç yoktu. Sözleşmelere konan hükümlerle ulaşım yüklenici firmaların sorumluluğuna verilmişti. Erzurum'da müteahhitler bu işi prestij meselesi hâline getirmişti. Firmalar birbirleriyle yarış hâlinde son model araçların her gün temizliğini ve ikmalini yapar otoparka bırakırlardı. Personelin çoğu bu araçları kendisi kullanır, çok azı şoför talebinde bulunurdu. Zamanla adeta bazı araçlar bazı personele tahsisli gibi olmuştu. Örneğin Başkan her zaman Cemal Bey'in Jeep'ini kullanırdı. Necmettin kendisi araç kullanmazdı. Genelde benim bulunduğum araçta şoför ben olurdum. Tuncer Alpaslan'ın karmen kırmızısı Renault 21 Concorde'u ile Doğubayazıt'a gittim. Aracı burada bırakacaktım. Muammer Binbaşı beni, kendine tahsisli araçla Iğdır Hudut Alayına bırakacaktı. Doğubayazıt'tan akşama doğru çıkabilmiştik, hava kararmaya yüz tutmuştu. Keskin bir virajı döner dönmez ilerde yan yana park hâlindeki iki tırın yolun geliş ve gidiş istikametini trafiğe kapattığını gördük. Muammer Binbaşı her zamanki gibi kamuflajlı ve temkinliydi. Hemen silahını çekip, mermiyi ağzına verdi kabzası yukarı bakacak şekilde bacaklarının arasına sıkıştırdı. Göğüs cebinden bir el bombası çıkarıp bana uzattı. Bir taraftan da camı açıyordu. *"Galiba yolu kesmişler, ben sağ banketten kaçmaya çalışacağım, sen el bombasının pimini çek hazır bekle, at deyince at. Başaramazsak ben devletin subayını bunlara oyuncak etmem, önce seni sonra kendimi vururum. Hakkını helal et.”* dedi. Yaklaştıkça koyunları fark etmiştim. *“Ağabey bunlar yolun iki tarafından da koyun yüklüyor, sakın bankete dalma!”* diye bağırdım. Ani bir frenle nerdeyse cama yapışacaktık. Zaten o hızla bankete dalsak araç hâkimiyetimiz kalmaz takla atardık. Çobanlar da bizi fark etmiş olmalı ki bir taraftan bize yavaş işareti yapıyor bir taraftan da koyunları banketin gerisinde tutmaya çalışıyorlardı. Tır ile banketin arasından yavaşça geçtik, Muammer Binbaşı çok sakin görünüyordu ama ben çok korkmuştum. Bir ara *“Gerçekten vurur muydu acaba?”* diye aklımdan geçti ama sormaya cesaret edemedim. O akşam Iğdır Hudut Alayında misafir olduk. Sabah Alay Komutanı Albay Ümit Dündar ile görüştük. Heyetin diğer üyeleri de toplanmıştı. Kahvaltıyı müteakip öğleye doğru orada görevli Ali Yüzbaşı ve Emrullah Yüzbaşı bir Land Rover ile bizleri Hasret Sınır Kapısı'ndan Nahçivan'a geçirdi. Sadece Türk subaylarına tahsisli orduevi gibi bir yere yerleştik. Akşam yemeğinde oradaki birliğimizin Komutanı Abdullah Albay ile tanıştık. Ertesi günü Emrullah Yüzbaşı rehberliğinde tüm askerî birlikleri dolaşıp, ihtiyaçları tespit etmeye başladık. Doğubayazıt'tan bir kamera almıştım. Mümkün mertebe girdiğimiz her birliği kameraya kaydediyordum. Durum perişandı. Kazan dairelerinde brülör diye bir şey yoktu. Bir boru ile gelen yakıt alttan bir başka borudan gelen havayla kazanın içine üfleniyordu. Banyo diye gösterilen yer dört duvardan ibaret koskocaman bomboş bir odaydı. Duvarda çepeçevre dolaşan bir boruya çivi ile delikler açılmıştı. Oradan akan suyun altında herkes anadan üryan bir arada banyo yapıyordu. Tuvalet dedikleri geniş bir alana 4 sıra kerpiç dönmüşler içine kum doldurmuşlardı. Herkes orada hacet giderip, kedi gibi pisliğini örtüyordu. Ara sıra oradaki kumu değiştiriyorlarmış. Büyükçe iki taşın üstüne buhar tenceresini koymuşlar altına da iki odun sokup ateşlemişlerdi. Birliğin birinde keşif yaptığımız esnada Abdullah Albay'a tadım yapmak üzere yemek numunesi getirdiler. Kuru fasulye yemeğine benziyordu ama içinde beyaz beyaz yüzen adacıklar vardı. Ali Yüzbaşı levazım subayıydı. Abdullah Albay sorunca, o günkü yemek listesini istedi. Fasulye pilaki görünüyordu ama kuru fasulye yemeğinin içine yumurta kırmışlardı. Önceleri yemekler Iğdır Hudut Alayında Türk aşçılar tarafından pişiriliyormuş. Sonra Hudut Alay mutfağında aşçılara kurs verilmiş. Hafta başından beri kuru erzak veriliyor ve kendi mutfaklarında pişirmeleri isteniyormuş. Her yemeğin tarifi de yazılı olarak verilmiş olmasına rağmen bazen bu tür gariplikler olabiliyormuş. Ülke genelinde soğuk hava depoları olmadığı için kavurma hâlinde verilen et çok maliyetli oluyormuş. Hastanelerde hijyen koşulları fecaat durumdaydı. Ameliyathanelerde tavana bağlanmış yapışkanlı bantlarla sineklerden korunmaya çalışıyorlardı. Mevcut durumu raporlamak, ihtiyaçları belirlemek, maliyetleri hesaplamak ve önceliklendirmek bir haftamızı almıştı. Dönüşte raporumuzu MSB Müsteşarına arz etmek üzere Ankara'ya gitmiştik. Akşam Sıhhiye Orduevi'ndeydik, sabah saat 10.00'da komutana arzımız vardı ancak o gece Gölcük merkezli çok büyük deprem oldu. Deprem tüm Marmara Bölgesi'nde, Ankara'dan İzmir'e kadar geniş bir alanda hissedilmişti. Sıhhiye Orduevi beşik gibi sallanmıştı. Resmî raporlara göre 17 bin 480 ölüm, 23 bin 781 yaralanma olmuş, 505 kişi sakat kalmış, 285 bin 211 ev, 42 bin 902 iş yeri hasar görmüştü. Bir yıl sonra yayımlanan Meclis araştırması raporuna göre 18 bin 373 kişi ölmüş, 48 bin 901 kişi de yaralanmıştı. Depremin etkileri daha sonra ortaya çıkmıştı. Yaklaşık 16 milyon insan, depremden değişik düzeylerde etkilenmişti. Bu nedenle Türkiye'nin yakın tarihini derinden etkileyen en önemli olaylardan biri olarak kabul edilmişti. Deprem gerek büyüklük, gerek etkilediği alanın genişliği, gerek de sebep olduğu maddi kayıplar açısından son yüzyılın en büyük depremlerinden biriydi. Depremin Türkiye'nin önemli bir sanayi bölgesi olan Marmara Bölgesi'nde meydana gelmiş ve çok geniş bir coğrafyayı etkilemiş olması, ülkede ileride büyük sıkıntılara neden olmuştu. Tabii ki o günün sabahında olayın vahametini kavrayamadık ve planlı arz için MSB'ye gittik. Müsteşar ve üst düzey komutanlar bölgedeki askerî birliklerin durumunu değerlendirmeye çalışıyorlardı. Daire Başkanına 10 dakikalık bir özetin ardından raporumuzu İnşaat Grup Başkanına bırakarak görev bölgelerimize dönmemiz emredilmişti. Daire Başkanı, emir astsubayına bize uçak bileti temin etme görevi vermişti. Emir astsubayının odasında beklerken, çalan telefona bakan komutan postası *"Mustafa Yüzbaşım telefon size."* dedi. Telefondaki ses *"Doğan Jeotermalden Mehmet Ali Doğan Bey sizinle görüşmek istiyor."* deyince şaşırdım. Erzurum'da iken bir firma yetkilisi tanıtım dosyası getirmişti, bu görüşmemizde bu tarihlerde Ankara'da olacağımı konuşmuştuk. Zamanım olursa beni firma sahibiyle tanıştırmak istediğini söylemişti ama Mehmet Ali Bey ile tanışmamıştık.

Mehmet Ali Bey, Ankara'da olduğumu biliyor ve benimle görüşmek için uygun zamanımı bekliyordu. Deprem olunca da yardıma ihtiyacım olabileceğini düşünerek irtibat kurmuştu. Türk Hava Yollarında çalışan bir tanıdığı vasıtasıyla dönüş bileti temin edebileceğini söylüyordu. Ben de Daire Başkanının emrinin de bu doğrultuda olduğunu, bizim de Erzurum ve Diyarbakır'a bilet temin etmeye çalıştığımızı söyledim. Böylece Mehmet Ali Bey sayesinde o gün Erzurum'a dönmüştüm. Çocuklar ve hanım epey endişelenmişti. Kolordu Komutanının emriyle istihkâm şube, garnizondaki tesislerin gözle kontrolüne başlamıştı. Neticede sadece iki lojman binasının bodrum kat kolon ve kirişlerinde gözle görülür hasar tespit edilmişti. Biri benim oturduğum Aksalur apartmanı diğeri de bitişiğindeki Necmettin'in oturduğu bloktu. Garnizondaki diğer binalarda herhangi bir hasar yoktu. Aslında bu bloklardaki hasar da deprem kaynaklı değildi. Yıllardır ihmal edilen su kaçağı binaların temellerini oynatmıştı. Lojman dağıtımı aşamasında kimse talip olmasın diye bu iki bloğun üzerine fay hattı çizildiği günden beri bu iki bloğun ilk depremde hasar göreceği yönünde personel arasında zaten bir şehir efsanesi dolaşıyordu. Her iki lojmanın sakinleri de Necmettin ile benim gözümün içine bakıyordu. Birimiz lojmanı boşaltsak tüm blok boşalacaktı. Bizden cesaret alarak oturmaya devam ediyorlardı ama endişelenmiyor da değillerdi. Ertesi yıl her iki bloğun etrafını da tretuvarları boyunca temel alt seviyesine kadar dışardan çepeçevre kazmış, su drenaj hattı döşemiş, dışardan su yalıtımı yapmış, pis su giderlerini yenilemiş ve bodrum kat kiriş kolonlarına çelik lama ile güçlendirme yapmıştık.

O yılki atamalarla Kocakaya Binbaşı, İhsan Binbaşı ve Muammer Binbaşı ayrılmış, İstanbul'dan Dr. Mühendis Yarbay Nedim Özdemir, Ankara'dan Makine Mühendisi Üsteğmen Öznur Yiğit ve yedek subaylıktan teskere bırakan İnşaat Mühendisi Teğmen Cenk Soysal katılış yapmıştı. Doğubayazıt Kontrol Şefliğinde Muammer Binbaşı sınır karakolları ve bölük merkezlerinin inşaatlarını, İhsan Binbaşı da Mareşal Çakmak Hastanesi ve Sarıkamış Orduevi inşaatlarını yürütüyordu. Onların tayin olmasıyla birlikte onlardan kalan iş yükünün tekrar dağıtılması gerekiyordu. Nedim Yarbay, Necmettin ile aramızda anlaşarak bu yükü paylaşmamızı istiyordu. Ben de Necmettin seçimini yapsın kalanları ben alırım diyordum. Nedim Yarbay, *"Necmettin zaten Artvin ve Ardahan Bölgesi'nde karakol inşaatı denetimi yapıyor, çoluk çocuğu da yok dış göreve daha rahat gider, o Muammer Binbaşı'dan karakolları alsın, sen de İhsan Binbaşı'dan kalan orduevi ve hastane inşaatını al."* diyordu. Necmettin bir türlü karar veremiyordu. Bir gün İhsan Binbaşı'dan kalanlara sahip çıkıyor, ertesi günü Muammer Binbaşı'dan kalanlara. Bir gün hepsini alıyor, bir gün hepsinden vaz geçiyordu. Ben her duruma uyuyordum. Nedim Yarbay 1'nci Ordu İstihkâm Başkanlığında çalışırken, Necmettin de İstanbul İnşaat Emlak Başkanlığında görevliymiş ve birlikte teşriki mesaileri olmuş. Nedim Yarbay da geçmişin hatırına onu rencide etmek istemiyor bana baskı yapıyordu. Neyse sonunda Nedim Yarbay'ın da uygun gördüğü gibi Necmettin karakollara, ben de orduevi ve hastaneye görevlendirilmiştim.

TSK Eğitim Vakfı, öğrenci yurdu yapmak üzere Erzurum'da inşaat hâlinde bir oteli satın almak istiyordu. Vakıf yönetim kurulu üyeleri arasında tüm MSB Daire Başkanları gibi İnşaat Emlak Dairesi Başkanı ve Müsteşar da vardı. Emlak şube marifetiyle otel olarak inşaatına başlanan bir bina satın alınmıştı ancak binanın eksiklerinin tamamlanması, kız ve erkek öğrencilerinin kullanımına uygun yurt binasına dönüştürülmesi için gerekli tadilat ve inşaat ihtiyaçlarının keşiflendirilmesi, ihale edilmesi ve yapım sürecinin kontrolü için MSB beni yetkilendirmişti. Davetiye usulü yapılacak ihaleye Doğan Jeotermal Firması'nı da çağırmıştık. Mehmet Ali Bey işin MSB'nin üst kademesi tarafından yakından takip edildiğini ve açılışa tam kadro gelme ihtimalini öğrenince, ihaleyi ne pahasına olursa olsun almak istiyordu. Yurt Müdürlüğüne eski Trabzon Jandarma Alay Komutanı emekli bir albay atanmıştı. Vakıf yetkilileri yurtta görevlendirmek üzere personel alımı da yapmıştı. Yurt müdürü emekli albayımın başkanlığında, benim teknik üyesi olduğum yurt personelinden oluşan ihale heyeti marifetiyle yapım ihalesi gerçekleşmiş ve en yakın teklifin yarısına % 65 tenzilatla ihaleyi Doğan Jeotermal Firması almıştı.

Öznur Ankara İnşaat Emlak Başkanlığında Kargıoğlu ile birlikte çalışmıştı. Kargıoğlu arayıp bana emanet etmiş, göz kulak olmamı istemişti. Öznur'u hem hastane hem de orduevi inşaatının makine kontrol mühendisi olarak görevlendirmiştik ve birlikte çalışıyorduk. Askerî Hastanede doktor olan eşi Taner Yüzbaşı ile de tanışmıştık. Necmettin, Nedim Yarbay'dan mı cesaret alıyordu, Başkandan mı bilemiyorum ama son zamanlarda hepten gemi azıya almıştı. Mahiyetindeki personele hem küfrediy-

or hem de aşağılıyordu. Kontrol mühendisi sivil evli bir bayan vardı, bir defasında birlikte göreve gittiklerinde ona da ağza alınmayacak kelimelerle hakaret etmiş ve eşi bu konuda komutana şikâyete gelmişti. Toplantı ve yemeklerde rütbe sırasına göre hazırlanan oturma düzeninde Öznur ile mecburen yan yana oturmak durumunda kalsalar da Öznur sürekli küfrettiğinden şikâyet eder ve yemek esnasında bir fırsatını bulup benim yanıma kaçardı.

O sene Trabzon Hasan Paşa Kışlası Onarımı kapsamında tarihi bina orduevine çevriliyordu. Avni Aker Stadı'na hâkim bir tepenin eteklerine yapılmıştı tarihi bina. Kotlu araziye U şeklinde inşa edilmiş olan bina, yamaçtan inen suyun önünde adeta bir baraj gövdesi gibi set oluşturmuştu. U'nun iç kısmına gelen yüzey suları köşelerde sarnıçlara toplanmış daha sonra binanın ön tarafına kilden yapılmış künklerle aktarılmıştı. Yapının bodrum kat yüksekliği 2 metre idi. Zamanında atların bağlanacağı ahır şeklinde inşa edilmişti. Proje kapsamında bodrum zemini 1,5 metre aşağıya indirilecek ve bodrum kat yeni hâliyle mutfak ve çamaşırhane olarak dizayn edilecekti. Kazı sırasında kil künkler kırılmış, ağızları da sıvanmıştı. Sarnıçta biriken sular basıncın da etkisiyle bodrum kat duvarlarından fışkırıyordu. Bodrum kat döşemesi yalıtım yapılmadığından alttan kaynıyor, usulüne uygun onarılmayan çatı da akıtıyordu. Tugay Komutanı koridorda biriken suya şişme bot indirmiş, askerler kürek çekerken resim çekip Daire Başkanlığına göndermişti. Haksız sayılmazdı, Başkanlığın müdahalesiyle bina tabandan, tavandan ve duvardan su almaya başlamıştı. Daire Başkanlığı da sorunu yerinde görüp, çözüm üretmek üzere beni görevlendirmişti. U'nun iç tarafından derin drenaj yaparak su binaya ulaşmadan kanallarla binanın çevresinden ön taraftaki yağmur suyu drenajına aktarılmıştı.

Sarıkamış Orduevi İnşaatının kontrol şefliğine resmen görevlendirilmemi müteakip konunun vahametini kavramam çok zaman almadı. TSK'nın üst kademesi konuyu çok yakından takip ediyordu. Sarıkamış kış tatbikatlarında Genelkurmay Başkanı ve Kuvvet Komutanlarının yanında onlarca üst rütbeli general burada konaklayacaktı. Genelkurmay Başkanı için general bloğunda müstakil bir kat ayrılmıştı. Birçok imalat kalemi için özel analizler hazırlanmıştı. İthal sert ağaç *"Sapelli"* keresteden kapı-pencere doğramaları, saçak altı kaplama ve yatak başı gibi pek çok farklı imalat kalemi projelendirilmişti. Konu Sayıştay sorgusuna intikal etmiş, yaptığımız savunmaya Sayıştay Savcısı itiraz etmişti. Bahse konu analizler bünyesine her ebatta biçilmiş ithal kereste için sert ağaç doğrama atölyesi dâhil edilmesi mükerrer ödeme olarak addediliyordu. Sayıştay temyiz incelemesinde duruşma açılması ve katılım talebimiz kabul edilmişti. Kocakaya Binbaşı ile Sayıştay Başkanlığında duruşmaya katıldık. Onlarca hâkimin önünde savcıya karşı müdafaa yapacaktık. Kocakaya Binbaşı uzun uzun MSB'nin birim fiyat analiz düzenleme yetkisinden bahsetti. Başkan bana söz hakkı verdiğinde *"Sayın Başkan, benim ilkokula giden bir çocuğum var, öğretmen altıgeni anlatmak için çocuklardan çıtalı uçurtma yapmasını istemiş. İnternetten baktığımız kadarıyla, 3 adet çıta, ip, kâğıt ve tutkal gerekiyordu. Marangozdan uçurtma yapmaya uygun çıta aldım, çıtaları üst üste koyup birbirine iple bağladım, kâğıda sardım ama hiç uçurtma gibi olmadı. Bir arkadaşım görünce elimden aldı, çıtaların ortasını cetvelle işaretledi, kenarlarına çentik açtı, ortasından çiviyle tutturdu, kenarlarındaki çentiklerden doladığı iple çıtaları altıgen şeklinde çattı, kâğıtla kapladı, kuyruğunu da takınca uçurtma uçtu. Ben kendi kendime hani marangoz uçurtma yapmaya uygun çıta verecekti. Oysa çıtalara daha bir sürü işlem yapılması gerekiyormuş. Bilmem anlatabildim mi, ilave bir işlem yapmadan bir uçurtma bile yapılamıyor? Atölyede işlenmeden sadece istenilen ebatta kesilmiş keresteyle nasıl kapı pencere, yatak başı yapılır ki? Seren hâlindeki bu taslaklar, özel bilgisayarlı fırınlarda çatlatmadan kurutulacak, zımparalanacak, lamba zıvanaları açılacak. Bu doğramaya, cam, kilit, vasistas, ispanyolet, menteşe, kulp takılacak."* deyince Başkan gülümseyerek *"Teşekkür ederim biz konuyu anladık."* dedi. Savcıya doğru baktı. Savcı da *"Bir sorum yok Başkanım."* deyince çıkabilirsiniz dedi. Savunmamız yeterli görülmüştü.

Müteahhit firma işin sonuna doğru maddi krize girmişti. Zaten işin sonunda da iflas etmişti. Bu durum kontrol teşkilatının görevlerini bir kat daha arttırmıştı. Müteahhit işin devamı için gereken nakit akışını sağlayabilmek için her türlü kaynağı kullanmış, bankaların yanında malzeme satışı yapan pek çok firmaya borçlanmış hatta tefecilerden bile faizle para almıştı. Bunları vadesinde ödeyememesi neticesinde ilgili Saymanlık Müdürlüğüne gelen icra takiplerinden dolayı iş, yapılamayacak boyutlara gelmişti. Bu durumda alacaklı avukatlarıyla Başkanlık personelinin de aracılığıyla çeşitli anlaşma zeminleri aranmış ve işin feshedilmeden bitirilmesi için ciddi gayretler sarf edilerek bu uzun görüşmelerde harcanan mesailerle işin devamı sağlanabilmişti. Sarıkamış Orduevi, Tümen Komutanı tarafından günlük, Kolordu Komutanı tarafından haftalık ve hatta Ordu Komutanı tarafından 15 günlük periyotlarla ziyaret edilmiş ve nihayetinde Kuvvet Komutanı tarafından incelenmeyi müteakip, bizzat Genelkurmay Başkanı tarafından hizmete açılmıştı. Bu hazırlık dönemlerinde inşaatın dışında tefriş ve işletme ihtiyaçlarının tespiti için başta İstihkâm Dairesi olmak üzere defalarca Kuvvetin Daire Başkanları tarafından yerinde ihtiyaç tespiti yapılmıştı. Bölge Başkanlığı adına kontrol şefi olarak gelen heyetleri ve komutanlarımızı şantiyede karşılamış, incelemelerine nezaret etmiş ve bilgi arzı yapmıştım. Özellikle Genelkurmay Başkanı katındaki her bir imalat kalemi Tümen Komutanı ve Ordu Komutanı tarafından yakından takip ediliyor, her gecikme ve gelişmeden haberdar edilmek istiyorlardı. Kritik imalat kalemleri ile ilgili yüklenicinin beyanlarına itibar edilmiyor, her biri tarafımızdan teyit ediliyordu. Bir defasında yüklenici, Genelkurmay Başkanının Ankara'dan yola çıkan jakuzisini getiren kamyonun ağır kış koşulları nedeniyle mazotu donduğu için yolda kaldığını beyan ediyordu. Ordu Komutanının emriyle kaldırılan helikopter ile beyanın doğruluğunu teyit için yol boyu kamyon aramıştık.

Mareşal Çakmak Hastanesi de Sarıkamış Orduevi gibi 2886 sayılı Devlet ihale Kanununa göre avam projeyle ihale edilmişti. İşin devamı sırasında onlarca kez proje revizesine ihtiyaç duyulmuş hatta Mareşal Çakmak Hastanesinin son bir yılında tüm klinik şefleriyle her hafta cuma günleri koordine toplantıları yapılmış ve kullanıcı birlik personelinin önerileri ve değişiklik talepleriyle hastanenin fonksiyonel hâle getirilmesi sağlanmıştı. Zira önümüzde şöyle bir acı tecrübe vardı. Erzurum'a daha önce de bir askerî hastane yapılmıştı. Ankara GATA'nın uzantısı olacak şekilde özellikle, terörle mücadelede ağır yaralananlara zaman kaybetmeksizin müdahale edilebilecek tam teşekküllü bir hastane inşa edilmişti. Ancak GATA'dan atama gören uzman doktor ve profesörler istifa ederek tayin yerlerine katılmadığı için başhekimlik bu kapasitede bir hastaneyi idame ettirememişti. Sonunda hastane Erzurum Üniversitesine devredilmiş ve devir karşılığı alınan paranın üstüne iki katı kadar daha ödenek ilave edilerek o hastanenin ancak üçte biri büyüklüğünde şimdiki Mareşal Çakmak Hastanesi inşa edilebiliyordu. Bu yüzden koordine toplantılarına çok önem veriliyordu. Yapılan her toplantı sonunda değişiklikler revize projelere aktarılmış ve onaylanan değişiklikler ve yeni fiyat analizleri için defalarca mukayeseli keşif tanzim edilmek zorunda kalınmıştı. Son zamanlarda hastanenin tamamlanmayı müteakip hizmete açılabilmesi için tefriş ve işletme ihtiyaçlarının tespiti gündemin birinci maddesi hâline gelmişti. Bazen Levazım Dairesinden, bazen MEBS Dairesinden, bazen de Sağlık Komutanlığından heyetler geliyordu. Başta İstihkâm Dairesi olmak üzere Kuvvetin Daire Başkanları ile yerinde yine böyle bir ihtiyaç tespiti yapılacaktı. Daire Başkanı son anda arayıp haber vermişti. Komutanlar Erzincan'a inecekler, orada karşılamayı müteakip önce Erzurum'a gidilecek ardından da Sarıkamış'a geçilecekti. Hem Erzurum Mareşal Çakmak Hastanesi hem de Sarıkamış Orduevi yüklenicileri toplantıda hazır isteniyordu. Mehmet Emin Altındağ'a ve Bülent Alpaslan'a ulaşıp ertesi günü toplantıya katılmak üzere şantiyede hazır olmaları talimatını ben iletmiştim. Ertesi günü komutanları karşıladık, helikopter ile Erzurum Mareşal Çakmak Hastanesine indik. Emin Bey de şantiyede hazırdı. İnşaatın gidişatı ile ilgili bilgilendirme yaptık, muhtemel teslim tarihini deklare ettik. Ardından Başhekimlik ihtiyaçları ile ilgili bir sunum yaptı. Sarıkamış'a gitmek üzere helikoptere binerken Emin Bey şaşkın şaşkın *"Beni niye çağırdılar."* diyordu. Biz Sarıkamış'ta iken Mehmet Emin Bey, babası Mehmet Ali Altındağ'ın Diyarbakır'da gözaltına alındığını öğrenince apar topar şantiyeden makine mühendisleri Bünyamin Beyin Tempra marka aracıyla yola çıkıyor. Bölgede terör tehdidi nedeni ile zırhlı araçla gezen Mehmet Emin Altındağ Diyarbakır'dan zırhlı araçla yola çıkan Bingöllü arkadaşı mühendis Münir Mennan ile Lice'de karşılaşıyorlar. Zırhlı araçla Diyarbakır'a doğru giderken Bingöl Yayla Karakolu ile Avari Karakolu arasında şüpheli bir trafik kazası sonucu uçuruma uçarak hayatlarını kaybediyorlar. Kayıp araç ihbarı karşısında her iki karakolun yetkilileri ve bölgede devriye gezen terörle mücadele ekipleri şüpheli bir olay görmediklerini rapor ediyorlar. Kazadan 18 saat sonra bu iki kazazede elektrik hatlarını çeken Telekom'un işçileri tarafından uçurumun altında bir ağaca takılı bulunuyor. Baba Mehmet Ali Altındağ, oğlunun normal bir trafik kazası sonucu ölmediğini düşünüyor. Oğlunun planlı bir şekilde öldürüldüğü iddiasını gündeme getiren Altındağ, *"Sonradan aldığımız bilgilere göre, oğlumun önünü panzerlerle kesip, uçurumdan aşağıya arabasını yuvarlıyorlar. Nerdeyse adım başı karakolların bulunduğu ve her tarafın termal kameralarla takip edildiği bir bölgede bu kaza nasıl oluyor?"* diyordu. Yüklenicilere son anda haber verilen şantiyede üst düzey komutanların toplantı kararı, onları bir tuzağa çekmek için planlı bir faaliyet miydi? Mehmet Emin Altındağ'ın apar topar Ankara'dan Erzurum'a getirilmesinin, eş zamanlı babasının gözaltına alınmasının ve alelacele Diyarbakır'a gitmesinin amacı acaba onu adım başı karakolun bulunduğu jandarmanın kontrolündeki Bingöl Yolu'na sokmak için miydi? Bilmeden bu planın bir parçası mı olmuştum? Bu sorunun cevabını hiçbir zaman bulamayacaktım ve vicdanımın kanamasını durduramayacaktım. Allah taksiratını affetsin.

Erzurum'da hem hayata dair hem de mesleki pek çok tecrübe edinmiştim. Nem olmadığı için yaz kış hissedilen hava sıcaklığı, gerçek hava sıcaklığından çok farklıydı. Artı eksi 20 derecede ceketle dolaşılabiliyordu. Kışın eksi 20 derecenin altına indiğinde paltoya ihtiyaç duyuluyor, yazın artı 20 derecenin üstüne çıkmadan ceketi çıkaramıyordunuz. Kışın dudaklarınızı yaladığınızda çatlayarak kanayacağını, araçların bakalit aksamını birazcık zorladığınızda kırılacağını, elleriniz cebinizde yürürken düştüğünüzde kolunuzun kırabileceğini ve metal bir şeye dokunduğunuzda parmaklarınızın derilerinin metal yüzeye yapışacağını en kısa zamanda yaşayarak öğreniyordunuz. İnsanların, saçaklardan sarkan sarkıtlardan ve buz tutmuş tretuvardan kaçmak için caddenin ortasından yürümek zorunda olduğunu kabul etmeniz gerekiyor. Yadırgar ve yolun ortasındaki yayaya korna çalarsanız *"Niye korna çalıyorsun? Varsay ki ben bir ağacım, etrafımdan dolaşsana."* tepkisine hazır olmanız gerekiyor. Teknik anlamda çatıların yüksek eğimli yapılması, kar tutmayan çatı malzemesi ile kaplanması, yıldırımdan korunmak için Faraday Kafesi kurulmaması ve saçak uçlarına yağmur oluğu ve yağmur borusu yapılmaması gerektiğini öğreniyorsunuz. Havanın fen noktasında çalışılmayan dönemlerinde harçlı imalattan kesinlikle kaçınmanız gerekiyordu. Saha betonlarında kılcal çatlak oluşumuna bile müsaade edilmemesi, beton sahalarda buz kırıcı veya kimyasal kullanılmaması gerektiğini kesin kabul aşamasında idrak ediyorsunuz. Öğleye doğru güneşin etkisiyle eriyen buz suyu en ince çatlaklara bile giriyor, gece donan buz suyu beton çatlağını genişletiyordu. Geçici kabulden kesin kabule kadar olan tecrübe döneminde bu döngü tüm beton sahanın ufalanmasına neden oluyordu. Eylül 1999'da geçici kabulü yapılarak kullanıma açılan Mareşal Çakmak Hastanesi saha betonlarının imalat hatası olan ya da karla mücadele edilen kısımlarında kesin kabul aşamasında böyle bir gerçekle yüzleşmiştik.

Bu sene Ömer de birinci sınıfa başlayacaktı. Okul belki onu biraz yatıştırırdı. Çok hareketliydi. Bazen takılırdım, *"Oğlum bunca yaramazlık o anda mı aklına geliyor?"* diye *"Olur mu baba ben yatarken yarın nasıl yaramazlık yapsam diye plan kuruyorum."* derdi. Çok heyecanlıydı, *"Ben de ablam gibi ders yapacağım, hoca bana da yıldız verecek."* diyordu. Maalesef çok kötü bir hocaya düşmüştük. Ödevleri kontrol etmiyor, etse de yıldız atmıyordu. Hanım özellikle rica etmişti ama hoca yıldız çizmeyi bilmediğini söyleyip konuyu kapatmıştı. Bir gün çocuklara birer kâğıt dağıtıp 10'a kadar saymasını istiyor. Ömer'e kâğıdın boş diye sıfır veriyor, Ömer de *"Siz sayınız dediniz, ben de saydım."* diyor. Hoca *"Olur mu öyle şey, nerden bileyim ben senin saydığını?"* deyince *"Ben söylüyorum ya."* diyor. O günden sonra annenin tüm baskılarına rağmen Ömer derste kulaklarını ve gözlerini kapatıp, sıranın altında ağladı ve *"Bana güvenmeyen insandan benim öğrenecek bir şeyim yok."* diyordu. Ne yapsak vazgeçiremedik ama bu arada şans eseri hocası emekli olunca bu defa da çok iyi bir bayan hocaya düştü ve çocuğun eğitim hayatı kurtuldu. Ancak o sene ilk kez tümevarım yönteminden tümdengelime geçmişlerdi. Fişleri hecelere bölmüyor, kelimeler ile öğreniyorlardı. Kelimenin son hecesine dikkat edememesi durumunda cümlede anlam kayıyordu. Ömer bu sistem değişikliğinin etkisi ile mi yoksa ilk öğretmeninin travması ile mi bilmiyorum ama okuma problemini liseye kadar yaşadı.

Bir diğer şanssızlığımız da o dönemde sarılık geçirmeleri oldu. Okulda çok yaygındı, Fahrünnisa mı getirmişti, Ömer mi, hatırlamıyorum. Kısır döngüye girdi çocuklar. Biri biraz iyileşiyor, öbürü ağırlaşıyor. Ağırlaşan biraz toparlayınca diğerlerinden biri ağırlaşıyordu. Sanırım ben deprem kursu için Ankara ODTÜ SEM'de (Sürekli Eğitim Merkezinde) hizmet içi eğitimdeydim. Hanım gün aşırı çocukları servisle Mareşal Çakmak Hastanesine götürüyor. İnşaatı devam ederken sürekli toplantı yaptığımızdan doktorların hepsi beni tanıyor. Zaten karşı komşumuz Haluk Şaşmaz Binbaşı Başhekim Yardımcısı. Eşi de Pasinler'de hâkimdi. Bir oğulları vardı Kaan. Kaan'ın duyma problemi olduğunu geç fark ettiklerinden gelişimi biraz yavaştı. Bizim çocuklar ile çok iyi kaynaşmıştı. Kreşten gelir gelmez yatana kadar bizim çocuklarla oynardı. Anne ve babanın evde olduğundan emin olmak için de karşılıklı iki dairenin kapıları sürekli açıktı. Aklına estikçe kontrol eder gelirdi. Çocuklar da biz de kardeş gibiydik. Her hastaneye gidişte bizimkiler Daltonlar gibi sıralanıyor, kollarını sıvıyor, kan alınıyor, kan sonuçlarına göre bu biraz hafiflemiş, bununki geçiyor, bu ağırlaşmış. Tedaviye yönelik bir şey yok. Birbirlerinin havlularını kullanmasınlar, mümkün mertebe birbirlerine temas etmesinler, biri tuvalete gittikten sonra tuvaleti dezenfekte edin. Kurstan döndüm ki hanım perişan olmuş, çocuklar süzülmüş. Kızlar iyiydi ama Ömer ile Murat kötü görünüyordu. Odamda Haluk ağabey ile ne yapsak diye telefonda konuşuyordum. Orhan Şengel'in Şantiye Şefi Erhan Bey geldi. Erhan ile Erzincan Hava Alayında Helikopter Muhafaza Hangarı, Er Pavyonu, Kazan Dairesi, Apron ve Taksirut İnşaatına başlıyorduk. *"İstemeden kulak misafiri oldum, bizim mahallede sarılık kesen yaşlı bir teyze var, kestirmek istersen gidelim."* dedi. Yabancı olduğum bir konu değildi. Rahmetli babaannem civar yedi köyün şifacısıydı. Alnın ortasını jiletle çizer, sonra da tavuk tüyü sürer bir taraftan da okurdu. Çocukları götürdük, kadın önce çekindi, belki de bizi polis sandı. Erhan kendini tanıtıp kadına ismiyle hitap edince *"İlerideki bakkaldan temiz bir jilet getir."* dedi. Jileti duyunca rahatlamıştım, bildiğim yöntemdi. Kadın büyükçe bir leğene sobanın üstünde kaynayan güğümde su döktü. Bir tabakta da dövülmüş sarımsak vardı. Çocukları sırasıyla alçak bir oturağa oturtarak suyun üstüne eğilmelerini istedi. El yordamıyla başındaki damarı buldu, jileti üstüne koyup bıçağın sapıyla jilete vurdu. Leğendeki sıcak suyun içine kafalarından önce simsiyah pelte kıvamında koyu kan damlamaya başladı, daha sonra hem kıvamı hem de rengi açıldı. Yandaki tabaktan bir avuç sarımsak alıp başın kesik yerine koydu ve başını eşarp gibi bir şeyle çenesinin altından bağladı. Çocuklar kalktığında gözlerindeki ve yüzlerindeki sarılıktan eser yoktu. *"Bir hafta banyo yaptırmayın, bol bol kayısı ve şeker yedirin, karaciğeri yoracak kızartma ve yumurta yedirmeyin. Hadi geçmiş olsun."* dedi. Ertesi günü hastaneye götürdüğümüzde doktorlar da şaşırdı, kan değerleri normale çok yaklaşmıştı. Bu konuyu doktorlarla da konuştum. *"Bakın böyle bir yöntem var, bunu alın, hijyenik ortamda alternatif tıp olarak uygulayın."* dedikçe *"Bu olay zaten grip gibi müdahale etsen bir haftada etmesen 7 günde geçiyor. Bu virüs vücuda girdiğinde gözleri ve teni sarı renge boyayana kadar zaten en az 3 gün geçmiş oluyor. Vücudun bir yerinde dışa açık bir yara oluşturunca da vücut kan kaybından ölmemek için kan basıncını azaltıyor ve dış organlara olabildiğince az kan gönderiyor. Dış organlara kan ulaşımı azalınca da bir anda sarı renk kayboluyor ve iyileşti sanıyorsunuz. Yaranın kapanması da 3-4 gün alınca zaten vücut doğal yollardan hastalığı yenmiş oluyor. Aslında virüsle boğuşan vücuda daha fazla eziyet ediyorsunuz."* diye savunma yaptılar ama bence hikâye anlatıyorlardı. Çocuklar iyileşince annenin de yakın ilgisi ile Ömer hızlıca okumaya başlamış, elması kırmızı renge boyanmıştı.

Şengel kardeşlerin nerdeyse tamamı Başkanlığa farklı büyüklükte iş yapıyorlardı. Burhan yaş ve iş hacmi en büyükleri imiş. Ankara'da ikamet ediyormuş ama ben kendisiyle hiç karşılaşmadım. Bir küçükleri Orhan da nispeten hatırı sayılır büyüklükte işler alıyordu. Hasan daha çok emanet iş kapsamında basit onarım işleri alıyordu. Cemal sondan iki numaraydı. Genelde terör bölgelerinde karakol ve bölük merkezi işleri alıyordu, aynı zamanda Erzurumspor'un da başkanıydı. En küçükleri Osman da Hasan'dan biraz daha küçük emanet işlere talip olurdu. Bir gün Hasan *"Komutanım, burada kışın çocuklar çok sıkılır, bizimkileri kayağa yazdırıyorum, Fahrünnisa ile Ömer'i de yazdırsak ya."* dedi. Çocuklar da heveslenmişti. Hanım da ben de bir tarafımızı kırarsak çocuklara kim bakacak endişesi ile hiç niyetlenmemiştik ama çocuklar yarıyıl tatili sonunda kayağı öğrenmişti. Benim Trabzon'da görevde olduğum bir gün Hasan'ın eşi Vildan Hanım bize kahve içmeye geliyor. *"Yeğenlerine Hasan hediye almış."* diye büyüklere birer altın bilekliği masaya bırakıp kaçarcasına gitmiş. Hanım çok endişelenmiş, beni aradı, *"Dönünce düşünelim, bakalım ne yapabiliriz kırmadan."* dedim. Dönünce onları bozdurduk üzerine de biraz ekleyip biz de onların oğlu ve kızına iki adet bileklik aldık. Hanım da arayıp kahveye gidiyor. Çıkarken eşim de *"Yeğenlerine hediye aldı."* deyip masanın üstüne bırakıyor. Vildan Hanım gülümseyerek, özür diliyor, Hasan'a ayıp olacağını söylediğini ancak dinletemediğini söylüyor.

Bu kış çocuklar da hanım da çok bunalmıştı. Kış koşulları da ağır geçmişti. Nisan ayında birkaç günlüğüne Tatvan'a gitmeye karar verdik. Orduevinde yer ayırtırken resepsiyondaki asker henüz göle girilmediğini ama gömlekle dolaşıldığını söylemişti. Erzurum kış kıyametti. Patnos'u aşınca kış etkisini yitirmişti. Erciş'ten sonra Adilcevaz ve Ahlat üzerinden gölü takip ederek Tatvan'a vardık. Yol boyunca Murat cama yaslanmış, gözlerini ayırmadan Van Gölüne bakıyordu. Nihayet *"Hayal kırıklığına uğradım, hani nerde Van Gölü Canavarı?"* deyince hepimiz gülmeye başladık. Bir gece Tatvan Orduevinde konaklamayı müteakip ertesi gün gölün diğer tarafını da takip ederek Akdamar Adası'na uzaktan bakıp Van'a ulaştık. Van Kalesi altında bir parkta piknik yaptık. Akşamına Doğubayazıt'a gittik ama orduevinde sular akmıyordu. Ertesi günü Doğubayazıt'ın alışveriş yerlerini gezip, Iğdır'a gittik. Orduevinde sular akmadığı için tekrar Doğubayazıt'a dönmek yerine geziyi biraz kısa keserek Kağızman üzerinden Erzurum'a döndük. Erzurum girişinde tabyaları yeni geçmiştik ki bir kar başladı, göz gözü görmüyordu. Biz kara kış içinde baharı yaşayıp gelmiştik.

Bu yılki denetlemede Başkan, Daire Başkanı ile Bölge Başkanlığına ilave bina ve bağlantı koridoru projesi kapsamında izinsiz garaj yaptırdığı için de tartışmıştı. Büyük olasılıkla tayin olacaktı. Böyle olunca da işleri hepten sermişti. Mesai saatleri içinde bile bayanlarla okey oynuyordu. Kim izin isterse gönderiyordu. Personel de bu durumu suiistimal ediyordu. İşlerin yürütülmesi için imza atacak personel bulmak bile sorun olmaya başlamıştı. Kendisine sitem ettiğimizde *"Personel memnuniyeti birinci sırada, sızlanacaksan sana da izin vereyim."* derdi. Kendisine imza attırmak da çok zordu. Alenen *"Karala işte benim yerime, inkâr edersem namerdim."* derdi. Allah var o konuda kimseyi sattığı da görülmemişti. Benim gibi işkolik olmak da, onun gibi vurdumduymaz olmak da zordu.

Erzurum gerçekten de her yere uzaktı. Çoluk çocuk akşamüstü yola çıkar, ertesi günü gece yarısı ancak Çanakkale'ye varırdık. Yolda yatılı konaklama alışkanlığım yoktu. Hedefe kilitlenir olabilen en erken zamanda memlekete ulaşmaya çalışırdım. Bu arada bazen yol kenarına çeker arabada birkaç saat uyurdum. Yıllar beni uzun yol kamyon şoförü hâline getirmişti. Orhan ağabey, Sivas İnşaat Emlak Bölge Başkanlığına atanalı, tatil dönüşü bir akşam onda konakladığımız da olurdu. Sevinirdi, ne yapacağını şaşırırdı. Akşam yemeğini mutlaka şehrin en iyi lokantasında yedirir, sabah daha biz yatarken arabanın anahtarını alır, ikmalini yapar, temizletir, öyle yolcu ederdi.

Bu sene yaz tatilinde Fahrünnisa'ya paten, Ömer'e de bisiklet sözü vermiştik. Okullar tatile girer girmez, izine çıkacak hem İstanbul'a hem de Çanakkale'ye gidecektik. Çocuklarla bir pazarlık yaptık. Bisikleti ve pateni hemen şimdi alsak bizimle tatile götürme imkânımız yoktu. Lojmana bırakıp gidecektik. Tatil öncesi bisiklete ve patene para verirsek tatilde ekonomik olarak zorlanacaktık. *"Tatil dönüşü alsak olur mu?"* dediğimde çocuklar hiç düşünmeden *"Olur tabii baba."* demişlerdi.

Bu sene yaz tatilinde Çanakkale'ye gittiğimizde beni bir sürpriz bekliyordu. Mektubum vardı. 20 Ekim 1987'de, PTT'nin *"2000 Yılına Mektup"* kampanyası kapsamında 13 yıl sonra teslim edilmek üzere. Aslında yıllar öncesinde bana böyle bir mektup gönderdiğinden bahsetmişti ama yine de heyecandan zarfı açamamıştım. O günkü duygularını ve neler yazdığını çok merak ediyordum. Zarfı da yırtmak istemiyordum. Bir bıçak yardımıyla özenle zarfın kapağını açtım. Hayat arkadaşım biricik eşim o günkü duygularını Beyaz Gül rumuzuyla yazmış ve bana atfen 35 Yaş şiirini eklemişti. Çok duygulanmıştım.

20.10.1987
Salı

/ Sevgili Mustafa /

    Sana bu mektubu 1987'de yazıyorum. Hani o önemli kararı verdiğin hafta, aslında daha ne karar verdiğini bilmiyorum. Belki evet diyeceksin, belki hayır, ama genede ben sana bu mektubu yazmak istiyorum.

    1 Nisan 1984'de hatırladın mı? O sala sonunda başlayan bir dostluk arkadaşlık ve kararı duygular. Öyle olmasını isteeezdik fakat, öyle olmasaydı da şimdiye gelemezdik. Şimdiye diyorum, yani 1987'den bahsediyorum. Bu haftadan sana neler olacak, bunu ancak bu mektubu aldığın zaman hatırlayıp gözünün önünden geçireceksin.

    Sana çok şey borçluyum dostlarını, anlattığın sarsıl dostlardan biri ve dektin. Seni sevmeye ne zaman başladım bilmiyorum, sen şan beni Hele"s sevdiğini düşünüp halen bana bir cevap vermedin. Şuda ve... başkalarıyla paylaşmak bana ... az geliyordu. Ama asla Benden kıskanmadım, bunun nedeni ise onu kuanışerken gözlerindeki gülümsemenin bana rahat... vermeydi. Fakat bir taylarım açıp sevgil olduğunu bu zaman da biliyordut.

    Ve...
Beni de sevdiğini biliyordun. Ben onindan benim yıbarı... bulman zordı. Ve kaybetmek istemiyorum...

Belki buna niçin diyeceksin.

Bu mektubu aldığın zaman evli olacağız, belkide çocuklarımız olacak ve senelerin verdiği bir birliktelikle birbirimiz... üzüleceğim, genede şimdiki gibi sanki iki arkadaş olacağız. Ve her zaman 2000 yılında benimle evli olduğun için, 1986 yılına belkide... edeceksin.

Seni seviyorum, bunu sana söylemedim, her konuştuğumuzda bunun farkına varıyordun ve beni kırmaktan hep korkuyordun. 13 yıl sonra belkide beni hiç hatırlamayacaksın, inşallah evet dersinde hiç yanından ayrılmam.

Zarfı tepahan teske başka başeyler yazsaydım diyeceğim ama sunu asla unutma, sana her zaman saygı duyacağım, sevgimde olduğunu bilmeni istiyorum.

Sana bu seneden bahsedeyim. Sen Boğaziçi 2 sınıfta okumaya başladın. Yaşın 5 gün bir ailece Çanakkale'ye gittik. Seninle çok iyi birer arkadaşız. Bir birimize daha çok yaklaşıyoruz. Ve bundan sonra hayat akışında sürükleniş olacaksın... Eğer ben olmazsam ve bir başkasıyla evlenirsen eşini çok seçmeni, onu çok mutlu etmeni dilerim. Beni mutlu ettiğinden çok fazla olmalı.

Beni ben yapan senin arkadaşlığındı. Bitmesini asla istemiyorum, ama zaman nasıl gösterir bilemem.

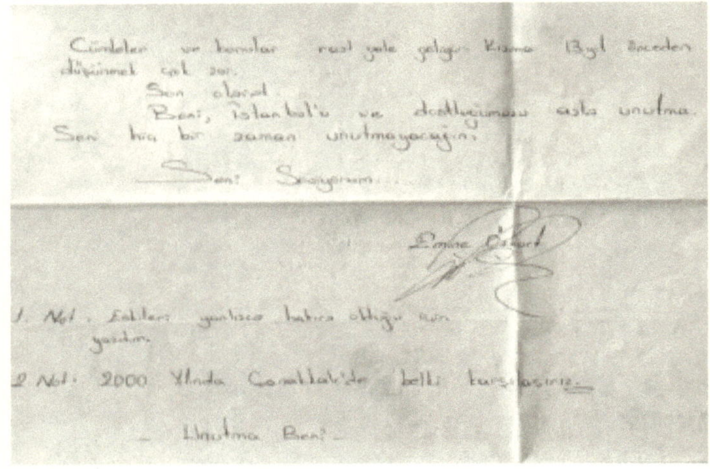

2000 Yılı'na Mektup (1987)

Ne kadar şanslıydım. Aradan geçen yıllar onun sevgisini hiç azaltmamıştı. Bana her baktığında gözlerinin içi gülerdi. Ben de verdiğim karardan hiçbir zaman pişmanlık duymamıştım. Gerçekten olanda hayır vardı. Şimdi 13 yıl geriye dönüp baktığımda, iyi ki hayatıma girmiş ve iyi ki eşim olmuş diyordum. Beni hiçbir zaman yalnız bırakmamıştı. Doğru yanlış her türlü kararlarımın arkasında olmuştu. Hayatta bir yerlere gelebildiysem her türlü başarımın arkasında hep o vardı.

Yuvamız onun sayesinde adeta cennetten bir köşeydi. Pırlanta gibi 4 evlat ve rüya gibi bir hayat vermişti. Çocuklara karşı da daima sabırlı ve anlayışlı olmuştu. Gerektiğinde oyun arkadaşı, gerektiğinde öğretmen ve gerektiğinde anneleri olurdu ama çocukların keyfi yerindeyse işte o zaman *"Emine teyze"* olurdu. Bir defasında sinirlenince Fahrünnisa'ya *"Bana anne deme"* diyor. Kızım da bakıyor Hakan buna "*Emine teyze*" diyor. O da annesine "*Emine teyze*" demeye başlıyor. O gün bu gündür çocukların keyfi yerindeyse annelerine "*Emine teyze*" derler. Ama ben ona hep "*Hatun*" derim.

Tatil dönüşü Erzurum'a hava kararmak üzere iken girmiştik ama ayağımızın tozuyla önce bisikleti ve pateni alıp eve öyle gitmiştik. Çocuklar ile güvene dayalı bir ilişkimiz vardı. Onlara hiç yalan söylememeye çalışıyorduk. Aile karar defterimiz vardı. Önemli kararlar oylama ile alınırdı. Herkesin oyu eşitti. Karar kayda geçer zaman zaman uygulanması sorgulanırdı. Her akşam yatmadan önce mutlaka sırayla kitap okurduk. Okumasını bilmeyen ya masal anlatır ya da şarkı söylerdi. Çocukları geleceğe hazırlama adına bir defasında memlekete izinli gittiğimizde Fahrünnisa ile Ömer'i annemlerin yanına bırakmış köyün camii hocasından Kur'an-ı Kerim tilavetini öğrenmelerine zemin hazırlamıştık. Bir gün aile toplantısında Ömer söz alıp, "*Bu evde en çok çocuk var ama en küçük odada üst üste ranzada yatıyorlar. Evin en büyük odası salon, misafire ayrılmış ama bize hiç misafir gelmiyor.*" deyince oturma odasını çocukların odasına tıkmış zamanımızın çoğunu salonda oturmaya başlamıştık, çocuk odasını da oturma odasına taşımıştık. Bu arada Bülent Bey Yontu Sanatta Sarıkamış Orduevinin doğramalarını yaparken, çocuklara da birer çalışma masası ile kitaplık yapmıştı. Artık rahatça yatabilecekler, masalarında ders çalışabilecekler ve geniş geniş oyun oynayabileceklerdi.

Tüm zorluklara rağmen Sarıkamış Orduevi yüzümüzün akıyla tamamlanmış Eylül 2000 tarihinde geçici kabulü yapılarak kullanıcı birliğe teslim edilmişti. Kullanıcı birliğin tefrişini tamamlamasını müteakip, 26 Ocak 2001 tarihinde dönemin Genelkurmay Başkanı Orgeneral Hüseyin Kıvrıkoğlu tarafından hizmete açılmıştı. Üst komuta kademesinin eksiksiz katıldığı bu açılışa Daire Başkanı Tuğgeneral Yaşar Öney bitirileceğine inanmadığı için mahcup olacağı düşüncesiyle gelememişti. Daha sonra Genelkurmay Başkanının taltifleri karşısında kontrol teşkilatına yazdığı takdir yazısında ellerinden geleni yapmanın ötesinde işin tamamlanması için yüreklerini ortaya koyan heyete teşekkürlerini sunmuştu.

Bu arada tahmin ettiğimiz gibi Atilla Albay tayin olmuştu. Bu yıl Albay olan Nedim Yarbay Başkanlığa atanmış, Adana'dan Binbaşı Mahmut Gök de şube müdürü olarak tayin olmuştu. Kontrol teşkilatı olarak üzerimizden Mareşal Çakmak Hastanesi ve Sarıkamış Orduevi gibi iki ağır yük kalkmıştı. 3-4 aylık bu kış döneminde bu işlerin kesin hesaplarını bağlayacaktık.

Sarıkamış Orduevi'nin kesin hesabında DOS tabanlı *"Mikro Prosesör Hakediş Programı"* kullanılmıştı. *"Mikro Prosesör"* sektörün ilk ve en eski hakediş programıydı. Gelişmiş bir hesap makinesinden biraz daha fonksiyonel olmasına rağmen piyasaya ilk girmiş olmanın avantajıyla dönemin en yaygın hakediş programıydı. Girilen metraj verileri ile veri dosyası boyutu arttıkça veri motoru yetersiz kalmaya ve verileri karıştırmaya başlamıştı. Bülent Alpaslan programın yazılımcısı Ali Kemal Egesoy'u tanıyordu. Ali Kemal Bey o dönem TRT'de görmeye çok alıştığımız program sunucusu Ayşe Egesoy'un eşiydi. Bülent Bey, Ali Kemal Bey'e programla ilgili yaşadığı sorunu anlatıyor ve programın Windows versiyonu ile ilgili bir çalışmasının olup olmadığını soruyor. Ali Kemal Bey artık yaşının 70'e dayandığını programı yeni bir zemine taşıma gücünün olmadığını söylüyor. Bülent Bey de bunu yapabilecek bir yazılımcı tanıdığını ve bu konuyu oturup detaylıca konuşmak istediğini söyleyince bir hafta sonrası için randevulaşıyorlar. Bülent Bey *"Tanıdığım iyi yazılımcı derken sizi kastetmiştim. Bunun altından siz çok rahatlıkla kalkarsınız."* diyordu. Aslında mevcut bir yazılımı Windows tabanına aktarmak benim için gerçekten 1-2 haftalık bir işti. Üstelik hakediş zaten her yönüyle hâkim olduğum bir konuydu. Ben randevu öncesi programın bir iki modülünü ekran görüntülerini, kısa yol tuşlarını aynen muhafaza ederek ve programın veri dosyalarını da kullanarak Delphi 3.0 ile derlemiştim. Ali Kemal Bey'e teklifimiz şöyleydi. Kendisine kayıtlı 15 bin kadar kullanıcı vardı. Kullanıcılarının programını ücret almaksızın güncelleyecek ve bundan sonra DOS tabanlı programına teknik ve birim fiyat desteği vermeyecekti. Kullanıcılar eskiden olduğu gibi her yıl yayınlanan birim fiyatları yine 100 $ karşılığında temin edebileceklerdi. Eski programın yıllık birim fiyat dosyaları şifrelenmediği için 15 bin kullanıcının 300'ü ücreti mukabil alıyor, diğerleri de onlardan kopyalıyorlardı. Programın yeni hâlinde bu açık da kapatılmış olacaktı ve bize her yıl sattığı birim fiyatlardan pay verecekti. Ali Kemal Bey teklifi çok cazip buldu ancak programın "Delphi"ye aktardığım birkaç modülünü ve kaynak kodlarını görünce bir o kadar da endişelendi. Daha önce de buna benzer acı bir tecrübe yaşamış, aynı şekilde bir yazılım firmasıyla programı Windows'a geçirmeyi denemişler ancak belli bir aşamadan sonra firma programı sahiplenerek, ufak tefek değişikliklerle kendi adıyla piyasaya sürmüş. Muhtemelen yazılım firması hakediş olayına yabancı olduğundan programın dönüştürülmesi aşamasında Ali Kemal Bey ile uzun uzadıya görüşmeleri olmuş. Benim kendisi ile hiç görüşmeden programın bazı modüllerini dönüştürmüş olmam onu endişeye sevk etti. Sektörde sık sık yasal düzenlemeler olur ve bunların da programa aktarılması gerekirdi. Benim programı dönüştürerek kodlarını ona teslim etmem, kendisi daha sonra programa müdahale edemediği sürece olayı sürdürülebilir olmaktan çıkarıyordu. Uzun soluklu bir birlikteliği de sakıncalı görüyordu. Sonuçta Ali Kemal Bey programını mevcut hâliyle devam ettirmeyi seçti. Sarıkamış Orduevinin şantiye şefi Behzat Bey *"Bu işi biz kendimiz niye yapmıyoruz ki. Zaten Ali Kemal Bey'den öğrenecek bir şeyimiz yoktu. Programı sen yazacaktın, sadece onun hazır müşteri potansiyelini kullanacaktık. Sarıkamış Orduevi bitti ama bizim firma da bu işle birlikte battı. Ben bugüne kadar bu firmada kendi kendimin patronu gibi çalışmaya alışmıştım. Bundan sonra da başka birinin emrinde iş yapamam. Sen programı yaz. Ben pazarlarım. Ali Kemal Beye sunduğun şartlarda birlikte çalışalım."* dedi. Benim için değişen bir şey yoktu. Ben 1-2 haftada programı yazacaktım, Behzat bir şirket kuracaktı, piyasa değeri 800 $ ile 1000 $ arasında olan program ücretsiz piyasaya sürülecek ve her yıl birim fiyat satışı yapılacaktı. Zaten bu tür yazılımlarda sürdürülebilirlik açısından bir defada program satışıyla para kazanmak yerine sürekli bir gelir sağlamak gerekiyordu. Diğer taraftan mevcut bir programa bağlı da kalmayacaktık. Zaten hakediş olayı hepimizin hâkim olduğu bir konuydu. Bizim açımızdan doğru yazılım bu olabilirdi. Zira bir program en fazla yazılımcısı kadar akıllı olabilirdi. Birçok yüklenicimiz Avinal, Haser, Oska ve AMP gibi çok farklı hakediş programları kullandığı için bugüne kadar oldukça fazla hakediş programı inceleme imkânım da olmuştu. Bu programlarda mantık genellikle aynı olmakla birlikte bazı modüllerinde kullanım kolaylığı açısından birbirlerine üstün yönleri vardı. Bunların tüm iyi yönlerini bir programda toplayabilir, hatta kullanıcı olarak tespit ettiğimiz eksiklikleri de gidererek piyasanın en kullanışlı hakediş programını yazabilirdik. Bu konuda kesin hesapçımız Hatice Hanım da hem tecrübelerini aktarma hem de programı deneyerek hayata geçirme konusunda tam destek veriyordu. Behzat iş makinelerini tamir ettirdikleri Yusuf Usta'yı ikna etmiş kendine ortak almıştı. Yusuf Usta, *"Veresiye bir şey alıp, satmaya çalışmayacağız, satamadık diye haciz icra ile uğraşmayacağız. Hocanın göle maya çalması gibi, ben çok anlamadım ama tutmazsa maya zayi olacak, tutarsa göl yoğurt olacak."* diye kendince bir mantık geliştirip bu işe girmişti. *"Karalar Yazılım"* adıyla bir firma kurmuşlar ve bir de ofis açmışlardı. Yüksel ağabeyin kızı Dilek de o yıl inşaat mühendisliğini bitirmişti. Ofiste o bulunacak, programla ilgili talepleri alacak ve teknik destek verecekti. "Delphi"nin ve "DBiSAM" veri tabanının lisansını almışlardı. Bir ay içinde program elle tutulur hâle gelmişti. *"Hakediş"* ve *"İstihkak"* adlı *"Yahoo"* grupları açmıştık. Bu platformlarda program tanıtımının yanında hakediş ile ilgili sorunlar ve tecrübe paylaşımları yapılıyordu. Programa *"TekHakWin"* adını vermiştik, yazılım da sözde *"Sanal Yazılım Grubu"* yapıyordu. Gerçek sanaldı, zira ortada yazılım grubu falan yoktu, sadece ben yazıyordum. *"Program Arşivi"* adlı site programı çok beğenmiş, destek vermiş ve 2-3 gün "TekHakWin"i vitrinlerinde tutmuşlardı. Program internetten indirilebildiği gibi talep edene ücretsiz CD hâlinde kargo da ediliyordu. Programın içine kullanımına ilişkin örnek uygulamaları video hâlinde eklemiştik. Bu arada programı Daire Başkanlığı İnşaat Grup Başkanı Albay Musa Yıldırım'a da göndermiştim. Çok beğendi, *"Bunu en kısa zamanda tüm teşkilata yaygınlaştıralım."* dedi. Zaten Bölge Başkanlıklarına da göndermiştik. Erzurum Karayolları Bölge Müdürlüğü ile DSİ Bölge Müdürlüğü programı kullanmaya başlamıştı. Orhan Şengel aracılığı ile Behzat Bey, Bayındırlık Bakanlığı Müsteşarı Mahmut Küçük'e ulaşmıştı. Onun imzasıyla program tüm Bayındırlık İl Müdürlüklerine de gönderilmişti. Program CD hâlinde Ankara'da Maltepe Pazarı'nda, İstanbul Beyazıt'ta işporta tezgâhlarında satılır hâle gelmişti. Dilek bilgisayar başında kullanıcı bilgilerini girip, arayana kod veriyordu. Behzat bir program dâhilinde üniversitelerin mühendislik fakültelerinde program tanıtımlarına gidiyor ve her mühendis adayı öğrenciye bir CD ve kullanım kitapçığı veriyordu. Birkaç üniversite hocası yapı işletmesi dersinde kullanmak üzere program talebinde bulunmuştu. İki ay içinde Dilek'in bilgilerini kaydettiği kullanıcı sayısı 10 bine yaklaşmıştı. Programla ilgili geri dönüşler de çok iyiydi. Bu ana kadar programdan 5 kuruş kazanılmamıştı. İlk kazanç yeni yılda birim fiyat satışları ile olacaktı ama kullanıcı altyapısı hazır hâle gelmişti.

Bu arada Sarıkamış Orduevi ve Mareşal Çakmak Hastanesi kesin hesapları da hazırlanmış, bu vesile ile program da sağlam bir testten geçmiş ve kesin hesaplar Daire Başkanlığına onaya gönderilmişti. İş yoğunluğumuz Erzincan Bölgesine kaymıştı. 1999 Gölcük Depremi'nden sonra bir taraftan İstanbul ağırlıklı olmak üzere tüm Marmara Bölgesi'ndeki TSK yapı stoku DAG (Deprem Araştırma Grubu) tarafından deprem yönünden taranıyor bir taraftan da daha önce hazırlanmış raflarda bekletilen deprem takviye projeleri yatırım programına alınıyordu. Bu kapsamda İLCİ İnşaat taahhüdünde Erzincan Deprem Rehabilitasyonu İnşaatı ile bölgedeki lojmanların takviyesine başlanmıştı. Proje kapsamında lojman bloklarına yatay yükleri karşılayacak oranda, simetrik yerleştirilen temelden çatıya perdeler ile güçlendirme yapılacaktı. Projeler yıllar öncesinden Gazi Üniversitesine hazırlatılmıştı. İşin şantiye şefliğini askerliğini asteğmen rütbesi ile Sarıkamış Orduevi inşaatında kontrol mühendisi olarak yapan Umut Karataş yapıyordu. Projeye göre güçlendirme perdelerinin donatıları, perdeleri çevreleyen kiriş kolon sistemine çift sıra hâlinde ekilen filizlere ankre edilmesi gerekiyordu. Kolon kiriş sistemine çift sıra filiz ekimi, filiz çaplarına göre ilgili MSB birim fiyatları ile kuruşlandırılmıştı. MSB analizlerinde filiz ekimi yapılacak deliklerin açılması karşılığında ödenecek bedel, tesisatçıların kiriş kolon gibi taşıyıcı elemandan boru geçirmek zorunda kaldıklarında karot makinesi ile delik açma-kapama pozuna karşılık gelen bedelin yarısı olarak belirlenmişti. Delik açıldıktan sonra analiz kapsamında delik körükle tozdan arındırılacak ve 70 cm uzunluğunda demir epoksi ile ekilecekti. İhale kapsamında perdeleri çevreleyen tüm kiriş kolon sistemine 20 cm'de bir çift sıra filiz ekimi, toplam da 10 binlerce delik açılmasını gerektiriyordu. Birim fiyat tarifine uygun bu deliklerin karot makinesi ile açılması için ülkedeki tüm karot makineleri bu işe seferber edilse bile 2-3 yıldan önce tamamlanması mümkün görünmüyordu. Konuyu Daire Başkanlığı ile değerlendirdiğimizde analizin fiili uygulamasında deliklerin hilti ile açılmasına karar verilmişti. O durumda filiz ekimi çok kârlı bir poz hâline geliyordu ama Daire Başkanlığı ihale öncesi zaten bütün isteklilerin bu durumu bilerek çok yüksek tenzilatlar yaptığını ileri sürüyordu. Birim fiyatlarda yüklenici kârı %25 olduğu hâlde firma bu işi %68 tenzilatla almıştı. Filiz ekimi hilti ile yapılacaktı. Zaten başka türlüsü de mümkün değildi. Bu doğrultuda işe başlanmıştı. 15 gün geçmeden şantiye şefi endişeyle beni aradı. Projede olması gereken bazı kolon kirişler yerinde yoktu, bazılarının ebatları çok farklıydı ve en önemlisi kolon ve kirişlere her 20 cm'de bir karşılıklı iki delik açıldığında etriye arasındaki zaten mukavemeti düşük olan beton parçalanıyordu. Nedim Albay şube müdürünün odasındaydı. Durumu anlatınca olayı kendisi de görmek istemişti. İşi durduralım teklifime, *"Önce yerinde görelim."* dedi. Ne zaman gidelim desem Nedim Albay müsait olmuyordu. Nihayet 15 gün sonra Nedim Albay ve kontrol mühendisi Gonca Hanım da olduğu hâlde Erzincan'a gidebildik. Biz gidene kadar 2 blokta filiz ekimi tamamen bitmişti, ama manzara iç açıcı değildi. Hemen oradan Musa Albayı aradık. Erzurum Üniversitesinden tekrar beton mukavemet testi ile projenin uygulanabilirliğinin tespitini isteyecek ve işi hemen durduracaktık. Erzurum Üniversitesi beton mukavemetini takviye edilemeyecek kadar düşük bulmuş, projenin de fiili durumla uyumlu olmadığını tespit etmişti. 2886 sayılı Devlet İhale Kanuna göre birim fiyat usulü ile ihale edilen işin kapsamı mukayeseli keşif ile tamamen değiştirilmişti. Deprem takviyesi yerine mevcut blokların yıkılarak yerine yeni 5 blok 1x2 lojman yapımına dönüştürülmüştü. Yüklenici bu kadar yüksek tenzilatla bu işten çok zarar edeceğini, bu tenzilatı deprem takviyesi olduğu için yaptığını söylese de mevcut blokların takviye edilmesi teknik açıdan mümkün olmadığı için yeni blok yapımını gönülsüzce kabullenmişti. Tek sorun yıkılacak bloklara bu kadar filiz ekilmiş olmasındaydı. Başka çare yoktu, zamanında müdahale edemememizin ceremesine firma katlanacaktı. Elimizdeki tek koz, filiz ekiminin pozuna uygun yapılmamış, her ne kadar fiilen mümkün olmasa da deliklerin karot makinesiyle açılmamış olmasıydı. Firma çok direndi ama sonunda uzlaşma sağlanmıştı. Filiz ekimi pozuna ilişkin MSB birim fiyatlarının yükleniciye maliyeti oranında ekilen filiz sayısını azaltmıştık. Böylece işe başlar başlamaz projenin uygulanamayacağını tespit edip, işi zaman geçirmeden durdurmuş ve Erzurum Üniversitesinin raporu doğrultusunda deprem takviyesinden vazgeçmiş ve proje kapsamını yeni yapıya dönüştürmüştük.

Erzincan'da başlayan bir diğer işimiz de Orhan Şengel taahhüdünde 3'üncü Ordu Hava Alay Komutanlığı Tesisleri İnşaatı idi. Bir gün şantiye kontrolünde Er Pavyonu çatısında çok miktarda kullanılmış kereste tespit etmiştim. Âdetim olduğu üzere işçilerin yanında ya da müteahhidin yanında şantiye şefini eleştirmezdim. O gün de yanımızda müteahhit Orhan Şengel de olduğu için ayrılırken Şantiye Şefi Erhan'ı bir kenara çekip çatıdaki kullanılmış kerestelerin en kısa zamanda değiştirilmesi ve onayım olmadan çatı kaplama malzemesinin döşenmemesi talimatını verdim. Aradan bir hafta geçtiği hâlde Erhan çatı ile ilgili tekmil verip kaplama malzemesi için müsaade istememişti. Biraz sıkıştırınca Orhan Bey'i ikna edemediğini ama cesaret edip kaplama malzemesini de döşeyemediğini söyledi. Bu defa Orhan Bey'i arayıp aynı talimatı ona verdim, bir hafta içinde düzelteceğini söyledi. Bir hafta geçtiği hâlde Erhan hâlâ çatı kerestelerini değiştirmeye ikna edemediğini söyleyince Hava Alay Komutanı Albay Tuncay Çakan'ı arayıp, şantiye mahallinde yapılan denetleme sonucunda tespit edilen eksik ve aksaklıklar üzerine inşaat faaliyetlerinin tarafımızdan bir süreliğine durdurulduğunu ve tekrar çalışma izni verilene kadar müteahhit firma çalışanlarının kışlaya alınmaması gerektiğini bildirdim. Ertesi günü Orhan tutuşmuş, *"Ustalar öyle aradan kereste değiştirmekle olmaz, asıl taşıyıcı karkasta kullanılmış kereste var, onu değiştirmek için çatıyı bir dağıtırsak bir daha toplayamayız diyorlar."* dedi. Erhan'ı çağırıp sordum, doğru söylüyordu. Tuncay Albay'ı aradım *"Çatıdaki kereste işine yarar mı? Söktürebilecek usta askerin var mı?"* diye *"İki günde indiririz, çok da işime yarar."* deyince *"Tamam Komutanım, önce siz keresteyi alın, sonra da müteahhide giriş izni verelim."* dedim. Daha sonra karşılaştığımızda Orhan Bey *"O kadar yumuşak yumuşak söyledin ki bu kadar ciddi olduğunu anlayamadım."* dedi. Ciddi olduğunu anlatmak için ille bağırıp çağırmak gerekiyor demek ki.

Bu sene okullu sayımız üçe yükseldi. Murat da ana sınıfına başlamıştı. Öğle yemeğine eve geldiğimde çocuklar da okula gitmek için tam kapıdan çıkıyor olurdu. Her karşılaştığımızda Murat hemen dikkat çeker, "*Eğitim ordusu emir ve görüşünüze hazırdır komutanım.*" derdi. Cumhuriyet Bayramları'nda balkondan saatlerce resmigeçit yapan askerleri büyük bir hayranlıkla seyreder, hele tanklar falan geçerken selama dururdu. Asker gördüğünde gözlerinin içi güler, kalp atışları hızlanır, yürüyüşü değişirdi. Kafası bir başka türlü çalışırdı onun. Bilgisayar oyunlarını sahneler hâlinde kâğıtlara çizer, hayali oyun oynatırdı bize. Zaman zaman "*Atın erkeğine aygır, dişisine kısrak, yavrusuna tay diyorlarmış. Buna ne zaman at diyorlar.*" zor sorularıyla terletirdi bizi.

Daire Başkanlığı kesin hesap şubesinden bir ekip Mareşal Çakmak Hastanesi kesin hesaplarını yerinde incelemek üzere bölgeye geliyordu. Aslında rutin bir uygulamaydı. İncelemeye hastanenin dış duvarını ölçerek başlamak istediler. Şaşırmıştım. Kesin hesap tanzimi aşamasında Nedim Albay da aynı duvarın ölçülmesi konusunda çok ısrar etmişti. Dış duvar hastane tesislerini çepeçevre kuşatıyordu. Kapalı bir alanı çevirdiği için projedeki ölçülerinden farklı yapılması imkânsızdı. Kesin hesap tanzim esaslarında yerinde ölçüm gibi bir yöntem de yoktu. Nedim Albay'ın emri ile hastane kontrol heyetinde olmamasına rağmen İnşaat Teknikeri Cemal Aslangül duvarı ölçmüştü. Nedim Albay, Cemal ile çok samimiydi, güvenirdi, mesai sonrası kol kola girer birlikte uzun yürüyüşlere çıkar, sohbet ederlerdi. Mesaide sık sık Cemal'in odasına giderdi. Bu güven ve samimiyete rağmen aynı duvarı iki asteğmen ile bir kısa döneme tekrar ölçtürmüştü. O zaman buna çok şaşırmıştım ve bu durumdan tedirgin olmuş Cenk'e duvarı bir kez de ben ölçtürmüştüm. Her üç ölçüm de proje uzunluğuyla uyumluydu. Niye bu konunun bu kadar üzerine gidildiğine bir anlam verememiştim. Şimdi de kesin hesap ekibi *"Duvarı ölçerek başlayalım."* diyordu. Benim içim çok rahattı, eşlik etmeye bile gerek görmedim *"Siz ölçün."* dedim. Ölçüm sonucu 2.500 metre olması gereken duvar 2.250 metre çıkmıştı. Daha önce ölçüm yapan hiç kimsenin ağzını bıçak açmıyordu. Kimse bir açıklama getiremiyordu. Daireden gelen kesin hesap ekibi orduevinde kalıyordu. Akşam orduevinde Erkan Üsteğmen'i buldum ve neler döndüğünü sordum. Ellerinde bir şikâyet mektubu varmış. Daire Başkanının emriyle önce mektuptaki konuları tetkik edeceklermiş. Şikâyeti yapan da bizzat Şantiye Şefi Ergün Yılmaz'dı. Ergün'ün iş ilişkisi dışında da Başkanlık personeliyle belli bir oranda samimiyeti vardı. Sık sık Nedim Albay, Mahmut Binbaşı ve Ergün bir araya gelir briç oynardık. Hastane inşaatı tamamlanınca firma kendisine bir başka şantiyede şeflik önermişti. Ergün de o şantiyeye gitmek istememişti. Firmadan ayrılacaktı. Ayrılma aşamasında firmadan tazminat istiyordu. Firma da *"Biz sana eski pozisyonuna uygun bir iş önerdik, sen gitmek istemedin ayrılan sen olduğun için tazminat hakkın yok."* diyordu. Bu konuda bizden yardım istemişti ama aralarına girmek istememiştik. Ergün o günlerde firmayı şikâyet edeceğini söylüyordu ama ben bu durumu kızgınlıkla söylenmiş ifadeler veya firmaya gözdağı vermeye yönelik asılsız tehdit diye düşünüp pek ciddiye almamıştım. Meğer Ergün askerliğini yedek subay olarak Daire Başkanlığında yapmış ve o dönemde Daire Başkanının sekreteriyle bir gönül ilişkisi yaşamış. Anlaşılan sekreter hanım üzerinden şikâyetini doğrudan Daire Başkanına iletmiş. Sabah ilk işim Cenk ile

Cemal'i odada sorguya almak oldu. Ölçüm yaptıkları günü Başkanlıktan çıkıp, tekrar geri dönene kadar hiçbir detayı atlamadan tane tane anlatmalarını istedim. Anlattıklarını dikkatlice ve notlar alarak dinledim. Her ikisi de duvarı 50 metrelik şerit metreyle ölçmüştü. Her iki ölçümde de metrenin her iki ucunu Başkanlık personeli tutmuş, şantiyeden ölçüme nezaret eden olmamıştı. Cenk ölçümü 3'üncü Ordu Hava Alay Komutanlığı Tesisleri İnşaatı kontrolüne giderken yapmış, hatta gitmişken proje kapsamında hava alayı ile sivil hava alanını ayırmak için inşa edilen duvarı da ölçmüş. Birden aklıma İstanbul İnşat Emlak Bölge Başkanlığında staj yaptığım esnada İç Tedarik Başkanlığında muayene komisyonunun başından geçtiği anlatılan bir olay gelmişti. Yıl sonunda artan ödenekler ile ATAT Kamp Bölgesi'ne sahra çadırı kurulumu için 3,20 m uzunluğunda tonlarca 18'lik tor demir alımına çıkıyorlar. İhaleyi alan firma demirleri getiriyor, demirler 3,00 m uzunluğunda kesilmiş, muayene komisyonu reddediyor. Firma sakince *"Yanlış anlaşılmış hemen değiştirelim."* diyor ve bir hafta zaman istiyor. İki gün sonra başka bir firma ile İç Tedarik Bölge Başkanlığına yılbaşı eşantiyonu olarak ajanda ve 5 metre uzunluğunda şerit metre gönderiyor. Personel gelen hediyeleri aralarında paylaşıyor. Haftasına firma tekrar demirleri kontrole getiriyor. Bu defa ölçüler milimine tamam, kaç tane numune çekip ölçseler hepsi 3,20 metre. Muayene muhtırası onaylanıyor. Mal sevk ediliyor. Altı ay sonra kamp bölgesinde çadırlar kurulacak demirlerin boyu 20 cm kısa. Birlik şikâyet ediyor. Sonradan anlaşılıyor ki, iki muayene arasında eşantiyon olarak getirilen metreler 3,00 metreyi 3,20 gösterecek şekilde hileli bastırılmış. O günkü cahilliğimle 20 cm için değer mi bunca hileye demiştim ama meğer tor demirler 12,00 metre boyunda standart üretiliyormuş. Eğer 3,00 metre kesilirse sıfır zayiat verilirken, 3,20 ye kesildiğinde her 12,00 metrede 2,40 metre zayiat veriliyor yani maliyet %20 artıyormuş. Bu bilgiden sonra yapılan hile biraz daha anlam kazanmıştı. Hemen o 50 metrelik şerit metreyi bulup getirmelerini istedim ama Başkanlığın o boyda bir metresi yokmuş ve her ikisi de ölçüm yaptığı metreyi şantiyede Ergün'den almışlar. Aklıma gelenin doğruluğundan emin olmak için Nedim Albay'a *"Acil Erzincan'a gidiyoruz."* diye bilgi vererek Cenk'i de alıp, Hava Alayındaki duvarı Başkanlığın metresiyle tekrar ölçtüm. Şüphelerimde haklı çıkmıştım. 1.350 metre olarak ölçülen duvar, 1.215 metre idi. Yani her ikisi de %10 eksikti. Diğer bir ifadeyle ölçüm yapılan metre %10 kısaltılmıştı, 50 metre diye ölçtüğün gerçekte 45 metre idi. Mareşal Çakmak Hastanesi şantiyesi tesisleri geçici kabulü müteakip kaldırıldığı için o metreyi bulmamız ve bu savımızı maddi delille ispatlamamız hiçbir zaman mümkün olamadı. Ortada çok hesaplı bir kumpas vardı. Bu işin çevre tanzim projesi en az 4 yıl önce hazırlanmış ve Daire Başkanlığınca onaylı idi. Bahse konu ihata duvarının ölçüleri, hastane tesisleri için ayrılan arazi parçasının gerçekteki çevre uzunluğundan metredeki oynamayla aynı oranda arttırılarak projeye aktarılmıştı. Yani bu tezgâh en az 4 yıl önce planlanmıştı. Diğer taraftan 20 cm olması gereken çevre tanzimi saha betonu yüksekliği, şikâyet konusu dilekçede belirtilen koordinatlarda 16-18 cm arasında çıkıyordu ve saha betonu imalatı Ergün döneminde yapıldığından bu durum anlaşılabilirdi ama temel yalıtımındaki eksiklikler, kapı pencere lentolarındaki demir donatı farklılıkları, ıslak mahallerdeki tecrit hataları gibi onlarca şikâyet konusunun Ergün tarafından bilinmesi mümkün değildi. Kesin hesap ekibi o kadar noktayı kırdı döktü ki yüklenici bunların hiçbirini onarmayı kabul etmeyince hastane yönetimi kendilerine tahsis edilen ödenekle verilen bu hasarı gidermek zorunda kalmıştı. Özellikle saha betonu konusunda çok itiraz etmiştim. Zira beton masa üstü gibi dümdüz bir zemine dökülmüyordu. Binlerce metrekarelik bir alanda toprak dolguyu sıkıştırmayı müteakip beton lazer kontrollü plentlerle tesviye edilmişti. Şikâyet konusu dışında bir o kadar da rastgele noktadan ölçüm alıp ortalama alma önerimi kabul ettiremiyordum. Aynı şekilde temel yalıtımında, kapı pencere lentolarında ve ıslak mahallerde şikâyet konusundan farklı noktalardan da örnekleme kontrol yapmaya yanaşmıyorlardı. *"Konuyu şahsi algılamamamı, benim zaten kontrol şefi olarak bunların hiç birinden sorumlu tutulamayacağımı, konunun benden ziyade dönemin kontrol mühendisleri sorumluluğunda olduğunu ve bu hataların ancak imalatın yapıldığı dönemde tespit edilebileceğini dolayısıyla benim ihmalimden bahsedilemeyeceğini"* söylüyorlardı. Metre olayını ısrarımla tutanağa geçirtmiştim. Tutanakta, kendileri tespit etmeden kontrol heyetinin kendiliğinden yerinde yaptığı ölçümlerle Daire Başkanlığında inceleme aşamasında olan 3'üncü Ordu Hava Alay Komutanlığı Tesisleri İnşaatı kapsamında yapılan duvar metrajının 1.350 metreden 1.215 metreye düşürülmesini talep ettiğine ve yüklenicinin bu duruma itirazı olmadığına yer vermiştik.

Yarıyıl tatili yaklaşmıştı. FYO'dan eski oda arkadaşım Ekrem aramıştı, ortak dostumuz Kayraklık bir takım ailevi problemler yaşıyordu. Birlikte Balıkesir'e gidip duruma vaziyet etmeyi öneriyordu. Erzincan Deprem Rehabilitasyonu İnşaatı kapsamında inşa edilen lojman bloklarının ince işleri dışında devam eden işimiz yoktu. Bir hafta izin aldım. Yola çıkacağım günün gecesinde Mahmut Binbaşı aradı. Erzincan Deprem Rehabilitasyonu İnşaatı şantiyesinde askerler ile işçiler birbirine girmişlerdi. Orduevi Müdürünün talimatıyla askerler şantiyeden izinsiz malzeme alırken yakalanınca depo sorumlusu *"Zaten her istediğinizi veriyoruz niye hırsızlık yapıyorsunuz?"* deyince askerler ile işçiler birbirine girmişti. Şantiye Şefi ile Orduevi Müdürünü yatıştırıp, konunun Ordu Komutanına intikalini önlememi istiyordu. *"Sabah 10.00 da otobüsüm var. Ankara'ya gidiyorum İzinli olduğumu biliyorsunuz."* deyince *"Ne yapayım başka kimse yok, Gonca Hanım'ı mı göndereyim tek başına? Behzat'ın işi yoktur, seni sabah erken Erzincan'a götürsün. Otobüs oraya gelene kadar işini halleder oradan gidersin."* dedi. Behzat da program CD ve kitapçıklarını çoğaltmış, bir iki üniversite ve mühendisler odasından randevu almış, bu aralar İstanbul'a kadar uzanıp, program tanıtımına çıkacaktı. *"Bana uyar, iki gün önce çıkarız, Ankara'da Daire Başkanlığına beraber uğrarız, hatta arkadaşın aracılığıyla Jandarma'ya da veririz."* dedi. Sabah 06.00 gibi yola çıktık. Behzat ortağı Yusuf Ustanın Ford 4x4 Ranger'ını almıştı, arkada ağırlık yapsın diye bir iş makinesinin büyük bir tekerleği yatıyordu. Hava soğuktu, yağış yoktu, yerler kuruydu ama etraf karlıydı. Tercan'ı geçmiştik, tuz çayının üzerindeki beton köprüye girişte Behzat virajı biraz geniş almıştı. Köprüde birden kamyonla karşılaştık. Sanırım Behzat direksiyon hâkimiyetini kaybetti. Kendime geldiğimde etrafta insanlar beni araçtan çıkartmaya çalışıyordu. Ön cama çarpmıştım, burnum kırılmıştı, bir kısmı da yırtılmıştı. CD ve kitapçıklar etrafa dağılmıştı ama Behzat görünürlerde yoktu. Kaza mahallinde benden başkasını gören olmamıştı. Cep telefonumdan Behzat'ı aradım ulaşılamıyordu. Erzincan istikametine giden bir minibüs de durmuştu. Ona bindim, burnum kanıyordu, şoför peçete uzattı, aldım ben de *"Erzincan'a bir kişi."* dedim para uzattım, o da ücretini aldı. Erzincan'a girişte beni devlet hastanesine bırakmak istedi. Askerî hastaneye gideceğimi söyleyince yolunun üstünde olmadığını söyledi. Bir taksi durağından geçiyorduk. İndim, taksiyle hastaneye gittim. Yolda telefonla görüşmüştük. Umut hastanenin kapısında beni bekliyordu. Yanında da FYO'dan da tanıdığım Balıkesir'de de birlikte çalıştığımız Dolunay da vardı. Şanslıydım. Nöbetçi doktor da devre arkadaşım Mehmet Yüzbaşıydı. Kendisi kadın doğum uzmanıydı, *"Ağabey burnunu ben dikeceğim, kadın doğumcular estetik dikiş atar iz kalmaz."* diye takılıyordu. İlk kontrollerimi yaptıktan sonra kulak burun boğaz mütehassısı olmadığı için Devlet Hastanesine naklettiler. Ameliyata alacaklardı, benim bütün derdim Behzat'tı, onu merak ediyordum. Umut'u çok sıkıştırmıştım, Umut onu durumunun biraz daha ağır olduğunu benden hemen önce olay yerinden alınıp Tercan Devlet Hastanesine götürülmüş olduğunu söylüyordu. Biraz rahatlamıştım ama beni niye bırakmışlardı ki, ben de kanlar içinde ve baygındım. Beni tam ameliyata alıyorlardı ki Umut'un Dolunay'a, Behzat'ın yolda öldüğünü söylediğini duydum. Kalbim duracak gibi olmuş, tansiyon anında gitmiş, gözlerim kararmıştı. Ne mutluydu o gün, bir kızı vardı, yakın zamanda bir de oğlu olmuştu. Sabah zor ayrılmış kızından. İki defa kapıdan dönüp tekrar öpmüş hatta ikincisinde ayakkabılarını çıkarmadan içeri girdiği için eşiyle tartışmışlar. Oğlunun adını da Mustafa koymuştu. Telefonumu Umut'a verdim, *"Durumu kimseden saklama, eşime bilgi ver, her arayana gerçekleri en açık hâliyle anlat."* dedim. Ameliyat iyi geçmişti. Hastanede özel bir odaya almışlardı. Bir hafta hastanede yattım, Dolunay kaldı yanımda. Sağ olsun Umut her gün geldi. Orduevi Müdürü 3-4 kez geldi. Kurmay Başkanı personel şube müdürünü göndermiş. Hüseyin Ceylan, Kargıoğlu, Orhan ağabey hepsi aradı muhtemelen Ekrem'den duymuşlar. Gonca Hanım aradı, ağladı, *"Yüzbaşım eşinizi de aradım, müsaade etti ben gelsem size baksam orada."* diyordu. Yusuf Usta aradı, o da yıkılmıştı. Yüksel ağabey ile gelmek istiyorlardı. Eşime gitmişler *"Yenge istersen seni ve çocukları götürelim."* demişler. Ben iyiydim ve ameliyattan sonra tüm telefonlara ben bakıp iyi olduğumu, kimsenin gelmesini istemediğimi söylemiştim. Bu arada ne Başkan aradı, ne Şube Müdürü ne de Başkanlıktan başka bir personel. Bir haftanın sonunda 20 gün raporlu olarak hastaneden taburcu olmuştum. Erzurum'a Umut getirmişti. Biraz hâlsizliğim ve ağrılarım dışında çok şükür ciddi bir sıkıntım yoktu ama Başkanlığa gitmek istememiş ve raporu Umut'la göndermiştim. Akşam Başkanlıktan ziyaretime ilk Mustafa Astsubay geldi. Zaten kazadan sonra her gün mesai çıkışı uğrayıp hanımın ihtiyacını sormuş benimle ilgili bilgi almış. Yusuf Usta, Yüksel ağabey, Hatice Hanım ve Gonca Hanım geçmiş olsun ziyaretine geldi. Onların anlattıkları Başkanlıktaki durumu aydınlığa kavuşturmuştu. Kaza günü Nedim Albay zaten bir haftadır İstanbul'da izindeydi. Mahmut Binbaşı da sabah erkenden Ardahan'a şantiyeye gitmişti. Başkanlıkta en kıdemli subay Cenk kalmıştı. Benim askerî hastaneye intikalim üzerine durum Ordu Komutanlığına rapor edilince, Ordu Komutanı, MSB Müsteşarını arayıp, Erzurum Bölgede yüzbaşı rütbesinde bir personellerinin kaza yaptığını söylüyor. Müsteşar, Başkanlığı arıyor telefona Cenk çıkıyor. Bilgisinin olmadığını ancak benim zaten izinde olduğumu o bölgeye bir görevlendirmem olmadığını söylüyor. Müsteşar da Ordu Komutanına dönüp tekrar teyit etmek isteyince Ordu Komutanı *"Müteahhidin aracında bir yüzbaşı yaralanıyor, müteahhit ölüyor, etrafa yüzlerce CD ve kitapçık dağılmış. Bölgenin böyle bir görevlendirmeden bilgisi yok. İkinci bir Susurluk Skandalı'nı kaldıramaz bu millet. Ayağınızı denk alın."* deyince Müsteşar Daire Başkanına, Daire Başkanı Bölge Başkanına, Bölge Başkanı Şube Müdürüne veriyor veriştiriyor. Ortalık karışıyor, herkes bir altındakini suçluyor. Aslında olayın bu boyuta gelmesinin tek suçlusu Mahmut Binbaşı olmasına rağmen personele kimsenin benimle ve ailemle irtibat kurmaması ve arayıp sormaması için sıkı sıkıya talimat verilmişti. Aslında Ordu Komutanlığı Nöbetçi Amiri, Komutana bilgi arz etmeden önce Bölge Başkanlığını arıyor ve Mahmut Binbaşı ile görüşüyor. Mahmut Binbaşı benim bölgede olduğumu teyit etmiş ve hem kaza olduğu hem de hastaneye ulaştığım bilgisini almış. Hatta hanımı aramış. Sabah kaçta ve kiminle çıktığımızı sormuş. Kaza geçirdiğimizi söyleyip telefonu kapatmış ve Başkana ve Başkanlıktan kimseye bir bilgi vermeden Ardahan'a gitmiş. Hanım tereddüt etmiş ve kiminle çıktığımızı görmediğini söylemiş ama kaza haberini alınca deliye dönmüş. Telefonumu arayınca Umut kendisine bilgi verip sakinleştirmiş. Yusuf Usta, Yüksel ağabey, Hatice Hanım ve Gonca Hanım'ın anlattıklarıyla benim bildiklerimi örtüştürünce olay anlaşılmıştı. Ertesi gün de ben onlarla birlikte Ayten Hanım'a başsağlığına gitmiştim. Boynuma sarılmış, ağlamış, daha önce Behzat'tan dinlediğim o sabah kızından ayrılamayışını anlatmıştı. Rahmetli hastaneye ulaştırılamadan yolda vefat etmişti. Üzerinde bir miktar dolar vardı, kolunda da iyice bir saat ama ailesine teslim edilen eşyalarının arasında bunlar yoktu. Yolda getirenler mi almıştı, hastanede mi kaybolmuştu, bilen yoktu. Kimse ölüme hazırlıklı olamıyordu. Zaten bir yıldır şirket zor durumdaydı. Bu durum ister istemez onları da etkilemişti. Birçok borcu ve taksiti varmış. Evde Mustafa'ya süt alacak parası yokmuş. Ayten Hanım bunlardan da yakınmıştı. İçimiz parçalandı. Hatice Hanım, Başkanlıkta gönüllülük esasına dayalı bir yardım kampanyası başlatmaya söz vermişti. Yusuf Usta ile Yüksel ağabey esnafı dolaşacak, borçlarını toparlayacak, yapabilirlerse yeniden yapılandıracaktı. Bu arada bana bizzat gelen ve telefonla ulaşan pek çok müteahhit maddi yardım yapmak istemişlerdi. Bölgede iş yapan firmaların çoğunun bürosu Ankara'daydı. Erzurum'a iş takibine geldiklerinde Behzat'ın bürosunu kullanmışlardı. Behzat'ın her birine bir şekilde iyiliği dokunmuştu. Şimdi ailesine yardımcı olmak ve minnet borçlarını ödemek istiyorlardı. Onları da Hatice Hanım'a yönlendirmiştik. Yüksel ağabey sinirleri tepesinde dönmüştü. *"Mümkün değil bu kadar borcunun olması, muhtemelen öldüğü duyuldu, esnaf da borcunu şişiriyordur."* diyordu. Şok olmuştum. Erzurum halkını daha dindar bilirdim. Oysa bizim oralarda da biri vefat ettiğinde eşi dostu piyasaya olan borcunun peşine düşerdi ama vefat ettiğini duyan esnaf hemen veresiye defterindeki sayfasını yırtar *"Rahmetlinin amel defteri kapandı, veresiye defterinin bahsi mi olur."* derdi. Gerek personel gerekse müteahhitler üzerlerine düşeni fazlasıyla yapmıştı. Borçlar ödenmiş hatta çalıştığı firma kendisi çok zor durumda olmasına rağmen oturduğu evin kalan taksitlerini defaten ödemişti. En az 3-5 ay da yetecek nakit paraları kalmıştı ellerinde. Şükürler olsun dostlar gerçekten böyle günlerde belli oluyormuş. Raporumun bitiminde hiçbir şey olmamış gibi gidip odama oturmuş, Başkana veya Şube Müdürüne uğramamıştım. Bir iki gün boyunca odamın önünden geçerken onlar da görmezlikten gelmişlerdi. Sonunda Nedim Albay benim odaya dalıp hastane dönüşü kendisine tekmil vermediğimi ve bu suretle askerliğin tüm teamüllerini yıktığımı söyleyince ben de *"Sizler insanlığın teamüllerini yıktınız, hadi kendiniz arayıp sormadınız, personele yasak koymak da ne demek."* dedim. *"Sen kendi kafana göre kimseye söylemeden çekip gittin diye hepimizin işitmediği azar kalmadı."* deyince tutumunun nedeni anlaşılmıştı. Mahmut Binbaşı kendini kurtarmak için böyle söylemişti. Elimde görev kâğıdı yoktu. İzinliydim ve izin kâğıdım sisteme işlenmişti ayrıca iznimi geçireceğim adrese gitmek için kimseye bilgi vermem gerekmiyordu. Mahmut Binbaşı'nın ikircikli tavrı sonradan herkese ayan olmuştu. Nedim Albay açıkça dile getirmese de pişmanlığını tavırlarıyla göstermeye çalışıyordu ama benim içimde bir şey kırılmıştı bir kere. Görev dışında bir daha kendisi ile temas kurmamaya özen gösteriyor, aynı ortamları paylaşmıyordum. Personeli hata yapmış bile olsa başına bir musibet geldiğinde ne personeline ne de o konuda masum çoluk çocuğuna arka çıkabilmişti. Herkes karakterinin gereğini sergiliyordu.

Bu arada tayin formlarının doldurulma zamanı gelmişti. Şark görevim sona eriyordu. Bu defa Ankara'ya atanma ihtimalim çok yüksekti ama Ankara'da ortam çok karışıktı. Kargıoğlu ve Hüseyin Ceylan Özel Kuvvetler Komutanlığı Oğulbey İnşaatı ile ilgili sıkıntıdaydı. Muhtemelen onların yerine adam aranıyordu. Ankara zaten istemediğim bir garnizondu. Şark haricinde şartları şarkı aratmadığı için tercih edilmeyen Sivas ve Malatya benim için kurtuluş olabilirdi. Sivas'ta İnşaat Şube Müdürü Orhan ağabeydi. Malatya'da Gönül Yüzbaşı vardı, tayini çıkınca inşaat şube de hep teğmen-üsteğmen rütbesinde genç subaylar kalmıştı. Malatya'nın müdür ihtiyacı dururken beni Sivas'a vermezlerdi. Ben de ilk tercihime Malatya yazmıştım. Erzurum'a çok isteyerek hatta şartları zorlayarak gelmiştim. Hakkımda hayırlı olur diye düşünmüştüm ama bu başıma gelenleri düşününce *"Sizin hayır sandığınızda şer, şer sandığınız şeyde hayır vardır. Allah bilir, siz bilmezsiniz."* (Bakara suresi 2/216) ayet-i kerimesi daha bir anlam kazanıyordu. Belki de kul bir şeyi çok istediğinde bu konudaki aşırı istek, maksadın aksiyle tokat yemeye de sebebiyet verebiliyordu. Kulun Allah'tan edep dairesinde ısrarla isteyeceği yegâne şey hakkında hayırlı olanı istemek olmalıymış. Onun için Malatya konusunda ısrardan ziyade hakkımızda hayırlısıysa kaydını koyuyor ihtiyatlı davranıyordum.

Bu arada hanım gitmeden çocukların sünnet olayını da aradan çıkaralım istiyordu. Hastanede iyi bir cerrah vardı, onun da tayini çıkmıştı. O cerrah Erzurum'dan ayrılmadan çocukları sünnet yaptırmak istiyorduk. Ailelere haber verdik. Aile büyükleri de toplandı. Hastanede kestirdikten sonra sünnet kıyafetleri ile birkaç gün etrafta dolaştılar. Ailece bir yerde yemek yedik, çocukları da bir gün lojmanlardaki arkadaşları ile hamburger yemeğe götürdük. Bunun dışında ne hanımın aile çevresini ne de benim iş çevremi olaydan haberdar etmeden sessiz sedasız bu işi de bitirmiş olduk. Dualarımdan biri daha kabul olmuştu. Kendi evliliğimiz gibi bu da çalgısız çengisiz, sessiz sedasız en sade hâliyle olup bitmişti.

Kazanın üzerinden bir aydan fazla zaman geçmişti. Bir gün Yusuf Usta ve Yüksel ağabey ofiste benimle görüşmek istediler. Firmanın geleceğini konuşmak istiyorlardı. Yusuf Usta haklı olarak Ayten Hanım ile ortaklığını devam ettirmek istemiyordu. Yanlış anlaşılacağı, dedikoduya mahal vereceği kaygısını taşıyordu. *"Erzurum gibi yerde dul bir kadınla iş ortaklığı olmaz."* diyordu. Behzat'ın hissesinin de kendisine devredilmesini veya kendi hissesini bedelsiz Ayten Hanım'a veya uygun göreceği birine devretmek istiyordu. Kendisine devredilmesi durumunda Behzat'ın yetimlerinin hakkını kendi çocuklarından önde tutacağını ve firmanın ayakta kalması için her türlü desteği yapacağını, firmaya ihtiyaca göre hem mühendis hem de yazılımcı personel alacağını, kendisinin devretmesi durumunda herhangi bir hak talebinde bulunmayacağını devir masraflarını da karşılayacağını söylüyordu. Aslında şirketin kuruluşunda Behzat'ın herhangi bir maddi katkısı olmamıştı. O şirkete teknik bilgisi ile destek sağlayacak ve şirketin yönetimini üstlenecekti ama ömrü vefa etmemişti. Bugüne kadar yapılan her türlü masrafı Yusuf Usta karşılamış hatta kazada onun aracı da hurdaya çıkmıştı. Behzat'ın görevini üstlenecek uygun biri bulunamazsa firma gelecek vaat etmeyebilirdi. Ben her iki durumda da kaynak kodlarını teslim edecek ve firma bünyesinde istihdam edilecek bir yazılımcıya programın sürekliliğini sağlayacak her türlü detayı aktaracaktım. Program piyasada tutunabilirse yıllık birim fiyat satışlarından bana da yüzde vereceklerdi ama bu konuda yazılı bir anlaşmamız yoktu. Ayten Hanım yakın çevresinin de telkiniyle kimseye güvenmiyor ve Yusuf Ustanın hissesinin kardeşine devrini istiyordu. Hemen öğleden sonra Yusuf Usta tüm masrafları da üstlenerek devir olayını gerçekleştirmişti. Yazılımın açık kaynak kodlarını da CD hâlinde kendilerine teslim etmiştik. Bir yazılımcı istihdam etmeleri hâlinde ben her türlü bilgiyi kendisine aktaracaktım. Yusuf Usta, ofisi kapatmış, Dilek işten ayrılmıştı. Ayten Hanım bu işi rahmetli eşinin ofisinden yürütmek istiyordu. Her şey tüm açıklığı ile konuşulmuş ve herhangi bir gönül kırgınlığı olmadan ortaklık devri hallolmuştu. Ayten Hanım bu işi hiçbir zaman hayata geçiremedi. Firmaya yazılımcı veya mühendis alamadı. *"Aç gözlülük etmeseydi, eşinin birlikte yola çıktığı ortağına güvenseydi, belki daha iyi olurdu."* diyemiyorum çünkü olanda hayır vardı.

Tayinler açıklanmış, ilk tercihime atanmıştım. Daha önce olduğu gibi eşimin anne ve babası yine yalnız bırakmamış, yer değiştirme aşamasında çocuklara göz kulak olmak ve eşya toplamak üzere gelmişlerdi.

Malatya (2002-2008)

Malatya otogarına indiğimde otogar, beni uzay kafes çatısıyla, mermer yer döşemeleriyle, tertip düzeni ve temizliği ile adeta büyülemişti. Üsteğmen Yücel Bilgin askerî araçla gelmiş, yan peronda bekliyordu. Tayinler açıklanır açıklanmaz Başkanla telefonda görüşmüştük. *"Hayırlı olsun."* deyip benim muhtemel katılış tarihimde kendisinin izinde olacağını ancak gençlerin otogarda karşılayacağını söylemişti. Bu ince davranış karşısından onore olmuştum.

Önce Bölge Başkanlığına gittik. Başkan dediği gibi izindeydi. Başkanlıkta Yücel dışında subay olarak 5 teğmen daha vardı. Erdal ile Can bir odada, Ali, Mustafa ve Özgür de daha genişçe bir odada bir arada oturuyorlardı. Bu kadar genç arasında ben de gençleşirdim. Sivil mühendis kadro tecrübeliydi. İnşaat mühendisi olarak Emin Tursun ile Aysun Kaya, makine mühendisi olarak Murat Kayapınar ve Murtaza Bozkurt ve elektrik mühendisi olarak Mustafa Çarıkçı ile Murat Gökalp vardı. Bir yıl önce İnşaat Emlak Dairesi ile NATO Enfrastrüktür (ENF) Dairesi birleşmişti. Bölge Başkanlığının adı MSB Malatya İnşaat Emlak ve NATO ENF Bölge Başkanlığı olmuştu. Bölge Başkanlığı İnşaat Şube Müdürlükleri kadrolarına NATO ENF Kontrol Amirliği eklemlenmişti. NATO ENF Kontrol Amiri Ekber Yıldırım, Makine Mühendisi Murat Baynazi ve Elektrik Teknikeri Erol Çınar da bu birleşme neticesinde Bölge Başkanlığı kadrolarına katılmışlardı.

Bölge Başkanlığı, başkanlık karargâhı, çalışma ofisleri, personel yemekhanesi, misafirhanesi, er koğuşu, gazinosu, sosyal ve spor alanları dâhil her türlü ihtiyaç göz önünde bulundurularak geniş bir alanda ve her türlü peyzaj çalışması ile bir bütün oluşturacak şekilde tasarlanmış modern bir tesisti. Bir tarafında tren hattı vardı, diğer tarafında Hava Alayı. Askerin her türlü ihtiyacı Hava Alayından deruhte ediliyordu. Başkanlığın hemen karşısında garnizon lojmanları vardı. Kara ve hava lojmanları aynı yerleşke içerisindeydi. Lojman bölgesinde, ilkokul, ortaokul, kantin, piknik alanları, market, yüzme havuzu, kütüphane, spor alanları, hobi bahçeleri, kapalı spor salonları, resim, müzik ve el sanatları kurslarının düzenlendiği hobi merkezleri gibi çok çeşitli tesisler yer almaktaydı. Yüzlerce meyve ağacı arasında bir tatil köyünü andırıyordu. Personelden yıllık tatilini burada geçirenlerin de olduğu söyleniyordu. Lojman dağıtım puanlarına baktığımızda bana ilk yıl lojman çıkması pek muhtemel görünmüyordu.

Malatya İnşaat Emlak Bölge Başkanlığı sorumluluk sahasında Malatya dışında, Elâzığ, Bingöl, Tunceli, Şanlıurfa ve Adıyaman illeri vardı. Askerî birlik olarak da Malatya'da 2'nci Ordu Komutanlığı, Kara Havacılık Alayı, 7'nci Üs Komutanlığı, Elâzığ'da 8'inci Kolordu Komutanlığı, Tunceli ve ilçelerinde Komando Tugayları, Bingöl'de İç Güvenlik Tugayı, Şanlıurfa'da 20'nci Zırhlı Tugay ve Hudut Alayı vardı.

Şehrin her tarafı yeşil ve tertemizdi. Köşe başlarında sokak çeşmeleri vardı ve bu çeşmelerden akan serin sular içilebiliyordu. Bu çeşmeler beni çocukluğuma götürmüştü. Oyun oynarken kan ter içinde kalır sonra da anamızın memesini emer gibi bu kurnalara ağzımızı dayar kana kana su içerdik. Hâlâ sokak çeşmelerinden su içilebilen bir şehrin varlığı nostalji yaşatmıştı. Orduevinin önünde yemyeşil geniş bir park, arkasında da özellikle akşamları çok hareketli olan Kanal Boyu Caddesi vardı. Kernek Meydanı'ndaki çağlayan su, caddenin ortasındaki kanal içinden coşkuyla akar, Battalgazi Ovası'nı sulardı. Etrafında pek çok dondurmacı bulunan bu cadde, halk arasında *"Yalama Caddesi"* olarak biliniyordu. İstanbul Mahmutpaşa'ya benzettiğim yüzlerce küçük dükkândan oluşan çarşısı vardı. Şehirde iki tane cumhurbaşkanı çıkarmış olmanın etkisini görmek mümkündü. Ticari hayat çok canlıydı, insanlar birlikte kazanmayı ve bir arada yaşamayı öğrenmişlerdi. Erzurum'un aksine bir dükkâna girdiğinizde esnaf istediğiniz bir malın siz istemeseniz de her modelini ve her rengini gösteriyor, sabırla karar vermenizi bekliyordu. Aradığınız mal kendisinde yoksa temin edebileceğiniz en yakın mağazaya kadar size kendisi eşlik ediyordu. Ortaklık kültürü çok gelişmişti. Esnaf bir alana sıkışıp kalmamış, giyim sektöründe birileriyle ortaklığı varken, başka birileriyle yiyecek sektöründe, bir başkalarıyla eğitim, sağlık veya inşaat sektöründe bir araya gelmiş. Mahalle aralarında adım başı fırınla karşılaşıyorsunuz. Ev hanımları mahalle fırınlarında bazen hazırladıkları içi gönderip, açık ekmeğe lahmacun yaptırıyor, bazen de tepsi veya güveçlerde yemeklerini pişirtiyorlardı.

Balıkesir'de iken Ali Koyunoğlu vasıtasıyla tanıdığım Malatyalı Kürt lakaplı Ordonat Yüzbaşı Mustafa Gerçek Malatya Mühimmat Bölük Komutanıydı. Eşi Asuman da Balıkesir'e nişanlısını görmeye geldiğinde bizim aile ortamımıza girerdi. Her sabah aracıyla gelir, birlikte kiralık ev arardık. Bir akşam yine ev aramaktan yorgun düşmüş bir şekilde orduevine yemeğe giderken bir mağazanın camındaki kiralık daire ilanı dikkatimi çekmişti. Bahçelievler Sitesi'nde ve Mehmet Emin Bitlis Okulu yanında diyordu. Aradığım iki kriteri de karşılıyordu. Kiralayacağım bina, çocukların kapıdan çıkınca sokağa direk adım atmaması için bir bahçe içinde ve bir okula yürüme mesafesinde olmalıydı. Hava kararmak üzeriydi, hemen Mustafa ile ilandaki adrese gittik. Kapıcı telefon ışığıyla daireyi gezdirdi. Lojmanda alıştığımız standartlara yakındı, burada da erkeklere ve kızlara verebileceğimiz birer oda olacaktı. Evin konumu çok iyiydi. Apartman ile okul arasında 3 metre genişliğinde bir sokak vardı. Balkondan baktığımızda, çocukların okulun bahçesinde oynadıklarını görebilecektik. Kapıcı iki güne kadar daireyi boyayacaktı.

Başkan izinden yeni dönmüştü, henüz tanışmıştık ve oturup etraflıca konuşamamıştık bile ama benim Erzurum'daki lojmanı da bir an önce boşaltmam gerekiyordu. Ertesi günü yine mehil iznimi alarak Erzurum'a döndüm, eşyalar toplanmıştı. Kamyona yükleyip, biz de Erzurum'a geldiğimiz gibi yine bir arabaya doluşarak Malatya'ya doğru yola çıktık. Palandöken'i aştığımda üzerimden büyük bir yük kalkmış gibi hissettim. Geriye dönüp Erzurum'a uzun uzun baktım. Ne umutlarla ne heveslerle geldiğim bu şehirden şimdi kaçarcasına uzaklaşmak istiyordum. Şehre ilk intibakımı hâkim bir arkadaşımla yapmıştım. Şehirle irtibatımı da korkarım yine hâkim bir arkadaşımla kesecektim. Zira hakkımda açılacak muhtemel davaları düşündükçe adaletine güvenebileceğim bir hâkime çok ihtiyaç duyacaktım. Karlıova üzerinden Bingöl'e inince dağ yolunu bitirmiş, Yado Çeşmesi'nin serin sularıyla rahatlamıştık. Bugün serin sularıyla rahatladığımız Yado Çeşmesi'nin, 1993 Bingöl Katliamı'nın gerçekleştirildiği yer olduğunu öğrendiğimde kanım donmuştu. Malatya'dan usta birliklerine gitmek için sivil otobüslerle yola çıktıktan sonra Elâzığ-Bingöl Karayolu'nda PKK tarafından silahsız Türk askerlerine saldırı düzenlenmiş. Askerleri taşıyan araçlar PKK militanlarının zapt ettiği kamyonlar vasıtasıyla durdurulmuş ve 36 asker rehin alınmıştı. Olayın gerçekleştiği noktada 3 öğretmen de askerlerle beraber alıkonulmuş. Aynı günün akşamı 33 asker PKK'liler tarafından şehit edilmiş, saldırı ülke çapında büyük tepki toplamıştı. Öğretmenler de daha erken saatlerde kurşuna dizilmişti. Kovancılar'dan sonra iklim ve sosyal doku değişmeye başlamıştı. İnsanı rahatlatan bir havası vardı. Elâzığ'ı geçmiştik. Kömürhan Köprüsü ülkede şark ile garbın sınırını teşkil ediyordu. Kömürhan Köprüsü'nün Elâzığ tarafı şark hizmetinden sayılıyor, Malatya tarafı batı görevinden sayılıyordu. Akşam Mustafa'nın misafiriydik. Hanımın anne ve babasını orada bırakarak yemekten sonra biz çocuklarla orduevine geçmiştik. Ertesi gün kahvaltıdan sonra eve geçtik, eşyalar gelmiş yukarıya taşınıyordu. Komşular çardakta oturmuş sohbet ediyordu. Hanım pek çok komşusuyla tanışıp kaynaşmıştı bile.

Bu sene benim haricimde aile bireylerinin tamamı okula başlamıştı. Hilal ana sınıfına, hanım da açık öğretim fakültesine başlamıştı. Hanım, evin durumuna ve konumuna bayıldı. Apartmanda komşuluk ilişkileri çok sıcaktı. Mustafa dışında yine Balıkesir'den tanıdığımız okuldan kıtaya çıkan öğretmen subaylardan Binbaşı Faruk Gül vardı. Bölge Başkanlığındaki sivil mühendisler arasında sıkı bir dostluk ve arkadaşlık vardı. Aile ortamında sık sık bir araya geliyorlardı. Genç subaylar da bu ortama uyum sağlamıştı. Erzurum'da geçen yalnız yılların ardından tekrar Balıkesir'deki sıcak dostluk ortamına kavuşmuştuk.

Bir hafta sonu Başkanlıkta nöbetçi amiriyim. Hava Üssünde Türk Yıldızları gösteri uçuşu yapacakmış. Şehir halkı gösteriyi izlemek için üsse akın etmişti. Lojmanlardan da ailelerin izlemesi için servis kaldırıyorlardı. Faruk ağabeyin eşi ve çocuklarıyla bizimkiler de lojmanlardan kalkan servislerle üsse gideceklerdi. Biz de Başkanlık kamelyasında muhabbet edecektik. Bir iki saat sonra hanım telefon etti, kalabalıkta Murat'ı kaybetmişler, aramadıkları yer kalmamış, bulamıyorlarmış. Bizimkilerin dışında üste başka kimse de kalmamış, askerler bölgeyi taramaya başlamışlar. Faruk ağabey üsse gitmek için aracına doğru yönelmişti ki telefonum çaldı. Belediye Otobüs İşletmeleri Hareket Amirliğinden arıyorlardı. Murat oradaymış. Faruk ağabey önce Murat'ı alacak, sonra üsse hanımları almaya gidecekti. Hanımlara haber verdik, onlar da rahatlamışlardı. Murat bir ara çiçek toplamak için hanımın elini bırakınca kalabalıkta kayboluyor ve belediye otobüslerinden birine binip şehre geliyor. Otobüste bir ara ağlamaklı oluyor. Şoföre kaybolduğunu söyleyince *"Sen kaybolmamışsın, bak buradasın, annen kaybolmuş buluruz şimdi, sen ağlama."* diyor. Murat benim cep telefonumu söyleyince de arayıp haber vermişlerdi. Murat hâlen biraz daha dikkatsiz ama o günden beri kaybolduğunu kabul etmiyor. *"Kaybolan annemdi."* diyor.

Bölge Başkanı Albay Mehmet Çiçek tatlı sert, dürüst samimi ve mert bir insan, sevecen bir komutandı. Kadro bu kadar genç, Şube Müdürü Gönül Yüzbaşı da bir o kadar tecrübesiz olunca mecburen inşaat konularına müdahil olmak zorunda kalmış ve bu endişe zamanla kendisini biraz tahammülsüz ve sinirli yapmıştı. Çiçek Albay ile uzun bir sohbet yapmış, ona tüm açıklığım ve samimiyetimle kendimi anlatmıştım. Erzurum'da yaşadığım sıkıntıları ve buraya yansıması muhtemel uzantılarından bahsetmiştim. Kendisi de benimle ilgili bir araştırma yapmış, kafası karışmıştı. Kimilerine göre teşkilatın altın çocuğu, kimine göre başına buyruk biriymişim ama dost düşman herkes mesleki bilgi ve tecrübe konusunda hakkımı teslim ediyormuş. Kısa sürede birbirimizi anladık, anladıkça Çiçek Albay teknik konulara müdahil olmayı bıraktı, bıraktıkça rahatladı. Kendisine inşaat şubeden herhangi bir sorun veya şikâyet intikal etmiyordu artık. Kendisi zaten bölgenin çocuğuydu etrafta oldukça çok tanıdığı, eşi dostu vardı. Onlara zaman ayırıyordu. Şantiye ziyaretlerine birlikte giderdik. O komutanla çay kahve içerken ben şantiyeyi denetlerdim.

Kayapınar da Çiçek Albay da sıkı "gakkoş"tu. Gakkoş Elâzığ ağzında *"Kardeş"* veya *"Ağabey"* anlamında kullanılıyordu. Elâzığ hakkında çok şey öğrenmiştim onlardan. Şanlıurfa'nın sıra geceleri gibi Elâzığ'ın da kürsü geceleri varmış. Elâzığ-Harput müziğinde müstezat, beşiri, ibrahimiye, hoyrat, şirvan, divan, elezber, tecnis, nevruz, versak, sabahi, muhalif, gibi tamamıyla Elâzığ adları ile bilinen gerçekten çok nefis ve orijinal makamları tanımıştım. Mamur'ül Aziz Vakfı sayesinde sosyal doku da çok güçlü kalmıştı. Kişinin dili, dini, ırkı, cinsiyeti hiç önemli değilmiş, ihtiyaç sahibi ise bu vakfın ilgi alanına girermiş. Bu vakıf sayesinde *"Bu gece Elâzığ'da hiç kimsenin yatağa aç girmediğini"* bilmenin huzuru içinde şehir halkı gönül rahatlığı ile yatağa girermiş. Alan el, vereni görmezmiş. İhtiyaç sahipleri vakfın temin ettiği bir kredi kartıyla yine vakfın mağazasından üzerine giyip deneyerek, beğendiği kıyafeti alıyormuş. İhtiyaç sahibi rencide edilmeden gerekirse her akşam evine yemek gönderilirmiş. Özellikle Almanya'ya çalışmaya gidildiği bir dönemde gakkoş Amerika'ya gitmiş, bir nesil oradan emekli olmuş ama çocuklarını da orada tutundurmuş. Şimdi yurt dışında hayata tutunan bu gakkoşlar, Elâzığ'da ihtiyaç sahiplerinin yardımına koşuyorlardı. Vakıf sayesinde ihtiyaç sahipleri için açılan hesaplara aylık düzenli para yatırıyorlar ama ne yatıran bu paranın kime gittiğini ne de ihtiyaç sahibi bu paranın kimden geldiğini bilirmiş. Sosyal hayata dair çok ince düşünceli gelenekleri vardı. Eski evlerde iki tane kapı tokmağı olurmuş, hangi tokmağın çaldığına göre kapıdakinin kadın mı erkek mi olduğu bilinerek kapı açılırmış. Pencerelerde dıştan görünen çiçeklerin her birinin bir anlamı varmış. Bazı çiçekler, bu evde hasta olduğunu, bazıları, evde bekâr kız olduğunu, bazıları da evde yas olduğunu haber verirmiş. Sokakta bir cüzdan bulduğunuzda onu hemen alıp karakola götüremezmişsiniz. Onu ilk gören etrafına bir çember çizer ve cüzdanı uzaktan izlermiş. Ta ki cüzdanın etrafında 3 çember olana kadar kimse onu alıp da karakola götürmezmiş. Yerde cüzdanı ve etrafındaki çemberleri görenler bu cüzdanı etrafındaki çember sayısı kadar kişinin daha önceden gördüğünü ve şu an o cüzdanı göz hapsinde tuttuklarını bilir şeytana uymazmış. Bu arada cüzdanını düşürdüğünü fark eden kişi geçtiği güzergâhı takip ederek geri döndüğünde karakolla uğraşmadan cüzdanına kavuşur, fazladan zahmet çekmemiş olurmuş. Müzikle bu denli içli dışlı olmak insanları böylesine zarif ve düşünceli yapmış sanırım. Her iki komşu şehir gibi Elazığ ile aralarında tatlı bir rekabet vardı. Elâzığlılar Malatyalıları okutmakla, Malatyalılar da Elâzığlılara iş vermekle övünüyordu. Rahmetli Özal'ın Cumhurbaşkanlığı döneminde tüm bölge müdürlüklerini Elâzığ'a taşıttığı ve *"Bırakın onlar odacı olsun, biz sanayici olacağız."* dediği rivayet edilirdi.

Gençlerle bir sıra dâhilinde şantiyeleri dolaşmaya başlamıştık. Özellikle hakediş talebi olanlara öncelik veriyorduk. Geçen hafta Elâzığ Askerî Hastane İnşaatına gitmiştik. MSB'nin en büyük yüklenicilerinden olan Pekerler taahhüdünde şantiyede işler düzenli ve hızlı bir şekilde ilerliyordu. Bülent Alpaslan'ın taahhüdünde Sarıkamış Orduevi ile birlikte Singer Tabya Tesisleri işi de vardı. Necmettin'in baskısıyla Bülent Bey bu işi Pekerlere devretmek zorunda kalmıştı. Pekerler Sarıkamış Orduevine de talip olmuştu. Bülent Bey o işi devretmek istemeyince ben de tamamlaması için destek olmuştum. Başlarda Erdal Peker o devir işinden dolayı kendisine tavır alacağımı düşünmüştü ama beni tanıdıkça bu endişesinin yersiz olduğunu anlayıp rahat bir nefes almıştı.

Bu hafta Haşimoğulları taahhüdünde Tunceli 4'üncü Komando Tugayı 1'inci Tabur Tesisleri İnşaatı işine gidecektik. Ara hakedişlerden tespit edebildiğimiz kadarıyla iş %70 seviyesinde görünüyordu. Şantiyeye gittiğimde şaşırmıştım. Genel hatları ile inşaat daha tuğla duvar seviyesinde idi. Ödeme ile şantiyedeki filli durum arasında ciddi fark vardı. Bu hâliyle inşaatın seviyesi %40 mertebesinde olmalıydı. Dönünce hemen ilk hakedişten başlayarak metraj bilgilerini TekHakWin programına girdim. Tahminim doğruydu, ödeme seviyesi % 38 olması gerekiyordu ama yaklaşık iki kat ödeme yapılmıştı. Tek tek hakediş çarşaf sayfalarının çıktılarını alıp, Can ile satır satır karşılaştırmaya başladık. Yüklenici hakediş çıktılarını Mikro Prosesör Hakediş Programı'ndan almış görünüyordu. Programa girilen metraj değerleri, proje verileri ve sahadaki işin ilerleyişi ile uyumluydu. İmalat kalemlerinin yıllık birim fiyatları da doğruydu. Zaten hakediş ödemesi aşamasında bu değerler kontrol teşkilatınca da tek tek kontrol edilmişti. Çarşaf sayfalarındaki miktar ile birim fiyatın çarpımını oluşturan tutar sütunundaki bazı parasal tutarlar, yüklenicinin lehine olacak şekilde sehven hata yapılmış izlemini verilerek değiştirilmişti. Sehven yapılmış izlenimi vermek için de tutarı oluşturan rakamların bazılarının yerleri değiştirilmişti. Bu değiştirilen rakamlar da bulundukları basamak değerlerine bağlı olarak hakediş tutarını toplamda iki katına çıkarmıştı. Şeytanın aklına bile zor gelen cinsten bir cinlikti. Şantiye şefine edebimizden yaptığının hırsızlık olduğunu söyleyemedik. Bilgisayarlarındaki bir virüsün neden olmuş olabileceği bu tür bir hatadan dolayı firmalarının kamu kurum ve kuruluşları nezdinde itibar kaybedebileceğini ve bu duruma karşın ivedilikle tedbir almaları gerektiğini söylemiştik.

Son dönemlerde İnşaat Emlak Teşkilatı kaynayan bir kazana dönüşmüştü. Teşkilat, bir taraftan TSK üst kademesinin kendi aralarındaki hesaplaşmalarına, bir taraftan bu kadroların sahada kullandığı ekipleri değiştirme mücadelelerine sahne oluyordu. BÇG maşa ve yandaş olarak kullandığı yüklenicileri değiştirmek için düğmeye basmış, ortalık bir anda toz duman olmuştu. Buna Teşkilat içindeki kişisel hesaplaşmalar ve menfaat temin etme gayretleri de eklenince iş yapmak da yaptırmak da kor ateşi elde tutmaya denk olmuştu. Malatya'ya tayin edildikten sonra Daire Başkanlığı Kesin Hesap Şubesi Sarıkamış Orduevi İnşaatı'nın kesin hesabını 24 Nisan-01 Mayıs 2003 tarihleri arasında benim nezaretimde yerinde incelemişti. Bir takım notlar almışlardı ve büroya döndüklerinde kesin hesabı bu notlar doğrultusunda tekrar değerlendireceklerdi.

Sarıkamış'tan döndüğüm 1 Mayıs 2003 Perşembe günü, yerel saat ile 03.27'de Bingöl ve civarında meydana gelen depremde ilk belirlemelere göre 176 vatandaşımız ölmüş, 521 vatandaşımız da çeşitli yerlerinden yaralanmıştı. Özellikle Kamu binaları ağır hasar görmüştü. Bingöl Depremi'nde ilk verilen bilgilere göre 570 konut tamamen yıkılmış, yaklaşık 6.000 konut hasar görmüştü. Ayağımın tozuyla hemen bölgeye hareket etmiştik. 49'uncu İç Güvenlik Tugay Komutanlığı depremden çok etkilenmişti. Erat tesisleri ve lojman binaları ağır hasarlıydı. Personel çadıra çıkmıştı. Ülke deprem kuşağında olmasına rağmen ne sivil bürokrasi ne de TSK depreme hazırdı. Deprem bölgesinde kamu hizmetleri hâlen depremden etkilenen kamu personelinden beklenmekteydi. Ancak deprem bölgesinde pek çok kamu görevlisi de hayatını kaybetmiş, aile bireylerini yitirmiş ya da evleri zarar görmüş durumdaydı. Kendisi enkaz altında kalan, yaralı, yakınlarını kaybetmiş, hâlen oturacak konutları olmadığı için bir kısmı araçlarında, bir kısmı başka yerlerdeki yakınlarının yanına yerleşmiş, köyüne veya memleketine dönmüş kamu çalışanları da vardı. Depremden etkilenen bütün vatandaşlar gibi kamu çalışanları ve aile bireyleri de deprem travması yaşamaktaydı. Bu durumdaki kamu görevlilerinin hizmet sunmasına imkân ve ihtimal yoktu. Oysa böylesi durumlarda önceden belirlenen depreme uzak bir yerel yönetimin deprem bölgesindeki kamu hizmetlerini devralması ve depremden etkilenen kamu personelinin izinli sayılması hem personel açısından hem de hizmetlerin devamı açısından çok önemliydi. TSK'nın bile deprem sonrası kurulacak geçici ve kalıcı konut projeleri ile ilgili herhangi bir hazırlığı yoktu. MSB bünyesinde yüzlerce mühendis istihdam ettiği İnşaat Emlak ve NATO ENF Dairesi, bölgeye ve ihtiyaca uygun proje üretmek yerine Elâzığ 8'inci Kolordu Komutanı Korgeneral Ethem Erdağı'nın önerdiği hafif prefabrik yapıların uygulama projeleri bile olmadan sadece sistem detayları ile ihale şartnamelerini hazırlamaya odaklanmıştı. Deprem sonrası tugay konteynere çıkacak, kalıcı konut olarak hafif çelik prefabrik yapı yapılacaktı. Karar verilmişti. Bölge Başkanlığından herhangi bir şey talep etmiyor adeta *"Gölge etmeyin başka ihsan istemiyoruz."* diyorlardı.

Korgeneral Erdağı inşaata çok meraklı bir komutandı. Kolordu bünyesinde er pavyonu yaptırmak için tahsis edilen ödenekle, iç düzenlemesinde özel ve lüks malzemelerin kullanıldığı bir harekât merkezi inşa ettirmişti. Korgeneral Erdağı'nın daveti üzerine Formbul A.Ş. sahibi Müteahhit Nusret Altıncı'ya ihale edilen işin toplam değeri 1 trilyon 20 milyar liraydı ve paşa Hazineyi 440 milyar lira zarara uğratmak iddiasıyla yargılanıyordu. Savcılık soruşturması esnasında dönemin MSB Müsteşarı Korgeneral Işık Koşaner'in talimatıyla Bölge Başkanlığından bir teknik heyet oluşturulmuş ve yapılan işlerin maliyeti ortaya konmuştu. O zaman hazırlanan raporlara göre aslında yerinde yapılan işlerin tahmini maliyeti ile yapılan ödeme arasında önemli bir fark tespit edilememiş, yolsuzluk değil de yol bilmezlik olduğuna vurgu yapılmıştı. Örneğin projede er pavyonu zemin kaplaması karo mozaik iken yerinde granit yapılmış ve yer kaplama metrajı, granit ile mozaik fiyatları oranında artırılmıştı. Yani ilk bakışta metrajlar katlanmış gibi görünüyordu ama yerinde yapılan imalatın bedeli sadece yanlış bir yöntemle ödenmişti. Devleti zarar ettirmesi, yükleniciye veya kendilerine maddi çıkar temin etmesi gibi bir husus söz konusu değildi. Ödenek amacı dışında kullanılmıştı. Rapor Daire Başkanlığına gönderilince Korgeneral Koşaner heyeti haddi aşmakla, kendilerini hâkim yerine koymakla suçlayıp heyetin görevini iptal etmişti. O zaman bu durum terfi sırasındaki iki korgeneralin arasındaki ikbal kavgası olarak algılanmıştı. Ağustos ayında birinci sıradan orgeneral rütbesine terfi etmeyi beklerken Korgeneral Erdağı bir anda kendini sanık sandalyesinde bulmuş ve o yıl Korgeneral Koşaner terfi etmişti. Yargılama sonucunda Korgeneral Erdağı'nın da aralarında bulunduğu 9 sanık *"görevi kötüye kullanmak"* suçundan 11 ay 25 gün hapis, 213 YTL adli para ve 2 ay 28 gün memuriyetten men cezasına çarptırılmıştı. Mahkeme, tüm sanıklara verilen hapis cezalarını para cezasına çevirmiş, para ve memuriyetten men cezalarını ertelemişti. Mahkeme, ihale nedeniyle devletin toplam 217 bin YTL zarara uğradığını tespit ederek, bunun %80'inin Formbul A.Ş. sahibi Altıncı'dan, %10'unun Korgeneral Erdağı'dan, kalan kısmının da diğer sanıklardan yasal faiziyle birlikte tahsil edilmesine karar vermişti. İlerleyen zamanda sanıklar hakkında verilen mahkûmiyet kararları, Askerî Yargıtay tarafından bozulmuş ve Genelkurmay Askerî Mahkemesinde tekrar görülen dava, zamanaşımı süresinin 1 Temmuz 2010 itibarıyla dolduğu gerekçesiyle düşürülmüştü.

Bu arada Sarıkamış Orduevi inşaatının kesin hesabı, yerinde yapılan inceleme esnasında tespit edilen hususların müştereken kayıt altına alındığı tutanak dikkate alınmaksızın 820 milyar borçlu olarak onaylanmıştı. Yüklenici Bülent Alpaslan'ın iddiasına göre istedikleri parayı verirse, itiraz edilecek noktaları kendisine liste hâlinde verecekler ve itiraz üzerine kesin hesabı düzelteceklermiş. Kesin Hesap Şubesinde görevli bir takım personel hakkında ortaya atılan bu türden iddialar ayyuka çıkmıştı. Diğer taraftan kişisel husumetler ve hesaplaşmalar da bu tür kesin hesap incelemelerine alet edilir olmuştu. İnşaat Grup Başkanı Musa Albay'ı arayıp kendisini bilgilendirmeyi müteakip Sarıkamış Orduevi kesin hesabı ile ilgili Daire Başkanlığına itiraz dilekçesi yazmış, tarafsız bir heyet tarafından tekrar yerinde yapılacak incelemeye nezaret etme talebinde bulunmuştum. Alışılmış bir durum değildi. Yüklenicinin borcuna idare personeli itiraz ediyordu. Musa Albay yeni tarafsız bir heyet kurmak yerine, Kesin Hesap Şube Müdürü Yarbay Ömer Kuzu başkanlığında İnşaat Teknikeri Murat Çavdar ve İnşaat Mühendisi Osman Arslan ile birlikte bir makine mühendisi ve bir elektrik mühendisinden oluşan ekibi yeniden yerinde tespit yapmak üzere Sarıkamış Orduevine göndermişti. Heyete, Erzurum İnşaat Emlak Bölge Başkanlığından İnşaat Mühendisi Yüzbaşı Ali Remzi

Güçsav Malatya'dan da ben dâhil olmuştum. Kocakaya Albay 1999 yılında Erzurum'dan Daire Başkanlığı Kesin Hesap Şube Müdürlüğüne tayin olduğunda kesin hesapta dönen dolapları fark edince hem çarklarına çomak sokmuş hem de ilgili personelin sicilini bozmuştu. Murat Çavdar ve Osman Arslan, Kocakaya Albay döneminde taşrada yapılan inşaat işlerinin kesin hesaplarını borçlu çıkararak intikam alma peşindeydiler. Bunu Sarıkamış Orduevi kesin hesaplarının incelenmesi sırasında amirleri Yarbay Kuzu'nun da olduğu bir ortamda açıkça ifade etmekten de çekinmemişlerdi. Kocakaya Albay'ı kastederek *"O, zamanında bizi çok üzdü hadi bakalım şimdi ayıklasın pirincin taşını. Biz onun başına öyle bir çorap öreceğiz ki görecek gününü. Burada asıl hedef Kocakaya Albay, sana bu işte hiçbir şey olmaz, bizim zaten ondan başka kimseyle herhangi bir hesabımız yok. Zaten bu işten birinci derece sorumlu kontrol amiridir sana da bir şey olmaz."* diye beni ikna etmeye ve kesin hesaba itirazdan vaz geçirmeye çalışıyorlardı. Kesin hesap inceleme sonuçlarını bir tablo hâline getirmişlerdi. O tablodaki hususları merkeze alarak 12-15 Mart 2004 tarihleri arasında Sarıkamış Orduevi kesin hesabını tekrar yerinde incelemiştik.

Binanın onaylı statik projeleri dikkate alınmaksızın; sanki bu teşkilatta onaylı statik projeler doğrultusunda yapılan imalatı ve metrajı tetkik edebilecek teknik personel yokmuş gibi *".. demir metrajının yeniden yapılması ve kontrolünün mümkün olmadığı ..."* şeklinde garip bir yorumla 1 m^3 betona 100 kg demir gidebileceği; bunun da olsa olsa %60'ının ince %40'ının kalın demir olabileceği varsayımıyla teknikle ve hukukla bağdaşmayan bir hesap yöntemi benimsenerek 140 ton demir imalatı yerinde yok sayılmıştı.

Dönemin kontrol teşkilatınca imalata paralel olarak, 1995-2000 yılları arasında geçerli olan idarenin prensip emirleri doğrultusunda tanzim edilen, ahşap kalıp iskelesine ve iş iskelesine ait imalat metrajları, 2001 yılında idarece alınan bir takım prensip kararları doğrultusunda revize edilerek bu imalat kalemlerine ait metraj miktarları önemli ölçüde azaltılmıştı.

Tüm tesis bünyesinde kullanılan özel imalat kalemlerinin, imalat miktarı kadar faturası olmadığı, firma seçim tutanağındaki firmadan fatura edilmediği ya da ilgili ticaret odasına tasdik ettirilmediği gerekçeleriyle projesine, teknik şartnamesine ve birim fiyat tarifine uygun olarak yaptırılan imalat kalemlerinin evrak eksikliğinden dolayı keyfi olarak yerinde yok sayılmıştı.

A Blok çatı arası ısı yalıtım malzemesi kesin hesap ödemelerinden çıkarılmış, çıkarılma nedeni olarak da hazırlanan tabloya *"...ilk incelemede yerinde olmadığının tespit edildiği..."* şeklinde taşra teşkilatını suçlayan bir not düşülmüştü. A Blok çatı çıkış kapağı inşaat aşamasında sehven asma tavanla kapatıldığı için çatı arasına çıkılarak bu tespitin ilk inceleme aşamasında fiilen yapılmış olması imkân dâhilinde değildi. Tespiti yaptığını iddia eden Murat Çavdar da amiri Yarbay Kuzu'ya çatıya nasıl çıktığını açıklayamamıştı.

Kesin hesabı Daire Başkanlığı adına inceleyen Murat Çavdar'ın orduevinde 79 olan banyo ve yatak odası sayısını tüm hesaplamalarında 73 olarak aldığı tespit edilmişti

Murat Çavdar demir metrajında yapmış olduğu alelusul hesabı haklı göstermek için de *"Başkanlığın gön-*

derdiği kesin hesaplarda 1 m³ betona 170 kg demir alınmış" gibi kasıtlı bir şayia ortaya atmıştı. Oysa Başkanlıktan gönderilen kesin hesaptaki toplam demir donatı miktarının (699 ton), toplam beton miktarına (5909 m³) bölünmesi neticesinde (1,17 ton/m³) bulunuyordu. Teknik olarak da bu rakamın 1,00 ton/m³ ile 1,20 ton/m³ arasında olması beklenirdi. Gerçek bu kadar alenen ortadayken 1,17 rakamını 1,70 gibi göstermiş ve amirlerini de kendi menfaati ve amacı doğrultusunda kasıtlı bir şekilde yanıltmıştı.

Burada en büyük hata, meydanı bu tür insanlara bırakmakla ve detaylara boğulmak suretiyle tüm bunlara alet olan İnşaat Grup Başkanı Musa Albayı'ndı. Yüzlerce mühendisin istihdam edildiği MSB İnşaat Emlak teşkilatının itibarını zedeliyorlardı.

Diğer taraftan farklı kademelerdeki yöneticiler kendilerini koruma refleksi ile kendi bünyelerinde farklı isimlerle ayrı ayrı denetleme heyetleri kurmuştu. Teşkilat, personelinin büyük kısmını müfettiş olarak görevlendirmeye başlayınca etrafta iş yapan personelden daha fazla denetleme yapan personel peyda olmuştu.

Geçen yıl yine böyle bir teftiş göreviyle Kocakaya Albay, Pekerler'in Şanlıurfa Bölgesi'ndeki karakol ve bölük merkezi inşaatlarına görevlendirilmişti. İhale kapsamında bina dolgu malzemesinin Diyarbakır Bölgesi'ndeki bir dereden temin edilmesi gerekiyordu. Elde başkaca bir bulgu olmaksızın nakliye mesafesinin çok fazla olduğundan bahisle, *"Yüklenici, bina dolgusu için Diyarbakır'dan malzeme getirme yerine kazıdan çıkan malzemeyi kullanmıştır."* gibi bir kanaatini rapora aktarmış. Yüklenicinin itirazı üzerine Daire Başkanlığı bu defa Sivas Bölge Başkanlığından Orhan ağabeyi bölgeye müfettiş olarak görevlendirmişti. Orhan ağabey biraz daha bilimsel çalışıyor. Karakollardan örnekleme dolgu malzemesi alıyor, karakol çevresinden kazı artığı malzemesi alıyor ve bir de Diyarbakır Bölgesi'ndeki ocaktan dolgu malzemesi alıyor ve tüm bu numuneleri elek analizinden geçirmek üzere Şanlıurfa DSİ Bölge Müdürlüğü Laboratuvarına teslim ediyor. Bina dolgularının, kazıda çıkan malzeme ile uyumlu olmadığı ancak Diyarbakır Bölgesindeki ocaktan alınan numunelerle benzer olduğu yönündeki DSİ Bölge Müdürlüğü Laboratuvar raporuyla MSB Müsteşarına arza çıkıyor. Durumu dinleyen Müsteşar Kocakaya Albay'ı çağırıyor ve itirazı olup olmadığını soruyor. Kocakaya Albay *"Yüklenicinin laboratuvara teslim edilen numunelere veya rapora tesir etmemiş olduğunu varsaymak saflık olur."* deyince Müsteşar bu defa da konuyu yerinde incelemek ve idarenin kontrolünde numune alıp, yüklenicinin müdahale edemeyeceği laboratuvardan rapor alınması için DAG'ı bölgeye görevlendiriyor. DAG, Bölge Başkanlığı personeli ve yüklenici temsilcisiyle bölgede bir hafta dolaşıyor. İhale bünyesindeki her karakol ve bölük merkezi binası için proje üzerinde 3 nokta belirleniyor. Bu 3 noktada zemin kırılıyor, her bir noktanın temel dolgusundan 3 adet numune alınıyor. Daha sonra her bir şantiye civarında belirlenen 3 noktadan da kazı artığı malzeme alınıyor. Aynı şekilde Diyarbakır Bölgesindeki ocaktan da dolgu malzeme numunesi alınıyor. Tüm numuneler üzerlerine alındıkları yerin adı yazılarak kum torbalarına doldurulup, torbalar mühürleniyor. Yüzlerce torba idare personelinin nezaretinde kamyonla Ankara'ya getiriliyor. Bu numunelerden iki takımı yükleniciden gizlenen iki farklı laboratuvara teste gönderiliyor ve bir takımı da olay açıklığa kavuşana kadar şahit numune olarak saklanmak üzere depoda kilit altın alınıyor. Sonuç olarak, bina dolgularının olması gerektiği gibi Diyarbakır Bölgesi'ndeki ocaktan nakledilmiş olduğu ortaya çıkıyor.

Bir başka fırtına da Ankara'da Özel Kuvvetler Komutanlığı Oğulbey İnşaatı'nda kopuyordu. Müteahhit Ali Osman Özmen 118.6 trilyonluk yolsuzlukla itham ediliyordu. 850 milyar lira keşif bedelli ilk ihalede %280 oranında *"sıra dışı bir keşif artışı"* alınmış. Bahse konu artış dönemin MSB Müsteşarı Korgeneral Tuncer Kılınç, dönemin Milli Savunma Bakanı Sabahattin Çakmakoğlu'na onaya sunmuş ve 13 Kasım 1997 tarihli bakan onayı ile artan iş aynı müteahhide yaptırılmış. Soruşturma kapsamında tapu kayıtlarını inceleyen askerî savcı, Çukurca Mahallesi 26151 ada, 5 parsel üzerine kayıtlı Korgeneral Kılınç ile Ali Osman Özmen'in kızı Kadriye Özmen'in Vadi 2000 sitesindeki evlerinin aynı gün alındıklarını tespit etmiş. Korgeneral Kılınç bahse konu ev için müteahhit Ali Osman Özmen'den o dönemde 150 bin dolar borç aldığını ifade etmişti. Özel Kuvvetler Komutanlığı Oğulbey İnşaatı'nın Genelkurmay Başkanlığınca iki yıl durdurulmasına karar verilip daha sonra inşaatın *"harcanmayacak ödeneklerden"* karşılanarak devamına karar verildiği de ortaya çıkmıştı. İddianameye göre, fiziki güç tesisleri ile 6'ncı Alay binasının *"aciliyeti"* olmadığına karar verilerek, ihtiyaç programı tekrar gözden geçirilmişti. *"Oğulbey Bölgesi'ne intikal için zorunluluk arz eden binaların/tesislerin yüklenici fir-*

maya tamamlattırıldıktan sonra kalan binalar/tesisler için yeniden serbest rekabet ortamı içinde ihale edilmesi için gerekli işlemin yapılması" belirtilmişti. Kargıoğlu ve Hüseyin Ceylan gibi bir takım mühendisler de bu kapsamda soruşturma geçiriyorlardı.

Hüseyin Ceylan bu sorgulardan birinde savcının odasında üzerinde benim de adımın geçtiği bir rapor görmüş. Bir şekilde raporu alıp bana ulaştırmıştı. Rapor MSB. Müsteşarı Koordinatörü Hava Hâkim Albay Yavuz Sayalgı koordinatörlüğünde; Yb. Orhan Yıldız, Yzb. Necmettin Koçak, Yzb. Ayhan Ünal, Ütğm. Öznur Yiğit, Harun Yıldız'dan oluşan heyet marifetiyle hazırlanmıştı. Raporun giriş kısmında Daire Başkanlığınca onaylanan kesin hesap sonuçlarına itibar edilerek başkaca bir inceleme ve tespit yapılma gereği duyulmadan tanzim edildiği belirtilmişti. Hazırlayanlar kısmında isimleri belirtilen 5 kişilik bir heyet marifetiyle tanzim edildiği ileri sürülen bu rapor sadece Necmettin ve Ayhan tarafından imzalanmıştı. Ne gariptir ki, şu an yargıya intikal etmiş Özel Kuvvetler Komutanlığı Oğulbey İnşaatı'nda da; tüm kontrol mühendisleri sanık sıfatıyla hâkim önüne çıkarıldığı hâlde bahse konu işin bir dönem kontrol teşkilatında yer alan Ayhan kendisinden önceki ve sonraki tüm kontrol mühendislerinin sanık olduğu davada, bilirkişi olarak Necmettin ile birlikte benzer bir rapor hazırlamıştı. Tıpkı Öznur'un bu işte yaptığı gibi acaba bu şahıslar hazırladıkları inceleme raporlarında kendilerini aklayarak, tüm teşkilatı suçlarcasına hareket etme cesaretini nereden buluyorlardı. Rapor başında da belirtildiği gibi ayrıca bir inceleme yapmadan Daire Başkanlığınca onaylanan Sarıkamış Orduevi, Mareşal Çakmak

Hastanesi ve Erzincan Hava Alayı Tesisleri kesin hesaplarına ait borçlu olduğu iddia edilen imalat kalemlerini ve borç miktarlarını gösteren bir tablodan ibaretti.

Bir gün Orhan ağabey aradı, acilen benimle görüşmesi gerekiyormuş, Malatya'ya geliyordu. Nermin abla ile cumartesi sabah kendisini otogarda karşılayacaktım. Gece kalamayacaklarmış, o günün akşamına bilet almamı istiyordu, dönmesi gerekiyormuş, pazartesi Ankara'da olacakmış. Kahvaltısını acele ile tamamlayıp, *"Kahveleri baş başa içelim."* dedi. Balkona iki sedirle şark köşesi yapmıştık. Hanım kahvelerimizi bırakır bırakmaz hemen konuya girdi. Önce biraz Ankara'daki genel havadan biraz da teşkilatın genel durumundan bahsetti. Bu aralar özel bir görevle Ankara'da çalıştığından birtakım dosyaları incelediklerinden bahsetti ve konuyu Sarıkamış Orduevi, Mareşal Çakmak Hastanesi ve Erzincan Hava Alayı Tesislerine getirdi. Daire Başkanlığı Kesin Hesap Şubesi bu işlerin kesin hesaplarını incelemiş ve ciddi bir borç çıkarmış, fazla ödemeye ilişkin imalat kalemleri ile fazla ödeme miktarlarını bir tablo hâline getirmiş. Müsteşarın emriyle bir hâkim albay koordinesinde bir teknik heyete fazla ödemelerle ilgili bir rapor hazırlatılıyormuş. Olay ona çok anlamlı gelmemiş, tesislerin yapı alanları ile metrekare maliyetlerini çarptığında bile böylesi bir fazla ödemeden bahsetmenin mümkün olmadığını fark etmiş. *"Gerçek kimsenin umurunda değil, ben raporu imzalamadım ama bu olay bir şekilde senin başını ağrıtır. Ben tedirgin oldum, endişelendim ve haberdar etmek istedim. Alacağın tedbir varsa acele etsen iyi olur."* dedi. Benim sakinliğime şaşırmıştı. *"Biliyorum sen şimdi yanlış yapmamanın rahatlığı ile sakinsin ama bu kim-*

senin umurumda değil diyorum sana." dedi. Konuyu bildiğimi, raporun elimde olduğunu ve üzerinde çalıştığımı söyleyince biraz şaşırmakla birlikte rahatlamıştı. Gardımı alıp, bekleyecektim. Başka ne yapılabilirdi ki? Orhan ağabey yine dostluğunu göstermiş, yaklaşmakta olduğunu düşündüğü tehlikeyi haber vermek için kalkıp gelmişti. Engellemeye gücü yetseydi eminim benim haberim bile olmadan bu belayı başımdan savardı.

Malatya'ya geldiğim ilk zamanlarda Ayten Hanım sık sık arayıp, bu yazılım firmasının başına bela olduğunu, programı idame ettirecek kimseyi bulamadıklarını, şirkete, hayat standardı uygulaması ile geliri olmadığı hâlde minimum orandan vergi tahakkuk ettirildiğini söyleyip, para istiyordu. Bildiğim bir konu değildi. Şirket ile de ilgim yoktu. Yardımcı olamayacağımı söylememe rağmen *"Sen müteahhitlere bir emir versen, onlar benim maddi sıkıntılarımı da çözer, şirketle ilgili problemlerimi de."* diyordu. Benden ümidi kesince bu defa tehdit etmeye başlamıştı. Ben de onun tehdidine boyun eğmedim. Atilla Albay'dan önce kendisi Hasan Albay zamanında Başkan sekreteri olarak görev yapmış. Daha sonra bu görevden uzaklaştırılınca psikolojisi bozulmuş ciddi rahatsızlıklar yaşamış ve ruhsal rahatsızlıkları nedeniyle malulen emekliye sevk edilmişti. Daire Başkanlığına yazdığı bir dilekçe ile beni şikâyet etmiş. Dilekçede; benim bilgisayar programı yazdığımı, mesaide hep bu programla uğraşıp asıl işimi ihmal ettiğimi, eşini kandırıp bu programı pazarlatmak için şirket kurdurduğumu, bilgisayar programı sayesinde çok para kazandığımı ancak onların hakkını vermediğimi ve daha aklına ne geldiyse bir sürü iddiada bulunmuş. İlk etapta konunun incelenmesi için idari bir tahkikat heyeti oluşturulmuştu. İki müfettiş albay ifademe başvurdular. Olayı bütün açıklığı ve samimiyetimle anlattım. Bölge Başkanı Çiçek Albay emekli olmuş, yerine Albay Yücel Uzunoğlu gelmişti. Benimle ilgili konuları Çiçek Albay ayrılmadan önce üçümüz birlikte detaylıca konuşmuştuk. Yücel Albay da arkamda durmuştu. Hatta hakkımda doldurduğu Komutan kanaatini göstermişti. *"Hayatta eşimden sonra güvenebileceğim tek insan. Dürüstlüğüne, bilgisine, çalışkanlığına kefilim."* demişti.

Öte yandan Mehmet Emin Altındağ'ın şüpheli ölümünden 4 yıl sonra kardeşi Akif Altındağ ve İnşaat Mühendisi Necat Barut da İstanbul'dan Ankara'ya gelirken benzer şekilde Bolu Dağı'nda geçirdiği trafik kazasında hayatını kaybetmiş. Altındağ'ın geçirdiği trafik kazasının sebebi olarak raporlara *"sis ve aşırı hız"* kaydı düşülse de Baba Altındağ, iki oğlunun ölümü arasında bağlantı olduğunu söylüyor. Baba Altındağ, "*Çocuklarım hakkında mesnetsiz belgeler düzenleyip yargılatmaları, daha sonra beraat etmeleri, ardından bu kararı veren mahkeme üyelerinin sürgün edilmesi bir sürecin devamıdır. Bu konuda elimde belge olmasa da hiç şüphem yok.*" diye konuşuyordu.

Şimdilerde anlıyoruz ki o gün yaşadıklarımız devlet içinde bir ekip değiştirme operasyonuymuş. 1990'lı yılların başında Güneydoğu'da terör fırtınası çok sert esmiş. PKK, Güneydoğu'ya giden bütün gazete kamyonlarını durdurmuş. Hürriyet, Milliyet gibi gazeteleri bölgeye sokmamış. Halkın elinde tek gazete kalmış. O da PKK'nin yayın organı olan Özgür Gündem. İş hayatına gözlük ve çakmak tamircisi olarak giren Mehmet Ali Altındağ da o sıralarda küçük bir yerel gazete olan "Söz"ü satın almış. Daha sonra Susurluk Davası'nda adını çok duyduğumuz Diyarbakır İl Jandarma Alay Komutanı Eşref Hatipoğlu'na gitmiş. Özgür Gündem'e karşı Söz ile devlet yanlısı yayın yapma karşılığında devlet ihalelerine destek sözü almış. 1991 yılında yürürlüğe giren 3713 sayılı Terörle Mücadele Kanunu da devlet ihalelerinin devleti destekleyenlere verilmesine ve ihaleye başvuran işadamlarının PKK'yle herhangi bir teması olduğuna ilişkin bir duyum olması hâlinde ihalelerden men edilmelerine cevaz veriyormuş. Böylece Altındağ, *"devleti savunup"* ihalelerde büyük payı kapmaya başlamış. Aksaz Deniz Komutanlığı Tesisleri, Erzurum Mareşal Çakmak Hastanesi gibi MSB'nin 1990-2000 yılları arasındaki inşaat işlerinin yaklaşık %40'lık bölümünü üstlenmiş. Ancak Kara Kuvvetleri Komutanı (KKK) Orgeneral Yaşar Büyükanıt'ın Diyarbakır'da Kolordu Komutanı olarak görev yaptığı dönemde ilginç bir olay yaşanmış. Bazı çevreler tarafından *"devlet taraftarı"* olduğu için hedef alınan Altındağ Ailesi, bu kez PKK'li olmakla suçlanmış. Mehmet Ali Altındağ'ın ailesine yönelik, *"PKK'ye yardım ve yataklık yapmak"* suçlamasının dayanağı ise, bir operasyon sırasında ele geçirildiği iddia edilen dokümanlarmış. İddialara göre, 5 Haziran 1998 tarihinde Diyarbakır'ın Kulp ilçesinde düzenlenen operasyonda ölü ele geçirilen teröristlerden birinin üzerinde iş adamları Selahattin ve Mehmet Emin Altındağ'ın örgüte yardım ve yataklık yaptığına dair belge çıkmış. Bu belgelere dayanılarak Diyarbakır DGM Cumhuriyet Başsavcılığına PKK'ye ait olduğu iddia edilen bir dokümanın yer aldığı *"gizli"* ibareli bir yazı gönderilerek, bunun adli işlemlerde kullanılması istenmiş. Ancak operasyonu gerçekleştiren Diyarbakır Kulp İkinci Tabur Komutanlığının teröristler üzerinde böyle bir dokümanın bulunmadığı yönündeki raporu üzerine söz konusu belgelerin sahte olduğu anlaşılmış, yaklaşık bir yıl süren yargılamanın ardından Altındağ Kardeşler Diyarbakır DGM'de beraat etmiş. Başta Orgeneral Büyükanıt olmak üzere TSK üst kademesinin baskısına ve sahte belge düzenlemelerine rağmen beraat eden Mehmet Emin Altındağ askerin hoşuna gitmeyen kararın verilişinden 10 ay, kardeşi de 4 yıl sonra trafik kazasında ölmüştü.

Teşkilat böylesi bir cendereden geçerken ben de payıma düşeni almıştım. Malatya 2'nci Ordu Komutanlığı Askerî Mahkemesinde 09 Mayıs 2005 tarih ve 2005/137 Esas, 2005/206 No.lu Kararla *"ticaret yapmak"* suçlaması ile hakkımda dava açılmıştı. Aynı günlerde 9'uncu Kolordu Askerî Mahkemesinde, savcılığının 13 Mayıs 2005 tarihli iddianamesinin kabulüyle 2005/639 Dosya No ile *"memuriyet görevini ihmal"* nedeniyle Mareşal Çakmak Hastanesi ve Sarıkamış Orduevi İnşaat işlerinde toplam 2,5 trilyon lira (2.437.807.969.437 TL) hazine zararına sebebiyet vermekten hakkımda dava açılmıştı.

İdari mücadele devri bitmiş hukuki mücadele dönemi başlamıştı. Bu zaman zarfında idari mücadele ile bir sonuç almanın mümkün olmadığını anlamıştım. Gerçekler yönetim kadrosunun umurunda değildi, bu kaos ortamında hak hukuk ve adaletten daha ziyade kendilerini kurtarmanın ve şahsi ikballerinin peşindeydiler. İlk iş olarak Erzurum'a atandığımda beni karşılayan devre arkadaşım Önder'i aradım. Kısaca durumu anlattım. Erzurum 2'nci Ordu Askerî Mahkemesinde bu konuda konuşabileceğim kimse olup olmadığını ve böyle bir konunun bu aşamada konuşulmasının uygun olup olmadığını sordum. *"Biz hâkimler gerçeğin peşindeyiz. Zaten tüm gerçekler yargılama aşamasında ortaya çıkar. Endişen olmasın, idari mücadelede yaşadığın talihsizlikleri mahkeme aşamasında yaşamazsın. Mahkemede her söylediğin dikkate alınır ve araştırılır. Savunma hakkı kutsaldır, kısıtlanmaz. Davaya kim bakar bilmiyorum ama FYO'dan sen de tanırsın Rıdvan Dağ Binbaşı var şimdi orada, istersen ara konuş."* dedi. Rıdvan'ı aradım, çok samimi ve sıcak davrandı, idari mücadelede olduğu gibi önüme duvar örüleceği ya da savunma hakkımın kısıtlanacağı endişemi dile getirince *"Zerre endişen olmasın, gerçekler tüm çıplaklığıyla ortaya çıkmadan ve kesin kanaat edinmeden davadan olumlu ya da olumsuz bir karar çıkmaz. Savunma adına ne kadar teknik olursa olsun her türlü argümanı kullan, zaten büyük bir olasılıkla dava süresince bilirkişi desteği alınır."* dedi. Çok rahatlamıştım. Musa Albay'dan ilgili proje ve dokümanlardan birer suretini göndermeleri yönünde Bölge Başkalığına talimat vermesini istedim. Projeler gelir gelmez, genç subayların da yardımıyla Daire Başkanlığı Kesin Hesap Şube Müdürlüğünce hazırlanan tablodaki imalat kalemlerinin metrajlarını hızlıca tekrar gözden geçirdik. Biraz detaylı bir çalışma olmuştu. Binlerce sayfadan oluşan mahal metrajlarının çıktılarına atıfta bulunarak ödeme tabloları ile kesin hesap kısmının oluşturduğu tabloların gerçeği yansıtmadığını teknik olarak ortaya koymuştuk. Bu aşamada Kayapınar ve Ekber Bey en büyük dert ortağım ve dayanağım olmuşlardı. Kürt Mustafa da Balıkesir'de iken Ali Koyunoğlu ile birlikte İstanbul Üniversitesi Hukuk

Fakültesini bitirmişti. Çalışmaların büyük bir kısmında onun da emeği vardı ve hazırlıkları bir kez de Ali'ye göstermemi istiyordu. Ali o dönemde Balıkesir Astsubay Hazırlama Okulundan Gelibolu Kolordu Komutanlığına sürülmüştü. Tarihçi ve hukukçu olması Kolordu Komutanı'nın dikkatinden kaçmamıştı. Ali, Kolordu Komutanının hukuk danışmanı gibiydi. Diğer taraftan da üst düzey komutanların, Harp Okulu ve Akademi öğrencilerinin tarihi yarımada ziyaretlerini Kolordu Komutanı adına fırsata çevirmişti. Genç rütbedeki subay astsubayı kendi tarihi bilgisiyle yoğurup bölgeyi gezdirirken adeta o günleri yaşatabilecek donanımda mihmandarlar olarak yetiştirmişti. Ziyaretçilere ayrılışlarında, bölgenin tarihi görüntüleri ile harmanlanmış kendi kaydettiği görüntü ve videoların yer aldığı birer CD hediye ediyorlardı. Ali, o yaz bize Gelibolu Askerî Hamzakoy Kampı'nda yer ayarlamıştı. Kendi lojmanına da çok yakındı. Hanımlar ve çocuklar da hasret giderebileceklerdi. Hem dinlenecek hem de davaya hazırlık yapabilecektik. Tüm hazırlıkları gözden geçirme imkânımız olmuştu. Bu çalışmalara zaman zaman dönemin Kolordu Savcısı Erhan Yüzbaşı da katılmıştı. Çok kapsamlı bir çalışmaydı, en büyük kozumuz savcılık soruşturması aşamasında gizli tutulan ve savcının iddianamesine mesnet yaptığı Necmettin ve Ayhan tarafından imzalanmış bilirkişi raporunun elimizde olmasıydı. Mahkemeye verdiğimiz ilk savunmada bu rapordaki hazine zararı iddialarına konu imalat kalemleri ile tutarlarının gerçeği yansıtmadığına ilişkin karşı iddiamız teknik dokümanla destekleniyordu. Bu savunmamı Malatya 2'nci Ordu Askerî Mahkemesi aracılığıyla göndermem yeterliydi.

Hâkim bunu mutlaka dikkate alacak, bilirkişi atanması ve vareste tutulma talebimize olumlu yanıt verecekti.

Ticaret yapmak suçlamasıyla ilgili mahkeme de başlamıştı. Onun için de Kürt Mustafa ile bir hazırlık yapmış, esasa ilişkin mütalaanın verilmesini müteakip asıl savunmamı yapma hakkım saklı kalmak kaydıyla ilk duruşmada hâkimin sorularını yanıtlamanın yanında suçlamaya ilişkin ön savunmamı yazılı olarak da vermiştim. Programın satışından gelir temin ettiğim iddiası gerçeği yansıtmıyordu. Programın binlerce kullanıcısı vardı, bunların iletişim bilgilerini çıktı hâlinde mahkemeye vermiştim. Ülkenin her yerinden hatta yurt dışından bile program kullanıcısı vardı. Bu kullanıcılardan programın ücretinin alınabilmesi için hesabıma para girişi olması veya ülkenin değişik yerlerinde açılmış şubeler ile bir dağıtım hattı oluşturmuş olmam gerekiyordu. Programa ödeme yaptığı iddiasında olan bir kullanıcı veya bir kuruşluk bir hesap hareketi tespit edilmesi durumunda tüm suçlamaları kabul etmeye hazır olduğumu beyan etmiştim. Hâkimin anlayamadığı böylesi bir programın ücretsiz dağıtılması hayatın doğal akışına uygun değildi.

Bu arada kamu ihale sistemine geniş kapsamlı değişiklikler getiren 4734 sayılı Kamu İhale Kanunu ile 4735 sayılı Kamu İhale Sözleşmeleri Kanunu'nun 2003 yılının başında yürürlüğe girmesiyle program önemini ve cazibesini yitirmişti. Artık sözleşmeler *"Birim Fiyat Usulü"* yerine *"Anahtar Teslimi Götürü Bedel"* üzerinden yapılacaktı. Bu durumda hakedişler eskiden olduğu gibi birim fiyat ve metraj değerleri ile değil pursantaj değerleri üzerinden hazırlanacaktı. Yeni kanun idarelerin ihale öncesi çalışmalarını artırmış, yapım aşamasında evrak ve bürokrasiyi azaltarak denetimi etkin kılmıştı. Bölge Başkanlığının genç ve tecrübesiz yapısıyla bu sisteme uyum sağlamak için sıkı bir eğitim programı ve hazırlık gerekiyordu. Bunun için kendi aramızda hizmet içi eğitim kursları planlamıştık. Haftanın en az üç günü başkanlıktaki personel ile toplantı salonunda bir araya geliyor, ihale ve sözleşme yönetimi, özellikle teknik şartname hazırlığı ve yaklaşık maliyet tespiti konularında fikir alışverişinde bulunuyorduk. Genç ve tecrübesiz subayların yanında oldukça tecrübeli ve bilgili sivil personel de vardı. Özelikle onlar önceden belirlenen konularda hazırlık yapıyor ve toplantıda bilgi ve tecrübe paylaşımında bulunuyorlardı. Sonunda Başkanlık bünyesinde bir standart sağlamak, genç ve tecrübesiz personelin hata yapmasını önlemek üzere ortak bir çalışma yapmaya karar verip, çalışma grupları oluşturduk. İlgili birim fiyat pozlarını bir araya getirip, pursantaj grupları oluşturuyor ve bu gruplar için teknik şartname metinleri hazırlıyorduk. Çalışmayı tamamlayan grup, hazırlığını bu toplantılarda takdim ediyor, varsa hatalı ve eksik yönleri önerilerle ikmal edilmeyi müteakip son şeklini veriyorduk. Mevcut TekHakWin programını yeni ihale kanunun kapsamında bu çalışmalarla revize etmiştik. Programda zaten mahal metrajı ve birim fiyat analizleri mevcuttu. İlgili birim fiyat pozlarından pursantaj grupları oluşturmuştuk. Yaklaşık maliyet tahmini için eski keşif çalışmalarında olduğu gibi mahal metraj bilgisi ve birim fiyata ihtiyaç duyuluyordu ancak burada birim fiyatlar ülke genelinde sabit tutulmuyor, şantiyenin ve piyasanın konumuna göre değişiklik gösteriyordu. Bunun dışında her bir birim fiyat için hem yapım aşaması hem de kabul şartlarının belirlendiği teknik şartnameler zaten mevcuttu ancak günün koşullarına uygunluğu açısından elden geçirilmesi gerekiyordu. Program, metraj ve birim fiyat verilerinden ilgili pozları gruplayıp pursantaj grupları oluşturuyor ve teknik şartnameleri otomatik hazırlıyordu. Program yüklenici için cazip değildi ancak idare açısından çok kullanışlı bir aparattı.

Yeni kanuna göre Daire Başkanlığının ihale ederek bölgeye gönderdiği ilk iş Bingöl 49'uncu İç Güvenlik Tugayı Tesisleri İnşaatı idi. İhale kapsamında deprem sonrası için kalıcı konut olarak hafif çelik prefabrik 15 er pavyonu ile 100 lojman inşa edilecekti. Depremin akabinde Korgeneral Erdağ'ın teklifi ve ısrarıyla hafif çelik prefabrik konut konusunda ve bölgeye uygunluğu araştırılmadan hatta uygulama projesi bile yapılmadan iş, hızlıca ihale edilmişti. Her prefabrik üretici firmanın çözümünün farklı olduğu ve projelerin detaylandırılması durumunda bu üreticilerden birinin işaret edilmiş olması ve ihale öncesi rekabetin önleneceği gerekçesiyle uygulama projesi hazırlatılmadan iş, sistem detay projeleri ile ihale edilmişti. İhaleyi alan Mete Kural firması Daire Başkanlığı talimatıyla henüz dosyalar Bölge Başkanlığına intikal edip de resmen yer teslimi yapılmadan mevcut er pavyonlarının yıkımını tamamlayarak hafif çelik prefabrik iskelet kurulumuna başlamış, lojmanlar bölgesinde tüm bölgenin altyapısını düzenlemiş, onlarca lojmanın subasman betonlarını dökmüş, bir adet de örnek daire yapmıştı. Bölge Başkanlığı olarak yer teslimine gittiğimizde şok olmuştuk. Yer teslimi aşamasında fiili durumu teslim tutanağına işlemiştik ama Daire Başkanlığı işin süresinin çok kısa olduğunu söylüyor ve prosedürlere takılmadan zamanında işi tamamlamaya odaklanmamızı emrediyordu. Sözleşmeye göre işin bu kadar kısa sürede tekniğine uygun bir şekilde tamamlanabilmesi için sahada aynı anda 20 kadar teknik personel bulundurma ve imalatın bu teknik personel nezaretinde yapılma zorunluluğu vardı. Sahada sadece şantiye şefi vardı ve onun da belgeleri yeterlilik şartlarını sağlamıyordu. Yüklenici, diğer teknik personele ilişkin idareye taahhütname bile veremiyordu. Yükleniciye teknik personel bulundurmama cezası uygulamasına başlamıştık. Gerçekten parasal olarak ciddi bir miktara karşılık geliyordu ama asıl önemli olan iş teknik personel nezareti olmaksızın devam ediyordu. İşin durdurulması teklifine Daire Başkanlığı cevap vermiyordu. İş, gecikme cezalı olarak ve yer tesliminden itibaren teknik personel bulundurmama cezası ile firmayı iflasa sürükleyecek bir zararla tamamlanmıştı. Geçici kabul sonrası kesin kabule kadar geçen teminat süresinde inşa edilen yapıların bölgeye uygun olmadığı anlaşıldığında iş işten geçmişti. Bu süreçte ısı kanalı yapılmayarak toprağa gömülen ön izolasyonlu jeotermal borular ile sağlanan ısıtma ve kullanım sıcak su ana hatları ısı değişimine bağlı olarak genleştiğinde lojmanlara bağlantı yapılan saplama noktalarındaki kaynaklarda kopmalar oluşmuştu. Isı yalıtımı, çatı kaplama malzemesi seviyesinde değil de asma tavan seviyesinde yapıldığından çatı arasında yoğuşma problemleri görülmeye başlamış, elektrik armatürlerinin etrafından yoğuşan sular akmaya başlamıştı. Bina iç kaplaması olarak kullanılan betopan birleşim yerlerine yapılan alçı dolgu malzemeleri dökülmeye başlamıştı. Terör bölgesinde inşa edilen konutlar ateşli silahlara karşı koruma sağlamıyor, bir duvardan giren kurşun diğer duvardan çıkıyordu. Deprem-den yeni çıkmış olan personel dökülen alçılardan dolayı duvarları çatlamış gibi görünen ve terör bölgesinde ateşli silahlara karşı koruma sağlamayan bu binalarda oturmak-tan tedirgin oluyordu.

Tunceli 4'üncü Komando Tugayında da biri tamam-lanmış, biri tamamlanma aşamasında ve biri de yeni başlayan 3 ayrı tabura ilişkin iskân tesisleri inşaatı vardı. Haşimoğulları taahhüdünde tamamlanmış olan tabur tesisleri kabulü yapılarak kullanıcı birliğe teslim edilmişti. Operasyondan dönen askerlerin gözlerindeki mutluluğu görmek lazımdı. Haftalarca dağ bayır, elleri tetikte, uykusuz yorgun argın kışlalarına döndüklerinde sıcacık bir binada duşunu alıp, yumuşak yatakta yatmak eminim tüm yorgun-luklarını alıyordu. Miçooğulları taahhüdündeki tabur tesislerinde de işin süresinin sonuna gelinmişti ama kazan dairesinin daha çatısı bile tamamlanamadan kış gelmişti. Tugay Komutanı *"Koğuşları alalım biz seyyar ısıtıcılarla bu kış idare ederiz."* diyordu ama yüklenici işi bu seviyeye ge-tirmek için çok zorlanmıştı. Kabule hazır hâle getiremediği için cezalı çalıştırmaya başlasak, en erken Nisan 15 gibi işe başlayabilecek ve iki aydan önce de bitiremeyeceği için 6 aylık ceza ile işi tamamlaması mümkün olamayabilecek ve muhtemelen iş feshedilecekti. Yargı eliyle işin fesih sürecinin ardından tekrar ihale edilip eksiklerin giderilmesi iki seneden önce pek mümkün olamıyordu. Kabul heyeti ile durumu müzakere ettik. İşin %95 seviyesine getirildiği, kalan eksiklerin kullanıma mâni olmadığı yönünde bir tu-tanakla kabule başlayıp, eksikleri tespit edecek ve eksiklerin giderilmesi için de süre vereceklerdi. Süreyi verirken de beton ve harçlı imalat eksiklikleri için havanın fen noktasında çalışmaya uygun olmadığı dönem atlanarak 15 Nisan'dan sonra bir ay süre vermek suretiyle yükleniciye 6 aya yakın süre kazandırmış olacaklardı. Yapılan bu uygulama yasal değildi ama meseleye vicdani ve insani bir çözüm sağlanmıştı. Tugaydaki son tabur tesisleri yeni kanun kapsamında ihale edilmiş, bölge müteahhidi Fen İş - Özge İnşaat ortaklığında yapılıyordu. Firma MSB teşkilatına ilk kez iş yapıyordu. İşin kalıp ve donatı teslimine gittiğimizde iki er koğuşunun tabliye kalıpları çakılmış, donatısı döşenmişti. Ancak 2'nci sınıf çam olması gereken tüm kalıp kerestesi kavaktı. Bu hâliyle beton dökümüne müsaade etmek mümkün değildi. Yüklenici daha önce de diğer kurumlara iş yaptığını ve kavak kerestenin sorun olmadığını ileri sürüyordu. Belki bu derece sorun teşkil edeceğini bilse böyle bir şeye tevessül de etmeyecekti. Firma yetkilisi Ercüment Bey zor bir insandı, ikna edilemiyordu ama Tugay Komutanlığına talimat vermiştik, kalıp sökümü dışında başka iş yapmak için firma çalışanları içeri alınmayacaktı. Pertek feribotuna yetişmek için alelacele yola çıktık. Tam yol ayrımına gelmiştik ki Kayapınar *"Komutanım ben Ercüment'in bugünkü durumunu hiç beğenmedim, Kovancılar'dan dolaşalım."* dedi. Öyle yaptık, ertesi günü öğrendik ki Tunceli-Pertek yolunu bizim geçeceğimiz saatlerde bir saat süreyle PKK kapatmıştı. Ercüment'in PKK ile teması olduğu yönünde birtakım duyumlar vardı, daha doğrusu olmadığını düşünmek saflık olurdu. Zira bölgenin en büyük müteahhidi ve esnafıydı. Haraç vermeden bunca işi yürütmesi zordu ve verdiği haraç karşılığı PKK üstünde bir takım yaptırımı da olabilirdi. Bu tarihten sonra mümkün mertebe Tunceli ve Bingöl bölgesi ulaşımında kara yolunu kullanmamaya çalıştık. Her ne kadar sivil plakalı beyaz bir minibüsümüz olsa ve tüm görevlere sivil kıyafetle gitsek de daha kontrol noktasına yaklaşırken jandarma bile bizi *"sivil görünümlü askerî araç"* diye anons ediyordu. Aracın hiçbir tarafında nereden gelip nereye gittiğine dair bir yazı yoktu. İçindekiler her ne kadar sivil olsa da tip olarak bölge insanına uymuyor, yol boyu ellerinde kitap okuyorlardı. Hem Tunceli'de hem de Bingöl'de operasyonlarda kullanılmak üzere sürekli 2-3 helikopter nöbet bekliyordu. Bu helikopterlerin ihtiyacı ve nöbet değişimi için gün aşırı bölgeye Hava Alayından uçuş planlanıyordu. Hava Alayının Harekât Şube Müdürü Binbaşı Uğur Çakmak da askerî liseden devre arkadaşımdı. Zaten Bölge Başkanlığının her türlü ihtiyacı da Hava Alayından deruhte ediliyordu. Son dönemde Hava Alayına millî bütçeden bir bakım hangarı, NATO bütçesinden de *"Helikopter İleri Taarruz Üssü"* inşa ediyorduk. Bakım Hangarı ilk olarak Erzincan Hava Alayına projelendirilmiş ve ihalesini de 3'üncü Ordu Hava Alay Komutanlığı Tesisleri İnşaatı işini gerçekleştiren Orhan Şengel almıştı. Hava Alaylarının yeniden yapılanması kapsamında Erzincan Hava Alayının kapatılması gündeme gelmiş, mevcut tesisler âtıl kalmış ve henüz yer teslimi yapılmayan bakım hangarının aynı yükleniciye farklı bir yerde yaptırılmasına hukukçular uygun görüş vermeyince yer değişikliği nedeniyle ihale iptal edilmişti. Yenilenen Bakım Hangarı ihalesini bu defa Tek-Art firması almıştı. NATO bütçesinden ihale edilen Helikopter İleri Taarruz Üssü projesini de Aziz Yıldırım üstlenmişti. Daha önce Erzincan Hava Alay

Komutanlığı da yapmış olan dönemin 2'nci Ordu Kurmay Başkanı Tuğgeneral Tuncay Çakan ve Malatya Hava Alay Komutanı da bölge ulaşımında helikopterden istifade etme talebimize uygun görüş vermişti. Bundan böyle Bölge Başkanlığı olarak Tunceli ve Bingöl bölgelerinde icra edilecek görevlerimizi Hava Alayı ile koordineli planlayacaktık ve intikalimiz helikopter ile sağlanacaktı. Bölgeye planlı uçuş olmadığında bile onarımı biten helikopterler deneme uçuşuna çıktığında bizi de bölgeye atardı. Bazen helikopterin deneme uçuşu için Tunceli-Erzincan arası kutu deresi vadisine girildiği de olurdu, o uçuşta öyle manevralar yaparlardı ki hepimizin içi dışına çıkardı.

Bir taraftan iş, bir taraftan da mahkeme süreci derken hayat da devam ediyordu. Çocuklar her geçen gün büyüyordu. Malatya'ya ilk geldiğimizde Hilal ana sınıfına başlamıştı, diğerleri zaten ilkokul çağındaydı. Hepsi de evin hemen yanındaki okula gidiyordu. Koşuyor, oynuyor, gönüllerince eğleniyorlardı. Onların bu en güzel zamanlarını ıskalamak istemiyordum. Bunca dert, tasa, yoğun iş temposu ve koşuşturma arasında fırsat buldukça onlarla zaman geçirmek istiyordum. İlk sene Fahrünnisa ile Ömer'i lojmanda taekwondo kursuna yazdırmıştık. Onları kursa getirir, biz de hanımla ya arkadaşlara uğrar ya da bahçede otururduk.

O sene babam rahatsızlanmış, Çanakkale Askerî Hastanesinde bir cerrah kolon kanseri şüphesiyle ameliyat etmek istemişti. Annem telefonda *"Baban duymasın ama çok endişeleniyorum."* demişti. Elâzığ Hastanesi Başhekimi Serhat Albay da bu konuda çok başarılı bir cerrahtı. Konuyu açtığımda tahlil sonuçlarına bakmak istedi ama babama herhangi bir tahlil yapılmamıştı. Serhat Albay *"Al babanı ya buraya getir ya da Gelibolu Askerî Hastanesine götür. Oranın Başhekimi de iyi bir cerrah ben ararım kendisini. Önce durumu bir anlayalım, gerekirse ben ameliyat ederim."* dedi. Gidip babamı ikna edecek ve Malatya'ya getirecektim, gelmek istemezse de Gelibolu'ya götürecektim. Zaten Ali Gelibolu'daydı. *"Ali'nin lojman komşusu da bu konuda uzman cerrahmış, Ali bir de ona muayene olmanı istiyor."* dersem ikna olurdu. Birden aklıma bu durumu fırsata çevirmek geldi. Bu uzun yolculuğa Hilal ile çıkabilirdik. Baba kız ne güzel anımız olurdu. En önden bilet almıştık. Otobüse binerken bir sürü yiyecek içecek almıştık, yolda uyusa bile molada uyandıracaktım. Bol bol muhabbet ettik. Çok eğlenceli bir yolculuk olmuştu. Birlikte Gelibolu'ya gittik, bir gece Ali'ye misafir olduk, bu arada Başhekim babamı muayene etti. Kanser gibi bir bulgu yoktu. Kabız olduğu için zorlanmadan makat çatlağı oluşmuştu ve bu durum canını çok yakıyordu. Bir iki krem, jel ve merhem gibi ilaçlarla tedavi yanında oturma banyosu ile kısa zamanda sağlığına kavuşmuştu. Bu durum kızımla bana unutulmaz bir anı toplama fırsatı olmuştu. Hilal mahallenin en gözde forvetiydi. Mahalledeki yaşıtı erkeklerden daha iyi futbol oynardı. Hilal birinci sınıfa başladığında ablasının öğretmenine devrolmuştu. İyi ve ilgili bir öğretmendi ama başlarda Hilal'e erkeklerle top oynamayı yasaklamıştı. Hilal için bu nefessiz kalmak gibi bir şeydi. Bazen evde ben kızacağım diye yorganın altına girer, kulağına dayadığı radyodan maç dinler, gol olunca da her şeyi unutur, haykırarak havalara sıçrardı. Hanım, öğretmeniyle konuşunca top oynamasına izin vermişti. Murat'ın da sene sonu müsamereleri çok eğlenceli oluyordu. Ömer Afra Bilgi yarışmasında okulu temsil eden ekipte yer almış ve yarışmada bisiklet kazanmıştı.

Fahrünnisa bu yıl Ortaöğretim Kurumları Seçme ve Yerleştirme Sınavı'na (OKS'ye) hazırlanacaktı. Bir iki dershanenin bursluluk sınavlarına girmişti, hepsinden de belirli oranlarda indirim kazanmıştı. Bir arkadaşın kızı Kültür Dershanesinde matematik öğretmeniydi. Onun tavsiyesi ile o dershanenin de sınavlarına girmiş, iyi bir derece yapmıştı, dershanenin ortamını da beğenmiştik. Dershane ücretsiz kaydını yapmış, sınava orada hazırlanmış ve o yıl OKS'de MF puanıyla Malatya il birincisi olmuştu. Tüm panolarda resimleri vardı. *"Çok övülen, şanlı, şerefli, onurlu kadın"* anlamına gelen isminin hakkını verip gurur kaynağımız olmuştu. Sınava hazırlanırken anneannesi ona bir hedef vermiş, *"İstanbul Fen Lisesini kazan, genç odan benden, bizim yanımızda oku."* demişti. Çalışma masasının üstüne büyük harflerde aylar öncesinden *"Ya İstanbul Fen olacak ya olacak."* yazmıştı. Evet, çok istemişti ve aldığı puanla İstanbul Fen Lisesine 21'inci sırada girmeye de hak kazanmıştı, inşallah hakkında hayırlısı da olurdu.

OKS MF Malatya Birincisi (2006)

Kaydını yaptırmıştık. Anneannesi de odasını hazırlamıştı. Kültür Dershanesi il birincisi olduğu için kendisine bir miktar para ödülünün yanında İstanbul Kültür Dershanesinin özel öğrencileri ile birlikte ücretsiz üniversite sınavına hazırlanma hakkı da vermişti. Bu başarı kendisine Tek-Fen başarı bursunu da getirmişti.

Okula başladığı ilk yıldı ve bu kızımızdan ayrı kalacağımız ilk bayramımız olacaktı. Maddi durumumuz da pek el vermiyordu, tatil de uzun değildi. Gitmeyi planlamamıştık ama son anda dayanamamış ve hazırlanın gidiyoruz deyip İstanbul'a doğru yola koyulmuştum.

Ertesi yıl sıra Ömer'deydi. Ömer'in hedefinde öncelik askerî lise sınavlarıydı. O yıl yaz tatilinde Kuleli Askerî Lisesini göstermek için Boğaz'a gezmeye gitmiştik. Kanlıca'da pudra şekerli yoğurt yemiş, dönüşte okulun önünde fotoğraf çektirmiştik. Birlikte sınava hazırlanıyorduk. Sayısalda tüm soruları yapıyordu ancak ilkokul birinci sınıfta okumayı tümdengelimle öğrendiğinden hâlen kelimelerin son hecelerine dikkat etmediği için okuduğunu anlamada güçlük çekiyordu. Türkçe, sosyal ya da tarih sorularını ben okuduğumda tamamına yakınını doğru cevaplıyordu. Kendi kendine okuyup yaptığı testlerde sonuç inanılmaz kötü oluyordu. Böyle çalıştığımız bir gün baktım benden kaçıyor, biraz daha sıkıştırınca sigara kokusundan rahatsız olduğunu ama daha da önemlisi din dersi hocasının sigaranın haram olma ihtimalinden bahsettiğini söyledi. Beynimden vurulmuşa dönmüştüm. Oğlum benim sigara alışkanlığımdan rahatsız oluyordu ve harama karşı duyarsız olduğumu düşünüyordu. Aslında haram helal kavramının bile farkında olmadığımız bir dönemde, ilkokulda yaz tatilinin başlaması ile birlikte her hafta bir arkadaşımızın sünnet olduğu ve sünnet düğünlerinde sünnet çocuğunun ve sağdıçlarının elinden sigara düşmediği zamanlarda bu kötü alışkanlığa başlamıştık.

Kardeşim Hasan ile Sünnet Merasimiz (1975)

Hemen kalktım ve buzdolabının üzerinde duran sigara paketini buruşturup çöpe attım. Rabbime şükürler olsun, hayatımda ilk denemede sigarayı bırakmıştım. Aslında içtiğim dönemde hiçbir rahatsızlık hissetmediğim gibi bıraktıktan sonra da herhangi bir rahatlama olmamıştı. Hatta zaman zaman *"Zaten zararı yokmuş ki niye bıraktım?"* dediğim gibi *"Çok da kolay vazgeçiliyormuş niye bu kadar sene içtim ki?"* dediğim de olmuştu. Allah'a binlerce şükürler olsun ki böylesi bir illetten beni bir sahabe edası ile kurtarmıştı. Onlar da içki yasağı geldiğinde ellerindeki kadehleri yere atıp şarap testilerini sokaklara dökmüştü. Ben de haram olma ihtimaliyle birlikte bir defada paketi çöpe atıp bir daha ağzıma sürmemiş ve bu tavrımı sahabe davranışına benzetip bunun için de ayrıca şükretmiştim. Üstelik haftalardır bunu eşim bile fark etmemişti. O da ne cefakârdı, her hâlimle sevmişti beni ve yıllarca sigarama katlanmıştı. Bir gün açık öğretim sınavından çıkmıştı, bir şeyler atıştırmak için kanal boyuna gelmiştik. Ben yemeğimi yedikten sonra gayri ihtiyari elimi göğüs cebime atınca sigaramı aradığımı sanmış ve ilk kez o zaman iki haftadır sigarayı bıraktığımı öğrenip çok şaşırmıştı. Ben sigarayı bırakmıştım.

Ömer de askerî lise sınavını kazanmıştı. Sıra spor testi ve mülakata gelmişti. Biraz kilo fazlalığı vardı. Günlerce birlikte baba oğul Şeker Stadı'nda çalıştık. Fazla kilolarını vermişti. Mülakat için Kuleli Askerî Lisesine gittik ve oğlum spor testine giremeden hiçbir sağlık problemi olmamasına rağmen ön sağlık kontrolünde gözden elenmişti. Üstelik bunun itirazı da yoktu, sonuç kesindi. Kendisi de çok üzülmüştü, biz de çok üzülmüştük ama İbrahim Hakkı Hazretleri'nin de dediği gibi *"Her işte hikmeti vardır, abes fiil işlemez Allah."* deyip tevekkül etmek gerekiyordu. Vardı bunda da mutlaka bir hayır, şu an şer gibi görünen bu hadise netice itibariyle hayırdı ve bunun böyle olduğunu Rabbim bize bir gün gösterecekti.

Bu yıl liseli sayımız ikiye çıkmıştı, Ömer'i Turgut Özal Anadolu Lisesi'ne kaydetmiştik. Okuluna servisle gidip geliyordu. Okul ortamından ve arkadaşlarından çok memnundu. Sayısal derslerde zaten çok başarılıydı. İngilizce dersinde de hocası çok zorlamıyordu. Daha çok eve verdiği ödevlerle aynı cümleleri sayfalarca yazdırıyordu. Bu durum Ömer'in çok hoş gitmese de ödevlerini aksatmadan yapınca yabancı dili öğreneceğini düşünüyordu. O yıl liseler arası *"e-dream"* proje yarışmasının ön elemelerini geçmişti. Projesini sunmak üzere ailece İstanbul'a gitmiştik. Sadece kızım değil oğlum da göğsümüzü kabartmıştı.

Ömer *"e-dream"* Projesini Sunarken (2007)

Kendime de zaman ayırıyordum. Düzenli yürüyüş yapmaya çalışıyordum. Evden çıkar Dede Korkut Parkı'nın yanından İnönü Caddesinden, Tevfik Temelli Caddesi, Hasan Bey Caddesi, Emeksiz Caddesi'ni geçip tekrar İnönü Caddesi'ne inerdim. Bu yürüyüş esnasında geçmişin muhasebesini yapar, geleceğe ait planlar kurardım. Bir de yürüyüşlerde âdet edindiğim zikirlerim vardı. Yürüyüş yapamadığım zaman sanki farz bir ibadetimi aksatmışım gibi huzursuzlanırdım. Kayapınar ile birbirimizi zorlamak için sabah erken saatlerde bir gün o Şeker Stadı'na yürüyüşe gelir, bir gün ben İnönü Stadı'na giderdim. Bazı sabahlar birlikte Beydağı'na krosa çıkardık. Hafta sonu pazar günleri Malatya Briç Kulübüne gider turnuva oynardık. Briç o dönemde hayatımızda epey yer etmişti. Başkanlıkta olduğumuz günlerde de öğle aralarında Ekber Bey, Kayapınar ve Baynazi ile kare kurardık. Hava Alayı Bakım Hangarı şantiyesinde Tek-Art Firması'ndan İhsan ağabey ve Mehmet Ali Yılmaz'ın oğlu Soner Yılmaz ile briçe otururduk. Yine Hava Alayı Helikopter İleri Taarruz Üssü şantiyesinde Müşavir Atam Kızılırmak da Ekber Bey'in değişmez ortağı olarak fırsat buldukça briç karesinde yerini alırdı. İlk kez Malatya Spor Salonu'nda briç turnuvasına katılmış, kapalı spor salonunda hakemler gözetiminde 40 masalık turnuva oynamıştık. Daha sonra Kayapınar ve Ekber Bey ile birlikte İskenderun'da böyle geniş çaplı bir turnuvaya katılmıştık. Tunceli görevlerine gittiğimizde de akşamları orduevinde Tugayın İstihkâm Şube Müdürü Yarbay Yavuz Yiğit ortağını karşısına alır Kayapınar ile beni kastederek *"Malatya briç şampiyonları gelmiş, havalarını bir alalım."* der gecenin ilerleyen saatlerine kadar oyundan kalkamazdık.

Bölge Başkanlığı personeli de kendi arasında çok uyumluydu ve iş dışında aile ortamlarında da bir araya gelmekten mutlu olurdu. Görev yaptığım dönemdeki Bölge Başkanları da ortama uyum sağlar, personeli ile birlikte olmaktan mutluluk duyarlardı. Çiçek Albay, Yücel Albay ve Siracettin Albay bayramlarda personele iadeyi ziyarette de bulunurlardı. Yücel Albay tüm başkanlık personeli ile aile pikniği yapmış, Siracettin Albay da diziyi hiç beğenmediği hâlde Elâzığlı personelin isteğini kırmayıp ailesiyle sinemaya *"Kurtlar Vadisi"* filmini izlemeye gelmişti. Kayapınar sık sık Ayşe Hanım'ı alır, bizim mahalleye Dede Korkut Parkı'na gelir, oradan bizi arardı. Zaman zaman bu muhabbet ortamına Mimar Buket Hanım ile eşi Doktor Soner Sağıroğlu da katılırdı. Kayapınar bizi Elâzığ'da ve Hal köyünde de misafir ederdi. Bir defasında Denetleme Heyeti'ne etrafı gezdirmek için yaptığımız programa aileleri de dâhil etmiş, hep birlikte Atatürk Barajı, Nemrut, Şanlıurfa ve Ceylanpınar'ı gezmiş, ertesi günü de Malatya Gündüz Bey Su Sesinde bir kır lokantasında hep birlikte kahvaltı yapmıştık.

Bir gün MSB Müsteşarı Korgeneral Ahmet Turmuş telefonla beni arayıp yeğeni Saadet'in kurum değiştirme talebine olumlu görüş vermemi emretmişti. Yeğeni memuriyette bir yılını yeni doldurmuş asaleti henüz tasdik olmuştu. Annesinin ciddi bir rahatsızlığı varmış ve kendi başına yardımsız yaşayamıyormuş. Saadet Hanım'ın da bu yüzden Elâzığ'a bir kuruma nakil olması gerekiyormuş. MSB teşkilatında yıllardır kanayan bir yara vardı. Sivil memurlara herhangi bir kariyer imkânı verilmiyordu. Memuriyete ilk başladıklarında da emekli olurken de kontrol mühendisi idiler. Yeni mezun bir subay ve ya yedek subay bile bunların amiri pozisyonunda kontrol şefi oluyordu. Başka kurumlardaki arkadaşları ise zamanla şef ve müdür hatta genel müdür olabiliyorlardı. Bu sebeple ilk birkaç yıldan sonra sivil memurlar her fırsatta başka kuruma nakil imkânları araştırırlar ancak MSB ilk amirleri aracılığıyla bu nakil isteğine uygun görüş vermezdi. Komutana kısaca durumu anlattıktan sonra diğer personelin aynı yöndeki taleplerinin önüne geçemeyeceğimizi söyleyince benim görüşümü sordu. Ben de *"Kimseyi zorla tutmanın bir anlamı yok, bu durumda olanlar zaten gönülsüz de çalışıyorlar, isteyene izin verilmeli ama kalıcı bir çözüm için sivillere de kariyer yapabilecekleri kadro hedefleri oluş-*

turulmalı." demiştim. Beni serbest bırakmış, istediğime uygun görüş verebileceğimi söylemişti. Saadet Hanım'ın arkasından, Buket Sağıroğlu, Emin Tursun, Murat Gökalp, Mustafa Çarıkçı, Şener Kaygusuz gibi arkadaşlar da bu sayede kurum değiştirmiş, Murat Kayapınar ve Murtaza Bozkurt'un emekli olması, Arzu Hanım ve Aysun Hanım'ın da evlenip tayin olmasıyla Bölge Başkanlığı bu tarihten sonra adeta kabuk değiştirmişti.

Bir taraftan iş güç çoluk çocuk derken hayat akıp gidiyor diğer taraftan da her iki mahkeme süreci devam ediyordu. Kafamın bir tarafı sürekli bu konuyla meşguldü. Bir türlü anlam veremiyordum. Tüm bunlar niye gelip beni buluyordu. Kayapınar *"Ağabey senin başın büyük, Allah da dağına göre duman veriyor."* derdi. Aslında herhangi bir art niyet gütmeden işimi en iyi şekilde yapmaya çalışıyor, gecemi gündüzüme katarak çalışıyor, yeri geliyor çoluk çocuğuma, eşime, dostuma ayırmam gereken zamandan çalıyordum. Elimden geldiğince hakka hukuka riayet etmeye çalışıyor, boğazımızdan haram lokma geçmesin diye kılı kırk yarıyordum. Şükürler olsun Rabbim kendini sık sık hatırlatıyordu. Necmettin'i, Öznur'u, Nedim Albay'ı ve Mahmut Binbaşı'yı musallat ediyordu. Bu idari tahkikat aşamasında müfettişlere kim bilir neler anlatmışlar, savcılık soruşturmasında ne ifadeler vermişlerdi. Bunları düşünürken birden aklıma *"Allah intikam almak istediği kulunu bir başka kulu vasıtasıyla cezalandırır, ama Allah'ın ilmini bilmeyenler bunu kulun yaptığını sanır."* ifadesi geldi. Ben bunları niye kullardan biliyordum ki oysa bana imanım hayır ve şerrin Allah'tan olduğuna inanmamı emrediyordu. Allah benden neyin intikamını alıyordu ki; iki davayı aynı anda eş zamanlı musallat etmişti: *"Görevi ih-mal"* ve *"ticaret yapmak"*. Tabii ya mesaj netti. *"Kulum sen geçim derdine düştün bana karşı görevlerini ihmal ediyor-sun."* diyordu. Hani bir hikâyede iki askeri anlatırlar, padişahın ordusunda silahaltına alınan. Biri sürekli kendi vazifesine odaklanır, eğitime çıkar, atış yapar harbe hazır-lanır, verilen rutin görevleri yapar, karnını nasıl doyura-cağının derdine düşmez, *"O benim değil, beni askere alan padişahın görevi."* der. Diğeri de *"Harp devletin görevi ben-im işim değil."* der, eğitime çıkmaz, atış yapmaz, harbe hazırlanmaz, daima nafakasını düşünür, karnını nasıl doyu-racağının derdine düşer. Padişaha güvenip maişet peşinde koşmayan hiçbir zaman aç kalmadığı gibi kahraman muamelesi görür, diğeri kendi iaşesini sağlamaya muktedir olamadığı gibi bir de görevini yapmayan asi muamelesi görür. İşte bu hikâyedeki asi asker bendim. Zaman geldi endişeye kapıldım, bu dört çocuk yarın büyüyecek, oku-mak isteyecek, evlenmek isteyecek benim ek kazanç temin etmem lazım diye gecemi gündüzüme kattım. Doğru, dünya işlerimi aksatmadım. Kontrol görevimi ihmal etmedim belki ama ya Rabbime karşı görevlerim, onları ihmal etmediğimi söylemek zordu. Namazlarımı FYO'da bir muşamba seccade edindiğim o günden beri aksatmadan kılmaya çalışıyordum ama program yazmaya odaklandığım dönemde ibadetime konsantre olamıyor, çoğu zaman kaçıncı rekâtta olduğumu ya da bir önceki rekâtta ne okuduğumu bilemiyordum. Gece ibadetim yok denecek kadar azdı. Bazı şeyler oturmaya başlamıştı. Rabbim bir taraftan bela ve musibet veriyor diğer taraftan da sağanak hâlinde yağdırdığı inayetiyle aslında beni hiç yalnız bırakmadığını ve hep yanımda olduğunu hissettiriyordu. Hüseyin Ceylan eliyle aleyhimde tanzim edilen raporu göndermiş, Orhan ağabey vasıtasıyla yaklaşan tehlikenin büyüklüğünden haberdar etmiş, davaya bakan hâkimlere kendimi ifade etme imkânı vermiş, Kürt Mustafa, Ali ve Erhan gibi hukukçuları adeta emrime amade etmişti. Kargıoğlu ve Hüseyin Ceylan gibi birtakım mühendisler bu kargaşa ortamında tutuklanmış ve görevden uzaklaştırılmış olmalarına rağmen ben başım dik ve alnım açık olarak savunmamı yapmış, mahkeme salonuna bile gitmeden duruşmalardan vareste tutulmuştum. Bu bela musallat olduğundan beri düzenli olarak bir ibadet neşvesiyle yapmaya çalıştığım yürüyüşler esnasında 998 "*Ya Hafız*" çekiyordum. Her "*Ya Hafız*" dediğimde içimden beraberinde ayrı bir talebi dillendiriyor: "*Dinimi, diyanetimi, imanımı, ahiretimi, akıl sağlığımı, ruh sağlığımı, namusumu, izzetimi, onurumu, haysiyetimi, bedenimi, çocuklarımı, eşimi, annemi, babamı, kardeşlerimi, arkadaşlarımı...*" diyordum. Belki de bu dualarımın yüzü suyu hürmetine Rabbim üzerime böyle kol kanat germişti. Bunun farkına vardığım an itibarıyla iki büklüm olmuş, bu süredeki namazlarımın kazasına niyetlenmiştim. Bugünü milat kabul ettiğimde güne gün kaza yapabilirsem Allah izniyle 67 yaşıma ulaştığımda bu ana kadarki tüm namazlarımı kaza etmiş olacaktım. Rabbim muvaffak eder inşallah.

Bunun farkına vardığım günlerde sanki düşüncemin doğruluğunu tasdik edermiş gibi bir mucize oldu. Mahkeme ilk savunmamdaki bilirkişi talebimi kabul etmiş ve bilirkişi raporunun bir suretinin fotokopisini göndermişti. Rapor, arka yüzü daha önce kullanılan müsvedde kâğıtlara fotokopi edilmişti. İlginç olan raporun arka yüzünde onlarca sayfada görevi ihmal suçu ile ilgili çok detaylı bir hukuki mütalaa vardı. Tam benim durumumu anlatıyordu. Görevi ihmal suçunun maddi manevi unsurları, niyet, suç işleme kastı, hata gibi birçok konu etraflıca tartışılmıştı. Adeta savunmamın hukuki boyutunu yazılı olarak göndermişti Rabbim. Bilirkişi raporuna karşı diyeceklerimi yazarken bu hukuki mütalaadan çok istifade etmiştim. Bir iki yıl yargılama süreci bu minvalde devam etti, mahkeme bilirkişi raporunu bana gönderdi, ben inceleyip itirazlarımı yaptım, bilirkişi itirazlarımı tekrar raporladı, ben tekrar itiraz ettim. Sonunda bilirkişi kendini hâkim yerine koyup bu işte benim doğrudan mesul olduğum zararı 2.500 YTL'ye kadar indirmişti. Bana atfedilen hazine zararı yaklaşık iki maaşım kadardı. Önder, *"Hâkim bu aşamada bilirkişiye itibar ederek senin sorumluluğunu bu miktarla sınırlı tutup, takdir yetkisini kullanarak bir miktarını sana ödeme çıkartıp, hükmün açıklanmasının geri bırakılmasına karar verebilir."* diye sanırım nabız yoklamıştı. *"Bu mudur sizin adalet anlayışınız? Ben görevimi ihmal mi ettim? Görevi ihmal edebilmem için hani kasıt şarttı, bilerek isteyerek yapmış olmam gerekiyordu. Hırsız olduğuma mı hükmedecek hâkim?"* diye karşı çıkınca *"Anlamıyorsun bu dava lastik gibi uzar da uzar. Çocuklarını geç, torunlarına miras kalır ama bu aşamada senin bu davadan sıyrılman mümkün. Yarın tekrar yargılama konusu olsa bile seninle ilgili bu davada verilmiş hüküm olduğu için senin dışındakiler yargılanırken sen yargılama dışında tutulursun."* dediyse de bana anlamlı gelmemişti. O yıl Rıdvan tayin olup gitmişti, bakalım sonuç nereye varacaktı.

Ticaret yapmak suçlamasıyla yargılandığım 2'nci Ordu Askerî Mahkemesinde savcı mütalaa vermişti. Yargılama esnasında yüzlerce kullanıcının ifadesine başvurulmuş ve herhangi bir maddi kazanç temin ettiğim yönünde somut bir kanıt elde edilememiş olmasına rağmen savcı cezalandırılmamı talep ediyordu. Son savunmama hazırlık yaptığım günlerde bir başka mucize daha yaşandı. Yıllardır görmediğimiz Münevver abla Malatya'ya meslekte yükselme sınavları için gelmişti. Münevver abla hanımın teyzesinin kızıydı ve Maliye Bakanlığı Erzurum Defterdarlığında müdür yardımcıydı. Akşam benim savunma hazırlığı yaptığımı görünce, *"Sen kenara çekil, bu konu benim uzmanlık alanım. Defterdarlığın tüm Sayıştay sorgularına ben cevap veriyorum."* dedi ve beni kaldırıp bilgisayarın başına kendisi geçti.

6762 Sayılı Türk Ticaret Kanunu'nun 3'üncü maddesindeki ticaret tanımından başlamıştı. Daha sonra aynı kanunun 13'üncü maddesine göre eser vücuda getirilmesinin ve bu eserlerin satılmasının ticari faaliyet kapsamına girmeyeceğine vurgu yapmıştı.

Ardından Ticaret Sicili Nizamnamesinin 14'üncü maddesinin 2'nci fıkrasında ticari bir faaliyetten bahsedebilmek için *"gelir sağlamayı hedef tutmak"*, *"devamlılık"* ve *"belli bir çapı aşmış olmak"* şartlarının birlikte sağlanması gerektiğine dem vurmuştu.

193 Sayılı Gelir Vergisi Kanunu'nun 37'nci maddesinde ticari kazancın tarifi *"Her türlü ticari ve sınai faaliyetlerinden doğan kazançlar ticari kazançtır."* şeklinde yapılmıştı. *"Gelire Giren Kazanç ve İratlar"* da Gelir Vergisi

Kanunu'nun 2'nci maddesinde *"Ticari Kazançlar"*, *"Zirai Kazançlar"*, *"Ücretler"*, *"Serbest Meslek Kazançları"*, *"Gayrimenkul Sermaye İratları"*, *"Menkul Sermaye İratları"* ve *"Diğer Kazanç ve İratlar"* şekilde tek tek sayılmıştı.

Askerî Ceza Kanunu'nun Ek Madde 1/A maddesinde yasaklanan kazanç ticari kazanç olup, diğer gelir unsurları için ise böyle bir yasaklama bulunmamaktaydı. Bilgisayar programcılığı faaliyeti ise ticari faaliyet olmayıp, *"Serbest Meslek Faaliyeti"* idi.

"Serbest Meslek Faaliyeti"'nin ne olduğu ise 193 Sayılı Gelir Vergisi Kanunu'nun 65'inci maddesinde *"Sermayeden ziyade şahsi mesaiye, ilmi veya mesleki bilgiye veya ihtisasa dayanan ve ticari mahiyette olmayan işlerin işverene tabi olmaksızın şahsi sorumluluk altında kendi nam ve hesabına yapılmasıdır."* şeklinde tanımlanmıştı.

Yine aynı kanunun 18'inci maddesinde *"Müellif, mütercim, heykeltıraş, hattat, ressam, bestekâr, bilgisayar programcısı. ... şiir, hikâye, roman, makale, bilimsel araştırma ve incelemeleri, bilgisayar yazılımı, ... gibi eserlerini, gazete, dergi, bilgisayar ve internet ortamı, ... veya CD, disket, ... hâlindeki eserleri ile bunların beratlarını satmak veya bunların üzerindeki mevcut haklarını devir veya temlik etmek veya kiralamak suretiyle elde ettikleri hasılat gelir vergisinden müstesnadır..."* denmekteydi. Bu hükümden de anlaşılacağı üzere; bilgisayar programcısının ve bunların kanuni mirasçılarının bilgisayar yazılımını, bilgisayar ve internet ortamında yayımlaması, CD hâlinde bu eserini satması veya bunlar üzerindeki mevcut haklarını devir ve temlik etmesi veya kiralaması *"Serbest Meslek Faaliyeti"* olup, gelir vergisinden de istisna tutulmuştu.

Nitekim Askerî Yargıtay Genel Kurulu'nun 29.04.1960 tarih, 1461 Esas, 30 Karar sayılı kararında;"*2183 sayılı kanundaki ticaret tabirinin, lügat manası ile değil, Ticaret Kanununun tarif eylemiş olduğu hukuki esaslara göre takdir ve mânâlandırılması lazımdır. Bu itibarla kazanç gayesiyle ve devamlı surette bir meslek ve sanatın icaplarından ayrı olarak her zaman için şahıslara menfaat sağlaması mümkün ve umuru adiyeden sayılan ve ticaret muamelat tabirine tâbi bulunmayan tasarrufların ticaret yapmak şumulü içinde alınmasına kanunen imkân yoktur.*" kararı verilmişti.

Ayrıca; Askerî Yargıtay 2'nci Daire'nin 06.02.1957 tarih, 56/4201 Esas, 3083 Karar sayılı kararında; "*Mesai saatlerinin dışında -sağlık memurlarının haiz olduğu ehliyete sahip olduğundan ötürü- ikametgahında ücret karşılığı enjeksiyon yapmak ve bunu muhitine bildiren tabela asmak olduğuna göre; bu faaliyetin, ancak sanatını icradan ibaret bulunduğu, ticaretle iştigal sayılamayacağı, hakkında ticaret yapmak suçundan mahkumiyet kararı verilmesi yolsuzdur.*" kararı verilmişti.

Askerî Yargıtay kararlarından da anlaşılacağı üzere Askerî Yargıtay "*Serbest Meslek Faaliyetleri*"ni bu suçun kapsamı dışında tutmuş, ticaret kanunu kapsamında olması muhtemel suçlarda bile kazanç amacı ve süreklilik gibi özel bir kasıt aramış, mesai saatleri dışında sağlık görevlisinin kendi ikametgâhında ücret karşılığı enjeksiyon yapmasını sanatının icrasından ibaret sayıp, gelirini "*Serbest Meslek Kazancı*" olarak kabul etmiş ve ticaret suçundan mahkûmiyet kararını yolsuz bulmuştu. Zaten AS.C.K. Ek Madde 1/A ile asker şahısların zirai kazançlarına, menkul ve gayrimenkul sermaye iratlarına, serbest meslek kazançlarına herhangi bir kısıtlama getirilmemiş, sadece ticari kazançlarına yasaklama getirilmişti.

Yani aslında ortada suç teşkil edecek bir durum yokmuş. Münevver abla tüm açıklığı ile bu gerçeği ortaya koymuştu. Bu defa da Hızır'ın adı Münevver idi. Ertesi günü bu savunmayı mahkeme heyetine okuduğumda hepsi şok olmuştu. Mahkeme Başkanı, heyetin asteğmen olan üyesine *"Git getir bakalım şu Gelir Vergisi Kanunu'nu"* diyordu. Mahkeme Aralık 2006 ayı başında yargılamayı bitirerek suçun sabit olduğuna karar vermiş ancak cezayı ilk kez olduğu için ertelemişti. Çıkışta hemen süre tutum dilekçesi vererek gerekçeli kararın tebliğini müteakip temyiz talebimi iletmiştim. İlerleyen zamanda mahkeme kararını Temyiz Mahkemesi de yerinde bulmuş ve bozmamıştı. Böylece ticaret kapısı kapanmıştı zira tekerrürü hâlinde ceza bir kat artırılıyor ve subaylar meslekten men ediliyordu.

Görevi ihmal suçundan yargılandığım Erzurum 9'ncu Kolordu Askerî Mahkemesi hâkimi genel teamüllerin dışında beni askerî hattan telefonla aramış ve savcılığın esasa ilişkin mütalaasını 2'nci Ordu Mahkemesinden alabileceğimi, bir ay sonrası için karar duruşmam olduğunu ve duruşmada hazır bulunmamın lehime sonuç doğurabileceğini söylemişti. Bunları söylemeden önce de bu yaptığının genel teamüllere aykırı olduğunu kendisi açıkça ifade etmişti. Çok şaşırmıştım ne yapabileceğimi bilmiyordum. Bir tarafım gitmem gerektiğini söylüyordu ama diğer yanım gitme diyordu. Ekber Bey'in yakın arkadaşı NATO ENF Kontrol Amirliği eski memurlarından Hanefi Bey vardı. Belediye Başkan Danışmanı olarak çalışıyordu. Birlikte sohbet eder, Beydağı'nda yürüyüş yapar, zaman zaman okey oynardık. İyi bir okuyucuydu. Elinden kitap düşmezdi. Beğendiği kitapları da yakınındakilere hediye ederdi. *"Uzun Çarşının Uluları"* gibi hediye ettiği pek çok kitabı severek okumuştum. *"Jandarma Hâkim Albay arkadaşım var, Askerî Yargıtayda ona soralım."* dedi. Hemen telefonla aradı, hâl hatırdan sonra durumu söyleyip telefonu bana uzattı. Albay Dinçer Ural *"Sen konuyu özetle ve bana bir dosya hâlinde gönder ben inceleyip en kısa zamanda sana dönerim."* dedi. Bir hafta sonra aradığında dava zaman aşımından dosyanın düşmek üzere olduğunu, karar duruşmasının tam da bu kritik tarih öncesine denk geldiğini, hâkimin kafasının karışık olduğunu düşündüğünü ama beni teamüllere aykırı bir şekilde aramasından hakkımda hükmün açıklanmasının geri bırakılmasına karar verme ihtimalinin yüksek olduğunu söylemişti. Böyle bir karar verebilmesi için daha önce bu türden bir suçtan hüküm giymemiş olmam, hazine veya 3'üncü kişilerin zarar görmemiş veya bu zararı tazmin etmeyi kabul etmiş olmam ve yargılama esnasında iyi davranış sergilemiş olmam gerekiyormuş. Beni mahkeme salonunda hazır istemesinin asıl nedeni bu olabilirmiş. Hükmün açıklanmasının geri bırakılmasına karar vermeyip doğrudan hüküm de verebilirmiş. Bu hükmün de dava zaman aşımı dolmadan tarafıma tebliği gerekiyormuş. Zaman çok sıkıştığı için tebligat süresinde davanın düşme ihtimaline binaen kararı yüzüme tebliğ etmek amacıyla da çağırıyor olabilirmiş. Gidip gitmeme kararı senin demişti. Son ana kadar bir şey demedim, bir gün önce hastaneden 15 gün rapor alıp, raporu ilgili mahkemeye iletilmek üzere 2'nci Ordu Mahkemesine vermiş ve hava değişimi için memleketime gitmiştim. Dinçer Albay'ın tahmin ettiği gibi dava zaman aşımından düşmüştü. Daha sonraki bir sohbetimizde Önder'in anlattığına göre *"O gün cesaret edip mahkemeye gidebilseydim beraat edecekmişim. Hâkim tam bıçak sırtında kalmış ve karşıma gelme cesareti göstermiş olsaydı gerçekten suçsuz olduğuna inanacaktım demiş."*. Karara savcı da itiraz etmişti ben de tam yargı talebinde bulunmuştum ama temyiz her iki taraf için de zaman aşımının yargılamayı durduran etkenlerden olduğundan bahisle itirazlarımızı yerinde bulmamıştı. Bakış açısına göre değişiyordu. Savcıya göre tam yakalayacaktı, zaman aşımı ile elinden kaçırmıştı. Bana göre de yedi buçuk yıl uğraşmış suçlayacak bir şey bulamamıştı. Üzerimden yargı baskısı kalkmıştı. Allah'a şükürler olsun alnıma kara leke sürülmemişti ama bu arada ben almam gereken dersi almış, yapmam gerekip yapmadığım, yapmamam gerekip yaptığım birçok konuyu idrak etmiştim. Allah bundan sonra istikametinden ayırmasın inşallah.

Geçen yıl Fahrünnisa liseye geçiş yaparken biz de onunla birlikte büyük şehre gidelim düşüncesiyle KHO'ya öğretim üyesi temini kapsamında Ankara'ya tayinimi istemiştim. Ortam müsait gibi görünüyordu. İki yıldır 28 Şubat Dönemi'nde okullardan sürülenler geri dönmeye başlamıştı. Bu kapsamda Ali de Gelibolu Kolordu Komutanlığından Bursa Işıklar Askerî Lisesine dönmüştü. O yılın sonunda okul tüm personeli ile birlikte Hava Kuvvetlerine devredilmişti. O yıl benim yerime KHO'ya Mahmut Gök Albay'ı almışlardı. Balıkesir'den beri dostluğumuz aralıksız devam eden Mahmut, Kuvvette tayin subayı idi. O bir şey söylemiyordu ama o yıl benim KHO'ya tayinim son anda çocuklarımın çift isimli olması ve isimlerinin irtica ile ilişkili bulunmasından dolayı uygun görülmemişti. Bu sene için artık tek tercihimiz İstanbul'du. Hem baştan beri çocuklar liseye adım attığında büyük şehirlerde başlarında olalım hesabımız vardı hem de Fahrünnisa bir yıldır İstanbul Fen Lisesinde okuyordu. Ben kendi adıma bizden uzak okumasına izin verdiğim için çok pişman olmuştum. Anneanne ile farklı sıkıntılar yaşıyordu. Aklını çelen, gönlüne düşen biri vardı. Aradaki kuşak farklılığı nedeniyle yalnız kalan çocuk belki de bu tür kendini dinleyen birilerini bulduğunda onu, kendini değerli hissettiren sığınacak liman gibi görünüyordu. Biz olsak böyle bir şey olmaz mıydı? Bunu bilmek mümkün değildi. Mahmut, sıkıntılarımızı biliyordu ama tayinlerin açıklanması çok yaklaşmış olmasına rağmen bir tüyo da vermiyordu. En sonunda *"Eğer bu tayini senden önce tayin kitapçığından öğrenirsem selamı keserim."* tehdidim üzerine tayinlerin açıklanmasına birkaç saat kala *"Peki* ağabey, *İstanbul semalarında uçan martılar gibi kızını kanatlarının altına alırsın."* demişti.

İstanbul İnşaat Emlak Bölge Başkanlığına tayin olmuştum. Bu defa da İstanbul'da geçim şartları ağır, dört çocuk da hem okula hem dershaneye gidecek, aman borcumuz harcımız olmasın zaruri olmayan harcamalarımızı kısalım, diyorduk. Malatya'ya gelişimizin ikinci yılında bir fırsat doğmuş, Renault 21 Optima'yı verip dizel Opel Combo 2000 almıştık. Marangoz Mehmet Usta'ya arka tekerlek çıkıntılarının üstünü kapatacak gibi çocukların oturabileceği iki oturak yaptırmış, tüm camlarına perde taktırmıştık. Hem uzun yolda hem de memlekete gittiğimizde çok rahat etmiştik. Yeri geldiğinde bizim çocuklarla birlikte yeğenleri toplayıp arabaya 10-12 kişi bindiğimiz bile oluyordu. Tayin öncesi servise uğradım *"Tayin oldum gidiyorum artık, çok emeğiniz geçti hem helalleşmeye hem de son defa uzun yol bakımı yaptırmaya geldim."* dedim. Servisi beton santrali de olan Kavuklar işletiyordu ve bizim Malatya içindeki bir iki şantiyemize beton da veriyorlardı. Santralden sorumlu Orhan Bey ile de oradan bir tanışıklığımız vardı. Aracı servisten aldıktan sonra birtakım gariplikler hissetmeye başladım, en küçük bir yokuşta araç güçten düşüyor ve arkadan siyah duman çıkarıyordu. Bu şikâyetlerle tekrar servise gittim, baktılar ama bir sorun tespit edemediler. Bir pazar günü Murat'ın OKS sınavından dönüyoruz, Kavuklar Opel Servisi'nin yanından geçerken araç yığıldı kaldı. Hemen gelip baktılar, motor kilitlenmiş, kadehler pistonlar birbirine girmiş diyorlardı. Neyse iki gün içinde aracı dağıtıp bir ekspertiz yaptılar aracın hasarsız hâliyle mevcut değeri 15 bin lira idi ancak aracın onarımı için 9 bin lira masraf çıkarmışlardı. İki aydan önce de teslim edemeyeceklerdi. Servis müdürüne çıktım. Bu aracın bu hâle gelmesinde servisin kusuru olduğunu söyledim. Servis kayıtlarını istetti, özellikle ikinci gelişimdeki yazılı olarak bıraktığım şikâyetleri görünce *"Tamamen bizim suçumuz, biz aracı ücretsiz eski hâline getirelim."* dedi. Bekleyecek zamanımız da yoktu, bu hâliyle bu araç artık içime de sinmezdi. *"Bana aracın değerini ödeyin, siz onarıp satarsınız."* dedim. Teklifimi kabul etti, istersen kendi ikinci ellerinden bir araçla takasa girebileceğimizi söyledi. Benzer bir araç yoktu ellerinde ancak başka bir galeride iki yaşında bir Fiat Doblo vardı. Aracı beğendik bizim adımıza pazarlık ettiler ve aradaki farkı Kürt Mustafa'ya borçlanarak aracı aldık. Bu arada eşyaları toplamıştık. Biz gittikten sonra lojman almayı müteakip yükleyip göndereceklerdi. O gün Malatya'dan ayrılacaktık, tüm eş dost arkadaş uğurlamaya gelmişlerdi ama ben saatlerdir aracı üstüme almaya uğraşıyordum. Son ana kadar terslikler peşimizi bırakmamıştı. Vergisinde problem çıktı, alım satımında noterde problem çıktı, yola çıkacağız sigorta işlemlerinde sorun çıktı. Acele ettikçe ters gitti. Sonunda akşama doğru tüm işlemleri tamamlayıp dostlarla vedalaşıp yola çıkabildik. Hanım yolda *"Hesapta İstanbul'a giderken borçsuz gidecektik, bak hiç hesapta yokken araba sorun çıkardı, borçlandık. Para pul konusunda endişe ettikçe Allah elimize ayağımıza dolaştırıyor, "Bir güvenin artık bana diyor." ama biz her defasında bunu anlamakta zorlanıyoruz."* diyordu.

Şehirden çıkarken dikiz aynasından arkada kalan şehre baktığımda artık şehir merkezinde eski kayısı bahçelerinin yerini yüksek katlı binaların aldığını, Sümerbank binalarının yerine yeni belediye binasının yapıldığını ve çevresinin parklarla donatıldığını ama şehrin o eski sıcak havasının suni peyzajlarla yok edildiğini ve ranta kurban edildiğini görmek hüzünlendirmişti. İlk geldiğimizde şehir merkezi yemyeşil, caddeleri, sokakları tertemizdi hatta şehirde AB üyeliği sürecinde kokoreç yasağına bile uyuluyordu ancak şehirden ayrılırken şehirde kokoreç salonları açılmış, kayısı bahçeleri tarumar edilmiş, cadde ve sokaklarında eski temizliğinden eser kalmamıştı.

İstanbul (2008-2014)

Lojman dağıtımına kadar çocukları köye annemlere bırakmış, biz de kayınvalideye yerleşmiştik. İstanbul İnşaat Emlak Bölge Başkanlığı, Selimiye Kışlası içinde 1'inci Ordu Komutanlığı ile aynı yerleşkedeydi. Anadolu yakasında lojmanlar ağırlıklı olarak Fenerbahçe ve Küçükyalı bölgelerinde toplanmıştı. Bizim tercihimiz Küçükyalı bölgesi olmuştu. Lojmanlar Kenen Evren Kışlasında adalara nazırdı. Beş ada bir salon diye anılıyorlardı. Lojman nizamiye girişine en yakın bloktan, ön ve arka balkonu adalar manzaralı bir lojman almıştık. Lojmanı alır almaz, boya badana ve tadilat işlemlerine soyunmuştuk. Boya badananın haricinde odaların zeminlerini PVC, balkonları da seramik kaplatmak istiyorduk. Lojman yönetimi bir plan dâhilinde bu işlere ekip tahsis edebiliyordu. Lojman yönetimiyle bu durumu görüşmeye giderken, Yavuz Yarbay ile karşılaştık. Yavuz Yarbay'ı Tunceli'den tanıyordum, şu an Tuzla Piyade Okulunda İstihkâm Şube Müdürü olarak görev yapıyor ve kendisi de Küçükyalı Lojmanlarında oturuyormuş. *"Boya badana işi bende, yarın ekip gönderiyorum."* dedi. Bacanağım Suat da yer döşemesi ve duvar kâğıdı işindeydi. Birlikte Unkapanı'na gidip, oda metrajlarına göre zemin kaplama malzemelerini çok uygun bir fiyata toptancısından almıştık. Boya biter bitmez Suat'ın sürekli çalıştığı ustası bir iki saate odaların kaplamasını sermişti. Bu arada eşyalar da gelmişti. Biz yerleşirken lojman yönetimin gönderdiği ekip de balkonları seramik kaplamıştı. Evin neşesi çocukları da köyden getirince tekrar aile birliğimiz sağlanmıştı.

Fahrünnisa zaten İstanbul Fen Lisesinde okuyor ve Kültür Dershanesine devam ediyordu, onun için ulaşım biraz daha rahat ve kolay olmuştu, artık lojmandan gidip gelecekti. Ömer'in naklini Maltepe Anadolu Lisesine aldırmıştık. E-5'e indiğinde minibüs veya otobüsle 10 dakikalık mesafedeydi. Zaten bu yıldan itibaren deprem takviyesi sonuçlanana kadar eğitim, Kadir Has Anadolu Lisesinde devam edecekti. Kadir Has Anadolu Lisesi lojmanların hemen altında yürüme mesafesindeydi. Hilal ve Murat lojmanların içinde oturduğumuz blokun hemen karşısındaki Albay Niyazi Esen İlköğretim Okuluna gideceklerdi. Murat 8'inci sınıftaydı ve yıl sonunda Seviye Belirleme Sınavı'na girecekti. Kadıköy'de butik bir dershanenin denemelerinde burs kazanmıştı. Onun kaydını yaptırırken dershane müdürü Celal Bey, o yıl çıkan bir uygulama ile artık her yıl sonu sınav yapılacağını dolayısıyla 6'ncı sınıfa giden Hilal'in de dershaneye gitmesi gerektiğini söyledi. Ömer'in de gitmek istemesi üzerine Celal Bey de şartlarını çok zorladı ve oldukça cüzi bir ücret karşılığında hepsini aynı dershaneye kayıt ettirmiş olduk. Çocuklar büyüdükçe masrafları da büyüyecek, okul ve dershane masraflarının altından nasıl kalkacağız endişesini yaşadığım o günleri hatırladıkça adeta utancımdan yerin dibine giriyor, Rabbimin verdikçe verdiği bu inayetleri karşısında adeta iki büklüm oluyor, *"Affet Yarabbi, bilemedim Sen'in hazinelerinin sonsuz olduğunu."* diyordum. Çocuklar küçük yaşta İstanbul trafiğinde yollara düşmüşlerdi. Lojmandan Kadıköy'e giden 17L Belediye otobüsü vardı ama günlük sefer sayısı az olduğundan her zaman onu kullanamıyorlardı. Artık herkesin aylık bir bütçesi vardı. Ulaşım giderleri, yemek ve harçlık için herkesin ihtiyacına göre bir bütçe belirlemiştik. Zaman zaman Ömer, Murat ile Hilal'in harçlıklarından biriktirdiklerine çökse de genelde herkes kendi hesabını yapar, aylık bütçesini dengelemeye çalışırdı. Ben çocukken bu harçlık olayından çok sıkıntı çekmiştim. Babamın düzenli bir aylık geliri olmadığı için bana da düzenli aylık veya haftalık harçlık veremez, topluca verir, bitince istersin derdi. Ben o verdiğinin ne kadar sürede harcanmasının makul olduğunu kestiremez, hiçbir zaman gönlümce harcama yapamaz ya da çok özenmeme rağmen istediğim bir şey için birikim yapma imkânı bulamazdım. Diğer taraftan babama da hak verirdim. Sanırım ortaokul ikinci sınıftaydım. *"Seçkin Bonmarşe"* adlı bir mağazanın önünden geçtikçe vitrindeki toplu tabancaya hayran hayran bakar, onu kardeşim Hakan'a sünnet hediyesi olarak almanın hayallerini kurardım. Hakan'ın büyümesini kaçırmıştım. Nerdeyse hiç çocukluk anımız yoktu. Henüz o iki üç yaşlarındayken benim yatılı okul hayatım başlamıştı. Çocuklar sünnet olurken mutlaka bir mantar tabancası alınırdı. Ben bir fark atıp kardeşime toplu tabanca ve kapsüllerinden almak istiyordum. Nihayet bir yılın sonunda ortaokulu bitirdiğim sene paramı denkleştirebilmiştim ama vitrindeki tabanca satılmıştı ve o mağazada başka bir benzeri de yoktu. Çanakkale'nin altını üstüne getirmiş ve Aynalı Çarşı'nın karşısında bir dükkânda hem de aynısını bulup almıştım. Hakan ne kadar sevinmişti ama sadece 10 şerit yani 60 tane kapsülümüz vardı. Hakan benim ona tabancayı vermemden 5 yıl sonra sünnet olmuştu. Sünnette çok havalı bir tabancası vardı ama kapsüllerini bitirdiği için ateş edemiyordu. *"Ben çocuklarıma bu sıkıntıyı yaşatmayacağım. Az ya da çok ama düzenli bir harçlıkları olacak. Kendi bütçelerini oluşturup, gönüllerince harcama yapabilecek veya istedikleri bir şey için birikim yapabilecekler."* derdim. Şükürler olsun Allah imkân verdi de çocuklarım aynı kaderi yaşamadılar. İlerleyen zamanlarda arkadaşlarının yanında mahcup olmasınlar diye Fahrünnisa ve Ömer'e düşük limitli de olsa ek kredi kartı da vermiştim. Küçükyalı'ya Kadıköy'den E-5, minibüs ve sahil şeridinden olmak üzere 3 farklı güzergâhtan ulaşım vardı. Dershane çıkışı Küçükyalı'dan geçiyor diye bindikleri otobüs her zaman E-5'ten gelmediği için çocukları farklı Küçükyalı duraklarında indirirdi. Böyle durumlarda hemen telefona sarılır, Küçükyalı diye indikleri durağın lojmanın altındaki bildikleri durak olmadığını, arkalarında deniz ya da tren hattı olduğunu söyleyip, kendilerini oradan almamı isterlerdi. Hafta sonları akşam saatlerinde Hilal'in voleybol çalışması olurdu. Onu bırakır, ben de bu arada gider sahilde yürüyüş yapardım. Özellikle yağmurlu havalarda sahilde yürüyüş yapmaya bayılırdım. İlk yıl çocuklar okullarına, dershanelerine ve çevreye uyum sağlayana kadar tüm planlamalarımızı onların geliş gidişlerine göre hatta onları getirip götürmeye göre ayarlamak durumunda kalmıştık.

Uzun yıllardan sonra ilk defa ailelere bu kadar yakındık. Hatta hanımın ailesiyle aynı şehirdeydik. Sadece ana babası değil, kız kardeşi de buradaydı ve şimdi erkek kardeşi Erkan da Antalya'dan taşınma kararı almıştı. Fırsat buldukça özellikle hafta sonları dershane, okul ve kursu olmayan çocukları da toplayıp kayınvalideme kahvaltıya gidiyorduk. Hanımın kardeşleri ile de sık sık bir araya gelmekten büyük keyif alıyorduk. Kuzenler de bir arada oyun oynamaktan mutlu oluyorlardı. Balıkesir'de bir ara altlı üstlü otururken Edirne'ye sürülen Albay Ali Taştekin de Kara Lisan Okuluna Öğretim Başkanı olarak dönmüş ve Küçükyalı Lojmanlarında oturuyordu. Yine okulda Arapça öğretmenliği yapan FYO'dan devrem Yarbay Kerim Açık da bu lojmanlardaydı. Kulelide görev yapan diğer devrem Binbaşı Ahmet Âşık karşıda, Beşiktaş tarafındaki lojmanlarda oturuyordu ama iki haftada bir bu devrelerimle çoluk çocuk bir araya geliyorduk. İlerleyen zamanlarda üç aile aylık tarihi geziler yapmaya başladık. Gezilecek bölgeyi önceden belirleyip, güzergâh üzerindeki tarihi eserleri de çocuklara araştırma ödevi veriyor ve onları bu gezilerde mihmandar olarak kullanıyorduk. Birlikte Eminönü, Balat, Eyüp bölgelerindeki tarihî cami ve kiliseleri dolaşmış, bir hafta sonu Bursa gezisi yapmıştık. Özellikle Ramazan aylarında kayınvalideyi de alır çoluk çocuk Eyüp Sultan, Sultanahmet ve Yuşa Tepesi gibi yerlerde manevi atmosfer soluklardık. Üsküdar sahilde Kız Kulesi'nin karşısında, ya da Maltepe sahilde denize karşı çayın keyfi bir başka olurdu. Bazen Erkan'ın çocukları ve bizimkileri Fenerbahçe Orduevinde pizza partisine götürürdük. Çanakkale de uzağımızda değildi artık ama çocukların yoğun okul ve dershane programları her canımızın istediğinde oralara uzanmamıza imkân vermiyordu. Bir yarıyıl tatilinde çocukların başına kayınvalidemi bırakıp, hanımla birlikte babasını da alıp köye zeytin toplamaya gitmiştik. Benim için çok nostaljik olmuştu, en son ortaokuldaydım sanırım böyle bir şey yaptığımda. Aile ve dostlardan uzak geçen 10 yılın intikamını alıyor gibiydik. Başkanlık personeli olarak da birlikte hoşça vakit geçiriyorduk. Bazen Başkanlık bahçesinde topluca mangal yapardık, bazen Serkan Yüzbaşı'nın şefliğini yaptığı Ömer Yüzbaşı ve eşi ile Erkan'ın eşi Seval'in de yer aldığı sanat müziği korosunun konserlerine giderdik. İnşaat Şube Müdürlüğündeki muvazzaflar çoluk çocuk hep birlikte Topkapı Sarayı'nın Has Bahçesi'nde piknik yapardık. Koşuşturması çok ama dolu dolu ve mutlu yaşıyorduk.

İstanbul İnşaat Emlak Başkanlığı, Ankara ile birlikte A tipi iki başkanlıktan biriydi. İnşaat Şube Müdürlüğü kadro yapılanması, Etüt Proje ve Keşif, Kesin Hesap, Milli İnşaat Kontrol ve İnceleme, NATO Güvenlik Yatırımları Kontrol ve İnceleme Kısımları şeklinde teşkil edilmişti. Bu atama döneminde Yarbay Tamer Ünal İnşaat Şube Müdürlüğüne tayin olmuştu. Başkan Albay Recep Kılıç beni de Etüt Proje Keşif Kısım Amirliğine görevlendirmişti. En kalabalık kısımdık, yapı denetim ve kontrol sorumluluğumuz yoktu ama İstanbul'daki tüm askerî birliklerin keşif ve teknik inceleme talepleri bizde toplanıyordu. Her gün iki üç ekiple İstanbul'a dağılıyor, birliklerin taleplerini yerinde inceliyor ve dönüşte tespitlerimizi rapora döküyorduk. Bölge Başkanlığına tayin olan her personele ilk yıl bu kısımda görev verilmesi çok isabetli bir uygulama idi. Burada görev yaparken bir taraftan İstanbul'u ve birlikleri öğreniyor bir taraftan da Başkanlıktaki yapılanmayı uzaktan izleme ve tarafsız gözlem yapma imkânı buluyordunuz. İstanbul'u öğrenmek derken, şehri zaten biliyor olabilirsiniz, benim gibi 10 yıl bu şehirde okumuş da olabilirsiniz ama İstanbul'da çalışmak bambaşka bir şeydi. Öğrenci iken toplu ulaşıma tâbi oluyor, ana ulaşım yollarını kullanıyordunuz ama iş hayatında kendi aracınız veya tahsisli araçla trafiğe çıktığınızda alternatif yolları ve günün hangi saatinde hangi güzergâhta trafiğin aktığını bilmeden İstanbul'da iş yapmanın mümkün olmadığını öğreniyordunuz. Başkanlığın muvazzaf mühendis subay kadrosu oldukça genişti ve özellikle benim görev yaptığım dönemde bu kadrolara çok tecrübeli ve bilgili personel ataması yapılıyordu. İlk atandığım dönemde Elektrik Mühendisi Yarbay Rıfat Naci Yavuz vardı ki daha önce Ankara İnşaat Emlak ve Bölge Başkanlığında zaman zaman İnşaat Şube Müdürlüğüne vekâlet etmiş ve Daire Başkanlığı toplantılarında tertip edilen yemeklerde teşkilata ev sahipliği yapmıştı. Rıfat, Etüt Proje ve Keşif Kısım Amirliğini bana devretmiş kendisi de İhale Kısım Amiri olarak doğrudan Komutana bağlı çalışmaya başlamıştı. Çok samimi, cana yakın ve gerçek dosttu. Kısa zamanda kaynaştık, sadece iş ortamında değil, sabahları lojmanda, hafta sonları da eşlerle sahilde yürüyüş yapıyor, akşamları aile ortamında çay içiyorduk. Bir dönem sonra eşler ile pek bir araya gelemedik ama Rıfat ile biz emekli olana kadar aynı şekilde dostluğumuzu sürdürdük. Bölge Başkanlığı sorumluluğundaki her proje, İnşaat Şube Müdürü'nün Kontrol Amirliğinde, İnşaat, Makine ve Elektrik Tesisat Kısım Amirleri'nin Kontrol Şefi ve belirledikleri personellerinin de kontrol mühendisi olarak görevlendirilmeleriyle oluşturulan ortalama 7 kişilik bir Yapı Denetim Heyeti tarafından yürütülmekteydi. Benim bir yıllık uzaktan gözlemleyerek edindiğim izlenimlerime göre, bu yapılanma yapı denetim zafiyeti, koordinasyon güçlüğü, iş yükünde dengesizlik ve yetki kargaşası gibi birçok mahzuru beraberinde getirmişti. Bundan böyle, Yapı Denetim Heyetleri, işin özelliğine göre konusunda uzmanlaşmış deneyimli personelden teşkil edilecekti. Bunun için, Yapı Denetim Heyetlerinin teşkilinde, bölgeye bağlı kalmaksızın, işin özelliklerine uygun nitelikteki personelin bir araya getirilmesiyle *"Proje Tipi"* bir yapılanma oluşturularak inşaat, makine ve elektrik kontrol mühendisleri tek kontrol şefine bağlanacaktı. Kısa zamanda bu yapılanma ile kangren olmuş birçok konu çözüme kavuşmuştu. Başkanlığı Recep Albay'dan Şenol Tunçay Albay devralmıştı. Bu yeni atama döneminde Kontrol I Kısım Amiri Binbaşı Murat Sayar KHO'ya atanmış, Başkanlık kadrolarına Malatya ve Eskişehir İnşaat Emlak Bölge Başkanlıklarında İnşaat Şube Müdürlüğü yapmış Binbaşı Gönül Alpan katılmıştı. Ben, Murat Binbaşı'nın yerine Kontrol I Kısım Amirliğine, Gönül Binbaşı da Bütçe Şube Müdürlüğüne görevlendirilmişti. O dönemde özellikle Fenerbahçe Orduevi müteahhidi Gülgün İnşaat ile ilgili çok sayıda haciz tebligatları geliyordu. Bütçe Şube Müdürlüğünce cevaplanması ve takibi gereken bu konu zaman içinde İnşaat Şube Müdürlüğünün görevi hâline gelmişti Bütçe Şube Müdürlüğü ısrarla bu işten kaçınıyordu. Evrakın İnşaat Şube Müdürlüğüne düşülmesi durumunda gereğinin yapılmayacağını, hukuki bir sorun çıktığında gerçek sorumlunun mahkemede ortaya çıkacağını söyleyince Şenol Albay, konunun Bütçe Şube Müdürlüğünce takip edilmesi hususunda yazılı bir talimat vermişti. Bunun üzerine ağustos ayında Gönül Yarbay emekliye ayrılmıştı.

Kontrol I olarak fırsat buldukça, Malatya'da yeni kanuna uyarladığım TekHakWin programının verilerini bu defa tecrübeli bir ekip aracılığı ile ele almıştık. Özellikle program tarafından otomatik olarak hazırlanan teknik şartnamenin tecrübeler ışığında gözden geçirilmesi çok önemliydi. Teknik şartnamede yazılı olmayan bir hususu yapım aşamasında yükleniciden talep etmek mümkün olmadığı gibi teknik şartnamede yazılı bir hususu yapım aşamasında göz ardı etmek de mümkün değildi. Yani aranacak her özellik teknik şartnamede yer almalı, gereksiz hiçbir şeye de yer verilmemeliydi. Örneğin karo yer döşemesi testi için en az 41 numuneye ihtiyaç vardı. Bazı projelerde 2-3 m^2'lik alana döşenecek yer karosu için bazen daha fazla sayıda numune gerekiyordu. İşin teknik şartnamesinde yer karosu için tüm testlerin yaptırılma şartına yer verilmesi durumunda yapım aşamasında bu testlerden sarfınazar edilmesi Sayıştay veya idare müfettişlerince istizan konusu yapılıyordu. Bu tür problemlerle karşılaşmamak için baştan tedbir alınması gerekiyordu. Bu da ancak böylesi tecrübeli bir heyetle yapılabilirdi. Program bu hâliyle Daire Başkanlığının çok dikkatini çekmişti. Yayımladıkları bir emirle, tüm bölge başkanlıklarından gelen personele bir hafta süreyle Bölge Başkanlığında kurs vermiştik. Aynı dönemde Daire Başkanlığına bu programı tüm hakları ve açık kaynak kodları ile MSB'ye devretmek istediğimi beyan etmiştim. MSB Teknik Daire Başkanlığınca uygun görülmesi hâlinde görevlendirilecek bir personele programı anlatıp, sonraki yıllarda idamesini sağlamak üzere açık kaynak kodlarını teslim edecektim. Teknik daire uygun görmüş ve bir personel görevlendirmişti. Bir hafta beraber çalıştık ve kodları kendisine teslim ettim ancak idame ettirebileceği izlenimi edinememiştim. Nitekim öyle de oldu.

Fenerbahçe Orduevi inşaatını iki firma ortaklık oluşturmak suretiyle birlikte yüklenmişlerdi. Belirli bir noktadan sonra aralarında sürtüşmeler başlamış, bu durum işe de aksetmişti. Diğer ortak, bir noktadan sonra geri çekilmiş, işi Gülgün İnşaat'ın tamamlamasına karar vermişlerdi. İşin son demlerinde Daire Başkanı, İnşaat Grup Başkanı ile birlikte sık sık şantiyeyi ziyaret ediyor ve inşaatın ilerlemesi hakkında bilgi alıyordu. İşin kontrol şefliğine atandığımın haftasına yine böyle bir şantiye ziyaretinde Daire Başkanı ve İnşaat Grup Başkanına şantiyede bilgi arzı yapıyordum. İşin süresinin bitimine bir aydan az zaman kalmıştı ama işin tamamlanması için en az 6 aya ihtiyaç vardı. Bunu ya göremiyor ya da görmek istemiyorlardı. Sanki her şey yolundaymış gibi ortamda olumlu bir hava vardı ve yüzler gülüyordu ta ki ben *"Bu işin tamamlanmama ihtimalini çok yüksek görüyorum ve bu günden tedbir alınmasını öneriyorum."* diyene kadar. Ortam birden buz kesti. Bu durum aslında bilgilendirme metninde yoktu ve Başkan ile Şube Müdürü de şok olmuştu. Grup Başkanı Abdullah Albay birden yükleniciye dönüp, *"Öyle bir ihtimal de mi var?"* diye sorunca onun cevap vermesine fırsat vermeden ben bir soruyla karşılık verdim. *"İşin ne kadar sürede tamamlanacağını öngörüyorsunuz?"* deyince şantiye şefi *"6 aya kalmaz toparlarız."* dedi. *"En iyi ihtimalle 5 ay cezalı çalışırız.' diyorsunuz yani."* deyince yüklenici yerinden fırladı. *"Zaten işi tamamlamak için varımızı yoğumuzu ortaya koyduk, bir de ceza keserseniz bu iş yarım kalır."* dedi. Az önceki olumlu havadan eser kalmamıştı, yüzler asıldı. Sanki bunun sorumlusu benmişim gibi herkesin bakışları üzerimde toplanmıştı. İlk darbe etkisini göstermişti, şimdi tüm dikkatleri üzerime çekmişken konuyu çok uzatmadan meramımı anlatıp ortak bir hareket zemini oluşturmam gerekiyordu. İki ihtimal vardı. Kimse elini taşın altına sokmazsa, bir ay sonra hızlıca fesih işlemlerini başlatmak lazımdı. Zaten mahkeme yoluyla durum tespiti 3 yıldan önce tamamlanmazdı. Yüklenici bu durumu göz önünde bulundurarak bir ay içinde tamamen bitiremeyip yarım bırakacağı veya 3 yıl boyunca dış hava şartlarından koruyamayacağı imalat kalemlerine hiç başlamamalıydı. Böylece fesih kabulünde bu türden işler yerinde yok sayılacağı için mahkemenin gereksiz uzamamasına ve yüklenicinin daha fazla zarar etmemesine karşı bugünden tedbir alınmış olacaktı. Diğer ihtimalde ise, yüklenici, kontrol teşkilatı ve Daire Başkanlığı hep birlikte elini taşın altına koyarsa 6 ayda olmasa bile 8 aya kadar iş tamamlanabilirdi. Bunun için yüklenici işin süresinin sonunda kabule hazır olduğunu bir dilekçe ile bildirecek, kontrol teşkilatı 15 günlük yasal süresinin sonunda yerinde inceleme yapacak ve kabule hazır olmadığını tespit edip günlük gecikme cezası ile işin tamamlanması yönünde yükleniciye tebligat yapacaktı. Yüklenici 15 gün sonra tekrar işi kabule hazır hâle getirdiğini dilekçe ile ihbar edecek ve kontrol teşkilatı yine 15 günlük yasal süre sonunda yerinde durum tespiti yapacak, bu defa işin kabule hazır olduğunu tutanağa geçirip Daire Başkanlığından kabul heyeti kurulmasını talep edecekti. Bu arada 45 gün geçmiş ve yüklenici bir ay cezalı çalışmış olacaktı. Daire Başkanlığı kurulacak heyete üye görevlendirilmesi için komşu bölge başkanlıkları ile Kuvvet Komutanlığından personel talebinde bulunacak bu talep üzerine Kuvvet Komutanlığı da 1'inci Ordu Komutanlığından heyete dâhil edilmek üzere personel görevlendirmesini isteyecekti. Sonunda Daire Başkanlığı teşkil ettiği heyete yerinde inceleme yapılacak tarihi tebliğ edecekti. Tüm aşamalarda olay doğal seyrine bırakılacak, bu şekilde heyetin geçici kabul incelemesi yapmak üzere işin mahalline gelmesi en erken iki ay içinde gerçekleşmiş olacaktı. Daire Başkanlığı kabul heyetini dirayetli bir personelinin başkanlığında teşkil edecek ve en azından heyet başkanı durumdan haberdar edilerek, ilk incelemede geçici kabule hazır olmadığı için kabul yapılmaksızın heyet geri dönmeyecekti. Heyet, kabul aşamasında, geçici kabul gözüyle değil de fesih kabulü mantığıyla her türlü eksik, aksak, hatalı ve korunamayacak imalatı yerinde yok sayılacak şekilde tutanak altına alacaktı. Kabul heyetinin, fesih kabulü gözüyle tespit ettiği eksiklikler listesinin altına yüklenicinin de imza atması durumunda, mahkeme aracılığı ile tespit yaptırmaya gerek kalmamış olacaktı. Bu eksikliklerin tamamlanması için yükleniciye 2 ay gibi makul bir süre verilecekti. Yüklenici eksikleri giderince yine dilekçe ile Bölge Başkanlığına müracaat edecek, kontrol teşkilatı yine 15 günlük yasal süresinin sonunda inceleme yapacaktı. Bu şekilde yükleniciye işi tamamlaması için gereken süre kazandırılmış olacaktı. Yüklenici işi bitirme gayreti içinde olmazsa kabul eksikleri tamamlanmadığı için bir ay kadar daha cezalı çalıştırılacak, son çare olarak kalan eksiklikler yüklenicinin nam ve hesabına idare tarafından ikmal ettirilecekti. Konuyu bu çerçevede özetleyince Daire Başkanı ne dersin anlamında Grup Başkanına baktı. Abdullah Albay bu yöntemin benim tarafımdan daha önce Sarıkamış Orduevinde başarılı bir şekilde uygulandığını, bu konuda güveninin sonsuz olduğunu dile getirince, çözüm adına ortak bir zeminde buluşmuş olduk. Kontrol teşkilatı olarak başlangıçta kendi aramızda biraz sorun yaşadık. İnşaat Kontrol Mühendisi Aysel Namver böyle bir risk almak istemiyordu. Kendisi dışında kontrol teşkilatında İnşaat Kontrol Mühendisi olarak Serhat Kale ve Mimar Aslıhan Şen de vardı. Sadece Serhat'ın veya Aslıhan'ın imzasıyla da yetinebilir Aysel'in imzasını aramayabilirdik. İlla imzalamak isterse itiraz kaydı düşüp, işin kabule hazır olmadığı yönünde ek beyan verebilirdi. Neticede kendisi dışında makine ve elektrik grubuyla birlikte işin kabule hazır olduğunun beyan edildiği tutanakta sekiz kişinin daha imzası vardı. Kendisini özgür bırakmıştık ama ne heyetin görüşüne uyuyor, ne şerh düşerek imzalıyordu. Tüm heyetin onun gibi düşünüp hazır değil demesini ve ilk seçenek doğrultusunda işin fesih sürecine sürüklenmesini istiyordu. Başka çare kalmamıştı, kendisinin bu görevden alınacağını ama isterse dedikoduya mahal vermemek için yaklaşan doğumunu bahane edip, bir süre şantiyeden uzak masa başı görevi talep edebileceğini söyledim. Ertesi günü hamilelik mazeretiyle masa başı görevi talep ettiği dilekçesini masama bırakmıştı. Plan iyi işledi, yüklenici işe dört elle sarıldı. Birçok taşeron grubu yüklenicinin diğer ortağı ile sözleşme yapmış ve sözleşme hükümleri doğrultusunda işin bir kısmını tamamlamış ancak ödeme alamadığı için geri kalanını yapmak istemiyordu. Yüklenici firma tüm taşeronları ile ayrı ayrı görüşüyor, eski ortakla yapılan sözleşmeden kalan alacakları ve yenilenen sözleşmelerinden doğacak alacakları için işin bitim tarihinden sonrasına çek veriyordu. Bu şekilde taşeronlar da elini taşın altına koymuştu. İş el birliği ile tamamlanacak ve herkes ondan sonra alacağını tahsil edecekti. İnşaat Emlak Teşkilatı olarak bu işi de yüzümüzün akı ile tamamlamış ve teslim etmiştik ancak bu defa da Orduevi Müdürlüğü kendi tefriş alımlarını tamamlayamadığı için işin zaten tüm eksiklikleri giderilerek teslim edilemediği gibi bir mazeretin arkasına saklanıyordu. İşi baştan sağlama almış, tüm yetkilileri işin içine çekmiştik. Bu saatten sonra Orduevinin direnmesi bir anlam ifade etmiyordu. Bölge Başkanlığı olarak işin tüm eksiklerinin giderilerek tamamlandığını ancak Orduevi Müdürlüğünün eksiklerin tamamlandığına dair tutanağı imzalamaktan imtina ettiğini belirterek kabul tutanaklarını Daire Başkanlığına onaya sunmuştuk Daire Başkanlığının onaylamasının ardından yasal süreç tamamlanmıştı. Yükleniciye kabul sonrası son hakediş ödemesi yapılmış olmasına rağmen taşeronlar alacaklarını tahsil edemediğinden şikâyetçiydiler. Oysa ellerinde çek vardı nasıl alamamışlardı ki derken gerçek ortaya çıktı. Yüklenici firma tüm taşeronları ile ayrı ayrı görüşüp, her birine eski alacakları ve yeni sözleşmeden doğan alacakları için çek kesiyor. O esnada odada bulunan diğer kardeş, *"Hesapsız çek dağıtıyorsun, koçan bilgilerini de doldurmuyorsun, muhasebe bunu nasıl takip edecek, günü geldiğinde hesapta para olmayacak rezil olacağız."* diye kardeşine kızıyor ve taşeronun elinden çeki alıp, çay ocağındaki makineden fotokopisini çekip taşerona geri veriyor. Meğer bu arada çaycıya imzalatılmış başka bir çek defterine aynı miktarı yazıp çeki değiştiriyormuş. Taşeronların alacak iddiasına karşı firma çekteki imzayı inkâr ediyor. İşi bitirmiştik ama şeytanın bile aklına gelmeyecek bir hileyle yüklenici tüm mali yükü taşeronlara yıkmıştı. Yargı bu problemi ne şekilde sonuçlandırırdı bilemiyorum ama pek çok kişinin el emeği çalınmıştı. Bazen düşünüyorum da acaba hiç zorlamasaydık da iş fesih edilseydi daha mı iyi olurdu. O zaman da tüyü bitmedik yetimin hakkı bu tür yarım kalmış yatırımlarla yıllar içinde heba olup gidecekti.

Dönemim Genelkurmay Başkanı Orgeneral İlker Başbuğ emekli oluyordu ve Fenerbahçe Orduevi Bölgesi'ne kendisi için korumalı konut yaptırmak istiyordu. Ancak Orduevi arazisinde, Kıyı Koruma Kanunu'na aykırı olarak, kıyı şeridini ihlal edecek şekilde zamanında ordu komutanı konutu yapıldığı için kıyı kenar çizgisi kapatılamamıştı. Ordu komutanı konutu yıkılarak kıyı kenar çizgisi kapatılmadan mevcut hâliyle yapılacak konuta oturma ruhsatı alınması mümkün görünmüyordu. Kendisine yerinde konuyu arz etmiş, yeni konutun Harp Akademileri bölgesinde yapılmasını veya Fenerbahçe Orduevi bölgesindeki mevcut korumalı konutlardan birini kullanmasını önermiştim ama çok teknik bir konu olduğundan tatmin olmamıştı. Ruhsat alınmasa ne olur ki deyince, *"Komutanım, normal şartlarda elektrik, su ve doğalgaz bağlanmaz, ayrıca adrese dayalı sistemde tanımlı olmadığınız için ikametinizi buraya alamazsınız. Ayrıca imar kanununa göre bu binayı inşa eden mühendis meslekten men edilir."* demiştim. Başbakanlık TOKİ Başkanlığının belediye mücavir alanı dışında kalan yerlerde imar planı yapma yetkisi vardı. Bu yetkiden bahisle Daire Başkanlığının, konutun bu kurumla yapılacak protokol kapsamında inşa edilmesi durumunda imar durumu değişliği ile ruhsat alınabileceğini ifade etmesi üzerine konut TOKİ tarafından inşa edilmişti. Ancak ilerleyen süreçte binaya ruhsat alınamamış, elektrik, su ve doğalgaz ihtiyacı orduevinden karşılanmak zorunda kalınmıştı. O dönemde Sayıştay kanununda yapılan değişiklikle müfettişler önce kurum ve kuruluşlarda ön inceleme yapıp, işleyişi gözlemliyor, denetimsiz ve kontrolsüz noktaları tespit ediyor, kuruma bunların düzeltilmesi için süre veriyor ve asıl denetimi bu süre sonunda gerçekleştirip verimsiz kurumların kapatılmasına hükmedebiliyordu. Bu kapsamda Fenerbahçe Orduevi inceleme altındaydı. Bir ay süreyle Sayıştay müfettişleri orduevi işleyişini uzaktan izliyor, sorunlu sahaları tespit ediyordu. İlker Paşa'nın korumalı konutundaki elektrik, su ve doğalgaz bağlantıları ile emekli paşalara tahsisli araçların gerçeği yansıtmayan yakıt harcamaları ve koruma personeli adı altında konutta çalışan hizmetçilere Orduevi Müdürlüğünce ödenen ücretler Sayıştay Denetçilerinin dikkatinden kaçmamıştı. Paşanın huzurunu kaçıracak bu türden bir takım haberler bazı basın organlarında da görünür olmaya başlamıştı. Bu tür haberlerin iktidara yakınlığı ile bilenen TOKİ müteahhidi aracılığı ile servis edildiğinden şüpheleniliyordu. O dönemde Fenerbahçe Orduevi bölgesindeki korumalı konutlarda ikamet eden pek çok üst rütbeli komutan da çeşitli gerekçelerle hukuki soruşturmalara maruz kalmıştı. İlker Paşa'yı ordunun itibarını korumamakla ve kendilerine sahip çıkmamakla suçluyorlar ve bu bölgeye yerleşmesini de istemiyorlardı. Zaman zaman İlker Paşa'nın konutunun önünden geçerken homurdanmalar ve bağrışmalar oluyordu. Bu paşaların da bir takım bağlantılarını kullanarak basın yoluyla İlker Paşa'yı taciz ettiği yönünde etrafta bir takım dedikodular dolaşıyordu. Bir gün Ordu Komutanı'nın da olduğu bir ortamda korumalı konutun önünde onlarca kişi arasından beni göstererek *"Olacaklar konusunda bir tek bu çocuk beni uyardı, her şeyi geçtim, adrese dayalı seçim sistemi kapsamında ülkemde oy bile kullanamıyorum. Yaşar ne yaşar ne yaşamaz durumuna düşürdünüz beni."* demişti.

Bu atama döneminde Şenol Albay emekli olmuş yerine Balıkesir'den Albay İhsan Zengin tayin olmuştu. Tamer Albay Çorlu İnşaat Emlak Bölge Başkanı olarak atanmış yerine ben şube müdürü olmuştum. Erzurum'dan atanan Yarbay Muhammed Yıldırım Yılmaz da benim yerime Kontrol I Kısım Amirliğine görevlendirilmişti. Emlak Şube Müdürlüğüne Albay Fahri Nayır atanmıştı. Fahri askerî liseden numaradaşımdı. Kuleli Askerî Lisesinde öğrenci numaram 4566 idi. Fahri'nin numarası da 3566 idi. Ben 3 bin devresine döndüğümde, koğuşu geç terk etmek, izinden geç dönmek, sigara içmek gibi konularda yakalandığımda numara soran nöbetçi subayına ağız alışkanlığı ile 566 der geçerdim, ama daha sonra bana bir türlü savunma gelmezdi. Sonradan anladım ki benim tüm savunmalar Fahri'ye gidiyormuş. *"Ağabey senin yüzünden az savunma yazmadım."* derdi. Gerçek dostlardan biri de oydu.

O sene maaş mutemedimiz Alev Hanım doğum iznine ayrılmıştı. Komutan maaş mutemedi olarak kimi görevlendirse bir bahane ile ücretsiz izin alıyordu. Komutan yeni birini daha atamıştı ama atanan bu kişi bu işi daha önce hiç yapmamıştı ve hata yapmaktan korkuyordu. Başkanlıkta personel maaşlarını yapamaz duruma gelmiştik. Malatya'da birlikte çalıştığımız gençlerden Yücel, eşi Olcay Hanım ile birlikte Çorlu'dan bize atanmıştı. Önder ve eşi Aysun, Arzu ve Selda ile birlikte Malatya Bölge Başkanlığında birlikte çalıştığım toplam 6 personelle İstanbul'da da çalışmak kısmet olmuştu. Yücel, Çorlu Bölge Başkanlığında bir dönem bütçe şube müdürlüğüne de vekâlet etmişti. *"Tamer Albay'dan isteseniz Çorlu'nun maaş mutemedini buraya geçici görevle gönderir, yeni mutemetle bir hafta çalışsalar öğrenir."* diyordu. Tamer Albay kırmadı maaş mutemedini bize görevlendirdi. Gelen mutemet bizim mutemetle personel maaş farklarını hesaplıyorlardı. Bu arada Çorlu Bölge Başkanlığında maaşlarla ilgili bir sorun çıkıyor, ona müdahale ederken büyük bir yolsuzluğun farkına varıyorlar. Meğer yıllardır bu mutemet Çorlu Bölge Başkanlığında daha önce teskere almış asteğmenleri subaylığa nasıp olmuş gibi gösterip zamanı geldikçe rütbe ilerlemelerini de yaparak maaş tahakkuk ettirip bu paraları zimmetine geçiriyormuş. Ayağındaki kalıcı bir rahatsızlıktan dolayı sakatlık kadrosundan memuriyete girmiş. Başkanlık personeline ailesinin çok zengin olduğunu, oyalanmak için burada çalıştığını ama ailesinin maddi anlamda ciddi desteğinin olduğunu söyleyip personele karşı da çok eli açık davranıyormuş. Aynı şekilde ailesine de sakatlığından dolayı Başkanlıkta kendisini idare ettiklerini, aslında Kömür Tevzi'nden aldığı ihalelerle çok para kazandığını anlatıp, onlara karşı da çok cömert davranıyormuş. Bu arada yıllar içinde epey de yatırım yapmış, kiralık daireler, dükkânlar falan derken yükünü tutmuş. İnsanoğlu böyleydi işte, karnı açsa doyurmak kolay da gözü aç olunca doymak bilmiyordu.

Fenerbahçe Orduevi er pavyonu ıslak mahallerinde tavandan büyük bir sıva parçası dökülünce tüm donatının erimiş olduğu tespitiyle orduevi onarım keşfi talebinde bulunmuştu. Arşiv kayıtları üzerinde yapılan incelemede söz konusu ıslak mahallerde daha önce 1'inci Ordu İstihkâm Başkanlığınca su yalıtımı için ihale yapılmış olduğu tespit edilmişti. Kabul aşamasına gelindiğinde Orduevi Müdürlüğünce yalıtımın uygun yapılmadığı tespit edilince heyet, kabulü yapmamış, yüklenici de yalıtımı düzeltmemişti. İş takip edilmediği için, o gün müdahale edilmeyen akıntılar bugün böylesi ciddi bir hasara neden olmuş görünüyordu. Bu vesile ile binanın diğer bölümlerinde yapılan incelemede kolon ve kirişlerde ciddi donatı korozyonuna rastlanmıştı. Binanın onarılmasından ziyade deprem güvenliğinin tespiti daha önemliydi. Binanın deprem dayanımı ve takviye ihtiyacının belirlenmesi için Kuvvet Komutanlığından ödenek talebinde bulunulacaktı ancak yalıtım ihalesinin gereğini yapmayan yüklenicinin oluşan bu hasarda sorumluluğunun olup olmadığı konusunda adli müşavirlikten hukuki mütalaa alınması da gerekiyordu. Bu arada Emakin Kayıtlarında yapılan incelemede binanın kolon kiriş sistemindeki yüzlerce metre uzunluğunda çatlağın İnşaat Emlak Bölge Başkanlığınca yapılan bir ihale kapsamında daha önce depreme karşı epoksi ile takviye yapıldığı da görünüyordu. Böyle bir onarım yapılmış olsa bina bu izleri ömrü boyunca taşır ve sıva kaldırıldığında gözle yapılan bir incelemede bu durum rahatlıkla tespit edilebilirdi. Konuyu eski bir personel çok iyi hatırlıyordu. Dönemin Genelkurmay Başkanı Orgeneral Yaşar Büyükanıt'ın eşi yeni yapılan ve hiç kullanılmayan korumalı konutun zemin kaplamalarının döşenme yönünü beğenmemiş ve değiştirilmesini talep etmişti. Değiştirilen zemin kaplamasına ilişkin müteahhide yapılan ödeme için er pavyonu kolon kiriş sistemine epoksi takviyesi yapıldığı gösterilmişti. Her iki işi de aynı firma yüklenmişti. Söz konusu işin MSB Müsteşarı olan Korgeneral Ümit Dündar'ın Daire Başkanlığı döneminde onun emriyle yapıldığının anlaşılması üzerine hemen er pavyonunun ıslak mahallerinin yıkılması, diğer kısımlarının onarımı ve uygun yerlere ıslak mahal teşkili yönünde bir proje başlatılmıştı. Bu konu da o dönem Sayıştay Denetçilerinin dikkatinden kaçmamış, 15 yıl içinde er pavyonunun maliyetinin 5 katı onarım yapılmasının ekonomik olup olmadığı istizan konusu yapılmıştı.

Küçükyalı Askerî Lojmanlarında merkezi ısıtma sisteminin onarımı için danışmanlık hizmet alımıyla proje teminine ihtiyaç hâsıl olmuştu. Bölge Başkanlığı olarak söz konusu lojmanlar bölgesinde danışmanlık hizmet alımıyla en ekonomik ısıtma sisteminin kurulumuna karar verilmesini önermiştik. Birinci seçenekte mevcut ısı kanallarının bakım onarımı, ikinci seçenekte bu ısı kanallarının iptal edilerek kendinden izolasyonlu boruları toprağa gömmek suretiyle yeni ısı iletim hatlarının oluşturulması projelendirilecekti. Bir başka alternatifte de dairelerin kombiyle müstakil ısıtılmaları veya mevcut eşanjör dairelerinin teshin merkezine dönüştürülerek buralardan beslenmesi şeklinde avan proje hazırlanacaktı. Tüm bu çözüm alternatiflerinin ilk kurulum maliyeti ve işletme giderleri açısından fizibiliteleri yapılarak en ekonomik ve en emniyetli sistem belirlenecek ve daha sonra seçilen alternatifin uygulama projeleri üretilecekti. Bu aşamada dairelere mutfak ve banyo sıcak su hatlarında doğal gaz kullandırmaya imkân verecek altyapı ve tesisatı da projelendirilebilirdi. Proje teminini müteakip ivedilikle ödenek temin edilerek işin yatırım programına alınması sağlanmalıydı. Aksi takdirde uygun şartlarda işletilmediği ve bakım onarımı yapılmadığı için personelden yakıt gideri adı altında sistem kaçakları için fazladan toplanan paranın personel tarafından yasal yollarla talep edilmesi hâlinde hukuki sorunlara neden olunabileceği tehdidinde bulunmuştuk. Bu son cümlenin etkisiyle olsa gerek yıllardır ihmal edilen proje için danışmanlık hizmet alımı yapılmak üzere Bölge Başkanlığına yetki verilmişti. Her bir çözüm alternatifine uygun avan projeler hazırlanmış, ilk kurulum ve işletme maliyetleri belirlenmiş, fizibilite raporları hazırlanmıştı. Bu aşamadan sonra projeye yön vermek için alternatiflerden birinde karar kılmak gerekiyordu. Lojman üst yönetim kurulu, İkmal Maliye Okulu İstihkâm Şube Müdürlüğü, enerji yöneticisi, proje müellifi ve Bölge Başkanlığının katılımıyla gerçekleştirilecek karar toplantısına Daire Başkanlığından da temsilci bulundurması talep edilmişti. Talep uygun görülmüş ve tüm tarafların katılımıyla yapılan toplantıda mevcut eşanjör dairelerine kaskad sistemi kurulmasına, mevcut ana ısı kanallarının iptal edilmesine ve dairelerin mutfak ve banyolarında doğal gaz kullanımına imkân verecek bir sistemin uygulama projelerinin oluşturulması ve yapım ihalesine yönelik ihale hazırlıklarının yapılmasına karar verilmişti. Hizmet alımı bu kapsamda neticelendirilerek proje temin faaliyeti tamamlanmış ve proje müellifine ödemesi yapılmıştı. Yapım maliyeti Bölge Başkanlığı yetkisini aştığı için ihale edilmek üzere uygulama projeleri ve ihale dosyaları Daire Başkanlığına gönderilmişti. Daire

Başkanlığı tarafından kaskad sisteminin Genelkurmay Başkanlığı standartlarına uygun olmadığı belirtilerek projelerin mevcut sistemin onarımını kapsayacak şekilde yeniden tanzim edilmesini emretmişti. Bunun mümkün olmadığını, hizmet alım ihalesinin neticelendirildiğini, karar aşamasında Daire Başkanlığınca da kaskad sistemine onay verildiğini belirterek tüm tarafların katılımıyla tanzim edilen karar tutanağını gönderdik. Daire Başkanı Tuğgeneral Gürsel Yüz bizzat beni telefonla arayarak hazine zararına sebebiyet vermekle tehdit etmiş, projelerin değiştirilmesini emretmişti. *"Proje alım faaliyetinin tamamlandığı ve aynı ihale kapsamında proje müellifinden tekrar proje alınamayacağını"* söylemem üzerine öfkeyle telefonu yüzüme kapatmıştı. Daire Başkanlığı bünyesindeki makine mühendislerinden bir ekibe, mevcut sistemi sıcak suya dönüştürecek ve ısı kanallarına ön izolasyonlu boru döşeyecek şekilde proje hazırlatmış ve proje üzerinden yapım ihalesine çıkmıştı.

O günlerde Özel Kuvvetler Komutanlığı Oğulbey İnşaatı ile ilgili mahkeme bitmiş ve Hüseyin Ceylan hakkında hükmün açıklanmasının geri bırakılmasına karar verilmişti. Yargılaması bittiği için durdurulan rütbe ilerlemesi kararı kaldırılmış, muadillerine denk hâle getirilmişti. Buna sevinirken birkaç gün sonra Hüseyin Ceylan'ın ihraç edildiğini duyduk. Bu tür yüz kızartıcı suç kabul edilen iddialar üzerine yapılan ceza yargılamalarında subayların hüküm giymesi hâlinde ihraç edilmesi yasanın amir hükmüydü. Aslında ortada verilen bir ceza yoktu, hüküm açıklanmamıştı ama açıklanmamış da olsa bir hüküm giydiği kabulüyle ihraç edilmişti. Hâkimin davetine icabet edip görevi ihmal mahkemesine gitmiş olsaydım ve mahkeme hakkımda hükmün açıklanmasının geriye bırakılmasına karar vermiş olsaydı muhtemelen ben de şu anda Hüseyin Ceylan ile aynı akıbeti paylaşıyor olacaktım. Bu zor zamanında Hüseyin Ceylan'a destek olmaya çalıştım. Ankara'dan tanıştıkları Müteahhit Kanuni Meral, Tuzla 49'uncu Bakım Fabrika Müdürlüğü Tırtıllı Araç Atölyesi İnşaatı'nın şantiye şefliğine teklif etmişti. Hemen taahhütnamesini alıp, şantiye şefliğini onaylamıştım. O işte de kendisi ile çok uyumlu çalışmıştık. 30 yıla yakın dostluğumuz vardı.

Bu arada Erzurum'da hakkımda "*Hazine zararının tahsili*" için dava açılmış olduğunu öğrendim. Erzurum Muhakemat Müdürlüğü kesin hesap alacaklarını tahsil edemeyince MSB'ye hakkımda dava açılmasına gerek olup olmadığını soruyor. Kesin Hesap Şube Müdürü Albay Zafer Akçan tarafından verilen cevabi yazıda idare ile yüklenici arasındaki borç alacak davasının henüz neticelenmemiş olduğundan kesinleşmiş bir devlet alacağından bahsedilemeyeceğine vurgu yapılmıştı. Devletin alacaklı olması durumunda bile bu alacağının tahsil edilip edilemeyeceğinin bugünden bilinemeyeceğinin özellikle altı çizilmişti. En önemlisi de tahsil edilemeyen devlet alacağı bulunması durumunda da hazine zararından adı geçen şahsın sorumluluğuna ilişkin elde bir hüküm olmadığı ifade edilmişti. Kontrol teşkilatınca işin devamına yönelik yapılan ödemelerin, kesin olarak hak edilmemekle birlikte avans niteliğinde alelusul hesaba dayanan ödemeler olduğu hususuna açıklık getirilmişti. Sonuç kısmında da bahse konu personelin görev tanımı dışına çıktığına ilişkin

Bakanlığımızca yapılmış bir tespit bulunmadığından hazine zararının tahsiline yönelik dava açılmasına gerek olmadığı yönünde kanaat bildirilen yazı hukuk müşavirliği koordinesi de alınarak Bakan onaylı olarak gönderilmişti. Muhakemat Müdürlüğünde görevli hazine avukatları idarenin cevabını beklemeksizin hazine zararının tahsiline ilişkin dava açmışlardı. Artık uğraşacak gücüm kalmamıştı. Dava yine Erzurum'da açılmış ben İstanbul'da görevliydim. Bir arkadaşın önerisiyle bir avukatlık bürosuyla görüştüm. Elimdeki tüm evrakları kendilerine verdim, incelediler ve sonuçta *"İdarenin dava açılmasına gerek olmadığı yönündeki Bakan imzalı yazıyı bulabilirsen biz bu davayı daha sonra açacağımız tazminat davasından alacağımız pay karşılığında ücretsiz takip ederiz."* dediler. Daire Başkanlığından bir arkadaşım evrakın fotokopisini göndermişti. Avukatlık bürosu davaya vekâlet sununca, Maliye Bakanlığı hazine avukatları kendileriyle irtibata geçmiş ve davayı takip etmeyeceklerini, onların da takip etmeyerek düşürülmesini teklif etmişti. Avukatlık bürosu davanın bu aşamada Bakanlığın teklif ettiği şekilde takip edilmeyerek düşürülebileceğini ancak ileride tahsil edilemeyen bir devlet alacağı ile karşılaşılması durumunda hakkımda tekrar dava açılabileceğini ama yersiz yere açılan bu davadan berat etme ihtimalimin yüksek olduğunu ve bir kez berat kararı alınabilirse aynı konuda hakkımda tekrar dava açılamayacağını uzun uzun anlatmışlardı. Önerileri, davayı takip etmek şeklindeydi. Ben kararı kendilerine bırakmıştım. Sonuçta dava dedikleri gibi beraatla sonuçlanmış ancak temyiz aşamasında karar bozulmuş ve tekrar yargılanma aşamasında verilen bir ara kararla müteahhit ile idare arasındaki borç-alacak davasının bitmesinin beklenmesine hükmedilmişti. Bugün itibarıyla 12 yıldır senede 2 kez celse açılıp, beklenen davanın bitmediğinden bahisle bir sonraki duruşmaya gün veriliyor. Önder'in dediği noktaya gelmiştik. Anlaşılan bu dava gerçekten torunlarıma miras kalacaktı.

Askerî mahkemelerin komutan baskısından kurtarılması amacıyla kışla dışına taşınması kapsamında Üsküdar Askerlik Şube Binası'nın Askerî Mahkeme Binası'na dönüştürülmesi işinin ihalesi yeni yapılmıştı ki, Hâkim Albay Dinçer Ural 1'inci Ordu Komutanlığı Askerî Mahkemesine tayin olmuştu. Ortak dostumuz Hanefi Bey de arayıp haber vermişti, iki gün sonra kendisi de aradı. İşleri çok yoğundu, benden eşini karşılayıp, Fenerbahçe Bölgesi'ndeki dağıtıma çıkacak lojmanları gezdirmemi ve lojman dağıtımında onun adına vekâleten eşinin uygun gördüğü daireyi teslim alıp, bakım onarım ve boya badanasını yaptırmamı istiyordu. Eşimle birlikte Dinçer Albay'ın eşini de alarak, dağıtıma çıkan lojmanları dolaştık. Birinde karar kılmış ve tahsis edilmesi durumunda istediği tadilat ve bakımları da netleştirmiştik. Tahsisli lojman dağıtımında Dinçer Albay zaten ilk sıradaydı ve istediği lojmanı almıştık. Erzurum'da Pasinler Sinema Salonu İnşaatı'ndan tanıdığım Celal Sedef İstanbul'daydı ve ben buraya atandığım ilk günlerde ziyaretime gelmişti. Belediyelerin küçük çaplı bakım onarım işleri ile uğraşıyor ve bazı firmaların taşeronluğunu da yapıyordu. Fenerbahçe Orduevinin yüklenicisi ile daha önceden tanışıklığı varmış. Bana gelip gittiği dönemde odamda karşılaşmışlardı. Fenerbahçe Orduevinin kabule hazır hâle getirilmeye çalışıldığı o sıkışık dönemde bazı işlerin taşeronluğunu da almıştı. Ardından Fenerbahçe Orduevi içindeki er pavyonunun deprem takviyesi işinde de yüklenicinin birtakım işlerinin taşeronluğunu yapmıştı. Dinçer Albay'ın lojman bakım onarımı ve boyası için teklif vermesini istemiştim. Nerdeyse maliyetine eş değer verdiği teklif Dinçer Albay'a da çok makul ve uygun gelmişti. Eşi de yapılan işi beğenmişti. İşin tamamlanmasını müteakip Dinçer Albay konumu itibarıyla ileride şaibe oluşturmamak için ödemeyi banka üzerinden yapmak istiyordu. Havaleyi benim hesabıma çıkarmış, ben de ödemeyi Celal Bey'e elden takdim etmiştim. Aynı yıl Ali Işık KHO Enstitü Müdürlüğünden, Kuleli Askerî Lisesi Öğretim Başkanlığına atanmıştı. O da Beşiktaş bölgesinden lojman almış, boya badana ve tadilatını bana havale etmişti. Celal Bey'den orası için de çok uygun bir teklif almıştım. Ali Işık'ın lojman tadilatı ve boya badanası da eşinin memnuniyeti ile neticelenmişti. Zaten tadilat aşamasında yüz yüze de görüştükleri için işin tamamlanmasını müteakip ödemeyi Ali Işık doğrudan kendisine yapmıştı. Bu aşamada dostluk da kurmuşlardı. İleride askerî lisede yapılacak küçük çaplı onarım ve tadilat işleri için Ali Işık doğrudan Celal Bey'den hizmet almıştı. Ne zaman zorda kalsam ve yardıma ihtiyacım olsa Celal Bey hep yanımdaydı. Diğer taraftan çok samimi bir dostumla daha sık bir araya gelme şansı elde etmiştim. Ali Işık ile ailecek görüşmenin ötesinde o bölgeye göreve çıktığımda fırsat buldukça Kuleli Askerî Lisesine uğrayıp çayını içiyorduk.

Son dönemde Balyoz, Askerî Casusluk ve Poyrazköy Davaları kapsamında pek çok asker tutuklanmıştı. Hasdal ve Maltepe Askerî Cezaevlerinde yer kalmamıştı. İstanbul genelinde üst düzey subay ve generaller için uygun koşullarda cezaevleri oluşturma çabası başlamıştı. Hadımköy'de Amerikalılardan kalma yüzme havuzlu, spor salonlu âtıl bir tatil köyü vardı. Buradaki tesislerin cezaevine dönüştürülmesi için gözetleme kulesi ve nöbet kulübeleri yapılması, etrafının tel örgü ile çevrilmesi, odaların bölünmesi, pencerelerine ve kapılarına parmaklık takılması gibi savcının talimatları doğrultusunda gerekli tadilatlar projelendirilip hızlıca ihale ediliyor, Hasdal ve Maltepe Cezaevlerindeki generaller buralara sevk ediliyordu. İhtiyaç doğrultusunda cezaevlerine tutukluların eşleriyle görüşebilmeleri için pembe odalar oluşturuluyordu. TSK yönetim kadrosu buralarda tutuklu bulunan askerî personelin haksızlığa uğradığına inanıyor, onları mağdur kabul ediyor ve rahat ettirmek için elinden geleni yapıyordu. Mağdur olduklarına inandıkları bu silah arkadaşları ve aileleri için personel maaşlarında yer yer zorunlu kesintiler yapılıyordu. 1'inci Ordu Komutanlığından Hasdal Cezaevine ziyarete gidecek aileler için ücretsiz servisler kaldırılıyordu. Savunmalarına hukuki destek sağlamak için personelden toplanan zoraki yardımlarla avukatlar ordusu tutuluyordu. Tutuklu personelin sorunlarını dinlemek ve morallerini yüksek tutmak için Genelkurmay Başkanlığınca her hafta görevdeki general ve üst düzey subaylara tutuklu personeli ziyaret etme görevi tevdi ediliyordu. İçerideki her tutuklu görevdeki bir üst düzey subaya veya generale zimmetlenmişti. Bu görüşmeler için askerî savcıdan izin alınması gerekiyordu. Görevdeki generaller bu görüşme trafiğinin kayda alınmasından rahatsızlık duyuyordu. Bu aşamada devreye MSB Müsteşarı Korgeneral Ümit Dündar giriyordu. Bölge Başkanlığına bu konuda talimat vermişti. Her hafta ziyarete gelen personel ve ziyaret edeceği personel liste hâlinde gönderiliyor ve Bölge Başkanlığından genelde asteğmen veya düşük rütbeli personel tutuklu bulunan bu kişilerle kendisi görüşecekmiş gibi savcıya müracaat ediyordu. Görüşme formuna yakınlık derecesi olarak *"silah arkadaşı"* yazılırdı. Bir Allah'ın kulu da asteğmene ziyaret edeceği generalle nerede silah çattın diye soramazdı. Görüşme salonuna mahkûm girdiğinde asteğmen odadan çıkar Ankara'dan gelen görevli personel girerdi. Hazırlanan bu özel cezaevlerinde generaller için süit odalar oluşturulmuş, her türlü ihtiyaçları düşünülmüş, mahalde mini mutfak, çalışma odası ve yatak odası tanzim edilmişti. Gün boyu spor yapabiliyor, yüzmeye gidebiliyor, televizyon seyredebiliyor, bilgisayar kullanabiliyor, internete erişebiliyor ve istedikleri kitaplar temin ediliyordu. Belirli zamanlarda eşleriyle pembe odada baş başa zaman geçirebiliyor, dışarıdan istedikleri yemeği sipariş edebiliyorlardı. Yılların yorgunluğunu atmak için uzun bir tatilde gidiydiler.

İstanbul'da hayat çok hızlı akıyor, koşuşturması hiç bitmiyordu. Çocukların eğitim hayatı da maratonun bir parçasını oluşturuyordu. Onlar eğitim basamaklarını tırmandıkça benim de sorumluluğum artmıştı. Akşam daha kapıdan içeri adım atarken, herkes sorularını hazırlamış beni bekliyor olurdu. Çok güzel günlerdi, bazen üniformamı çıkarma fırsatı bile bulamaz, yatak odasında yatağa uzanır çocukların çözemediği sorularla boğuşurduk. Belli bir süre sonra artık zorunluluktan hiyerarşik bir düzen oluşturmuştuk. Herkes sorusunu öncelikle kendisinden yaşça büyük ağabeyine ya da ablasına soracak en son bana gelecekti. Böylece Fahrünnisa ve Ömer'e daha fazla zaman ayırabilecektim. Bir taraftan okul, dershane ve kurs üçgeninde koşuşturuyor diğer taraftan da sınavlara giriyorlardı.

İlk sınav Murat'ındı. Sınavlara hazırlandığı sıralarda o keskin zekâsıyla sınav sistemini inceden inceye hicvederdi. Ona göre 3 yanlışın bir doğruyu götürmesi sistemin cezalandırma üzerine kurulmasıyla ilgiliydi. Teşvik üzerine kurulan bir sistemde 3 doğru yapana ekstradan bir doğru daha verilebilirdi. Askerî lise sınavlarında başarılı olmuştu, ancak o da ağabeyi gibi spor mülakatlarında elenmişti. Spor testine onunla da birlikte hazırlanmıştık. Sabah gün ağarırken lojmanda koşuya çıkardık, bazen köpeklerin saldırısına uğradığımız bile olurdu. Koşuda başarılı olamamış, tekrar koşmak da istemediği için de elenmişti. Aslında ilerleyen zamanlarda Murat'ın çocukluğunda askerliğe duyduğu ilginin azaldığını gözlemlemiştik. Nasip değilmiş, olmadı ve olmadığına ağabeyi gibi üzülmemişti de. *"En iyi okul en yakın olandır."* felsefesi ile lojmanların hemen altındaki Kadir Has Anadolu Lisesine kaydolmuştu. Yürüyerek gidip geliyordu. Hâlinden de oldukça memnundu.

Sonraki sene sıra ablamızda idi. Artık üniversiteli olacaktı. İyi bir puan almıştı ama tıp ve mühendislik istemeyince ne tercih yapacağımızı bir an şaşırmıştık. Neyse ki Boğaziçi Üniversitesi Moleküler Biyoloji ve Genetik Bölümü imdadımıza yetişti. Babasının yolundan giden bir ablamız vardı artık. İlk yıl hazırlık sınıfında biraz sarsıldı.

Kompozisyonları birlikte yazıyorduk. Adının nerden geldiği ile ilgili yazdığımız kompozisyonda konunun "*Neyzi*"ye dayanması hocasının çok dikkatini çekmişti. İlk yıl olmasa da ikinci yılın ilk yarısında hazırlığı geçmişti.

Bu arada Ömer de ablanın arkasından Boğaziçi Üniversitesi Fizik Bölümü'nü tercih etmişti. Aslında Ömer için ne kadar uygun bir tercih olduğu tartışılırdı. Zira Ömer'in dil altyapısı kötü olduğu gibi dile karşı kabiliyeti de yoktu. Çok zorlanacağı kesindi, sınavda 30 binlerde bir puan almıştı. Kendince iyi bir mühendislik fakültesine giremeyeceği için bölüm yerine üniversite tercihi yapmış ve Boğaziçi Üniversitesi Fizik Bölümü'nü seçmişti. Bu arada zamanında dedelerinin onların adına açtığı hesaba 18 yaşından önce çekilmemek üzere yatırdığı parayı bankadan çekme hakkı elde etmişlerdi. Ömer anne baba olarak bize sorma gereği duymadan parasını çekmiş ve bilgisayar almıştı. Bilgisayar alırken paranın faizini hesaplayıp, onu kullanmama hassasiyetini de göstermişti. Aslında yaptığı kötü bir şey değildi, muhtemelen sorsa uygun da görürdük ama sormamış olmasını yadırgamıştık. Bunu gündeme getirdiğimizde de "*Benim param değil mi? Niye sorayım?*" diyordu. Dedesi çok iyi niyetle bir iş yapmıştı ama aile içinde istemeden senin benim param tartışmasını başlatmıştı. Eşler arasında bile senin benim param mevzusu beni rahatsız ederdi. Benim kazancım hiçbir zaman benim param olmamış, ailenin parası olmuştu ve nereye harcanacağına bugüne kadar hep birlikte karar vermiştik. Çocuklara da bu duyguyu işlemeye çalışmıştık. Ben dede olursam bu türden bir hata yapmamaya ant içmiştim.

Aynı yıl Hilal de Köy Hizmetleri Anadolu Lisesine yerleşmişti. İki üniversiteli, iki de liselimiz olmuştu. Aslında yıllardır beklediğimiz ve hayalini kurduğumuz bir gelecekti. Meslek hayatımın başından beri bu günlerin hesabıyla tayin isteklerimi şekillendirmiştim. İşte çocuklar liseye gelmiş üniversiteye adım atıyordu ve biz kol kanat germek için başlarındaydık.

İstanbul'a ilk geldiği yıllarda Fahrünnisa'nın aklını çelen ve gönlüne düşen delikanlı da askerliğini bitirmiş ve tekrar görüşmeye başlamışlardı. Bize çok makul ve mantıklı gelen şeyleri Fahrünnisa'ya anlatamıyorduk, muhtemelen o da bize kendince çok makul mantıklı şeyleri izah edemiyordu. Zaman zaman aramızda sert tartışmalar da oluyordu. Kızıma sözüm geçmiyor, gücüm yetmiyordu. Akşamları eve geç geliyordu, onun evde olmadığı zamanlarda göğsüm daralıyor nefes almakta zorlanıyor, evde duramıyor, nerede bulacağımı bilemeden İstanbul kazan ben kepçe onu arıyordum. Sadece benim değil, tüm ailenin gözlerindeki ışıltı kaybolmuştu, kardeşleri, anne, baba, anneanne, dede, dayı, yenge kuzenler hepimizin gözleri nemliydi. Hanım bir gün telefon edip de evi terk ettiğini söyleyince, olduğum yere yığılıp kalmıştım. Birçok kez kalbim sıkıştı, sanırım bunların birinde ikisinde kalp krizi de geçirdim. Beynimin bir tarafında hâlâ bir ağırlık var, o günden beri ne kafamdaki ne de sırtımdaki ağırlıktan hiç kurtulamadım. Aslında hepimiz kendi imtihanımızı yaşıyorduk. Ben yine çok büyük laf etmiştim. Allah'ın planına güvenmeyip kendimce planlar yapmıştım. Neymiş, liseden üniversiteye adım attıklarında başlarında olup kol kanat gerecektim. *"Bak bakalım koruyan sen misin ben miyim?"* diyordu Rabbim. *"Ben korumazsam sen koruyabiliyor muymuşsun?"* diyordu. Ne de büyük bir isim vermiştim: "*Çok övülen, şanlı, şerefli, onurlu kadın*". Başarılı olduğunda iyiydi, "*Benim kızım il birincisi, benim kızım Boğaziçi Üniversitesini kazandı.*" diyordun. Bu başarıları nasip eden de, şimdi bu durumlara koyan da Rabbim idi. Zaten demiyor muydu "*İşte (iyi veya kötü) günleri insanlar arasında (böyle) döndürür dururuz. (Bazen birine iyi ya da kötü günler gösteririz, bazen öbürüne.) Allah, sizden iman edenleri ayırt etmek, sizden şahitler edinmek için böyle yapar. Allah, zalimleri sevmez.*" (Ali İmran suresi 3/140) diye. Yani "*kızını suçlama, değişmeye zorlama, kalpler benim elimde, ben imtihan ediyorum, övündüğün günleri de ben verdim, bunları da ben veriyorum.*" diyordu. Bana sabretmek ve Allah'a dua etmek düşüyordu. Kızımla zaman zaman yüreğimizi kanatma pahasına saatlerce hem konuştuk hem karşılıklı ağladık. Ne ben onu anlayabildim ne de o beni, ama elimden geldiğince kırmamaya ve kırılmamaya çalıştım. Aile büyüklerine kalsa hemen evlatlıktan reddedecektik, neyi çözecekse. Biraz sakinleşince daha doğrusu durumu kabullenmekten başka çare kalmayınca kızımla bir anlaşma yaptık. Okulunu bırakmayacaktı, bu sürede baba evinde aziz bir misafir gibi kalacaktı. Aileden kimsenin kınamasına müsaade etmeyecektik. Gün içinde makul zamanlarda ve çay bahçesi, pastane gibi umuma açık yerlerde ne zaman isterse görüşeceklerdi, ama akşam belli bir saatten sonra evde olmaya söz vermişti. Bu konuyu bir daha gündeme almayacaktık ve okul bittiğinde hâlâ kararlılarsa ben de kendi ellerimle yuvalarını kuracağıma söz vermiştim. Şimdilik bir orta yol bulmuştuk. İkimizin de sözünde durup duramayacağını ya da olayların ne yöne evrileceğini zaman gösterecekti.

Üniversite sınavı sırası Murat'a gelmişti. O da iyi bir performans sergilemişti. Ancak tercihler konusunda oldukça kararsızdı. Gönlünde Bahçeşehir Üniversitesi Yazılım Mühendisliği var gibiydi. Ben daha çok GATA olsun istiyordum ama elimden geldiğince baskı kurmamaya, artıları eksileri ile ikna etmeye çalışıyordum. Bir ara Dershane Müdürü Celal Hoca ile konuşunca *"Siz karışmayın biz yönlendirelim."* dedi. Birlikte Celal Hoca'nın yanında oturuyorduk. Celal Hoca'nın tercihlerini sorması üzerine bilgisayardan gösterince *"Murat, tıp fakültesi olmuyor da mı, ilk tercihine mühendislik yazdın?"* dedi. Murat da beklenmedik şekilde: *"Sağlık olsun o zaman, GATA Tıp Fakültesini de ekleyelim."* deyince *"Oğlum bir dakika biz bu konuları uzun uzun konuştuk, şimdi Celal Hoca farklı ne söyledi de ikna oldun, pişman olacağın bir tercih yapma."* dedim. *"Allah, pişman etmesin."* dedi ve son kararını verdi. Böylece ailemizin bir üyesi de doktor olmaya karar vermişti. O yıl Murat'ı getirip, Ankara GATA'ya yerleştirdik. İntibak kampı sonrası, anneanne ve dedesini de alıp tüm aile yemin törenine katıldık. Çok gurur duymuştum. Bakalım engel olamadığım bu ruh hâlimden dolayı ileriki dönemlerde ne türden bir ilahi ikaza ve tokada maruz kalacaktım. Aslında Murat'ın Ankara'ya gidişiyle birlikte yeni rotamız da belli olmuştu. İstanbul'da son senemizdi ve seneye tayin olacaktık. Şark hizmetimiz bitmişti, zaten hedef çocukların olduğu büyük şehirdi. Fahrünnisa da okulu bitirmek üzere idi. Ömer'in durumu faciaydı, hazırlıkta debeleniyordu. İlk yıldan sonra okul derse de devam ettirmiyordu. Hazırlık sınıfını geçerse bölümde derse başlayacaktı ama kendi ifadesiyle *"Çok hazırlıksızmışım."* diyordu. Türkçe eğitim veren bir başka üniversiteye geçmeye nihayet ikna olmuştu. Mimar Sinan Güzel Sanatlar Üniversitesi Şehir ve Bölge Planlama Bölümü'ne geçiş yapmıştı.

KHO'da da akademik anlamda üniversite eğitimi verilmeye başlamıştı. Kontrol I Kısım Amirliğinden KHO'ya atanan Yarbay Murat Sayar sağlık problemlerinden dolayı emekli olmuştu. Ali Işık beni KHO İnşaat Mühendisliği Bölüm Başkanlığına önermişti. Bu aşamadan sonra atanabilecek en iyi görevdi. Zaten inşaat işlerinden de oldukça sıkılmış ve yorulmuştum. Gün geçtikçe de MSB Teşkilatında çalışmak güçleşiyordu. Her an mahkemelik olabilir, hatta ceza alabilir, şanımla şerefimle taşıdığım bu üniformayı çıkarmak zorunda kalabilirdim. Ali Işık da *"Bölümün yeni kurulduğunu daha ilk mezunlarını vermediklerini, öğretim üyesi yetiştirme kapsamında pek çok genç subay aldıklarını ancak bunlar yetişene kadar göz kulak olacak deneyimli birine ihtiyaç duyduklarını ve benden daha uygun biri olmadığını"* söylüyordu. Öğretim elemanı kadrosuna dâhil olmam durumunda 67 yaşıma kadar da çalışabilme imkânım olacaktı. Gençlere tecrübe aktarımında bulunmak ve akademik camia cazip geliyordu. En büyük endişem Ankara'ya atandığımda MSB İnşaat Emlak Daire Başkanlığına görevlendirilmekti. Ali Işık, *"Bir kez Harp Okuluna Öğretim Elemanı olduktan sonra başka yere görevlendirilmen imkânsız."* diyordu. Aklıma yatmıştı, çok seçeneğim de yoktu. Ne garipti değil mi? Yıllarca Ankara Garnizonu dışında her yere talip olan ben Ankara KHO'ya tayin istemiştim. Bu arada Tayin Dairesinden Mahmut aradı, *"Ağabey hayırdır, Daire Başkanının ayağına mı bastın, biz seni MSB'den çıkarıp Harp Okuluna nasıl ala-*

cağız diye düşünürken Daire Başkanın dün bize senin teşkilattan çıkarılmanı istediğini söyledi." dedi. Anladım ki kader oklarını Ankara'ya çevirmişti. Rabbim de sadece benim gönlümü razı etmekle kalmamış, Daire Başkanı ile de kalplerimizi uzaklaştırmıştı.

Bu arada tayinimi Kayapınar duymuş, hayırlı olsun demek için aramıştı. "*Ağabey hayırlı olsun da Ankara istemem, der dururdun. Fikrini niye değiştirdin?*" deyince "*İnşaat Emlak Daire Başkanlığını istemediğim için Ankara istemem diyordum, ama yeter artık mahkeme, soruşturma bıktım. İstanbul'da da sürem doldu başka gidecek yer kalmadı. Fena mı olur bundan sonra da gençlere tecrübelerimizi aktarırız.*" demiştim. "*Ağabey senin başın büyük, sen nereye gidersen git bela gelir seni bulur, dikkat et harp olur, darp olur. Kendine mukayyet ol oralarda.*" demiş ve gülüşmüştük.

Kara Harp Okulu (2014-2016)

Tayin olduğum birliğime katılmak üzere geldiğim Ankara'da ilk gece Sıhhiye Orduevinde kalmıştım. Sabah kalkıp, duş aldım, üniformamı giydim, kahvaltı yaptım ve KHO'ya gittim. Askerî liseden mezun olduktan sonra yaklaşık 30 yıl önce KHO'da bir aya yakın kalmış daha sonra Menteşe intibak kampına gitmiştik. Hafızamı çok zorluyordum ama KHO ile ilgili hiçbir mekânı gözümün önüne getiremiyordum. Hangi taburda kaldığımızı bir türlü hatırlayamıyordum. Nizamiyeden yanıma verilen refakatçi asker beni Dekanlık Binası İdari İşler Şube Müdürü Binbaşı Devrim Çamur'un odasına getirdi. Devrim, bir taraftan katılış işlemlerimi yaparken çay ikram etmişti. Daha sonra birlikte Dekan'a çıktık. Dekan Tuğgeneral Murat Yetkin, Kuleli Askerî Lisesinden devre arkadaşımdı. Kapıda karşıladı, çok sıcak davrandı. Tayini çıkmıştı, son günleriydi. *"Keşke birlikte çalışma imkânı bulabilseydik."* dedi. Öğrencilikten, geçen sürede nerelerde olduğumuzdan, çoluk çocuktan, okuldan bahsettik. Daha sonra Devrim, beni bölüme götürdü. Binbaşı Serkan Yıldız'ın odasına gittik. Serkan ile daha önce birlikte çalışmamıştık ama kısa süreliğine de olsa inşaat emlak geçmişi vardı. Uzun zamandır Harp Okulunda idi. İnşaat Mühendisliği Bölüm Başkanlığında Serkan Binbaşı dışında 6 üsteğmen vardı. Kâmil Yılmazer ve Kemal Koca bir odada, Âdem Bakış ve Zeynel Abidin Dereli bir odada, Cebrail Çiçek ve Veli Bayazıt da bir odada oturuyorlardı. Bölüm sekreterliğinde de Recep Bey ile evrak memuru Abidin Bey vardı. Harita

Bölümü de İnşaat Mühendisliği Bölüm Başkanlığına bağlanmıştı ama bölümde sadece Binbaşı Mehmet Erbaş, Binbaşı Fevzi Kantar ve Yüzbaşı Temel Durgut görev yapıyor, dersler ağırlıklı olarak Harita Genel Komutanlığından görevlendirilen personel tarafından veriliyordu. Bu üç harita mühendisi subay da bölüm girişinde bulunan odayı paylaşıyordu. Makine Mühendisi Bölüm Başkanı Albay Halil Işık, Elektrik Mühendisliği Bölüm Başkanı Albay Hasan Koçer, Sosyoloji Bölüm Başkanı Albay Mehmet Erkenekli, Dekan Yardımcısı Albay Ramazan Nazar, Enstitü Müdürü Albay Önder Haluk Tekbaş ve Ana Bilim Dalı Başkanlarından Yarbay Sait Gürbüz ve Yarbay Özkan Bali ile kısa sürede tanışıp kaynaşmıştık. Sanki yıllara dayanan bir dostluğumuz vardı. Beden Eğitimi ve Spor (BES) Grup Başkanı Albay Zafer Alkurt, Yabancı Diller Bölüm Başkanı Albay Hasan Bey Ellidokuzoğlu, Enstitü Müdür Yardımcısı Albay Metin Gülenç, Anabilim Dalı Başkanları Albay Ertan Erol, Albay Celal Evci ile de yıllar öncesinden gelen eskimeyen dostluklarımız vardı. İnşaat Emlak Başkanlığından sonra böyle bir yerde çalışmak çok huzur vermişti. Amir memur ilişkisi olmadan yatay pozisyonda çalışmak gerçekten huzur veriyordu.

İstanbul'dan lojmandan çıkıp gelecektim. İlk etapta Ankara'da iyi bir yerde lojman alabilmem çok mümkün görünmüyordu. Çiğiltepe veya Erler Mahallesi Lojmanları olabilirdi. Yıllar önce Erzurum'da görev yaparken Ankara'dan Ekrem Bali'yi de alıp Balıkesir'e Kayraklık'ın ailevi problemlerine vaziyet etmeye giderken Tercan civarında Behzat Bey'in ölümüyle neticelenen bir kaza yapmıştık. Kayraklık o gün sorun yaşadığı eşinden boşanmış ve Şehnaz Hanım'la evlenmiş ondan da bir kızı olmuştu. Kayraklık MSB Teknik Hizmetler Dairesi Başkanı olmuştu. Ekrem de Jandarma Genel Komutanlığı İnşaat Emlak Daire Başkanı idi. Kayraklık ve eşi Şehnaz Hanım çok yakın davranıyorlardı, akşam yemeklerini orduevinde birlikte yiyor, lojman alternatiflerini değerlendiriyorduk. Hafta sonu Çiğiltepe Lojmanlarının konumunu ve durumunu görünce lojman dağıtımını beklemeden dışardan kiralık ev aramaya karar vermiştim. Mümkün olması durumunda GATA'ya yakın bir yerde ev bulabilirsem Murat'ın gelip gitmesi de rahat olacaktı. Binbaşı Erbaş'ın eşi de GATA'da hemşire idi ve Etlik'te oturuyordu. Bölgede ev aramak için birlikte çıktık ve Kardeşler'de uygun bir daire bulduk. Emlakçı aracılığıyla bir boyacı ile anlaştık ve aynı sitede oturan ev sahibimize de boyacının parasını bırakıp, evini gönlünce boyatmasını söyledik.

Bu arada Fahrünnisa'ya bölümden arkadaşı Merve ile kalabilecekleri Hisarüstü'nde üniversiteye yürüme mesafesinde bir öğrenci evi açtık. Kerim Albay tüm ısrarlarımıza rağmen emekli olmuş, yeni aldığı eve taşınırken eşyalarını da yenilemişti. Fahrünnisa'nın öğrenci evinin mutfak eşyalarının büyük bir kısmını o vermişti. Birkaç parça eşya da anneannesinden almış ve evinin ihtiyacı olan eşyaları temin etmiştik. Hilal'in de son senesiydi, okulunu ve dershanesini değiştirmek istemiyordu. Zaten Celal Hoca'nın öğrencisini vermeye hiç niyeti yoktu. Okula ve dershaneye biraz uzak da olsa Hilal'in kalabileceği birçok yer vardı. Duruma göre nerede rahat eder veya nereden ulaşım daha kolay olursa orada kalacaktı. Son iki yıldır Fenerbahçe 1907 voleybol takımında oynuyordu ama kendi iradesiyle bu sene dershaneye ağırlık verecek, antrenmanlara ara verecekti. Ömer'in zaten kurulu bir düzeni vardı. O üniversitenin ilk yılından itibaren arkadaşlarıyla öğrenci evlerinde kalıyordu. Hayatı öğrenmeleri için üniversite süresince aileden uzak olmaları gerektiğini düşünüyor ve çocukların kendi ayakları üzerinde durabilmeleri için bunun da üniversite eğitiminin bir parçası olduğuna inanıyordum. Anlaşılan artık çocukların yuvadan uçma vakti gelmişti. Ailenin yarısı İstanbul'da kalacaktı.

Birkaç gün sonra evi yerleştirmeye yardımcı olsunlar diye kızlarla birlikte Ankara'ya gelmiştik. Hanım da kızlar da evi ve konumunu çok beğenmişlerdi. Sessiz ve sakin bir ortamı vardı. Evin balkondan Anıtkabir'i gören bir Ankara manzarası vardı, arkasını da genişçe bir parka yaslamıştı. Bir tarafında 5-10 merdivenle çıkılan bir sokak, diğer tarafında düzayak bir çıkmaz sokak. Cıvıl cıvıl kuş sesleri arasında huzur soluklar, hanımeli ve gül koklardık.

Bölümde gençlerin bir kısmı yüksek lisans yapmaya, bir kısmı dil problemini çözmeye çalışıyordu. Akademik bir kadromuz yoktu. Müfredat da el yordamı ile oluşturulmuştu. Genç subayların akademik yeterliliklerini elde edene kadar dışarıdaki üniversitelerden öğretim üyesi desteği alıyorduk. Bu kapsamda bölümde, Gazi Üniversitesi, ODTÜ ve Harita Genel Komutanlığından pek çok yarı zamanlı öğretim üyesi istihdam ediyorduk. Dışarıdan gelen öğretim üyelerinin katkılarıyla müfredatta yer alacak dersler ve derslerin konu ve kapsamları netleştiriyor, her öğretim üyesi genç subaylardan biriyle derse giriyor ve onlara tecrübelerini aktarıyordu. Bir taraftan da gençler üniversite ortamında o hocalarla lisansüstü eğitim yapma imkânı elde etmiş oluyorlardı. Gençlere örnek olma gayreti ile bir taraftan vermeyi planladığım *"Şantiye Yönetimi"* ders notlarını hazırlıyor diğer taraftan da yıllar öncesi tamamlamaya fırsat bulamadığım doktora eğitimime yeniden yönelmek istiyordum. Öncelikle dil notumu güncellemem gerekiyordu. Öğrencilerin olmadığı zamanlarda okul kendini geliştirme adına bulunmaz bir ortam sunuyordu. Tüm gün boyunca odamda hiç rahatsız edilmeden gönlümce çalışabiliyordum. Bir ay kadar yabancı dil çalışmıştım ve ertesi günü YDS sınavına girecektim. O gün Ali Işık Ankara'ya gelmişti ve bize misafir oldu. Onun da tavsiye ve taktikleriyle sınavdan 79 almıştım. Doktora eğitimine müracaat için yeterli bir nottu. Lisans derecem de iyiydi. Savunma Bilimleri Enstitüsü Teknoloji Yönetimi Ana Bilim Dalı Başkanlığında doktora eğitimine başlamıştım. Kuvvet, KHO'nun akademik camiada görünürlüğünü arttırmak için makale yazma, seminerlerde bildiri sunma ve sempozyumları takip etme konusunda personeli teşvik etmenin ötesinde zorluyordu. Bölümde henüz yayınlanmış bir akademik makale çalışması yapılamamıştı. Enstitüde aldığım derslerden birinde de başarılı olma şartı sene sonunda, yayınlanmak üzere ulusal hakemli bir dergiye makale göndermeye bağlanmıştı. İlk makale denememi *"Askerî Binalar için Sürdürülebilirlik Ölçütleri"* üzerine yazmıştım ve makale Savunma Bilimleri Dergisinde yayımlanmıştı. İstanbul Üniversite bünyesinde düzenlenen *"Teknoloji, Yenilik ve Çevre"* konulu sempozyumda sunduğumuz *"Sustainability in Construction Sector"* adlı bildiri daha sonra *"Procedia - Social and Behavioral Sciences"* adlı uluslararası hakemli bir dergide makale olarak yayınlamıştı.

Bu moral gücünün de etkisiyle Serkan ile genç subayları da işin içine çekerek yıl boyunca onlarca makale ve bildiri çalışmış, ilgi alanımızdaki tüm sempozyumları takip etmiştik. Bölümde adeta akademik bir patlama meydana getirmiştik. Harp Okulu olarak aynı gayreti Harbiyeliden de bekliyorduk. Hem lisans diploması verecek hem de subaylık nosyonu kazandıracaktık. Yani hem akademik eğitim hem de askerî eğitim alacaklardı. Her bölüm YÖK kriterleri doğrultusunda lisans eğitimi verecek bir müfredat oturtmaya çalışıyor, aralara da askerî dersler sıkıştırılıyordu. Sık sık Eğitim Öğretim Yüksek Kurulu toplanıyor, müfredatla ilgili tartışmalar oluyordu. Kurula Okul Komutanı Başkanlık ediyor, Kurmay Başkanı, Dekan, Enstitü Müdürü, Alay Komutanı, Bölüm Başkanları ve BES Grup Başkanı katılıyordu. Kurul üyeliği prestijli bir görevdi. En az 3 gün önceden gündem sekreter tarafından bir dosya hâlinde kurul üyelerine takdim ediliyordu. Üyelerin kurula hazırlıklı gitmeleri ve her konuda fikir beyan etmeleri bekleniyordu. Tartışılan her konu sonunda oylanarak karara bağlanıyordu. Kurulda, Komutan akademik derslerin detaya girilmeden giriş seviyesinde verilmesi ve askerî derslere biraz daha zaman ayrılması yönünde ağırlığını koymaya çalışırdı. Enstitü Müdürü ve Bölüm Başkanları gerçek akademisyenler olarak o şekilde verilen eğitimin *"yetkinlik eğitimi"* olmaktan öte *"yatkınlık eğitimi"* olacağını ve akademik bir anlamı olmadığını savunurlardı. Böyle bir eğitim sonunda herhangi bir konuda derinlemesine bilgisi olmadığı hâlde her şeyi bildiğini sanan, problem çözme kabiliyeti olmayan bir bireyle karşı karşıya kalınma tehlikesi vardı. Harbiyeliler Dekanlık, Alay ve BES Grubu arasında sıkışıp kalmışlardı. Dekanlık yetkin bir akademik eğitim vermeyi, en az bir yabancı dil öğretmeyi, Alay iyi bir askerî eğitim vermeyi ve BES Grubu da biri yakın dövüş olmak üzere en az iki dalda sertifikalı sporcu yetiştirmeyi hedefliyordu. Harbiyeli, sabah yataktan kalkıyor, sabah sporuna çıkıyor, duş ve kahvaltıyı müteakip öğleye kadar Dekanlıkta akademik eğitime, öğle yemeğini müteakip askerî talime, akşam üstü BES Grubu'nun branş eğitimine gidiyor, akşam yemeği sonrası etüde katılıyordu. Bu koşuşturma arasında çocukların nefes alacakları ve kendilerine ayıracakları zaman kalmıyordu. Dekanlık derslerinde yorgunluktan çoğu zaman dersi takip etmeyi bırakın, uyanık kalmayı başaramıyorlardı.

Murat geçen yıl GATA'da daha mutluydu. Ne zaman arasak acilde buluyorduk. Fırsat buldukça acile gidiyor, her gün yeni bir şey öğrenmiş olmanın heyecanını bizimle paylaşıyordu. Bu sene derslerde biraz daha zorlanıyor ve okuldan gittikçe soğuyor ve hevesi kaçıyordu. Hafta sonları ve hafta içi fırsat buldukça eve geliyordu. Bizim de bir ayağımız İstanbul'daydı. Aklımız çocuklarda kalmıştı. Hilal ayağını burkmuştu, yürümekte zorluk çekiyordu. Okula ve dershaneye rahat gidip gelsin diye bu gidişimizde arabayı Ömer'e bırakmış, kardeşine özel şoför olarak görevlendirmiştik. Kışın başında Emine'nin annesi ile babası ziyaretimize gelmişlerdi ama bir gece babası ansızın fenalaşınca GATA'ya yatırmıştık. Göğüs, Kalp ve Damar Cerrahisi'nde 15 gün yoğun bakımda kalmış, adeta ölümden dönmüştü. Murat bu süreçte dedesinin sağlık durumunu yakından takip etmiş, *"Tıbbiyelinin dedesi"* diye doktorlar etrafında pervane olmuştu. Bir başka zamanda da

Murat diğer dedesinin kolunda ve yüzündeki şişliğe GA-TA'da çare aramış ancak yapılan risk analizinde ameliyat çok riskli bulunmuş ve hayati tehlikesi olmadığı için müdahale etmeme kararı almışlardı. Tüm bunlar Murat'a ayrı bir haz veriyor, bizim ve aile büyüklerimizin de göğsünü kabartıyordu ancak okul Murat'ı gerçekten zorluyordu. Bu arada Hilal de üniversite sınavında oldukça başarılı olmuştu. İlk tercihini GATA'dan yana kullanmış ama puanı yetmeyince Marmara Üniversitesi Hukuk Fakültesine yerleştirilmişti. Bir taraftan da harp okullarına müracaat etmiş, Kara, Hava ve DHO'dan mülakatlara çağrılmıştı. Annesi ile birlikte İstanbul ve Ankara arasında mekik dokuyorlardı. İlk tercihi HHO'ydu ama hepsinin sağlık ve spor mülakatına giriyorlardı. Bu arada Fahrünnisa da okulunu bitirmişti, mezuniyet törenine annemi ve babamı da götürmüştük. Biz kayınvalidede kalıyorduk. Annem ile babamı Fenerbahçe Orduevine yerleştirmiştim. Orduevinde para geçmiyordu. Ziraat kartına yükleme yapılıyor ve orduevi içinde tüm harcamalar bu kartla gerçekleştiriliyordu. Babam bu durumdan epey rahatsız olmuştu ama benim çok hoşuma gidiyordu. Yıllar sonra evlatlarının sağladığı imkândan istifade edebiliyor, ben de bir evlat olarak bir nebze de olsa onları rahat ettirmeye gayret ediyordum. Yıllar önce bu okuldan oğullarının mezuniyetiyle gururlanmışlardı, şimdi de torunlarının mezuniyetini görmek nasip olmuştu. Okulu bitirince Merve ile birlikte daha önce staj da yaptıkları devre arkadaşım Rıdvan Seçkin'in İstanbul Genetik Grubu'nda işe başlamışlardı. Öğrenci evini kapattıkları için Ekrem aracılığı ile Balmumcu Jandarma Sosyal Tesislerinde kalmaya başlamıştı. O yıl Ramazan Bayramı tatilinde iki kızımla belki de son defa köyde bir araya gelmiştik. Farkında olmadan iki kızımla verdiğim pozla en son mutlu olduğum anı ölümsüzleştirmiştim. Fahrünnisa artık verdiğim sözümü tutmamı ve yuvasını kurmama yardımcı olmamı istiyordu. Çocuklarıma tutamayacağım hiçbir söz vermemiştim ve sözümde durma zamanıydı. Fahrünnisa bayram sonrası dönmüş ve evlilik hazırlıklarına başlamıştı. Biz de hanımla birlikte Hilal'i Öğrenci Seçme Uçuş (ÖSU) eğitimine katılmak üzere arka camında *"O şimdi asker."* yazılı Doblo ile köyden Yalova'ya getirip teslim etmiştik. Orhan ağabey emekli olmuş ve Bursa'ya yerleşmişti. Dönüşte bir iki gün de ona misafir olmuştuk. Bu sene sonunda Murat, GATA'da devre kaybetmişti. Seneye ikinci sınıfı tekrarlayacaktı. Okuldan hepten soğumuştu.

ÖSU Yollarında (2015)

Hilal ÖSU'yu tamamlamış ve HHO'ya dönmüştü. Bu arada başka birinin hakkına girmemek için Marmara Üniversitesi Hukuk Fakültesine kayıt yaptırmamıştık. Henüz yemin etmedikleri için Kurban Bayramı'nda izine çıkamayacaklardı. Anneannesini, dedesini, Fahrünnisa'yı ve Murat'ı da alıp bayramın ilk günü HHO'ya ziyarete gittik. Gazinoda oturduk, sohbet, muhabbet, yedik içtik, bu arada diğer Bayan Harbiyeliler de gelmişti. Bu ziyaret aileleri uzakta olan diğer kızlara da moral olmuştu. İstanbul İnşaat Emlak Bölge Başkanlığında bir dönem beraber çalıştığımız Yarbay Faruk Gül Hilal'den geleceğimizi öğrenince, o gün o da okula gelmişti. Küçük kızımızı da önce Allah'a sonra Faruk'a emanet etmiştik.

Yemin töreni için 10 gün sonra tekrar HHO'ya gitmek için Ankara'dan yola çıkmıştık. Yüreğim öylesine kabarmıştı ki göğüs kafesime sığmıyordu. Ağlasam mı gülsem mi bilemiyordum. Bir yarısı heyecandan köpürmüş diğer yarısı yağmur yüklü bulut gibiydi, öylesine ağırdı ki. Bugün küçük kızım yemin ediyor asker oluyordu, diğeri de gelin. İkisi de kınalı kuzuydu, ikisinin de bu mutlu gününde yanında olabilirdim, belki ileride çok da pişman olacaktım ama kesin kararlıydım, nikâha gitmeyecektim. O güne kadar iki aile hiç görüşmemişti. Nikâh arifesinde çocuğun annesi hanımı telefonla nikâha davet etmişti. Eşim de gitmek istemiyordu. Annesi bir ev kurmak için iğneden ipliğe ne lazımsa liste yapmıştı. Listenin üzerinden Fahrünnisa ile de geçmişlerdi. Listeyi eksiksiz aldık, çeyizini de yükledik, evine bıraktık. *"Kızım biz et ile tırnak gibiyiz, bir gün pişman olur da dönmek istersen, her şeyi olduğu gibi bırak, çek kapıyı gel, bu kapı sana her zaman ardına kadar açık olacak."* demiştim. Bu defa bu mutlu gününde kızımızın yanında olamamıştık. O da bir köşeden çıkıverecekmişiz gibi son ana kadar umutla bizi beklemişti. Gidememiştik ama her zaman yaptığımız gibi kızımıza verdiğimiz sözü tutmuş, yuvasını kurmasına yardım etmiştik.

Savunma Bilimleri Enstitüsünde Teknoloji Yönetimi Anabilim Dalı'nda doktora yapıyordum ama kredimi dolduracak ders bulmakta da zorlanıyordum. Âdem, Gazi Üniversitesi Teknoloji Fakültesi'nde doktora yapıyordu. Bir gün birlikte doktora hocasını ziyarete gittik, ben durumumu anlatıp, dışardan ders almak istediğimi söyleyince, hocası *"Fen Bilimleri Enstitüsü ile görüşün, alırsınız tabii ama siz mühendissiniz, çok da iyi bir okuldan mezunsunuz, niye kendi alanınızda çalışmıyorsunuz?"* demişti. Prof. Dr. Recep Kanıt hocanın babacan tavırlarından çok etkilenmiştim. *"Düşünürseniz sizinle çalışmaktan çok memnun olurum albayım."* deyince hiç düşünmeden ağzımdan *"Niye olmasın hocam, ben de çok memnun olurum."* ifadeleri dökülüvermişti. ALES sınavına 3'üncü kez girecektim, bir türlü başarılı olamıyordum. Her gidişimde Recep Hoca, *"Albayım çok basit bir sınav niye yapamıyorsunuz anlayamıyorum."* diyordu. Ben de anlayamıyordum ama niyeyse bir türlü olmuyordu. Bir gün Ertan ile otururken konusu açılınca o hatamı anlamıştı. Ben her iki bölümün de sadece sayısal sorularını cevaplamaya çalışıyordum, ilk bölümde sorun yoktu ancak ikinci bölümde hepsini yetiştiremiyordum. Meğer ilk bölümde sözel de yapmak gerekiyormuş. Bunu öğrendiğimde 3'üncü kez ALES'e girmek üzeriydim ve sonunda başarmıştım. Fen Bilimleri Enstitüsüne kayıt yaptırdığımda misafir öğrenci olarak daha önce almış olduğum dersler ve Harp Okulu Savunma Bilimleri Enstitüsünde aldığım dersleri saydırınca bu dönem alacağım iki ders ile birlikte kredimi doldurmuş oluyordum. Ders sürecim bir dönemde tamamlanmıştı ve ikinci dönem başında Doktora Yeterlilik Sınavı'ndan da başarılı olmuştum. Recep Hoca'nın tez danışmanım olarak atanmasıyla birlikte tez konum da belirlenmişti. *"İş Sağlığı ve Güvenliği Maliyet Tahmini"* çalışacaktık. Tez konusunda yapacağım çalışma kafamda şekillenmişti, yaz tatilinde biraz literatür taraması yapacaktım. Bu arada Savunma Bilimleri Enstitüsü, Gazi Üniversitesinden aldığım derslerin hepsini saymamıştı. Ağırlığı diğer tarafa vereceğim için iki dönem kaydımın dondurulmasını talep etmiştim. Bir taraftan da öğretim elemanı ve askerî öğrenci seçme mülakat komisyonlarında görev alabilmek için İstihbarat Okulunda verilen mülakat teknikleri kursunu tamamlayarak sertifika almıştım. Okul Komutanı Tümgeneral İzzet Çetingöz Başkanlığındaki heyete kıdemli üye olarak görevlendirilmiştim. Harp Okulu ve Astsubay Hazırlama Okuluna öğretim elemanı olarak yetiştirilmek üzere belirli branşlarda subay alımı yapıyorduk. Bir hafta boyunca Kara Kuvvetleri (KK) Personel Temin Merkezinde (PERTEM'de) mülakat yapmıştık. Adayı çok iyi değerlendirip, iyi tartmak gerekiyordu zira sonunda kişinin kaderine hükmediyorduk. Sorumluluk ve vicdan isteyen bir görevdi.

İstanbul'da çok fark etmemiştik ama Ankara'da kış şartları biraz daha ağırdı ve geçen kış Doblo'nun kızdırma bujileri arızalı olduğundan sabahları ilk çalışmada problem olmuştu. Bujiler ucuzdu ancak gövdeye kaynamış olduğundan sökülürken kırılmıştı. Değişim için motorun indirilip, tornaya gitmesi gerekiyordu. Metin aklıma koymuştu. *"Ağabey uğraşma değiştirme zamanı gelmiş, artık kalabalığın da yok, istesen de çocukları bir araya getirmen mümkün değil, bunu verip binek bir araç alalım sana."* diyordu. Araba değiştirecek birikimim yoktu ama uygun şartlarda takas yapabildik. En uygun şartları Fiat vermişti. Fiat Egea yeni çıkmıştı, Metin aracın bana uygun olduğunu söylüyordu. Koç Finans sıfır faizli bir yıl vadeli 20 bin lira kredi veriyordu. Aracın sıfırı 45 bin liraydı. Takas ve kredi üzerine 5-10 bin lira ekleyerek sıfır bir araç alabilecek gibiydik. Karar verdik, 10 güne aracı teslim edeceklerdi, bu sürede Doblo'yu kullanmaya devam edecektim. Genelde doktora derslerine gittiğimde akşam eve geç kalıyordum, yine geç kalmıştım. Eve geldiğimde hanıma *"Bugün derse gitmedim, yaramazlık yaptım, arabayı değiştirdim."* dedim, uzanıp balkondan baktı, kapıda yine Doblo duruyordu. Bilgisayardan Fiat Egea'yı gösterince *"Geçen reklamlarda görmüştüm, çok beğenmiştim ama hayalini bile kurmamıştım. Demek nasibimizde sıfır araba sahibi olmak da varmış."* dedi.

Murat ne kadar gayret etse de aynı dersleri ikinci kez almış olmasına rağmen başarılı olamayacağına kanaat getirmişti. Hak da vermiyor değildim. O da benim gibi sayısal zekâya sahipti ve aynı şeyleri tekrar edemiyordu. Tıp eğitiminin kendine has genel geçer öğretme yöntemi miydi yoksa GATA'ya özgü bir yöntem miydi bilemiyorum ama bir konuyu en az 15 kez tekrar etmeden geçer not almak mümkün olamıyordu. Murat kararını vermişti *"Sağlık olsun diye çıktığı bu yoldan ruh sağlığı için dönmeliydi."* artık. Kayıt olduğu yıldaki merkezi yerleştirme puanını kullanarak bir defaya mahsus olmak üzere aynı yıldaki puanına eşit veya ondan düşük olması kaydı ile farklı bir üniversitenin farklı bir bölümüne yatay geçiş yapma hakkını kullanmak istiyordu. İstanbul Teknik Üniversitesi (İTÜ) Kontrol ve Otomasyon Mühendisliği'ni hedefine almış, İTÜ Öğrenci İşleri ile görüşmüştü. Hazırlık sınıfını geçmiş olmak kaydıyla bu hakkını kullanabilecekti. GATA'da hocaları ile de anlaşmış, sadece göstermelik olarak sınavlara girecek, derslere devam etmeyecek ve bu arada İngilizce çalışacaktı. Çoğu zamanını evde dil çalışarak geçiriyordu. Hayat onun hayatıydı, denemiş ama başarılı olamamıştı. Şimdi bir başka yola çıkıyordu, bizim de ana baba olarak çocuğumuzun arkasında olmamız gerekiyordu.

Hilal okulu çok sevmişti, dersler de çok iyiydi. İlk yılın sonunda 4,00 ortalama tutturmuş, kısım kıdemlisi olmuştu. Yıl boyunca da çeşitli spor etkinliklerine katılmıştı. Sık sık takım hâlinde Belgrad Ormanları'nda krosa çıkıyorlardı. Sene sonunda Yalova'da ATAT Kampına katılmak üzere okula gitmişti. Fahrünnisa'nın evlenmesinin üzerinden bir yıla yakın zaman geçmişti. Bu sürede kızımla ne benim ne de annesinin bağı hiç kopmamıştı. Sürekli telefon irtibatımız vardı. Konuyu o da biz de evliliğe ve eşine getirmiyorduk. Hâlini hatırını soruyorduk. İşten ayrılmış, evde tercüme yaparak geçimini sağlıyordu. Aslında okulda şu an yaptığı mesleki tercümeye ilişkin bir ders almış ve hocasının bağlantıları üzerinden akademik sayılabilecek tercüme yapıyordu. Ev ortamında çalışıyor, geçimine yetecek kadar da kazanıyordu. Bazen konuşmalarımız öylesine uzuyordu ki özlemini, kapatmak istemediğini daha çok konuşmak istediğini hissediyorduk. Hepimiz için zaman her şeyin ilacıydı. Sabırla kırmadan dökmeden beklemek gerekiyordu.

15 Temmuz 2016 günü normal mesaiden çıkıp her za-

manki gibi eve gitmiştim O gün akşam MSB proje müelliflerinden Mimar Ahmet Üstekidağ ailece ziyaretimize gelmişti ancak küçük çocuklarının uykusu geldiğinden mızmızlanmaya başlayınca saat 22.00 civarında kalkmak durumunda kalmışlardı. Daha sonra bölümden Kâmil beni aramıştı. *"İdari İşler Şube Müdürü Binbaşı Devrim Çamur, Dekanlık WhatsApp grubuna mesaj atmış, güvenlik ile ilgili sıkıntı olabileceğinden Dekan'ın, tüm personelin en kısa zamanda okulda bulunmasını"* emrettiğini bildirerek hareket tarzını sormuştu. Ben de beklemede kalmasını konuyu araştırarak kendisine dönüş yapacağımı söylemiştim. Benim akıllı telefon kullanmadığımı bildiğinden mesajdan haberim olamayacağı düşüncesiyle beni arama gereğini duymuştu. Daha sonra Devrim'i telefon ile arayıp konu hakkında kendisinden bilgi almıştım. Devrim *"Komutanım ortalık karışık, Dekan, personel ve okul güvenliği için herkesin okula gelmesini istedi, birtakım yolların kapalı olduğu söyleniyor, okula araçlarıyla ulaşımda sıkıntı yaşayanlar var, araçla gelebildiğiniz yere kadar gelin, geri kalanını gerekirse yürüyerek gelin ama en kısa zamanda okula ulaşın."* demişti. Bu arada Ekrem'i aradım. Direkt Kurmay Başkanı'na bağlı çalışıyordu ve bu YAŞ'ta generalliğe terfi edeceği konuşuluyordu. Kendisi memlekette tatildeymiş. Durumu benden duyunca Kurmay Başkanı'nı arayıp bilgi almıştı. Gelmesini gerektirecek önemli bir olay olmadığını öğrenmişti. Ekrem ile yaptığımız değerlendirmede emir amirden geliyor ve konusu da suç teşkil etmiyorsa uymak lazımdı. KHO'ya gelinmesi yönünde verilen emir, emir komuta zinciri içinde, emir verme yetkisine haiz birinci sicil amirinin emrini iletmeye yetkili personel tarafından iletilmiş, hizmete müteallik ve konusu suç teşkil etmemekteydi. Bu şartlar altında bir ast olarak emre uymaktan başka bir alternatif yoktu. Bu değerlendirme sonunda hareket tarzını soran personelime dönüş yaparak emniyetli bir şekilde okula gitmesini ancak ortalığın karışık olduğunun bildirildiğini, kişisel emniyetlerinin önemli olduğunu, mümkün olması durumunda yakın oturanların birlikte hareket etmesi talimatını vermiştim. Bu kapsamda Kâmil'e *"Kendisine yakın olan Veli'yi ve beni de almasını ve okula birlikte gitmemizi"* söylemiştim. İki personelimle birlikte Kâmil'in aracıyla okula doğru giderken Milli Kütüphane civarında polisin geçişe izin vermemesi üzerine Merkez Orduevi tarafına dönerek 00.30 civarlarında 4 No.lu nizamiyeden okula giriş yapmıştık. Dekanlık personelinin birçoğu dekanlık binasının gazinosunda toplanmıştı. Dekanlık binasındaki kendi sorumluluk alanlarımızdaki bölgelerin emniyet durumunu inceleyerek, vukuat tekmili almak üzere ivedi eğitim elbiseli olarak kafeteryada toplanmamız emredilmişti. Ben de odama giderek eğitim kıyafetimi giymiş, Bölüm Başkanlığı sorumluluk bölgesini dolaşarak gazinoya inmiştim. Gazinoda kendi bölümümün yoklamasını aldığımda Fevzi ve Serkan'ın eksik olduğunu tespit etmiştim. Fevzi'yi telefonla aramış, ulaşamamıştık. Serkan ile irtibat kurmuştuk, Keçiören civarında yolların kapatılmış olduğunu söylemiş ve hareket tarzını sormuştu. Devrim, Dekan'ın *"Okula emniyetli bir şekilde ulaşamayacak personel, durum değerlendirmesi yapıp gerekirse emniyetli bir şekilde evlerine dönsün."* emrini tebliğ edince, ben de verilen emri Serkan'a iletmiştim. Devrim'in, Dekan'ın *"Bütün personelin kendi güvenliği için odalarına gitmesi ve orada beklemesi"* emrini iletmesi üzerine ben de personel ile birlikte odama geçmiştim. Odaya geçtiğimde internete erişim imkânı elde etmiştim. Televizyonlarda darbe bildirisinin okunduğunu ancak 1'inci Ordu Komutanı'nın darbeye karşı olduğunu, Başbakan ve Cumhurbaşkanı'nın yaptığı açıklamaları öğrenmiştim. Başbakan TSK içinde küçük bir grubun kalkışmaya yeltendiğini ve bunların üzerlerine birliklerin sevk edildiğini söylüyordu. Benim o geceye ilişkin algım; KK, Genelkurmay, Meclis ve Bakanlık binalarının darbeciler tarafından ele geçirilmeye çalışıldığı, darbe karşıtı özel kuvvetlerin bunların üzerlerine gönderildiği, Harp Okulunun da böylesi bir saldırı ihtimaline karşı okula çağırıldığıydı. Bu bir anlamda polisin bizi Genelkurmay kavşağına yaklaştırmaması ancak engellemeden 4 No.lu nizamiye bölgesine yönlendirmesini de açıklıyordu. Kendi durumumuzu analiz ettiğimde; darbe yapma ya da bastırma göreviyle dışarı çıkarılmadığımızı, birlik ve şahsi emniyetimiz için okulda bekletildiğimizi görüp zaten darbecilere karşı sahaya sürülmemize çok da ihtimal vermediğim için bu bekleme hâlimizi de yadırgamadan darbe karşıtı pozisyonda olduğumuzu değerlendirmiştim. Zaten mesleğe ilk adımımı atmaya hazırlandığım gece yaşadıklarımı düşündüğümde tam da olmam gereken yerde olduğumu düşünmüştüm. 12 Eylül 1980 Darbesi'nde Mehmet ağabey de darbeyi öğrenir öğrenmez en yakın askerî birliğe koşmuştu. Gitmemiş olsa asi muamelesi göreceğini ve Divanıharpte yargılanabileceğini söylemişti. TSK İç Hizmet Yönetmeliği'nin 647'nci maddesindeki *"Şayet bir ihtilâl ve isyan çıkması muhtemel ise askerlerin hepsinin kışlalarda mevcut bulunması emredilir."* hükmü ile tam da bu yaşanan olaylar kastedilerek, böyle bir durumda askerin hareket tarzına ilişkin çok net bir tablo çizilmişti. O gece KHO'ya gelinmesi yönünde verilen emir, yönetmeliğin ilgili hükmünce tam da yapılması gerekendi. O gece okul dekanı ile hiçbir temasım olmamıştı, emirlerini Devrim aracılığı ile iletmişti. Saat 02.30 sıralarında yine Devrim telefonda *"güvenlik ekibine takviye gerekebileceğini"* söyleyerek Dekanın *"Anafartalar taburundan silah alınacağı"* emrini iletmişti. Personelim ile birlikte Anafartalar taburuna gidip bir müddet deponun açılmasını beklemiştik. Saatini tam olarak hatırlamıyorum ama sabah ezanı okunduğu sırada HK 33 piyade tüfeği ve bu tüfeğe ait boş bir şarjör almıştım. Uçakların alçak uçuşları gece boyu devam etmişti. Personel güvenliği açısından toplu hâlde dışarıda beklemenin tehlikeli olacağı düşüncesi ile yine odalarımıza gitmemiz emredilmişti. Ben de saat 08.00'e kadar odamda beklemiş, daha sonra Devrim'in Dekan'ın tehlikenin ortadan kalktığını, silahların teslim edilerek ayrılabileceğimiz emrini iletmesi üzerine silahları teslim ederek Âdem ve Veli ile birlikte Kâmil'in aracına binerek geldiğimiz şekilde evlerimize dönmüştük. O gece KHO'da darbe faaliyetine destek kapsamında herhangi bir eylem ve söyleme şahit olmamıştım. TSK içindeki küçük bir grubun kalkışmasına KHO personelinin destek olmadığını ve o gece okula giderek kışlasına çekildiğini, silah alarak da güvenliğini arttırıcı emniyet tedbirlerini aldığını değerlendirmiştim. KHO'da o gece yaşananları, 18 Temmuz 2016 Pazartesi günü Okul Komutanı'nın personeli toplayarak yaptığı açıklamalarla öğrenmiş ve hem çok şaşırmış hem de çok üzülmüştüm. Okul Komutanın anlattığına göre o gece

Kurmay Başkanı Kurmay Albay İlhami Polat ve Nöbetçi Amiri Yarbay Ali Tolga Sıçrar beraberindekilerle birlikte kendisini enterne etmişlerdi.

O hafta normal mesaiye devam etmiştik. Bir iki defa o gece yaşadıklarımızla ilgili bilgi alma tutanağı tanzim ederek İdari İşler Şube Müdürlüğüne teslim etmiştik. 24 Temmuz 2016 Pazar günü savcılık tarafından ifademize başvurulacağı bildirilerek okula çağırılmıştık. O gün okula yeni almış olduğum Fiat Egea aracımla gelmiştim. Akşam saatine kadar odalarımızda savcının ifade almasını beklemiştik. Nihayet toplantı salonuna geçmemiz emredildi. Personelin içeri girmesiyle birlikte Merkez Komutanlığı personeli ile polis ekipleri salonun girişini kapatmıştı. Merkez Komutanı'nın, adını okuduğu personel salondan çıkarılmış ve fuayede üst aramasından geçirilerek gözaltına alınmaya başlanmıştı. Daha sonra topluca ellerine kelepçe vurularak ve birer polis nezaretinde başı aşağıya bastırılarak otobüslere bindirilmişti. Yol boyunca nezaret eden polis başımızı ön koltuğa yaslayıp, aşağıya doğru bastırıyordu. Nereye gittiğimizi kestiremiyorduk. Sonunda saat gece yarısını geçmişti ki araçlarla Sincan Cezaevine giriş yapmıştık. İçeriye girerken oğlum Ömer'in sözleri kulaklarımda yankılanmıştı. 15 Temmuz'un hemen akabinde aramış, *"Baba bu son treni kaçırmazsın inşallah."* demişti. Daha çocuktu ama çocuğun aklına nasıl yer ettiyse. Balıkesir'de arkadaşlar kıtaya sürülmeye başladıklarında davaları uğruna zulme uğrayan bu arkadaşlara gıpta ederek ben arkalarından *"Bu treni kaçırdık, bize binmek nasip olmadı."* demiştim. Ne mutluydu, bu defa bana da nasip olmuştu. Bu kutsal davada zulme uğrama bahtiyarlığına ermiştim. Bu

defa trene binmiştim Elhamdülillah. Rabbim hakkını vere-
bilmeyi, trenden atılmadan son durağa kadar gidebilmeyi
nasip eylesin. İnşallah bu sınavda Rabbim bizi sabredenler-
den eyler ve yollarda dökülüp kalmaktan muhafaza eder.
Temmuz ayında gecenin bu saatinde ortalık buz kesiyordu.
Polisler bile battaniyelere sarılmıştı. Çoğumuzun üzerinde
sadece pantolon ve gömlek vardı ve titriyorduk. Merkez
Komutanlığı yetkililerince üst aramamız usulüne uygun
yapılmadığı ve üzerimizdeki şahsi eşyalar kayda geçir-
ilmediği için tekrar arama yapılacaktı. Açık havada toplu
hâlde çömelmiştik ve oturmamıza izin vermiyorlardı.
Saatlerdir çömelmekten ayaklarımız uyuşmuştu. İçlerinde
en yaşlısı ve kilolusu ben görünüyordum. Başımızdaki polis
hâlime acımış olmalı ki *"Sen gel şu banka otur."* demişti.
Arkadaşlarımdan ayrılmamış, onlarla aynı kaderi paylaş-
maya devam etmiştim. Sırası gelen konteynere giriyor ve iç
çamaşırları kalana kadar soyunuyor, ağız içi ve saç dipler-
ine kadar aranıyor, üzerindeki eşyalar tutanak altına alınıp
imzalatılıyordu. Sabaha karşı işlemlerimiz bitmiş ve etrafı
tel örgüyle çevrili bir sundurmanın altına alınmıştık. Bizim
dışımızda daha önceden getirilmiş birçok asker vardı.
Bazıları yaralıydı, kiminin kaşı gözü patlamış, kiminin
yüzü şişmiş, kiminin de bağırsakları dışardaydı. Tam bir
can pazarıydı. Yerlere battaniye serilmiş, ısınabilmek için
insanlar koyunlar gibi birbirine sokulmuş, yerlerde yatıy-
ordu. Köşede bir iki basamak merdivenle çıkılan tuvalet
konteyneri önünde 40-50 kişi kuyruk olmuştu ama içerde
sadece iki göz tuvalet kabini ile iki lavabo vardı. Bu arada
plastik kelepçeleri öyle sıkmışlardı ki bileklerimize kan
oturmuş ellerimiz şişmişti. Metin ile bir kenara oturmuş

tel örgüye de sırtımızı dayamıştık. Baktım Metin tel örgüden kopardığı bir tel parçası ile kelepçesini gevşetmişti. Bir anda etrafımızda bir kaynaşma olmaya başladı, KHO'dan gelenler Metin'in yanında bir iki dakika oturup kalkıyor, bu arada kelepçesini gevşettiriyordu. Sabahın ilk ışıkları ile güneş kendini göstermeye başlamış ve içimiz ısınmıştı. Roll ekmek diye adlandırılan bir küçük yuvarlak ekmek ve bir krem peynir vermişlerdi. Belediyenin şebeke suyundan paketlediği plastik bardak su yığını güneşin altında kaynamıştı adeta. Zaten tuvalet kuyruğuna girmemek için mümkün mertebe su içmek ve ekmek yemek istemiyorduk. Güneş yükseldikçe metal sundurmanın altında kavrulmuştuk, güneşin batmasıyla biraz olsun rahatlamıştık ama gecenin ilerleyen saatlerinde bu defa soğuktan titriyorduk. Sabah kalktığımızda KHO personelinin ayrılmasını istemişlerdi. Bizi geldiğimiz şekilde yine polis eşliğinde basımıza bastırarak araçlara bindirip başka bir yere sevk etmişlerdi ama yol boyunca etrafı görme imkânımız olmamıştı. Araçlardan indirildiğimizde Başkent Spor Salonu'na getirildiğimizi anlamıştık. Salonda gruplar hâlinde pek çok insan vardı. Bize de bir yer gösterdiler ve oturmamıza izin verdiler. Daha sonra gelip kelepçelerimizi de açtılar ve sırayla doktor muayenesine götürdüler. Burada da en büyük sıkıntı tuvaletti, sadece bir tuvalet mahalli kullanılıyordu. Tuvalete giden güzergâhta polisler çift sıra dizilip koridor oluşturmuşlardı. Salonda belki bin kişi vardı ama tek bir tuvalet mahallinde 10 göz tuvalet ve bir o kadar lavabo kullanılabiliyordu. Ekmek ve su aynı şekilde veriliyordu. Günde bir defa yarım roll ekmek arası krem peynir yiyordum. Pencerelerde siyah perdeler vardı ve salonun spot ışıkları gece gündüz sürekli yanıyordu. Bir süre sonra zaman algımız kaybolmaya başlamıştı. Gece ile gündüzü ayıramıyorduk. Bir kenara serdikleri karton üzerinde bir iki kişi zaman zaman namaz kılıyordu. Bu ortamda açıktan namaz kılmak istemiyordum ama namazlarımı kazaya da bırakmak istemiyordum. Bazen etrafta dolaşan polislerin kol saatlerinden saatin kaç olduğunu görmeye çalışıyordum. Namaz vakitlerini takip edip imayla namazlarımı kılmaya çalışıyordum. Sincan'a göre burası çok rahattı, aramızda sohbet edebiliyor ve zaman zaman kızsalar da ikişerli üçerli salon boyunca volta atabiliyorduk. Arkadaki ofislerde polisler sırayla çağırıp ifade alıyorlardı. İfadesi alınanlar gruplar hâlinde Sulh Ceza Hâkimlikleri'ne sevk ediliyor ve tamamına yakını tutuklanıyordu. Herkes bir an önce sıranın kendisine gelmesini, Sincan'da sıcak yemeğe ve yatağa kavuşmayı istiyordu. Hatta bazıları sürekli kullanmak zorunda olduğu ilaçları ileri sürerek kendisine öncelik verilmesini talep ediyordu. Sigara illetinden kurtardığı için Rabbime binlerce şükür etmiştim. Bağımlı olanlar gerçekten çok zorlanıyorlardı, bunu fark eden polisler bu kişileri arka odaya alıyor, çay sigara ikram ediyor ve itirafçı olmaya zorluyorlardı. Sıra alfabetik ilerliyordu ve nihayet beni de anons etmişlerdi. İfade alınırken baronun görevlendirdiği bir de avukat nezaret ediyordu ama pek suya sabuna karışmıyor, sadece ifade tutanağına imza atıyorlardı. Millet olarak her şeyi "...*miş*" gibi yapıyorduk. Savunma hakkımıza saygı gösterip, devlet imkânı olmayanlara avukat atıyordu ama avukatın varlığı ile yokluğu arasında pek bir fark yoktu. Hatta bazı avukatlar hukuk bilgisi olmayan, korkmuş, ürkmüş müvekkillerini itirafçı adı altında iftiracı yapmaya çalışıyordu. Akşama doğru ifade vermiştim, ertesi gün ilk grupla adliyeye sevk edildim. Adliye'de Yüzbaşı Ömer Bıyıklı ile Yüzbaşı Ömer Emre Yetgin savcıya ifade vermek istediklerini, üst düzey bir general hakkında suç duyurusunda bulunacaklarını söyleyince ortalık birden hareketlendi. Savcı bunları saatlerce odasında sorguladı. KHO Komutanı İzzet Paşa'nın o gece darbe taraftarı olduğu ancak sabaha karşı olay tersine dönünce kendini enterne ettirdiği ve bu şekilde gizlendiği ile ilgili ifade vermişlerdi. Sabah geldiğimiz adliyede akşam ezanları okunmuş hâlâ hâkim karşısına çıkamamıştık. Koridorlarda yerlere oturuyorduk. Başımızdaki komiser çok hakikatli biriydi. Hemen polislere emir veriyor oturmamız için bank getirtiyordu ve *"Aman hocam siz okumuş insanlarsınız, yerlerde sürünmenize gönlümüz razı olmaz."* diyordu. Polis gelen kumanyasını bizimle paylaşmaya çalışıyordu. Tuvalette akan musluktan su içmeye çalışanlara engel olup, adliyedeki otomatlardan kendi paraları ile kapalı pet şişelerle su alıp dağıtıyorlardı. Bazı polisler tuvalete giden arkadaşlara cep telefonunu verip ailene haber ver, diyordu. Bu davranışlar o kadar insancaydı ve o kadar yüreğimize dokunuyordu ki ben hayatımda daha önce onlar kadar hiç kimseye böyle içten dua etmemiştim. *"Allah onları hiçbir zaman darda koymasın, her sıkıştıklarında bu yaptıklarını karşılarına çıkarsın, bu yaptıklarını rızasına vesile kılsın."* diye çok dua etmiştim. Grup kalabalık olduğu için ikiye ayrılmıştı. İki farklı Sulh Ceza Hâkimi'ne çıkacaktık. Bir şaibe dolaşmaya başlamıştı. Okul hakkımızda olumlu rapor göndermişti. Tutuksuz yargılanmak üzere serbest bırakılacaktık. Diğer grubun mahkemesi bir üst kattaydı ve merdiven boşluğundan mahkeme önünde bekleyen arkadaşları görebiliyorduk. Birden bir gürültü koptu, sevinçten birbirlerine sarılıyor ve tahliye diye bağrışıyorlardı. Kulağımıza çalınanlar doğruymuş demek. Biz de heveslenmiş sabırsızlıkla duruşmanın başlamasını bekliyorduk. Komiser yavaşça yanımıza sokuldu ve *"Çok beklentiye girmeyin, kendinizi en kötüsüne hazırlayın, size farklı bir karar çıkabilir."* dedi. İçimden ne kadar da saçma demiştim. Sırayla hepimizin ifadesi alınmış, dışarda beklememiz söylenmişti, şimdi karar için huzura alıyorlardı. Maalesef komiser haklı çıkmış, tutuklanmamıza hükmetmişti. Bodrum katta sabıka kaydı açıldı ve yandan, cepheden fotoğraflarımız çekildi, parmak izlerimiz alındı ve gecenin 3'ünde polis nezaretinde belediye otobüsüne bindirilerek tekrar Sincan'a doğru yola çıktık. Ramazan ile yan yana oturuyorduk. Başımızdaki komiser dâhil tüm polislerin de moralleri bozulmuş, kimi gidip arka koltuğa uzanmış kimi de arkadaşları teselli etmeye çalışıyordu. Önümüzde bir özel araç vardı, Ramazan aracı göstererek *"Dostum bir daha aracımızın direksiyonuna ne zaman otururuz kim bilir?"* demişti. Ben de arabamı daha yeni değiştirdiğimi ilk kez de pazar günü ifade için çağırıldığımızda okula onunla geldiğimi ve orada bıraktığımı söyleyip, oğlum Ömer'in güle güle kullanmasını temenni etmiştim. Belediye otobüsü arabayı sollarken bizim de başımızı çevirip baktığımızı gören komiser, *"Canınız çektiyse alayım ya bir daha kim bilir ne zaman yersiniz."* dedi. Şaşırmıştık ne diyor diye, sonra fark ettik ki kaldırımda bir seyyar satıcı halka tatlısı satıyordu. Teşekkür ettik, zaten otobüs de hızını almış gidiyordu ama insan olmak böyle bir şeydi herhâlde.

Sincan'da benim gibi üst rütbelileri F Tipine yönlendirdiler, gençleri T Tipine bırakmıştık. Girişte yine iç çamaşırlarımıza kadar soyunup tüm giysilerimizi ve ayakkabılarımızı cihaza koyup dedektörden geçtik. Sonra bir odaya alındık, içeri bir şey saklamışsak düşsün diye külotumuzun paçalarına parmaklarımızı sokarak 3-5 kez oturup kalktık. Nihayet hücremize kavuşmuştuk. Gardiyan kapıyı üzerimize kilitlerken sabah ezanı okunuyordu. Hücre 3 kişilikti ama 4 kişi kalacaktık. Dekan yardımcısı can dostum Albay Ramazan Nazar, Alay Komutan yardımcısı Albay Rafettin Öztürk ve Plan Program Subayı Binbaşı Serkan Gümüş. Ekip çok iyiydi, hoş sohbet ve uyumlu. Takıldık birbirimize bir ömür yatılırdı bu kadroyla. Hücre iki katlıydı, üst katta 3 yatak vardı, Serkan yere bir battaniye sermiş, üzerine kıvrılmıştı bile. Aşağıda bir masa ve 4 sandalye, bir musluk ve evye ile yanında duş almak için de kullanılan bir tuvalet vardı. Her hücrenin üstü tel örgüyle kapalı küçük bir bahçesi vardı. Bahçe kapısı sabah sayımında 08.00'de açılıyor, akşam 18.00'de kilitleniyordu. Hepimiz leş gibi hissediyorduk ama sıcak su da yoktu, sabun da. Gardiyandan sabun istemiştik, *"Kantin günü listeye yazın alınır."* dedi. Liste yazacak ne kâğıt ne de kalem vardı. *"Onu nereden alacağız?"* dedik ama cevap vermeden kapıyı kilitledi. Öğrenecektik, sonuçta ilk giren biz değildik. Ramazan ısrarla duş almak istiyordu. Havlu da yoktu, temiz iç çamaşırı da. Soğuk suyla duş almıştı, nevresime sarılmış olarak çıktı. İç çamaşırlarını yıkamış bahçeye sandalyeye asıyordu. Göz ucuyla baktım kar gibi bembeyaz tertemizdi çamaşırları. Bize de ısrar ediyordu duş alın rahatlayın diye. Ben de girdim ama iç çamaşırlarımı yıkayıp onun gibi ortaya asamazdım ben. Bir haftadır aynı şeyleri giyiyorduk ve ben kilolu da olduğumdan iç çamaşırlarım çok çabuk kirlenirdi. Ne hâldeydi şu an kim bilir. Ben de duş aldım aynı şekilde nevresimle kurulandım ve tekrar aynı iç çamaşırlarımı giymek için elime bir aldım benimkiler de kar gibi bembeyazdı. Çok şaşırdım, niye kirlenmemiştik ki? Muhtemelen gözaltında pek bir şey yemediğimizden kirlenmemişti. Ben de yıkayıp sandalyenin diğer köşesine astım. Bir saate kurumuşlardı, biz de nevresime sarınıp oturmuştuk. Gerçekten duş almak ve temiz çamaşır iyi gelmişti. Kahvaltıda ekmek peynir zeytin ve çay vardı. Öğle yemeğine biri *"Şöyle bir kadınbudu olsa."* dedi diğeri *"Kadayıf da olsaydı yanında."* dedi. Biraz sonra dış kapının pencere sürgüsü dışardan çekildi ve içeri uzatılan karavanaların birinde kadınbudu diğerinde kadayıf vardı. Birbirimize baktık Ramazan mantıklı bir açıklama getirdi. *"Hemen keramete bağlamayın, bunları konuşurken zaten koridorda diğer hücrelere yemek dağıtımı başlamıştı, burnu iyi koku alan arkadaşlar duydukları yemek kokularından etkilenerek canlarının çektiğini söylediler."* dedi. Çok mantıklıydı haklı olabilirdi. O gün gece yarısını geçene kadar sohbet uzadı. Serkan Aydınlıydı, ortak noktamız zeytindi. Çıkınca zeytincilik yapacaktık. Ramazan ısrarla *"Yatın sabah erken kalkacağız."* dedikçe *"Ağabey hayırdır mesaiye mi gideceksin?"* diye gülüşüyorduk. Sabah ezanıyla birlikte demir kapının sesiyle uyandık, içeri gardiyanlar girdiğinde mahkûmlar hemen aşağı inip yüzünü duvara döner ellerini arkaya bağlardı. İnen pozisyon alıyordu ama gardiyanlar oralı değildi, biri *"Tahliye, hazırlanın, 10 dakikaya çıkıyorsunuz."* diyordu. Ramazan şaşırmıştı, *"Nereye gideceğiz?"* diyordu. Gardiyan *"Canın nereye isterse."* diyordu. Çok algılayamamıştık. Gardiyanlar çıkınca *"Bizi niye dağıtıyorlar ki, iyiydik böyle."* diyorduk. Zaten toplanacak bir şeyimiz yoktu, gece sadece Serkan'a gelen çamaşırları vermişlerdi. Bazı aileler çıkışımızı öğrenmiş, cezaevi önünde bekliyorlardı. Mahmut eşi Dilek ile birlikte Metin'in eşi Özlem'i de alıp gelmişti. Sanki yıllardır görüşmüyorduk öyle hasretle sarılmıştık ki. Metin henüz çıkmamıştı, onlar bekleyeceklerdi. Serkan'ın eşi ve babası gelmişti karşılamaya. Ben çıkmadan hemen önce içeriden ankesörlü telefonla eşimi aramıştım onların haberi yoktu çıkacağımızdan. Geleceğimi öğrenince bayram havası esmişti evde. Serkan beni de eve bırakmıştı. KHO Komutanlığı, Ankara Cumhuriyet Başsavcılığına gönderdiği 29 Temmuz 2016 tarihli yazısında *"Disiplin Soruşturma Heyeti'nce yapılan inceleme neticesinde, olaylar başladıktan sonra okulun emniyeti gerekçe gösterilerek okula çağırılan personelin darbe girişimine ilişkin işlerde fiilen yer almadıkları sonucuna varılmıştır."* kurum kanaatini bildirmişti. Okul Komutanlığının bu ifadesi üzerine tutuklanmamızın üzerinden bir gün bile geçmeden 30 Temmuz 2016 tarihinde 1'inci Sulh Ceza Hâkimliğinin kararına istinaden adli kontrol tedbirleri alınarak serbest bırakılmıştık. Bir dönem kapanmış ve başka bir dönem başlamıştı. Artık haftada bir en yakın karakola imzaya gidecektim ve hakkımda yurt dışı çıkış yasağı konmuştu.

Eve döndüğümde Ömer, Murat ve Hilal de evdeydi. HHO zaten 13 Temmuz 2016 günü ATAT Kampı'na gitmiş, iki gün sonra da bu hadise olmuştu. Hilal fırsat bulduğunda arıyor, o gece otobüslerle okula intikal başladığını ancak kendilerine sıra gelmeden intikalin durdurulduğunu, kampın polis kontrolünde olduğunu, başlarındaki komutanların pek çoğunun tutuklandığını, gün boyu beton sahada bekletildiklerini, zaman zaman ifadeye çağırıldıklarını söylüyordu. İfade alma işlemi bitince ailesi gelenleri bırakacaklardı. Ben gözaltında iken ailesi gelen çocukları kamptan bırakmaya başlamışlardı. Hanım Hilal'i almaya gitmek üzere AŞTİ'ye gideceği sırada Hilal Ankara'ya gelen bir aile ile yola çıktığını haber vermişti.

Bir hafta sonu Hilal'in eşyalarını almak üzere HHO'ya gitmiştik. Gazinoya çocukların valizleri atılmış, bazı valizler yağmalanmış gibi içindekiler ortalığa saçılmıştı. Bazılarına hiç dokunulmamıştı. Hilal ağlamaya başladı. *"Bakın bu dokunulmayan valizlerden bazıları, o gece köprüde kafası kesilen, kolu bacağı koparılan, kurşun yiyen arkadaşlarımın."* dedi. O zaman anlamıştık, çocuklarımızı emanet ettiğimiz komutanlar, evlatlarımızı ölüme gönderirken kendileri düğünde halaya durmuş, kadeh tokuşturmuştu. Hava Kuvvetleri Komutanı Orgeneral Abidin Ünal teamüllerin aksine kampın ikinci gününde ATAT Kamp Bölgesi'ne gitmiş ve *"Çocukları gündüz çok yormayın, gece yorulacaklar."* demişti. Olacakları önceden bile bile bu masum çocukları kılları kıpırdamadan ölüme göndermişlerdi. O gece öldüremediklerinin de parmaklıklar arkasında yıllarını çalmışlardı. Kızım valizini buldu ve içinden sadece şahsi eşyalarını aldı. Refakat eden kat sorumlusu bir bayan valizdeki her şeyi alabileceğini söylemişti. Hiç açılmamış çok kaliteli iç çamaşırları vardı. Üst sınıflardaki Bayan Harbiyeliler *"Bunları kampta veya günlük kullanımda heba etmeyin, çeyizinize koyarsınız."* demişti. Şimdi devletin verdiği hiçbir şeyi almak istemiyorlardı. Kızım o kat sorumlusu bayana *"Devlet bunları bize subay olacağız diye verdi ama biz artık subay olamayacağımıza göre bunları almaya hakkımız yok."* demişti. O bayan ağlayarak *"Hepiniz aynı şeyi söylüyorsunuz, siz ne kadar hassas insanlarsınız."* demişti.

Hafta başından itibaren tekrar mesaiye başlamıştık. İlk günlerde odalar ve o gün mesaiye geldiğimiz araçlar mühürlenmişti. Birkaç gün içinde odaların aramaları tamamlanmıştı. Hâlen araçlarımızı kullanamıyorduk. Araçlarda arama yapılması ya da suça karışan araç kapsamında mühürlenmesi çok anlamlı değildi. Benimki de dâhil o gece o araçlar kullanılmamıştı. Olaydan bir hafta sonra bir pazar günü savcıya ifade vermek üzere çağırıldığımızda o araçlarla okula gelmiş ve tutuklandığımız için araçlar o günden beri okulda kalmıştı. O günden beri 15 gündür güneşin altında, toz içinde kalan araçlardan parmak izi alınacakmış. Benim aracımda bana ait veya herhangi bir arkadaşıma ait parmak izinin tespit edilmiş olması ne anlama gelecekti. Böyle bir incelemeden ne amaçlanıyordu anlamak mümkün değil. Amaç kimin kiminle gelip gittiğinin tespiti ise nizamiye kamera kayıtlarından gelen araçlar ve içindeki şahıslar kolaylıkla tespit edilebiliyordu. Kaldı ki olaydan sonra bir hafta boyunca araçlar sahipleri tarafından sürekli kullanılmıştı. İncelemeye refakat etmek üzere o gece Almanya'da izinli olan Binbaşı Volkan Yılmaz görevlendirilmişti. Araçların incelenmesi aşamasında personelin araçlarına yaklaşmasına ve kapılarını açmasına müsaade edilmiyor, çilingir yardımıyla veya camları kırılarak aranmak isteniyordu. Yazıktı, sonuçta milli servetti. Volkan'ın özel gayretleriyle tüm araçların anahtarları ona teslim edilecek ve sadece o yaklaşacak şekilde kapıların açılmasına müsaade etmişlerdi. Arama işlemleri bir hafta sürmüş ve bu süre sonunda nihayet araçlarımıza kavuşabilmiştik. HHO'daki gibi KHO öğrencileri de okuldan kişisel eşyalarını alıp gidiyorlardı. Okul Komutanı ve Dekan ortalarda görünmüyordu. Sanırım Dekan tutukluydu. Personel de sadece gelip gidiyordu. Kimsenin yaptığı herhangi bir iş yoktu. Okulun kapatılacağı ve tüm öğrencilerin okulla ilişkilerinin kesileceği konuşuluyordu. Personel mesaide gruplaşıyor, o gece olanları yorumluyor, bundan sonra olacaklar hakkında kehanette bulunuyordu. Ben bu ortamlardan uzak durmaya çalışıyordum. Mesaiye başladığımız ikinci haftanın sonunda Kurban Bayramı öncesi öğle üzeri Ramazan ile benim odada oturuyorduk. Ramazan'ın arkası kapıya dönüktü. İçeri telaşla Elektrik ve Elektronik Bölüm Başkanı Albay Hasan Koçer daldı ve *"Birilerini almak için aşağıya ekip otosu gelmiş, Ramazan Albay'ı soruyorlar."* dedi. O gün Ramazan ve Enstitü Müdürü Haluk'u gözaltına aldılar. BES Grup Başkanı Zafer Albay ile hücre arkadaşım Serkan Binbaşı'yı izinli oldukları için bulamamışlardı. Mesai sonrası hemen Zafer'i aradım ve acil görüşmek istediğimi söyledim. Eşi ve kızları ile İstanbul'a kayınvalidesine bayram ziyaretine gidiyordu. Yoldan döndü ve eşlerimiz de olduğu hâlde bir AVM'de görüştük. Zafer zaten o yıl emekliye sevk edilmişti. Ortadan kaybolması, eve dönmemesi, bir an önce arama izni çıkmadan nerede saklanacaksa oraya gitmesi konusunda fikir mütalaa etmiştik. Ardından Serkan'ı aramıştım. Tatildeydi, durumu haber vermiş ve tedbir almasını söylemiştim. Hanımı ile durumunu değerlendirmiş, tatilini yarıda keserek hemen ertesi günü Ankara'ya dönmüş ve Merkez Komutanlığına teslim olmaya gitmişti. Dokuz günlük bayram tatili başladığından konu hakkında bilgi sahibi olmayan Merkez Komutanlığı teslim almamak için direnince, emniyete gidip teslim oluyor ve emniyet aracılığı ile Merkez Komutanlığında nezarete alınıyordu. Tatil boyunca herhangi bir işlem de yapılmadığı için bayramı orada geçirmişti. Zafer ailece bayram süresince dua ve niyaza duruyor, bayramın sonunda kayınvalidenin gördüğü rüyayı kendilerince yorumlayıp *"Sıkıntı geçti."* diye eve dönüyor. Bir hafta sonra kızını bir rahatsızlığı için hastaneye götürdüğünde ekip kendisini hastanede gözaltına alıyor. Metin ile birlikte eşlerimizi de alarak ilk fırsatta Ramazan'ın, Haluk'un ve Zafer'in evlerine gitmiştik. Haluk kirada oturuyordu ve tahliye olduğu dönemde ailesini uygun bir yere nakletmişti. Maddi olarak sıkıntıları da yoktu. Ramazan lojmanlarda oturuyordu ve acilen bir ev bulup taşınması gerekiyordu. Maddi durumları da iyi değildi. Dekanlık içinde yakın olduğumuz arkadaşlarla bir şeyler denkleştirmiştik. Eşine, almak istemese de her ay ailesini geçindirebileceği kadar bir miktar getirmeye devam edeceğimizi söyledik. Mazeret dinlemiyorduk, gerekirse aldıklarını borç olarak yazar imkânı olduğunda o da ihtiyacı olana verirdi. Bu kadar sıkıntının içinde bir de maddi sorunlarla boğuşmayacak, çocuklarına mağduriyet yaşatmayacaktı. Biz aynı durumda olsak Ramazan daha iyisini yapardı. Zafer de dışarıda kirada oturuyordu ve ailesinin maddi sıkıntısı yoktu. Bu arada bazen sabah mesaiye geldiğimizde bazı arkadaşlar turnikelerden giremiyordu. Gece gelen emirle açığa alınmış oluyorlardı. Bazen de akşam servisler nizamiyeden çıkarken durduruluyor ve Merkez Komutanlığınca bazı şahıslar gözaltına alınıyordu. Biri sabah turnikelerden geçtiğimize diğeri de akşam mesai bitimi servis araçlarıyla çıkış yaptığımıza şükrediyorduk. O gece bölüm personelinden sadece Fevzi'ye ulaşamamıştım. Gelen personelin tamamı darbeye iştirak etmekle suçlanmış, hakkında hukuki işlem başlatılmıştı. Fevzi o gece okula hiç gelmemiş olmasına rağmen hakkında işlem yapılan ilk personel olmuştu. Gerekçesini bizimle paylaşmıyorlardı ama Fevzi alelacele açığa alınmıştı. Fevzi geçtiğimiz yıllarda uzun süredir kanser mücadelesi veren eşini kaybetmiş ve iki oğlu ile tek başına kalmıştı. Yakın zamanda da harita bölümüne Gazi Üniversitesinden derse gelen Ülkü Hoca'yla hayatını birleştirme kararı almıştı. Tam nikâh arifesinde böyle bir talihsizlik yaşamışlardı. Bölüm adına hanımla birlikte nikâh törenlerine katılmış, mutluluklar dilemiştik. Hayat böyleydi işte acısıyla tatlısıyla akıp gidiyordu. Okulda hayat çok durağan, sıradan olmuştu. Sabahları ya bölümden bazı gençlerle veya Ertan ve Metin ile birlikte yürüyüşe çıkıyorduk. Bu arada garip bir şekilde bir arkadaşımızın hesapları dondurulmuştu. Aybaşında maaşı hesabına yatıyordu ancak hesaptan para çekemiyor ve hesaba bağlı kredi kartları ödenmiyordu. Okulun içinde kullandığımız Ziraat Bankası kartı vardı, makineden nakit yükleme yaptığımız. Metin ile birlikte haftada bir o arkadaşın elinden zorla kartı alıyor ve yükleme yapıp kendisine iade ediyorduk. Aylık olarak da aramızdan topladığımız parayı nakit olarak kendisine veriyorduk. Bunda mahcup olacak bir şey yoktu.

Utanması gereken başkalarıydı. Ne işten atıp ailesinin geçimini temin etmesi için çalışmasına müsaade ediyor ne de maaşından harcama yapmasına. Her gün akla hayale gelmeyen bir zulme şahit oluyorduk.

Bunlara takılmadan odama kapanıp doktora tezime yoğunlaşmıştım. Doktora çalışmasında, güvenlik personeli maliyetleri bileşenlerinden, zorunlu güvenlik eğitim kursları, kişisel koruyucu donanımlar, toplu koruma önlemleri ve ilk işe giriş muayenelerine esas laboratuvar tetkik ücretleri gibi, küçük ya da orta ölçekli bina inşaatlarının zorunlu güvenlik yatırımlarına odaklanmıştım. Kapsamlı bir literatür taraması ile *"İş Sağlığı ve Güvenliği Maliyetleri"*ni oluşturan parametreleri belirlemiştim. Belirlenen bu parametreler ile İSG maliyetlerini tahmin edecek modeli, ihale öncesi yapı maliyet tahmini amacıyla geliştirmiş olduğum TekHakWin programına ilave bir modül olarak ekleyebilecektim. İSG maliyetlerinin baştan hesaba katılması, bütçelenmesi ve inşaat projelerinin uygulanması aşamasında dikkate alınması ile gerekli güvenlik önlemleri konusunda farkındalık yaratılacak ve böylece ciddi yaralanmalar, ölümlü kazalar, idari işlemler, yasal yaptırımlar ve yargılama giderlerinden kaynaklanacak kaza maliyetlerinin düşürülmesine ve en önemlisi can kaybının azaltılmasına katkı sağlanabilecekti. Ayrıca geliştirdiğim bu programın etkinliğini orta ölçekli bir proje üzerinde test etmiştim. Başbakanlık TOKİ Sosyal Tesis Projesi'nin gerçekleşen İSG maliyetlerini, programa eklemlediğim bu modül ile ihale öncesi aşamada %95 yaklaşıklıkla tahmin edebilmiştim. Literatür taraması aşamasında atıfta bulunacağım bölümleri kaynakçaları ile ayrıca bir dosyada toplamıştım.

Şimdi onların üstüne metot ve sonuçları da ekleyince tezin yazımı da büyük ölçüde tamamlanmıştı.

Askerî öğrencilerin geçiş yapacağı üniversitelerin tespitinde KHO adına Yarbay Hakan Özkütükçü görevlendirilmişti. Her gün konuyu tarafların biriyle müzakere ediyor ve bir orta yol bulmaya çalışıyorlardı. Hakan çocuklara sahip çıkma refleksi ile en iyi üniversitelere girsinler diye uğraşıyor, üniversiteler de bu tür öğrencileri kabul etmek istemiyorlardı. Sonunda askerler galip gelmiş ve olabilecek en iyi üniversitelere yerleştirilmişlerdi. Hilal bu kapsamda ODTÜ Havacılık ve Uzay Mühendisliğine kayıt yaptırmıştı. GATA öğrencilerini devredecek tıp fakültesi bulamamışlar ve mevcut askerî öğrencileri atarak sivil öğrenci statüsünde aynı okula devam ettirirken bir taraftan da sivil olarak tıp fakültesinde okuyanları askerî öğrenci olarak GATA'ya kabul etmişlerdi. Murat çok mücadele etti ve İTÜ'nün İngilizce muafiyet sınavını verdi ancak YÖK geçişine onay vermiyordu ama BİMER müracaatını kabul etmiş, yatay geçişine onay vermişti. Ömer, Murat ile kalabilecekleri Kâğıthane civarlarında kiralık bir ev bulmuştu. Evin konumu hem İTÜ'ye hem de Mimar Sinan Güzel Sanatlar Üniversitesi ulaşımına çok uygundu. Yürüme mesafesinde Büyükdere Caddesi'ne çıkıp, 4'üncü Levent Metrosu ile her ikisi de okullarına tek vasıta ile ulaşabiliyorlardı. Hanımla birlikte gidip ihtiyaç duydukları birkaç parça eşyayı temin etmiş ve evi yerleştirmiştik. İki kardeş bu öğrenci evinde yaklaşık bir yıl kaldılar. Daha sonra Ömer, Erasmus kapsamında Hollanda'ya gittiğinde, Murat evi kapatıp bir dönem arkadaşlarıyla başka bir evde kalmıştı. Kaldığı evdeki arkadaşının arandığını öğrendiğinde oradan ayrılıp, Kâğıthane bölgesinde eski bir iş hanından bozma penceresi bile olmayan bir odada kalmış, bir yıl sonrada yine aynı bölgede Talatpaşa Caddesi üzerinde bir binanın kot altı bir dairesine taşınmıştı.

Son zamanlarda her gün okula birileri tayin oluyor, birileri de okuldan geçici görevle uzaklaştırılıyor ve ardından da ataması yapılıyordu. Mahmut Elâzığ'a, Metin Manisa'ya, Ertan Konya'ya, Hasan Ankara'da Sıhhi İkmal ve Bakım Merkezine, ben de Ankara/Yenikent TSK İnsani Yardım Tugayına atanmıştım. KHO dönemi de böylece bitmişti. Metin Manisa'ya hiç gitmeden eski birliğine emeklilik başvurusu yapmıştı. Mahmut Elâzığ 8'inci Kolordu Komutanlığına katılış yapmış ancak 10 gün sonra baskıya dayanamayarak emeklilik dilekçesi vermişti. Bu arada bir yıl önce Işıklar Askerî Hava Lisesinden HHO'ya tayin olan Albay Ali Koyunoğlu bu sene YAŞ kararıyla kadrosuzluktan emekli olmuş ve Ankara'ya yerleşmişti. Mahmut ile Metin Bağlıca'da karşılıklı daire almışlar, Ali de onlara yakın Ahi Mesut'u mesken tutmuştu. Tıpkı gençlik yıllarımızda olduğu gibi Şenol hariç Balıkesir ekibi olarak Ali, Mahmut, Metin ve ben bu defa da Ankara'da bir araya gelmiştik.

TSK İnsani Yardım Tugayı (2016-2018)

TSK İnsani Yardım Tugayı, Yenikent Kışlası'nda konuşluydu. Tugayın haricinde kışlada Bakım Komutanlığı, Elektrooptik Sistemler Ana Bakım Fabrika Müdürlüğü, 11'inci Ana İkmal Merkez Komutanlığı gibi birlikler de yer almaktaydı. Kışla Komutanlığı, en kıdemli birlik komutanı olan TSK İnsan Yardım Tugay Komutanı Albay Ömer Evran uhdesindeydi. Tugay bünyesinde Yenikent kışlasında Özel İstihkâm Taburu, Lojistik Taburu, Oğulbey Özel Kuvvetler Kışlası'nda Deprem Arama Kurtarma (DAK) Taburu ve İzmir'de Sivil Asker İşbirliği (SAİ) Taburları vardı. Tugayın, deprem ve sel baskını gibi doğal afetlerde veya savaşta arama kurtarma yapma ve sonrasında hayatın normalleştirilmesi kapsamında, çadır, banyo, tuvalet ve seyyar mutfak kurma ve işletme gibi görevleri ve buna uygun ekipman ve donanımı vardı. Tugay son zamanlarda ihraç edilecek personelin işlemlerinin yapılması amacıyla bekletildiği istasyon gibi kullanılmaya başlanmıştı. Geçici görevle veya atamayla gelen personele görevden uzaklaştırma veya ihraç işlemi yapılacak personel gözüyle bakılıyordu. Katılış işlemlerimin ardında komutana çıkmıştık. Ömer Albay 1985 KHO mezunuydu. Normal şartlarda generalliğe terfi etmiş ya da kadrosuzluk nedeniyle emekliye sevk edilmiş olması gerekiyordu. Son dönemde sistem kendine yakın gördüğü subayları emekli etmeyip görev sürelerini uzatıyordu. Ömer Albay da daha önce Ergenekon davalarında yargılanmış, iftira atılmış, haksızlığa uğramış, zulme maruz kalmış, hayatının bir döneminde çile çekmiş bir insandı. Çok saygılı ve nazik bir edayla beni ayakta karşılamış, elimi sıkmış, çay ikram etmiş, hoş geldin demişti. Sonra Personel Şube Müdürüne *"Bizi yalnız bırakır mısın?"* demiş, emir astsubayına da iki kahve göndermesini ve rahatsız edilmemesini söylemişti. Kendisi de Tugay Komutanlığına geçen ay atanmıştı. Tugayın son zamanlarda düşürüldüğü durumu ve buna bağlı olarak da personeli motive edememesini anlattı. O gece KHO'da yaşadıklarımızı anlatmamı isteyince en ince detayına kadar hiçbir şey atlamadan her şeyi anlattım, o da aklına takılan her detayı sordu. Her subayın yapması gerekenleri yaptığımızı düşünüyordu. Dosyama baktığını daha önceki yaptığım görevlerden ve başarılarımdan çok etkilendiğini söyledi. Açıkça benim gibi birine çok ihtiyaç duyduğunu, bir sürü inşaat işlerinin olduğunu ve bu işleri bilmediğini, öğrenmek ve bulaşmak da istemediğini, bu konuda deneyim ve tecrübelerimle bu yükü üstlenmem durumunda bana her türlü imkânı sağlayacağını ve desteği vereceğini söyledi. Ben de emekliliğimi hak ettiğimi ama emeklilik moduyla gelmediğimi, mesleğimi yapmama izin verildiği sürece seve seve canla başla çalışacağımı ama bu saatten sonra aslanı kediye boğdurmaya kalkan olursa da istifa etmekten çekinmeyeceğimi söyledim. İkimiz de tüm kartlarımızı açık oynuyorduk. Benim görevden uzaklaştırılmam ya da ihraç işlemlerim için dosyamın hazırlanması konusunda kendisine baskı yapılacağını, bunun farkında olduğunu ve hiçbir şey için garanti veremeyeceğini ama ilk amirim olarak hep yanımda duracağını ve sürekli destek olacağını, birlikte hareket edersek her zorluğun üstesinden gelebileceğimize inandığını söyledi. İlk jestini de yapmıştı. Kurmay Başkanı benden kıdemsizdi ve beni İstihkâm Şube Müdürü olarak görevlendirerek onun emir komutası altına vermemişti. Beni kendine danışman olarak görevlendirecekti. MSB İnşaat Emlak Teşkilatından veya Okuldan tanıdığım genç rütbeli bir subayın adını verirsem onun İstihkâm Şube Müdürlüğüne görevlendirilmesini sağlayacaktı. KHO İnşaat Mühendisliği Bölümündeki üsteğmenleri Malatya ve Sivas gibi İnşaat Emlak Bölge Başkanlıklarına görevlendirmeye başlamışlardı. Veli'nin eşi Ayşegül Ankara'da Maliye Bakanlığında görevliydi, evlerini yeni almışlardı ve bir iki ay önce de yeni bebekleri olmuştu. Onun düzeni bozulmasın diye tugayın İstihkâm Şube Müdürlüğüne onu teklif ettim. Bana rütbeme uygun bir makam odası hazırlatmış, bir de araç tahsis etmişti. Kısa dönemlerden işime yarayacak mühendis varsa İstihkâm Şubeye görevlendirme teklifinde bulunacaktım. Gelip gideceğim zamana ben karar verecektim. İzin almama gerek yoktu. Emir astsubayına çıkışımı bildirmem yeterliydi. Sabah içtimalarına çıkıp çıkmamakta serbesttim. Bunların hiçbirini ben talep etmemiştim, hepsini o teklif etmişti. Daha ne isteyebilirdim ki, bu defaki Hızır'ın adı da Ömer olmuştu. Sana binlerce şükürler olsun Rabbim.

Tugayın kazan dairesi ve ısı kanallarında ciddi sıkıntılar vardı. Ankara İnşaat Emlak Bölge Başkanlığındaki arkadaşlarla konuyu yerinde değerlendirmiştik. Kışlada eskiden işletilmekte olan lastik kaplama atölyeleri zaman içinde fonksiyonlarını yitirince buhar ihtiyacı kalmamış ve pek çok kazan dairesi ve ısı iletim hatları âtıl duruma düşmüştü. Kışlanın ısı yükleri göz önüne alınarak mevcut kazan dairelerinin 6 tanesi iptal edilebilecekti. Geri kalan 3 kazan dairesi ve ısı kanalları ile kışlanın ısı yükünü karşılamak mümkün olabilecekti. Bu arada kışlaya doğal gaz da getirilmiş olacaktı. Ankara İnşaat Emlak Bölge Başkanlığı teknik raporunu bu doğrultuda tanzim etmiş, onarımın maliyet tahminini de hesaplamıştı. KK İstihkâm Dairesi Başkanlığı ile görüşerek söz konusu projeye ödenek tahsisini de sağlamıştık. İnşaat Emlak Bölge Başkanlığı zaman geçirmeksizin hizmet alımı ile uygulama projelerini temin etmiş, yapım ihalesini gerçekleştirmiş, yer teslimi yaparak imalata başlamıştı. Kışla bu kış doğal gaza kavuşacak ve 6 kazan dairesinin yükünden kurtulmuş olacaktı.

Oğulbey Özel Kuvvetler Kışlası'nda konuşlu bulunan DAK Taburu'nun, 4'üncü Kolordu Komutanlığı Mamak Kışlası'ndan Ankara dışına çıkartılan Tank Taburlarının boşalttığı binalara taşınması gündeme gelmişti. DAK Taburu'nun bütün personeli rütbeliydi ve bünyelerinde özel yetiştirilmiş arama kurtarma köpekleri vardı. Bu personel ve köpekleri için özel eğitim alanları gerekiyordu. Tank Taburları kışlayı terk ederken binalardaki telefon kablolarından, priz, elektrik anahtarı, lavabo ve musluklara kadar taşınabilir her türlü malzemeyi alıp gitmişlerdi. Mevcut tabur binalarından durumu en iyi olanı tespit ederek, DAK Taburu'nun ihtiyaçları doğrultusunda yeniden düzenlenmesi için gerekli maliyetin keşfini çıkarmıştık. Maliyeti azaltma adına depo kapıları ve pencere parmaklıkları, 45'inci Ana Bakım Fabrika Müdürlüğünce ellerindeki stok malzeme ile üretilecekti. Veli, İstihkâm Şube Müdürlüğüne görevlendirilmiş. Kısa dönemlerle birlikte tabur binalarının röleve ve tadilat projelerini ve ihale dosyalarını hazırlıyordu. Ben işleri koordine ediyor, gençlere yol gösteriyor, tıkandıkları yerde devreye giriyordum. Veli bu işlerde tecrübeli değildi, ilk kez ihale dosyası hazırlıyordu ama hızlı öğreniyor ve çok çalışıyordu.

Bu arada kışla dışında tugay sorumluluğunda iki âtıl bina vardı, tinercilerin ve ayyaşların mekânı olmuştu. Tugay Komutanlığı bu binaların emniyetini sağlamada zorlanıyordu. Yeni ihale kanununda mal alımı ve yapım işlerine düzenlenme getirilmiş ancak yıkım işlerine ilişkin bir düzenlemeye yer verilmemişti. 2886 Sayılı Devlet İhale Kanunu'nun mal satışı dışında tüm maddeleri de yürürlükten kaldırılmış olduğundan mevzuatta yıkım işleri ile ilgili bir açık meydana gelmişti. Uzun zamandır bu tür yıkım işleri yapılamıyordu. Kanunu dolanma adına 2886 Sayılı Devlet İhale Kanunu'nun mal satışına yönelik hükümlerine istinaden yıkımı yapılacak binaların metal kapı pencerelerini, bina içindeki metal boruları ile demir donatılarını, çatı kiremitlerini ve tuğlalarını açık ihale ile satışa çıkarmıştık. Mal teslimi mevcut bina şeklinde yapılacak, ihaleyi alan yüklenici binayı yıkmak suretiyle yıkımdan çıkan malzemeleri alacak, binanın temeli dâhil sökümünü müteakip yerine bitkisel toprak dolduracaktı. Böylece bina yıkımı için ödenek kullanılmamış hatta az miktarda da olsa hazineye gelir sağlanmış olacaktı. Bu yeni yöntem sayesinde Tugay Komutanlığı yıkılmaya yüz tutmuş iki âtıl binadan kurtulmuştu.

Ömer Albay ile son derece uyumlu bir çalışma sergiliyor ve yılların biriken problemlerine neşter vuruyorduk. Bu arada ikimizin de daha önceden tahmin ettiği gibi benimle ilgili sürekli istihbarat raporları geliyor, öncelikle benim açığa alınmam ve ardından ihracıma yönelik birinci amir görüşüyle birlikte KK Komutanlığına teklifte bulunması yönünde Ömer Albay'a sürekli baskı yapılıyordu. Yine hakkımda gelen bir MİT raporuna istinaden savunmamın alınarak ilk amir görüşüyle birlikte gönderilmesi istenmişti. Raporda her iki oğlumun da okul başarı puanları desteklemediği hâlde askerî liseyi kazanmış, bu süreçte kızımın bir kamu kurumundan ihraç edilmiş ve adıma kayıtlı bir cep telefonundan yıllar önce *"Kimse Yok mu?"* derneğine 5 TL bağış yapılmış olduğundan bahsedilmekteydi. Ömer Albay, Personel Şube Müdürü Hasan Yarbay'ı da çağırarak, onun tecrübesinden de istifade ile kafa kafaya verip bu sorulara makul mantıklı cevaplar üretmemizi istemişti. Çıkarken Hasan Yarbay'a hitaben *"İfade alma şeklinde değil, albayımın kendi odasında kimseye duyurmadan."* demişti. Ertesi günü çocukların her birine birer dosya yapmış, ilkokul, ortaokul ve lise dönemlerine ait takdir ve teşekkürlerinin fotokopilerini dosyaya koymuştum. Çocukların hepsi çok başarılıydı ve takdir teşekkür almadıkları bir dönemleri dahi yoktu. Hiç özel okula gitmemişler, eğitim hayatları boyunca hep devlet okullarında okumuşlardı. Erzurum, Malatya ve İstanbul illerinde onlarca farklı devlet okulundan toplamda yüzlerce başarı belgesi almışlardı. Öncelikle bu belgelere atıfta bulunarak raporda iddia edilenin tam aksine öğrenim hayatlarının her aşamasında çok başarılı olduklarını ispatlamıştık. Her iki oğlum da askerî liselerin yazılı sınavlarında başarılı olmuş ancak her ikisi de mülakatlarda elenmişti. Raporda ima edildiği gibi örgütün, başarı puanları desteklemediği hâlde soruları vererek sınavı kazandırmış olduğu iddiasını mülakatlarda elenmiş olmaları çürütüyordu. Üstelik Murat'ın daha sonra GATA'ya girmesi, askerî öğrenci olma kriterlerini karşıladığını da ispatlıyordu. Bu açıdan bakıldığında örgütün, bu çocukları koruyup kolladığından ziyade mağdur ettiğinden bahsedilebilirdi. Diğer taraftan bu süreçte benim kızlarım herhangi biri kamu kurumundan ihraç edilmemişti. Hava Harbiyeli küçük kızım okulunun KHK ile kapatılması neticesinde yine bir başka KHK kararıyla ODTÜ Havacılık ve Uzay Mühendisliği'ne yerleştirilmişti. Bu süreçte kızımın bir kamu kurumundan ihraç edilmiş olduğu iftirası tamamen algı yaratmaya yönelik sorunlu bir ifadeydi. *"Kimse Yok mu?"* derneğine bağış yaptığımı hatırlamıyordum. Manevi duyguların zirvede olduğu dini gün ve gecelerde aile büyüklerinin talebiyle çocuklar benden habersiz böyle bir işlem yapmış da olabilirlerdi. Hayır kurumu olduğu yönünde kimsenin şüphesinin olmadığı bir dönemde dini hassasiyetlerle 5 TL bağışta bulunulmuş olmanın sorgulamaya konu edilmesi MİT nezdinde hakkımda suçlayıcı bir tespit yapılamamış olduğunu gösteriyordu. Hasan Yarbay durumu kavramıştı ancak biraz da çekinerek tüm açık kalpliliği ve samimiyetiyle kendi endişesini paylaşmaktan da geri kalmamıştı. KK Komutanlığının hakkımda ısrarla işlem yapılması talebine Ömer Albay'ın sonuna kadar direneceğinden emindi. Endişe duyduğu nokta belli bir aşamadan sonra KK Komutanlığının, Ömer Albay'a rağmen hakkımda ihraç işlemi yapma ihtimaliydi. Emeklilik hakkımın elinden alınabileceği ve çoluk çocuğumun mağdur olacağı endişesini taşıyordu. Elimde imkân varken kendi isteğimle emekli olma ihtimalini değerlendirmemi istiyordu. Zaten en fazla 1,5 yıl sonra Ağustos 2018'te YAŞ kararı ile kadrosuzluktan emekli olacaktım. Bir buçuk yıl daha çalışmak için bu riski almanın akıllıca olmadığını düşünüyordu. İlk başta bu söyledikleri o kadar mantıklı geliyordu ki, alacağım bir kararla bütün kara bulutların dağılacağını, tüm endişe ve korkularımdan kurtulacağımı sanmıştım. Teşekkür ettim, bunu düşünmek istiyordum. Raporu komutana yarın da çıkarabilirdik. Hasan Yarbay odadan çıkınca düşüncelerimle baş başa kalmıştım. Emeklilik kararı alsam tüm endişelerim bitecekti sanki. Kuşlar kadar özgür olacak, köşeme çekilip emekliliğin keyfini çıkaracaktım. Birden şeytanın nasıl da sinsice sağdan yaklaştığını fark ettim. Burası imtihan meydanıydı rahat etme yeri değil. Burada 3 günlük rahat için cepheyi terk etmiş olacaktım. Hani rızık Allah'tandı. Emekli ikramiyesi veya maaşı nasibimse buna kimse engel olamazdı değilse de ne tedbir alırsam alayım kesilmesine engel olamazdım. Az daha şeytan kündeye getirecekti. Hemen aklımı başıma aldım ve Hasan Yarbay'a da haber vererek komutana çıktım. Komutan da *"Personelin açığa alınması veya ihracını gerektirecek yeterli bilgi ve belgenin mevcut olmadığı kanaatini ekleyerek evrakın cevabını gönderelim."* demişti.

İnsani Yardım Tugayına katıldığım ilk günden itibaren KHO'dan atanmış birkaç personelle karşılaşmıştım. Bakım Komutanlığında Yüzbaşı Ömer Bıyıklı ile Teğmen Yusuf Murat Taze vardı. Teğmen Muhammed Talha Yalçınkaya revire görevlendirilmişti. Sık sık ziyaretime de geliyorlar, öğle yemeklerinde de personel yemekhanesinde karşılaşıyorduk. Son dönemde 11'inci Ana İkmal Merkez Komutanlığına Üsteğmen Mehmet Kurtulgu ile Bakım Komutanlığına Albay Halil Işık atanmıştı. Özellikle Halil ve Veli ile öğle aralarında kışla içinde yürüyüşe çıkıyorduk. Zaman zaman Sıhhi İkmal ve Bakım Merkezinden Hasan da gelir birlikte yürüyüş yapar, öğle yemeği için fırına pide sipariş ederdik.

Tez savunma jürisinin toplanabilmesi için yönetmeliğe ilk kez bu yıl uygulanmak üzere doktora tezinden çıkan bir makalenin *"Science Citation Index (SCI)"*de taranan bir dergide yayımlanma zorunluluğu getirilmişti. Tezimden çıkan *"A practical tool for estimating compulsory OHS costs of residential building construction projects in Turkey"* adlı makalem SCI'lı *"Safety Science"* dergisinde yayımlanma aşamasına gelmiş ancak küçük değişiklikler talep edilmişti. Hasan ve Halil'in da katkılarıyla gerekli düzeltmeleri yapıp, makalenin yayımlanmasını sağlamıştım. Artık enstitüden tez savunma jürisinin oluşturulmasını talep edebilirdim. Fen Bilimleri Enstitüsünde İnşaat Mühendisliği Bölümüne bakan memura ilgili dilekçemi ilettiğimde, doktora eğitiminin 8 dönemi kapsadığı, oysa benim henüz 4'üncü dönemde olduğumu, bu dilekçemi alamayacağını beyan etmesi üzerine Enstitü Müdürü'ne çıktım. Yönetmelikte, normal süre olarak 8 dönem öngörülmüş ve maksimum yarısı kadar artırılabileceğine yönelik hüküm vardı ancak alt sınır yoktu. Sadece doktora yeterlilik sınavı için minimum kredi koşulunun sağlanmasına yönelik bir hüküm vardı ve ben bu koşulu sağlamış olduğum için zaten yeterlilik sınavına girmiş ve başarılı olmuştum. Tez danışmanım ve tez konum belirlenmiş, tez izleme komitem oluşturulmuş, bu arada tez izleme komitesi 3 oturum yapmış ve son oturumda tez yazım kararı almıştı. Tezimi yazmıştım, enstitünün jüriyi oluşturmasını müteakip tezimi kendilerine gönderecektim. Makale şartını da sağlıyordum. Her şey kurallara uygundu. Enstitü Müdürü ikna olmuştu. Dilekçeyi, tez danışmanımın parafını da alıp teslim etmemi istemişti. Bir ay sonra tez savunma jürisi toplanmış ve doktora derecemi almıştım. Bu arada Halil emeklilik kararı almıştı. Emeklilik hakkının elinden alınmasından çekiniyordu. Hasan ile bir iki ikna turunda başarılı olamayacağımızı anlayınca kararına saygı duymaktan başka çare kalmamıştı.

Hafta sonu yine İstanbul'dan dönmüştük. Mesaiye geldiğimde Hasan Yarbay kapıda bekliyordu. *"Komutanım gözünüz aydın, oğlunuz oldu."* dedi. Beklenen an gelmişti, Hasan Yarbay'ın endişelendiği durum gerçekleşmiş, ya açığa alınmış ya da ihraç edilmiştim. Odama girmekten vazgeçtim ve Komutan'ın odasına yöneldim. *"Komutan'ın makamında konuşalım."* dedim. *"Nasıl emrederseniz."* dedi. Emir astsubayı kapıyı açtı ama Ömer Albay yoktu. *"Ömer Albay'ım gelmedi mi daha?"* dedim. Emir astsubayı *"Hafta sonu geldi, eşyalarını toplayıp gitti kendileri, Komutanım."* dedi. Hasan Yarbay emir astsubayına *"Sen bize iki çay söyle, kimseyi de içeri alma."* dedi. İçeri girince Hasan Yarbay evrakı uzattı. Bugünden itibaren Ömer Albay, KK Lojistik Başkanlığı denetleme üyeliğine atanmış, yerine atama yapılana kadar Kışla Komutanlığı da uhdemde olmak üzere Tugay Komutanlığına vekâleten görevlendirilmiştim. Önce şaşırdım, Hasan Yarbay şaka yapıyor olamazdı, öyle bir samimiyetimiz yoktu. Konu hassastı, şakası da olmazdı. İlk tepkim *"Manyak mı bunlar?"* oldu. Hakkımda işlem yapılmak üzere gönderildiğim birliğin Tugay Komutanlığına vekâlet edecektim. Sonra endişeyle karışık üzüntüyle Hasan Yarbay'a *"Benim yüzümden mi?"* dedim. *"Bilmiyorum ama sizden sebep olsa tugayın vekâletini size vermezlerdi sanki."* dedi. Yerimde duramadım. Ömer Albay ile konuşmam gerekiyordu. Arabaya bindiğim gibi KK Lojistik Komutanlığına gittim. Ömer Albay denetleme üyelerine ayrılan salonda bir masada oturuyordu. Sarıldık, gözyaşlarıma hâkim olamıyordum. Teklifi üzerine bahçeye çıkıp, bir banka oturduk. Konunun benimle ilgisi yokmuş, biraz rahatlamıştım. Bu sene YAŞ'ta general olma ihtimaline karşın, birileri iftira atıp ayak oyunu oynamıştı. Hakkındaki soruşturma sonuçlanana kadar buraya atanmayı kendisi talep etmiş ve Tugay Komutanlığına beni öneren de kendisiymiş. Meydanı boş bırakmayacaktık. Pireye kızıp yorgan yakmayacaktı. Sonuçta atılan iftiradan aklanacak ve tekrar Tugay Komutanlığına dönecekti. Bu arada ben her konuyu kendisiyle koordineli yürütecektim. Tugaya döndüğümde Kurmay Başkanına, evrakları Tugay Komutanı Vekili olarak benim imzalayacağımı, dış toplantılara benim katılacağımı, telefonlara benim çıkacağımı ama tugayın içinde ben yokmuş gibi işleri onun idare etmesini söyledim. Yaklaşık 3 ay kadar işleri bu şekilde yürüttük. Makam aracı ile giriş yaptığım için KK Lojistik Başkanlığında sorun çıkmıyordu ama KK Komutanlığında toplantıya gittiğimde yaka kartım turnikeyi açmıyor ve sakıncalı personel muamelesi görüyordum. Nizamiyeden telefon ediyorlar, Tugay Komutan Vekili olarak geldiğimi söyleyip KK Karargâhına girişim için özel izin alıyorlardı.

Bu arada Bakım Komutanlığı yönetim kadrosu

sivilleşmeye başlamıştı ve İnsani Yardım Tugay Komutanlığı karargâh binasını gözlerine kestirmişlerdi. DAK Taburu gibi TSK İnsani Yardım Tugay Komutanlığının da Mamak Kışlasındaki tank taburlarından boşalan binalara nakli gündeme gelmişti. Hem DAK Taburu için tadil edilen bina imalatlarının kontrolü hem de tugayın konuşlandırılacağı binaların tespiti için gün aşırı Mamak Kışlası'na gidiyordum. Ben her gidişimde mutlaka Ömer Albay'a uğruyor, gelişmelerden haberdar ediyor ve emirlerini alıyordum. Ömer Albay, hakkındaki ithamların asılsız olduğunun ortaya çıkması üzerine 3 ay sonra görevine dönmüş ve ben emaneti sahibine teslim etmiş, çok rahatlamıştım. İnanıyorum bu da benim makamla imtihanımdı ama bu sürede ne makama oturmuş, ne makam aracını kullanmış ne de personele kapris yapmıştım.

Darbeden yaklaşık bir yıl sonra, 12 Temmuz 2017 tarihinde 2017/4133 No.lu iddianame ile *"Anayasal Düzeni Ortadan Kaldırmaya Teşebbüs Etme, Silahlı Terör Örgütüne Üye Olma, Türkiye Büyük Millet Meclisini Ortadan Kaldırmaya veya Görevini Yapmasını Engellemeye Teşebbüs Etme, Türkiye Cumhuriyeti Hükümetini Ortadan Kaldırmaya veya Görevini Yapmasını Engellemeye Teşebbüs Etme"* suçlarından Harp Okulundaki her personel gibi benim de hakkında dava açılmıştı. İddianamenin yayımlanmasını müteakip 25 Ağustos 2017 günü KK Lojistik Komutanlığınca iddianamede yer alan hususlarla ilgili bilgime başvurulmuştu. 22 Ağustos 2017 tarihli tensipte belirtildiği gibi mahkemenin ilk celsesi 01-30 Kasım 2017 tarihleri arasında hafta sonu tatilleri hariç mesai günleri saat 09.00'da başlayacak şekilde icra edilecekti.

Suçsuzluğumuza o kadar inanıyorduk ki, darbeden bir hafta sonra bir pazar günü ifadeye çağırıldığımızda gözaltına alınacağımız aklımızın ucundan geçmemişti. Gözaltından Sulh Ceza Hâkimliğine sevk edildiğimizde serbest kalacağımıza inanıyorduk. Tutuksuz yargılanmak üzere serbest bırakıldığımızda hakkımızda dava açılacağına ihtimal vermemiştik. Bu gidişle kurbanın yavaş yavaş ısıtılan tavada kızartılması gibi farkında olmadan müebbet hapis cezasına da çarptırılacaktık. Hakkımızda iddianame hazırlanmış olması birçoğumuzun moralini bozmuştu ama özellikle fişleme listesinde yer alanlarımız için hakkında dava açılmaması düşünülemezdi.

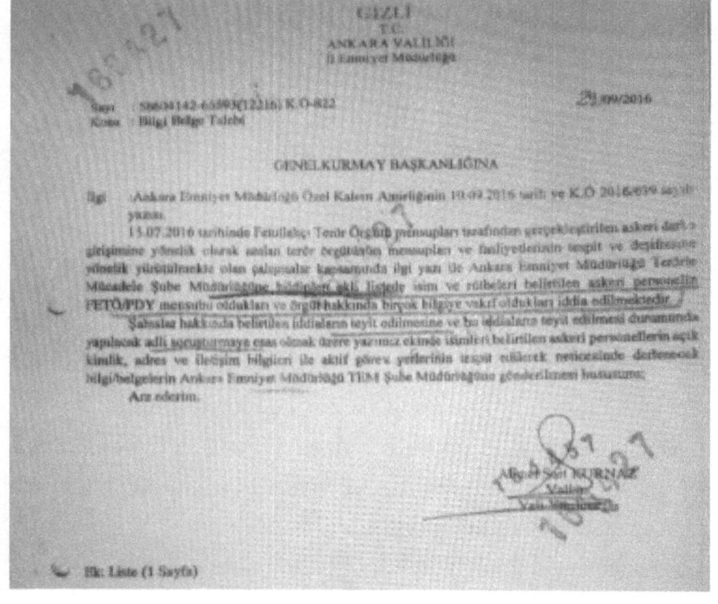

Fişleme Üst Yazısı (2016)

GİZLİ
ŞAHISLARA AİT İSİM LİSTESİ

S.N.	GÖREV YERİ	RÜTBESİ	ADI VE SOYADI
1	Kuleli Askeri Lisesi	Albay	
2	Kuleli Askeri Lisesi	Albay	
3	Kuleli Askeri Lisesi	Albay	
4	Kuleli Askeri Lisesi	Albay	
5	Kuleli Askeri Lisesi	Yüzbaşı	
6	Kuleli Askeri Lisesi	Üsteğmen	
7	Kuleli Askeri Lisesi	Üsteğmen	
8	Kuleli Askeri Lisesi	Üsteğmen	
9	Maltepe Askeri Lisesi	Albay	
10	Maltepe Askeri Lisesi	Albay	
11	Maltepe Askeri Lisesi	Albay	
12	Işıklar Hava Lisesi	Albay	
13	Işıklar Hava Lisesi	Albay	
14	Işıklar Hava Lisesi	Albay	
15	Balıkesir Astsubay Meslek Yüksekokulu	Albay	
16	Balıkesir Astsubay Meslek Yüksekokulu	Albay	
17	Balıkesir Astsubay Meslek Yüksekokulu	Yüzbaşı	
18	Kara Harp Okulu	Albay	
19	Kara Harp Okulu	Albay	
20	Kara Harp Okulu	Albay	
21	Kara Harp Okulu	Albay	
22	Kara Harp Okulu	Albay	
23	Kara Harp Okulu	Albay	
24	Kara Harp Okulu	Üsteğmen	
25	Diğer Komutanlıklar	Bando Albay	
26	Diğer Komutanlıklar	Bando Albay	
27	Diğer Komutanlıklar	Albay	
28	Diğer Komutanlıklar	Albay	
29	Diğer Komutanlıklar	Albay	
30	Diğer Komutanlıklar	Albay	
31	Diğer Komutanlıklar	Albay	
32	Diğer Komutanlıklar	Albay	
33	Diğer Komutanlıklar	Kurmay Albay	
34	Diğer Komutanlıklar	Albay	
35	Diğer Komutanlıklar	Albay	
36	Diğer Komutanlıklar	Yüzbaşı	
37	Diğer Komutanlıklar	Kurmay Binbaşı	
38	Diğer Komutanlıklar	Üsteğmen	
39	Diğer Komutanlıklar		

Fişleme Listesi (2016)

Aslında bu şekilde toplu bir dava açılmış olması bile Allah'ın lütfuydu. Bu şekilde yürüyen bir süreçte başımıza neler geleceğinin farkında olmadan sadece o an yapmamız gerekenlere odaklanıyorduk. Oysa haklarında daha sonra münferit dava açılanlar, bizim başımıza gelenlerin kendi başlarına gelmesi durumunda neler kaybedeceklerini bildikleri için çok daha fazla tedirgin oluyorlardı. Bizim gibi birbirlerine destek olamadıkları için de kendilerini kurtarma adına içlerinden bazıları itiraf adı altında iftiraya kadar varan ifadeler veriyordu.

Her neyse kaybedilecek zaman yoktu ve sağlam bir savunma yapmak gerekiyordu. Bunun için iddianameyi satır satır okuyup savcının her iddiasını çürütmek lazımdı. Zaman geçirmeden iddianamede benimle ilgili olsun olmasın her türlü iddiaya karşı taslak savunma metni hazırlamaya başlamıştım. Bir taraftan da Ali'nin hukuki bilgisinden ve Mahmut'un da dışarıdan tarafsız bir gözlemci olarak fikirlerinden istifade ile Metin, Hasan ve Ertan ile bir araya gelerek savunma metnine son şeklini vermeye çalışıyorduk. Çalışmayı bir an önce tamamlayıp diğer arkadaşların da istifadesine sunmak ve birtakım gerçekleri mümkün mertebe çok kişinin dile getirmesi ile mahkeme heyetinin dikkatine sunmak istiyorduk. Kimseyi de gereksiz yere zan altında bırakmamak için suçlayıcı ifadelerden kaçınıyor, bazen kelime seçimi için saatler harcıyorduk. Günlerce sürse de aceleye getirmeden titiz bir çalışma yapmak gerekiyordu. Sanki yıllardır mahkemelerde bugünlere hazırlanmıştım. Adeta serçeye kartalı musallat ederek, serçenin istidatlarının inkişafına zemin hazırladığı gibi Rabbim yıllardır ardı arkası kesilmeyen davalarla beni bu hukuki mücadeleye hazırlamıştı. Herkesin paniklediği bu dönemde, tutuksuz yargılanan en kıdemli subay olmamın da etkisiyle genç subaylara dayanak ve sığınılacak bir liman olmuş, olayların da zorlamasıyla doğal lider konumuna gelmiştim. Bunun yanında Ali de yıllarca Balıkesir'den İstanbul'a taşınarak türlü fedakârlıklarla Hukuk Fakültesini bitirmişti. Hâkim sınıfına geçmek için müracaat etmek istediğinde aramızda istişare etmiş ve öğretmen olarak kalmasının bu aşamada daha isabetli olacağına karar verdiğimizde *"Ben bu kadar eziyeti boşa mı çektim yani?"* demişti. Değilmiş bak o da bu günlere hazırlanıyormuş. Şimdi nerede bir yangın görse hemen tulumbasını kapıp koşuyordu. Nemrut'un yaktığı ateşi söndürme adına karınca misali su taşıyordu. Belki ateş onun taşıdığı suyla sönmeyecekti ama o mücadelede Nemrut'a karşı olmakla kalmamış, İbrahim'in (aleyhissalâtü vesselâm) da yanında yer almıştı.

Geriye dönüp olaylara bugünün penceresinden baktığımızda, o gün dikkatimizi çekmeyen pek çok olayın bu günleri hazırlamada ilmek ilmek örülmüş çok ince planlanmış kurgular olduğunu fark etmeye başlamıştık. 10 Ekim 2015'te Ankara Tren Garı'nda, 17 Şubat 2016'da Merasim Sokak'ta ve nihayet 13 Mart 2016'da Güvenpark'ta pek çok kişinin ölümüyle neticelenen terör saldırıları olmuştu. Bu saldırılarda yakalanan bazı şüphelilerin üzerlerinde KHO ve TBMM'ye ait krokiler çıkmış, bundan dolayı okulun nizamiye bölgesi ve personel servisleri ile ilgili alınan önlemler personeli terör konusunda duyarlı hâle getirmişti.

KHO'ya komutan olarak atandığı günden itibaren İzzet Paşa okuldaki atmosferin her türlü manipülasyona uygun hâle getirilmesi için ortam hazırlama gayreti içinde olmuştu. Personel tarafından o gün de yadırganan ancak bugün itibariyle melun hadisenin yaşanmasına zemin hazırlama amacına matuf olduğu daha iyi anlaşılan pek çok konuda, mevcut uygulamaların değiştirilmesine yönelik yazılı ve şifahi emirler vermişti.

Okulda o güne kadar öğretim elemanlarınca hiç eğitim elbisesi giyilmemesine rağmen, KK Karargâhında bile sadece her ayın son haftası cuma günü giyilmekte olan eğitim elbisesinin her hafta cuma günleri giyilmesini mecburi tutmuştu. Bu sayede o güne kadar eğitim elbisesi olmayan tüm akademik personelin eğitim kıyafeti temin etmesini sağlamıştı. 15 Temmuz 2016 gecesi okula gelen tüm öğretim elemanlarına eğitim elbiselerini giymeleri emredilmişti.

Eğitim elbisesinin ayrılmaz bir parçası olarak personelin zati tabancalarını üzerlerinde taşımaları emredilmişti.

Personelin cep telefonlarını mesai sonrasında da ulaşılabilecek şekilde sürekli açık bulundurmaları yönünde emirler yayımlanmıştı. 15 Temmuz 2016 gecesi okula gelinmesi emri de cep telefonları üzerinden iletilmişti.

Mukavemet kazandırma ve arazide ilerleme teknikleri adı altında hafta sonları Mamak Kışlasında Harbiyelilerle yapılmakta olan yürüyüşlerin başlangıç saatleri zaman zaman sabaha karşı 05.00'e kadar çekilmekte, personelin şahsi ulaşım araçlarıyla bu faaliyete zamanında iştirak etmesi beklenmekte ve katılım oranları Okul Komutanı ve Kuvvet Kurmay Başkanı seviyesinde yakından takip edilmekteydi. Son anda katılım durumu değişebilmekte ve cuma-cumartesi gecesi herhangi bir saatte hafta sonu cumartesi ya da pazar günü için personele yürüyüş planlandığına dair emir iletilmekteydi. Bu faaliyetlere planlandığı hâlde şahsi aracının olmaması, ailevi nedenleri ve sağlık problemleri gibi nedenlerle katılamayan personele cezai işlem uygulanmaya başlanmıştı. Bu uygulamanın amacının personelin mesai mefhumuna bağlı kalmaksızın alışılmadık zamanlarda emir verilerek çağırılması durumunun yadırganmamasına zemin hazırlamak olduğu bugün daha iyi anlaşılmaktaydı. 15 Temmuz 2016 gecesi geç saatlerde okula gelinmesi yönünde emir alan personelin büyük çoğunluğu emri bu sebeple hiç yadırgamadan uygulamıştı.

"Eğitim Öğretim Yüksek Kurulu" toplantılarına başkanlık eden İzzet Paşa kurul üyeleri ile aynı oya sahip olmasına rağmen, kurul üyeleri üzerinde baskı kurarak kararların kendi görüşü doğrultusunda verilmesini sağlamaya çalışır ve bunu temin edemeyeceğini anladığı zamanlarda konunun gündemden düşürülerek görüşülüp karara bağlanmasına engel olmak için toplantıyı terk ederdi.

KHO'ya öğrenci alımlarında ve öğretim elemanı temininde tüm mülakat komisyonlarına yetkisini de aşarak müdahale ederdi.

Herhangi bir akademik yetkinliği olmamasına rağmen okul komutanı sık sık ders denetlemeleri yapmak bahanesi ile dersine girdiği öğretim elemanlarını öğrencinin önünde rencide etmek suretiyle özellikle genç akademisyenler üzerinde tedirginlik, korku atmosferi ve mobbing uygulamaktaydı. Bu şekilde Dekanlık üzerinde baskı unsuru oluşturarak akademik personelin yetersizliği yönünde rapor tanzim ettirmekte ve istemediği akademisyeni okuldan tayin ettirmekteydi. Son bir yıl içinde bu şekilde onlarca akademisyen tayin görmüştü.

Aynı yöntemi Öğrenci Alay Komutanlığındaki tabur, bölük ve takım komutanları üzerinde de uygulamak suretiyle 15 Temmuz öncesi Öğrenci Alayının neredeyse tüm personelinin değiştirilmesini sağlamıştı. Giden personel yerine Tayin Daire Başkanlığınca kendisi ile koordine edilmeden atama yapılmamaktaydı.

Komutanın talebi ile tayin olduğu hâlde ilişiği kesilmeyerek okulda kalan ve yine kendisinin onayı ile o yıl okula yeni atanan personel tarafından 15 Temmuz 2016 gecesi sözde enterne edilmişti. Kendisini enterne ettiğini iddia ettiği ekip de neredeyse bir yılı aşkın bir süredir firardaydı. MAK timlerinin bile saklanmayı beceremediği bir dönemde hâlâ yakalanmamış olmaları da ayrıca manidardı.

İzzet Paşa döneminde yapılan planlı programlı çalışmalar sonucunda KHO, gerek son atamalarla şekillendirilen kadrolar ile ve gerekse oluşturulan baskı ortamı ile 15 Temmuz öncesi her türlü kumpasa müsait hâle getirilmişti. Bir taraftan personel genel atamaları ile amaçlarına uygun personel okula tayin edilmiş, diğer taraftan da okuldan atanan personelin ilişik kesme tarihlerine müdahale edilerek okulda kalan ekip takviye edilmişti.

Dolayısıyla tüm kadroları ve idari mekanizmayı kendi iradesi ile oluşturan KHO Komutanının o gece darp edildiği ve enterne edildiği hikâyesi ile bir mağduriyet zemini oluşturma gayreti inandırıcı olmaktan çok uzaktı.

İzzet Paşa'nın çabası ve gayreti sadece bu talihsiz olay öncesi ortamın hazırlanmasına yönelik değildi. 15 Temmuz 2016 gününe ait beyan ve davranışları da personeline tuzak kurduğu yönünde kuşku uyandıracak nitelikteydi.

İzzet Paşa olay gününe ilişkin her türlü olayı en ince detaylarına kadar anlatırken, sabah saatlerinden itibaren kesin karar komisyonu çalışmalarına katıldığını ve komisyon çalışmalarının ancak 20.30 sıralarında bittiğini söylemekle, özellikle saat 16.00'dan sonra 20.30'a kadar KKK Karargâhında olduğunu gizlemeye çalışmaktaydı. Hâlbuki Gökhan İmece'nin tanık sıfatıyla alınan ifadesinin savcılık makamınca özetlendiği iddianamenin ilgili kısmında, şahıs

"...olay günü KHO Komutanı İzzet Çetingöz'ün şoförlüğünü yaptığını, olay günü saat 16.00 sıralarında okul komutanıyla okuldan çıkarak KK Komutanlığına gittiklerini, saat 20.30 sıralarında tekrardan KHO'ya giriş yaptıklarını..." beyan etmekteydi. Serhat Türkyılmaz'ın da tanık sıfatıyla alınan ifadesinin savcılık makamınca özetlendiği iddianamenin ilgili kısmında, şahsın *"...KHO Komutanı İzzet Çetingöz'ün habercisi olarak askerlik görevini yaptığını, olay günü komutanlarının KK Komutanlığından gelerek makam odasına geçtiğini..."* beyan ettiği ifade edilmekteydi.

Devam eden davalardan basına yansıdığı kadarıyla, İzzet Paşa'nın KK Karargâhında olduğu 15 Temmuz 2016 günü saat 16.00'dan 20.30'a kadar Genelkurmay Karargâhında da çok hareketli saatler ve olağanüstü durumlar yaşanmıştı.

(1) Saat 16.20'de MİT Müsteşarı Hakan Fidan, Genelkurmay 2'nci Başkanı'nı arayarak, Kara Havacılık Okul Komutanlığında görev yapan bir binbaşı tarafından bir ihbar yapıldığı konusunda bilgi vermiş ve 2'nci Başkan da yapılan ihbara dair bilgiyi Genelkurmay Başkanı'na iletmişti.

(2) Saat 16.40'ta Genelkurmay Başkanının, MİT Müsteşarını arayarak ihbar ile ilgili detaylı bilgi istemesi üzerine MİT Müsteşar yardımcılarından biri 2'nci Başkan ile görüşmek üzere Genelkurmay Karargâhına gelmişti.

(3) Saat 17.32'de 2'inci Başkan, Genelkurmay Karargâhına gelen MİT Müsteşar Yardımcısı'ndan bilgi almayı müteakip Genelkurmay Başkanı'na bilgi vermiş, Genelkurmay Başkanı da MİT Müsteşarı'nı, Genelkurmay Karargâhına davet etmişti.

(4) Saat 18.10'da MİT Müsteşarı, Genelkurmay Karargâhına gelerek Genelkurmay Başkanı, 2'nci Başkan ve KK Komutanı'na bilgi vermişti. İhbarı ciddiye alan Genelkurmay Başkanı, KK Komutanını, Kara Havacılık Komutanlığına iddiaları yerinde incelemeye göndermişti.

(5) Saat 18.30'da Genelkurmay Başkanı, yurt genelinde uçuşları yasaklamıştı.

(6) Saat 19.12'de Genelkurmay Başkanı, KK Komutanından Kara Havacılık Komutanlığında olağan dışı bir durum olmadığı bilgisini almıştı.

(7) Saat 19.25 itibariyle Genelkurmay Başkanı, Mamak Tank Taburlarına vermesi gereken hiçbir tank ve zırhlı aracın birlik dışına çıkmaması talimatını bünyesinde eğitim amaçlı bir iki tank bulunan Etimesgut Zırhlı Birlikler Okuluna vermişti.

(8) Saat 20.22'de MİT Müsteşarı, Genelkurmay Karargâhından ayrılmıştı.

(9) Saat 20.23'te Akıncı Üssünde beklemekte olan Özel Kuvvetler Timi verilen görevin icrası için Genelkurmay Karargâhına doğru harekete geçmişti.

Özel Kuvvetler Komutanı Korgeneral Zekai Aksakallı'nın basına yansıyan beyanlarından da anlaşılacağı üzere Genelkurmay Başkanı'nın *"Asker kışlasını terk etmesin."* şeklinde vereceği son derece sade ve basit bir emir ile bu darbe girişimine engel olunabilirdi.

Tam da İzzet Paşa'nın KK Karargâhında bulunduğu saatlerde, sıralı amirleri olan KK Kurmay Başkanı Orgeneral İhsan Uyar ve KKK Orgeneral Salih Zeki Çolak, Genelkurmay Başkanı'nın emriyle Kara Havacılık Komutanlığında darbe incelemesi yapmak üzere gönderilmiş olduklarından karargâh dışındaydı. Bu durumda İzzet Paşa karargâha amirlerinin bilgisi ve emri üzerine gitmediğine göre o kadar saat emir komuta bağlantısı dışında kimlerle hangi planları yapmıştı?

Gariptir ki, o gün saat 20.30'dan sonra İzzet Paşa ile görüşen 3'üncü Ordu Kurmay Başkanı Tümgeneral Selçuk Bayraktaroğlu da 15 Temmuz 2016 tarihinde öğleden sonra yani bu hareketliliğin yaşandığı zaman diliminin bir kısmında Genelkurmay Karargâhındaydı ve bazı duyumları olmuştu. İzzet Paşa ifadesinde bu olayları *"...15.07.2016 tarihinde gündüzleyin öğrenci alımları mülakat komisyonlarının verdikleri olumsuz kararları inceleyen kesin karar kuruluna başkanlık ediyordum. Saat 20.30 sıralarında bu komisyonla ilgili işlemleri günlük olarak tamamlamıştık. Bu işlem sonrasında beni telefonla 3'üncü Ordu Kurmay Başkanı Tümgeneral Selçuk Bayraktar (Bayraktaroğlu) aradı. Ziyaret amaçlı görüşme talebini iletti. Kabul ettim. 10 - 15 dakika sonra kendisi benim bulunduğum bahçeye geldi. Orada oturduk, çay içtik. Selçuk bana öğleden sonra Genelkurmayda olduğunu ve Başkan'ın Adli Müşavir'i, Merkez Komutanı'nı ve Kara Havacılık Komutanı'nı yanına istediğini söyledi. Bunu da bulunduğu ortamdaki telefon konuşmasından duyduğunu iletti. Aramızda bunu konuşuyorduk. Biz Fethullah Gülen yapılanmasına karşı gündemde de İzmir Casusluk Davası bulunduğu için başkanımızın bir tasarrufta bulunacağını zannettik. Bu konularda aramızda değerlendirmeler yaptık. O gün ayrıca Tümgeneral Burhanettin Aktı'nın çocuğunun düğünü vardı. Bir kısım arkadaşlar oraya davetliydi. Bende davetliydim. Oraya yetişebilir miyim diye saate baktığımda 21.30 sıraları olduğunu fark ettim...*" şeklinde aktarılmaktaydı.

Bu görüşme de çok ilginçti. İzzet Paşa'nın ifadesine göre, 20.45 civarı bahçede başlayan sohbetin konusu Tümgeneral Bayraktaroğlu'nun Genelkurmay Karargâhında kulak misafiri olduğu konunun Fethullah Gülen yapılanmasına karşı İzmir Casusluk Davası olduğunu söylüyordu ama belki de asıl gündem darbe meselesiydi. Bu arada nizamiye tarafından silah sesleri gelince İzzet Paşa telefonla harekât merkezinden bilgi istemiş ve tekrar sohbete dönmüş. Sohbeti bu kadar önemli kılan belki de Genelkurmay Karargâhının Tümgeneral Bayraktaroğlu'ndan İzzet Paşa'ya iletmesini istediği, biraz sonra başlayacak melun hadise ile ilgili son koordineler ve talimatlardı. 15 Temmuz hadisesinin akabinde yapılan ilk YAŞ toplantısında Tümgeneral Selçuk Bayraktaroğlu korgeneralliğe terfi ettirilerek Genelkurmay Personel Başkanlığı görevine getirilmişti. 9 Ocak 2020 tarihi itibariyle Genelkurmay 2'nci Başkanlığı görevini üstlenmiş, 2021 yılında orgeneralliğe terfi etmiş ve 30 Ağustos 2023 tarihi itibariyle de KKK olarak atanmıştı.

Okul Kurmay Başkanı Albay İlhami Polat'ın Nöbetçi Amiri Yarbay Ali Tolga Sıçrar ile İzzet Paşa'ya gelerek ani müdahale mangası ile ilgili durumu arz etmeleri üzerine İzzet Paşa'nın tepkisi de, konuyu duyan Tümgeneral Bayraktaroğlu'nun davranışları da hayatın doğal akışına uygun değildi. İzzet Paşa ifadesinde olayı "*...bu esnada biz Selçuk Tümgeneral ile sohbet etmeye devam ediyorduk. Bu esnada Kurmay Başkanı İlhami Polat ile gerisinde o gün nöbetçi amir olan Tolga Sıçrar bize doğru yaklaştılar. Tolga geride kaldı. İlhami benim yanıma geldi. Bizde bir şey oldu diye kalktık. İlhami Polat bana komutanım ani müdahale* *mangası karıştı, çok kötü olaylar var dedi. Bende önemli bir şey var mı dedim. O da bana asılmalar masılmalar var dedi. Ölen var mı dedim. Ölen yok ama durum çok kötü, ani müdahale mangasının olduğu yere gelmeniz lazım dedi. Ben de tamam dedim. Selçuk Tümgeneral dönecekti. Kendisi ile orada vedalaştık. Onun uçağa yetişmesi lazımdı. O nedenle oradan ayrıldı. Ben de manganın bulunduğu yakınımızdaki yere önde İlhami Polat nöbetçi amiri Tolga da benim arkamda olmak üzere gittik..."* şeklinde ifade etmişti.

Böyle bir durum karşısında olayın önemine ve aciliyetine binaen İzzet Paşa'nın hemen yerinden fırlayarak olay mahallîne koşması, misafir generalin de en azından merak saikiyle duruma vakıf olmaya çalışması beklenirdi. İzzet Paşa'nın, Tümgeneral Bayraktaroğlu ile vedalaşarak, onu uğurlamayı müteakip olay yerine gitmesi, sanki olayların önceden bu iki generalin de bilgisi dâhilinde planlanmış olduğu izlenimini uyandırmaktaydı.

15 Temmuz 2016 olay gecesi KHO'da bulunan personel, savcılık makamınca, Okul Komutanı'nın emriyle tanzim edilen Disiplin Soruşturma Raporu'ndaki tespitler esas alınarak suçlanmıştı. Bahse konu raporda o gece okula gelen personel;

1'inci Grup; günlük mesaiyi terk etmemiş, daha önceden tasarlanan ve haberdar oldukları darbe girişimi ile ilgili kalkışmanın KHO bölümünü hayata geçirmiş olan personel,

2'nci Grup; mesaiyi terk eden ancak 2'nci Tabur Komutanı Kurmay Binbaşı Hasan Hüseyin Eçik'in WhatsApp talimatıyla kışlaya gelen ve kışlaya giriş/çıkışın kontrol edilmesi maksadıyla nizamiyelere görevlendirilen personel,

3'üncü Grup; okul dışında eylemlerin başlaması üzerine okula çağrılan Öğrenci Alayı, Dekanlık ve Savunma Bilimleri Enstitüsü (SAVBEN) personeli olmak üzere üç ayrı gruba ayrılmış ve şahsım 3'üncü grup içinde *"Hakkında Delil Bulunmayan Personel"* kategorisinde mütalaa edilmişti.

KHO'da darbe teşebbüsü kapsamında yapılan faaliyetler ile ilgili olarak personele yöneltilen bu suçlamalara maddeler hâlinde cevap verilmesi gerekiyordu.

İlk suçlama okula çağrılma ile ilgiliydi. İddianamede bu husus, 15 Temmuz 2016 günü akşamı İlhami Albay tarafından bizzat telefon edilerek okula çağrılmak ve söz konusu raporda *"...darbe girişimine iştirak ettikleri yönünde herhangi bir delil bulunmayan fakat görevi olmadığı hâlde olay gecesi verilen emirler üzerine..."* okula gelen grup arasında yer almak şeklinde ifade edilmişti.

15 Temmuz 2016 günü akşamı KHO'ya; İlhami Albay'ın bizzat telefon ederek çağırması üzerine değil Birinci Sicil Amirim Dekan Tuğgeneral Kerim Acar'ın emirlerini ileten Dekanlık İdari Şube Müdürü Devrim Binbaşı'nın okula gelinmesi yönündeki mesajı üzerine kendisiyle telefonla görüşmeyi müteakip gelmiştim. Geliş amacım da iddia edildiği gibi darbe faaliyetlerinde yer almak değil, sadece ve sadece bir asker olarak aldığım emrin gereğini yerine getirmekti. O gece şahsıma verilen emir, emir komuta zinciri içinde, emir verme yetkisini haiz birinci sicil amirinin emrini iletmeye yetkili personel tarafından iletilmiş, hizmete müteallik ve konusu suç teşkil etmemekteydi. Bu şartlar altında bir ast olarak emre uymaktan başka

bir alternatifim yoktu. Dekan, birinci sicil amirimdi ve emir vermeye yetkiliydi. Ankara'da Gar ve Merasim Sokak'ta meydana gelen terör olayları sonrası personele en kısa sürede ulaşılabilmesi, emirlerinin hızlıca iletilebilmesi ve personelin birbirleriyle sürekli iletişim hâlinde kalabilmesi için WhatsApp grubu oluşturulmuştu. Böyle bir iletişim yöntemi çağın gereklerine uygundu. Bu grubun kurulma talimatı bölüm başkanlarının ve şube müdürlerinin hazır bulunduğu bir toplantıda bizzat Dekan tarafından verilmiş ve bu iş için Devrim görevlendirilmişti. Dekan, 15 Temmuz öncesi de zaman zaman gruptan şahsen paylaşımda bulunduğu gibi Devrim aracılığı ile emirlerini de iletmekteydi. Bu değerlendirmelerle hareket tarzını soran personelime dönüş yapmış ve emniyetli bir şekilde birlikte okula gitme talimatı vermiştim. Bu davranışım aldığım eğitimle, mesleki tecrübemle, yaşımla ve rütbemle uyumlu, vatanını, milletini seven ortalama bir Türk subayından beklenen davranışlardan farklı değildi. Nitekim emri alan dekanlık personelinin hemen hemen hiçbiri bu emre kayıtsız kalamamış ve aynı şekilde davranmıştı. Zaten Okul Komutanlığınca tanzim edilen Disiplin Soruşturma Raporu'nda da *"TSK genelinde olduğu gibi KHO Komutanlığında da sıralı amirlerince personeli münferiden ve/veya birlik bütünlüğü içinde önceden tahmin edilemeyen bir işi yapmak maksadıyla mesai haricinde birliğe çağırmak olağan bir durumdur. Mesaiye çağırma genellikle telefonla/şifahen/ mesajla yapılmaktadır. Çağırma işlemi bizzat amir tarafından yapılabildiği gibi, nöbetçi heyeti vasıtasıyla da yapılmaktadır. Daha önce mesaiye çağırmalarda konusu suç olacak bir faaliyet icra edilmemiş, hizmete müteallik faaliyetler yerine getirilmiştir. Astların sıralı amirlerine güveni tamdır. Personele eğitim-öğretim ve hizmet hayatı süresince disiplin gereği mutlak itaat anlayışı aşılanmış ve kazandırılmıştır. Askerlik anlayışımızda mutlak itaat kavramının sorgulanması düşünülemez ve sıralı tüm sicil amirlerince mutlak itaatin disiplinin temeli olduğu her yerde dile getirilmektedir. Mutlak itaat duygusu ve sıralı sicil amirlerine duyulan güven nedeniyle verilen emirler sorgulanmamış, sıralı amirlerin hain olabileceği özellikle genç rütbeli personelin hiç aklına gelmemiş, körü körüne itaat edilmiştir. Personelin disiplin anlayışı istismar edilmiş, kendi amaçları doğrultusunda kullanılmasına ortam oluşturulmuştur."* denilmek suretiyle kurumun personelinden beklentisinin de bu doğrultuda olduğu teyit edilmekteydi. Yine aynı raporda *"...personelin silah alma konusunda isteksiz olması ve 1'inci Anafartalar Tabur Komutanlığının diğer birlik personeline silah verme konusunda kayıtsız kalması nedeniyle silah dağıtımına ancak 03.00-04.00 sularında başlandığı ve mümkün olduğu kadar ağırdan alınarak dağıtımının 05.30 sularına kadar uzatıldığı bilgi alma tutanaklarının incelenmesinden anlaşılmıştır."* ifadeleri yer almaktaydı. Rapordaki ifadelerden de anlaşıldığı gibi akademik personelin hareket tarzı bilinçli ve planlı bir darbe faaliyeti icra eden personel hareketlerini yansıtmamakta ve bu yola baş koymuş bir militan azmini ve kararlılığını göstermemekteydi. Dekanlık personelinin tamamına yakınını öğretmen ve mühendis sınıfından akademisyenlerin oluşturması nedeniyle askerî talim açısından bu kadar zayıf bir gruba darbe faaliyetleri kapsamında aktif görev planlanmış olması akla ve mantığa uygun değildi. Tam da bu nedenledir ki, o gece okulda bekletilmemizi hiç mi hiç yadırgamamıştım. Nitekim o gece silah dağıtımı esnasında bu endişemi *"...bu personel bu silahları kullanmayı bilmez..."* şeklinde Devrim'e ilettiğim hususu savcılık aşamasında verdiğim ifademde de yer almaktaydı. O gece çeşitli nedenlerle okuldan ayrılan personelin ifadeleri incelendiğinde personelden gelen talep üzerine, Dekan Yardımcısı Ramazan Albay aracılığı ile Dekan'dan personelin çıkışına müsaade alınması neticesinde saat 01.00'den itibaren yaklaşık bir saat süreyle nizamiyeden personel çıkışına izin verilmişti. Bu durum o gece öğretim elemanları ile ilgili bir planlama ve beklenti olmadığının en önemli göstergesiydi. Şayet öğretim elemanları iddia makamının ileri sürdüğü gibi darbe amacıyla okula çağırılmış ve silahlandırılmış olsaydı Dekan tarafından çıkışına müsaade edilmezdi. Netice itibariyle 15 Temmuz gecesi ve öncesinde KHO'da herhangi bir öğretim elemanına darbe faaliyeti kapsamında bir görev tevdi edilmediği gibi iddia makamının iddiasını destekleyecek yönde herhangi bir faaliyet de icra edilmemişti.

Savcılık makamınca yöneltilen ikinci suçlama nizamiyelere önceden verilen talimatlar doğrultusunda 2'nci grupta yer alan personel tarafından sözde kimlik kontrolü yapılmak suretiyle okula alınmış olmaktı.

İddianamenin incelenmesi neticesinde, olay günü saat 21.30'dan itibaren Alay'ın rütbeli personelinin nizamiyelerden okula giriş yapmaya başladıkları ve nizamiyelerde durumun bu saate kadar normal olduğu ancak nizamiyelerde saat 22.00'den itibaren ilave tedbirlerin alınmaya başladığı görülmekteydi. Bu saatten itibaren nizamiyelere *"Okul Kurmay Başkanı'nın bilgisi alınmadan hiçbir personel okula alınmayacaktır."* talimatı verilmesiyle okula giriş çıkışlar sıkı denetim altına alınmıştı. İlhami Albay'ın bizzat telefon ederek okula çağırdığı SAVBEN Müdürü Haluk Albay ile onun yolda rastladığı Devrim o gece nizamiyeye ulaşan ilk personellerdendi. Bu şahıslar da saat 23.10 civarında okulun Kirazlıdere Girişi'ndeki 3 No.lu nizamiyeye geldiklerinde saat 22.00'de verilen talimattan dolayı nizamiyede kendilerini tanıtmalarına rağmen içeriye alınmamış ve ancak Kurmay Başkanı'nın müsaade etmesiyle okula girebilmişlerdi. Bu durum, okulun hazırladığı Disiplin Soruşturma Raporu'nda da *"Kurmay Başkanı Kurmay Albay İlhami Polat'ın emri üzerine Kirazlıdere Girişi'ndeki 3 No.lu nizamiyeye gelen SAVBEN Müdürü Prof. Dr. Müh. Alb. Önder Haluk Tekbaş ve Dekanlık İdari Şube Müdürü Öğretmen Bnb. Devrim Çamur nizamiyede kendilerini tanıtmalarına rağmen içeriye alınmamış, Kur. Bşk. Kur. Alb. İlhami Polat'tan müsaade alınmasını müteakip KHO'ya girebilmişlerdir."* şeklinde ifade edilmişti.

Harp Okulunda görevli personelin okulda görevli olduğunu gösterir özel bir kimlik kartı ya da giriş belgesi bulunmamaktaydı. Personel okula girişte, askerî kimlik kartını, giriş kartı olarak kullanmakta ve turnikelerden geçişlerde bu kartın okutulması ile kartın çipine yapılan yüklemelerden personelin okula giriş yetkisi bulunup bulunmadığı anlaşılmaktaydı. İddianamelerdeki ifadelerden de anlaşılacağı gibi o gece nizamiyelerden giriş yapan personelin askerî kimlik kartları turnikelere ya da el terminallerine okutulmak suretiyle personelin okula giriş yetkisi olup olmadığına bile bakılmamıştı. O gece okul dışından personel girişine ilişkin bir planlamanın yapılmamış olduğunun bir başka kanıtı da nizamiyelere el terminallerinin dağıtılmamış olmasıydı. Nizamiyelerde kontrol görevi yapan personelin, askerî kimlik kartına sahip olduğu hâlde okulun personeli olmayan asker şahısların okula girişine izin verebilecekleri endişesiyle tanımadıkları askerî personele *"Niye geldikleri, nereye gidecekleri ve nerede görevli oldukları?"* gibi sorular yönelttikleri görülmüştü. Ancak bu kontrol, iddianamede ima edildiği gibi listeden belirli bir grubun kontrol edilerek içeri alınması şeklinde yapılmamıştı. Zaten iddianame ekinde savcılık makamımın bu iddialarını destekleyecek nitelikte *"Nizamiyelerde kullanıldığı ileri sürülen okula girişine müsaade edilen personel listesi"* adı altında maddi bir delil de bulunmamaktaydı.

KHO'da 6 adet nizamiye bulunmaktaydı. 1, 4 ve 5 No.lu nizamiyeler dış nizamiye olup Dikmen Caddesi üzerinde bulunmakta; 2 ve 3 No.lu nizamiyeler iç nizamiye olup 2 No.lu nizamiye spor okulu girişinde, 3 No.lu nizamiye de Kirazlıdere'de Savunma Sanayi Müsteşarlığı (SSM) ve MSB Ankara İnşaat Emlak Bölge Başkanlığı nizamiyelerinden sonra yer almaktaydı. Normal günlerde personel girişleri 1 ve 3 No.lu nizamiyelerden yapılmaktaydı. 2 No.lu nizamiyeden komutan araçları ve verilen özel izin dâhilinde o bölgede ikamet etmekte olan personelin girişi yapılabilmekteydi. 5 No.lu nizamiyeden sadece lojmanlar bölgesine giriş yapılabilmekte, 4 No.lu nizamiyeden normal günlerde giriş yapılmamakta ve 6 No.lu nizamiyeden okula giriş ve çıkış imkânı bulunmamaktaydı. Öğrenci alım faaliyetlerinin başlaması ile birlikte öğrenci adayları ve aileleri 1 No.lu nizamiyeden alınmakta ve yoğunluğu azaltmak maksadıyla alım faaliyeti süresince bu nizamiye personel girişine kapatılarak 4 No.lu nizamiyeden giriş çıkış yapılmaktaydı. 15 Temmuz'da öğrenci alım faaliyetleri devam ettiğinden bu dönemlerde mutat olduğu üzere yaklaşık bir aydır personel giriş çıkışları için 1 No.lu nizamiye yerine 4 No.lu nizamiye kullanılmaktaydı. Ankara'da herhangi bir olay meydana geldiğinde Meclis Binası, Genelkurmay Başkanlığı ve Kuvvet Komutanlıklarının bulunduğu ve devletin kalbi konumunda olan Bakanlıklar ve Kızılay'a çıkan yollar ulaşıma kapatılmakta ve böyle durumlarda 1, 2 ve 3 No.lu nizamiyelere ulaşım imkânı kalmamaktaydı. Ankara Tren Garı'nda, Merasim Sokak'ta ve Güvenpark'ta yaşanan terör olaylarından sonra bu türden tedbirler alınmış hatta Merasim Sokak bir yıla yakın araç ve yaya trafiğine kapalı kalmıştı. O gece de Millî Kütüphane Kavşağı polis tarafından kapatıldığından okula gelmeye çalışan personel o noktadan sonra Türkocağı Caddesi'ne dönerek 4 No.lu nizamiyeye yönelmek durumunda kaldığından personelin büyük çoğunluğu zorunluluktan dolayı 4 No.lu nizamiyeden giriş yapmıştı. 2 ve 3 No.lu nizamiyelerden giriş yapan az sayıdaki personel ya erken saatlerde okula ulaşanlardan ya da o bölgede ikamet etmekte olanlardan oluşmaktaydı.

Savcılık makamınca yöneltilen bir başka suçlama da, darbe teşebbüsü kapsamında başka birimlere nakillerin sağlandığı ve içerisinde herhangi bir güvenlik probleminin bulunmadığı iddia edilen KHO'ya bu nakiller esnasında dışarıdan gelecek sivil halk, polis ve darbe karşıtı askerlere sözde karşı koymak için İlhami Albay ve Dekan'ın talimatları doğrultusunda Üsteğmen Erdoğan Güçlü tarafından bölük deposu açılarak rastgele dağıtıldığı ve bu nedenle seri numarası bilinmediği iddia edilen mühimmatsız silahı almaktı.

Savcılık makamınca yöneltilen bu suçlamada o gece KHO'ya gelen tüm personelin darbe yanlısı olduğu, okul içinden yapılan nakillerin farkında olduğu ve dışarıdan gelebilecek sivil halk, polis ve askerlerin de darbe karşıtı olduğu farz ve kabul edilmişti. Bu kabullere ilave olarak; personelin, okuldaki nakilleri gerçekleştiren darbecileri dışarıdan gelebilecek her türlü darbe karşıtı saldırılardan korumak amacıyla silah aldığı varsayılmıştı. Bunun suç teşkil etmeyebileceği endişesiyle olsa gerek ayrıca mesnetsiz bir şekilde, dağıtılan silahların kayıt altına alınmadığı ileri sürülmüştü. Böylece muhtemel bir çatışmada ölüm ve yaralanmalara sebep olan merminin kimin silahından çıktığı tespit edilemeyeceğinden, her ne kadar silahlar mühimmatsız olsa da personelin silahını kullanmada tereddüt etmeyeceği ve darbe karşıtlarının engellenmesinde daha etkili olunabileceği algısı oluşturulmaya çalışılmıştı. Ancak bu varsayımları kanıtlayıcı herhangi bir bilgi, bulgu ve delil ileri sürülememişti. Tüm bilgi alma tutanakları incelenerek KHO Komutanlığınca tanzim edilen Disiplin Soruşturma Raporu'nda da *"...personelin bilinçli bir şekilde darbe faaliyeti içinde yer almak amacıyla hareket etmediği yüksek disiplin anlayışı içinde amirlerin emirlerini sorgulamadıkları için verilen emir üzerine silah aldıkları kanaatine ulaşıldığı ..."* belirtilmişti.

Yine aynı raporda personelin darbeye destek vermek amacıyla istekli bir şekilde silah almadığı, böylesine karışık bir ortamda suça bulaşma endişesi içinde kerhen ve ağırdan alarak hâlihazır durum itibariyle konusu suç teşkil etmeyen emri yerine getirdiği anlaşılmaktaydı. Kaldı ki planlı ve organize bir darbe faaliyeti icra edilmiş olsaydı, personelin okula önceden tahsis edilmiş araçlarla intikali sağlanır, okula gelir gelmez silahlar mühimmatlı bir şekilde dağıtılırdı. Oysa o gece mühimmatsız silah alan hiçbir personelin okul komutanının enterne edildiği, okul yönetiminin iddia edildiği gibi darbe taraftarı olduğu ve okul içinden nakil yapıldığı konusunda bilgisi ve duyumu yoktu.

O gece okulda ne olup bitiğinden habersiz, dekanlık binasındaki odamda oturup, internetten olayları takip ederek durumu anlamaya çalışırken, saat 02.30 sıralarında Devrim'in, Anafartalar Taburu'ndan silah alınması emrinin verildiğini tebliğ etmesi üzerine bölüm personelim ile birlikte söylenen yere gitmiştim. Uzunca bir süre deponun açılmasını bekledikten sonra L0062671 seri numaralı HK33 piyade tüfeği ile boş şarjörü kayıt yaptırarak almıştım. O gece tanzim edilen bir tutanak depo sorumlusu Erdoğan Üsteğmen tarafından hemen ertesi günü hazırlık aşamasında verilen ifade tutanağına ek yapılmıştı. Tutanağa ek yapılan silahların seri numaralarının kaydedildiği tutanak dava dosyasının *"Yazışma 1"* klasörünün içinde yer alan *"2.pdf"* adlı dosyanın 245'inci sayfasından itibaren Erdoğan Üsteğmen'e ait ifade tutanağının ekinde yar almaktaydı.

Savcılık makamının *"okulun güvenliğini sağlamak gibi bir görevi bulunmamakla birlikte darbeyi yöneten grubun talimatları doğrultusunda darbeye kalkışma faaliyeti kapsamında kendisine tevdi edilecek görevleri beklemeye başladığı"* iddiası bir diğer suçlama konusunu teşkil etmekteydi.

Savcılık makamının iddiasının aksine öğretim elemanlarının tamamı sıralı amirlerinden aldığı emir gereği okula gelmiş ve amirlerinin, bireysel emniyetlerinin ve kışla güvenliğinin sağlanması için silah alınması yönündeki emirleri doğrultusunda mühimmatsız silah almış ancak herhangi bir darbe faaliyetine katılmamıştı. Savcılık makamı bu ithamı ile o gece emir üzerine okula gelen tüm personelin, okul komuta kademesinin darbeye kalkışma faaliyetini icra ettiği iddia edilen grupla birlikte hareket ettiğini ve darbe kapsamında okulda gerçekleştirilen faaliyetlerin sözde yöneticisi olduğunu bildiklerini varsaymaktaydı. Bu bilinç içinde personelin kendilerine tevdi edilecek görevleri (nizamiyelerde takviye kuvvet olarak görevlendirme, nizamiyelerde nöbet tutma, okul içerisinde verilecek olası başka görevleri yerine getirme) beklemeye başladıklarını farz ve kabul etmişlerdi. Ancak bu kanaate nasıl ulaştıkları konusunda herhangi bir bilgi, belge ve kanıt sunamamışlardı. Hâlbuki öğretim elemanlarının ivedi okula gelinmesi yönünde aldıkları emir üzerine ikametlerinden ayrıldığı saatlerde (saat 23.00-23.30) ortalık çok karışıktı ve sağlıklı bir değerlendirme yapılabilecek bilgi düzeyi mevcut değildi. Bu saate kadar basına yansıdığı kadarıyla İstanbul'da köprüye çıkan asker görüntüleri, İstanbul ve Ankara'da helikopter ve jetlerin uçmaya başlaması gibi ilk etapta terörist faaliyetleri ve buna karşı alınan tedbirleri akla getirecek bir hareketlilik mevcuttu.

Ayrıca Savcılık makamı özellikle Dekanlık personelinin okulun emniyeti ile ilgili herhangi bir görevi olmadığını iddia etmekteydi. Oysa KKY 225-3 (A) *KK Alarm Sistem*

Yönergesi'nde *Güvenlik Alarm Durumlar*'ının terör veya sabotaj tehlikesi söz konusu olduğunda, barış ve savaş durumunda uygulanabileceği belirtilmişti. Birlik veya kurumlara, kendi teşkilat, konuş ve kuruluş yapılarına göre yönergedeki hususları geliştirerek kendi *"Alarm Talimatlarında ve Sabotajlara Karşı Koyma Planlarında"* emniyet tedbirlerini daha ayrıntılı bir şekilde belirleme görevi verilmiş ve her birlik komutanı kendi birliğinin emniyetinden sorumlu tutulmuştu. TSK çapında, *"Güvenlik Alarm Durumları"* ilan/iptal yetkisi, Genelkurmay Başkanlığına verilmekle birlikte, tehdidin büyüklüğü ve etkilediği bölgeye göre *"Güvenlik Alarm Durumları"*'nın, gerektiğinde KK Komutanlığı ve Ana Ast Birlik Komutanlıklarınca da ilan/iptal edilebileceği açıkça bildirilmişti. KHO da KK Komutanlığının Ana Ast Birliği konumundaydı ve Okul Komutanlığının da *"Güvenlik Alarm Durumu"* ilan etme yetkisi vardı. Zaten o gece de Kurmay Başkanı tarafından alarm verilmişti. Ayrıca *"KHO Birlik Emniyet Planı"*'nın 11'inci sayfasında Ana Ast Birliklerin görevleri dağıtılırken Dekanlık Binası olarak bilinen Cumhuriyet Sitesi'nin emniyetinden Dekanlık sorumlu tutulmuştu. Dolayısıyla *"...o gece okuldaki Dekanlık personelinin okulun güvenliği konusunda herhangi bir sorumluluğu olmadığı..."* iddiası doğru değildi. Kaldı ki, TSK İç Hizmet Yönetmeliği'nin 29 Ağustos 2014 tarih ve 29103 sayılı Resmî Gazete'de yayımlanarak son şekli verilen 644'üncü maddesindeki *"Hazır kıtanın kuvveti, ihtiyaca göre belirlenir. Bu kıtanın kuvveti en az üç kişiden birliğin tamamına kadar olabilir. Komutanı, görevlendirilen birliğin büyüklüğüne bağlı olarak subay, astsubay, uzman jandarma veya uzman erbaş olabilir.*" ifadesinden de anlaşılacağı üzere olağanüstü hâllerde birliğin tamamı bile hazır kıta olarak görevlendirilebilmekteydi. Emniyet amaçlı silah alma emrinin yerine getirilmemesi ancak ve ancak emri veren amirin bir kalkışma içinde olduğu, verilen emrin darbe faaliyetleri kapsamında kaldığı ve emrin konusunun suç teşkil ettiği durumlarda mümkün olabilirdi. O gece itibariyle da okulda bulunan öğretim elemanlarının hiçbirinin, İzzet Paşa'nın enterne edildiği ve okul içinden nakil yapıldığı yönünde en ufak bir bilgisi ve duyumu yoktu. KHO Komutanlığınca tanzim edilen Disiplin Soruşturma Raporu'nda ifade edildiği gibi "*...personelin amirlerinden herhangi bir kuşkusu yoktur ve personel mutlak itaat anlayışı içinde canla başla verilen emri yerine getirmek için beklemiştir.*" Ancak bu bekleyişin amacı savcılık makamınca iddia edildiği gibi darbeye destek vermek değildi.

Ankara Cumhuriyet Başsavcılığınca 15 Temmuz Darbe Girişimi sonrasında yürütülen 2016/103592 soruşturma sayılı dosya kapsamında adı geçen kişilerden biri olduğu iddia edilen Hâkim Albay Dinçer Ural adlı asker şahıstan 19.09.2013 tarihinde tek işlemde 2 bin lira havale almak suretiyle para transferi ilişkisi içerisinde bulunmuş olmakla itham edilmekteydim.

Dinçer Albay ile ilgili havale konusu İstanbul'a tayin olduğu dönemde kendisi adına Fenerbahçe Lojmanına yaptırdığım bakım onarım faaliyetlerinin bedeli olarak müteahhit Celal Sedef'e ödenmek üzere gönderilen paradan ibaretti ve anlaşılabilirdi. Bu süreçte Dinçer Albay ile ilgili hukukî bir işlem tesis edilmiş olmamalı ki kendisi

2016 YAŞ kararları ile generalliğe terfi ettirilmiş ve yargılanmanın devam ettiği dönemde de halen Tuğgeneral rütbesi ile Genelkurmay Başkanlığı Adli Müşaviri olarak görev yapmaktaydı.

Bu kapsamda savunma hazırlığımızı yapmış, kendileri ile ilgili iddialara cevap verirken yararlanmaları için aynı davada yargılandığımız personelin istifadelerine sunmuştuk. Bu süreçte adli izin hakkımı kullanarak duruşmaları takip etmiştim. Duruşmalarda öncelikle tutuklu sanıklar dinlenmiş, son zamanlarda tutuksuz sanıkların ifadelerine geçilmişti.

Yargılama aşamasında sanıklara yöneltilen sorulardan mahkeme heyetinin, personelin mazeretine binaen okuldan erken çıkmasına izin verilmesi gibi son derece insani bir davranışa bile farklı anlam yüklemeye çalıştığı izlenimi edinilmişti. *"O gece niçin dışarı çıkılmadığı?"* sorusunun mahkeme heyetince sanıklara bu yoğunlukta yöneltilmesi ile hâlen vazife başındaki askerlerimizin görev bilincinde şüphe uyandırılmakta ve istemeden de olsa TSK'nin kurumsal hukukuna ve emir komuta birliğine zarar verilmekteydi. O gece amir, mazeretine binaen izin talep eden personelinin samimiyetinden, personel de kendisini dışarı gönderen amirinin iyi niyetinden zerrece kuşku duymamıştı. Yani o gece personeline izin veren amirin, kendisine engel olabileceğini düşündüğü kişileri okuldan uzaklaştırma gibi bir art niyeti olmadığı gibi, izin isteyen personelin de bahane uydurarak ortamdan kaçmak gibi bir niyeti yoktu. Zaten o gece izin alan personel bir hainlik sezebilmiş olsaydı ortalama bir Türk subayından beklenen davranışı gösterir ve okulda kalarak kalkışmanın akamete uğratılmasına bir fırsat arardı. Zira aksi bir davranışın en hafif tabiriyle darbeye pasif destek anlamına geleceğini bilirdi. Şüphe yok ki o geceki hain darbe girişimi de birliklerinde kalkışmanın farkına varan, görev bilinci ve sorumluluk duygusu yüksek askerlerin karşı koymaları ile engellenmişti.

TSK İç Hizmet Yönetmeliği'nin bir ihtilal ve isyan durumunda kışlalarda mevcut bulunulmasını emreden maddesini takip eden 649'uncu maddesinde *"Kışlada bulunmak emri verildikten sonra er, erbaş astsubay ve subaylardan hiç bir kimse kışladan emirsiz ayrılamaz. Herhangi bir sebeple veya iş maksadıyla kışla dışına çıkarılacak kuvvetin miktarı durumun ehemmiyetine göre hesap edilmeli ve bu kuvvet silahlı ve cephaneli olmalıdır."* ifadesiyle emirsiz hiç kimsenin kışla dışına çıkamayacağı hüküm altına alınmıştı. Yani o gece dışarı çıkanları gören personelin kendiliğinden dışarı çıkması gibi bir durum söz konusu olamazdı.

2017 yılının kasım ayı sonunda mahkeme verdiği ara kararla; 12 tutuklu sanık tahliye edilmiş, ifadesi alınan tutuksuz sanıkların tamamının imza yükümlüğü kaldırılmış ve duruşmalardan vareste tutulmuşlardı. Kararda tutuklu ya da tutuksuz tüm sanıkların OYAK birikimleri üzerinde tedbir kararı olmadığı hususu OYAK Genel Müdürlüğüne bildirilmiş, tutuklu bulunan 69 Harbiyelinin yargılandığı dava bu dava ile birleştirilmiş, duruşma 2018 yılının mart-nisan aylarına atılmıştı.

Mart 2018'de ikinci celsenin icrasına başlanmıştı. Hâlen devam etmekte olan duruşmaları yine adli izin hakkımı kullanarak takip etmiştim. Tutuklu sanıkların ifadelerinin alınmasını müteakip celse sonu beklenmeden

15 Mart 2018 tarihinde tutuklu bulunan 64 Harbiyeli *"üzerlerine atılı suçun mahiyetinin değişme ihtimali"* üzerine tahliye edilmişti. Yine celse sonu beklenmeksizin ifadesi alınan tutuksuz sanıkların tamamının üzerinden haftanın son duruşma günlerinde tahsis edilen ara kararlarla imza yükümlülükleri ve gece yine mazeretlerine binaen erken çıkmak durumunda kalanların yurt dışı çıkış yasakları kaldırılmıştı.

Ben de 02 Nisan 2018 günkü duruşmada savcılık makamının esas hakkındaki mütalaasını açıklamasını müteakip esasa ilişkin savunma hakkım saklı kalmak kaydıyla ilk ifademi vermiştim.

Başkan Muhammed Yavuz tarafından saatlerdir genel hususlara ilişkin savunma yaptığım ve dava konusu olmayan şahısların şüpheli eylemlerini sorguladığım, mahkemenin görevinin tam olarak bunları araştırmak olmadığı ve elimdeki bilgi belge ve delillerle bu şahıslarla ilgili savcılığa suç duyurusunda bulunabileceğim gibi konular ihtar edilerek savunmama müdahale edilmişti. Soru cevap kısmına geçildiğinde mahkeme başkanı pek çok çapraz soru yanında özellikle saat 5.41'de Ertan ve Metin ile Dekanlık Kafeteryası'na girişimizle ilgili kamera kaydını sorgulamıştı. O görüntü bana okulda idari tahkikat heyeti tarafından da sorulmuştu. Onlara verdiğim ifademde de belirtiğim gibi silah almayı müteakip o saatlere kadar okulun iç bahçesinde bekledikten sonra odamıza giderken tam kafeteryanın olduğu yan kapıdan binaya girmiştik. Su almak için kafeteryaya yöneldiğimiz esnada tam arkamızda kalan merdiven ile bodrum kattan bulunduğumuz kata çıkan tulum giymiş iki kişiyi görüp görmediğimize ilişkin sorgulama yapılmıştı. Kameranın açısından dolayı hepimiz aynı resim karesinde idik ama bizim o iki kişiye arkamız dönüktü ve onları görmemiştik. O gece okulda olmaması gereken kişileri görüp görmediğimizle ilgili bir sorgulama yapılıyordu. İfademi vermemin akabinde benim de imza yükümlülüğüm kaldırılmıştı.

TSK İnsani Yardım Tugay Komutanlığı Karargâhı, Özel İstihkâm Taburu ve Lojistik Taburu da, DAK Taburu gibi Mamak Kışlası'na taşınmış ve büyük oranda düzen sağlanmıştı. Bu tayin döneminde Tugayın Kurmay Başkanı Etimesgut Zırhlı Birlikler Okuluna, Veli Malatya İnşaat Emlak Bölge Başkanlığına, atanmıştı. Ömer Albay, Tugay Karargâhında Kurmay Başkanı'nın odasını bana tahsis etmişti. Tugayın inşaat işlerini bitirmiştik. Bu YAŞ'ta Ömer Albay'ın general olma ihtimali vardı ve ben de büyük olasılıkla kadrosuzluktan emekli edilecektim. Ömer Albay'ın da ısrarıyla görev süremin uzatılması için dilekçe vermiştim ama hiç umudum yoktu. Hakkımda yine komutan kanaati istiyorlardı. Ömer Albay'a YAŞ öncesi sürtüşmemesi ve açığa alınmamı talep eden bir rapor tanzim etmesi konusunda yalvardım. Zaten geçen yılki iznim duruyordu. Kalan iznimi bu yılki iznimle birlikte almak ve bir daha göreve dönmemek üzere emekli olana kadar izne çıkmak istiyordum. İkna edemedim. Mahkeme sürecinde hem tutukluların geneli hem de şahsım hakkında pek çok olumlu karar verildiğinden, sürecin personelin lehine neticelenme ihtimali yüksek olduğundan hareketle yıl ortasında biteceği tahmin edilen yargılamanın sonucunun beklenmesinin uygun olacağı yönünde kanaat bildirmişti. Bu raporu göndermesini müteakip artık emeklilik işlemlerim için geldiğimde görüşmek ve generalliğini kutlamak üzere izne ayrılmıştım. Aradan bir hafta geçmişti ki Ömer Albay'dan bir telefon aldım. Çok üzgündü. KK Komutanlığınca açığa alındığımı söylerken birkaç kez sesi çatallanmış ve yutkunmuştu. Hasan Yarbay zaten bu konuda bizi uyarmıştı. Bir noktadan sonra KK Komutanlığı birinci amir kanaatine bakmaksızın açığa alma işlemini tek taraflı uygulardı. Telefonda ikimiz de birbirimizi teselli ediyorduk. Aslında benim açımdan fark eden bir şey yoktu. Zaten onlara gerek kalmadan emeklilik öncesi ben kendi kendimi açığa almıştım.

Emeklilik (2018-)

Açıkta olduğum sırada 30 Ağustos 2018 tarihi itibarıyla 39 yıl 1 ay hizmetten sonra emekliye ayrılmıştım. Emekli sandığından 180 bin lira, OYAK'tan 490 bin lira emekli ikramiyesi almıştım. OYAK'tan üyeliğimin başlangıcından emeklilik tarihime kadar kesintilerimin aylık dökümünü istemiştim. Dönemin altın fiyatına endekslediğimde maaşımdan yapılan kesintilerin karşılığı 1.075 gram altın ediyordu. Güncel altın fiyatları ile 258 bin liraya karşılık geliyordu. Bu demek ki OYAK ikramiyemin 232 bin lirası faizdi. Benim vicdanımı rahatlatan hesaplamayla bu OY-AK ikramiyesinin %52,80'i maaşımdan yapılan kesinti, %47,20'si faizdi. Emekli sandığı ile birlikte OYAK ikramiyesinin faiz dışındaki kesintilerinin karşılığı olan 438 bin liranın bir kısmı ile dolar geri kalanıyla da avro almıştım. Bu parayı her birine 15 bin dolar düşecek şekilde çocuklarımın ihtiyaçlarını karşılamak üzere kenara koymuştum. Davada yargılanan birçok arkadaşımız maddi sıkıntı içindeydiler. İhraç edilen gençlerin birikimi yoktu, emeklilik hakkı olsa da tutukluların emeklilik işlemleri askıya alınmıştı. O dönemde benim gibi emekli olan birçok arkadaş benzer hesaplamayla faiz tutarlarını davadaki mağdur ailelerin acil ihtiyaçlarına ve yüksek avukatlık ücretlerine sarf etmişti.

Savcılık esas hakkında mütalaasını 31 Temmuz 2018 tarihinde vermişti. Sayın savcı mütalaasında, iddianamesinden farklı olarak personelin okula çağırılma olayını ısrarla sıkıyönetim direktifi ile ilişkilendirme gayreti içine girmişti. Mütalaada 104 kez tekrarladığı sıkıyönetim direktifinin WhatsApp mesajı ekinde paylaşıldığını ileri sürdüğü iddiasında da ısrarla vurguladığı nokta sıkıyönetim mesajının 23.04'te KONMER'e ulaştığı ve Devrim'in 23.07'de WhatsApp mesajı ile personeli okula çağırdığı hadiseydi. Burada öne çıkarılan husus WhatsApp mesajının direktiften sonra gönderildiği yani Devrim'in direktif yoluyla darbeden haberdar olduğu ve bundan sonra okula çağırdığı personeli bir şekilde (mesaj ekinde direktifi göndererek ya da şifahen söyleyerek) haberdar ettiğidir. Oysa iki olay arasında sadece 3 dakika vardı. Bu kadar sürede KONMER nöbetçisi mesajı alarak İlhami Albay'a götürecek, İlhami Albay mesajı okuyup mesajdan Devrim'i haberdar edecek ve Devrim de bunu (WhatsApp ekinde veya sözlü olarak) personele iletecek. Devrim, mesajın KONMER'e ulaştığı saatte 23.04'te Haluk Albay ile Akdeniz Lojmanları'ndan okula doğru yaya olarak intikal hâlindeydi. Ne Haluk Albay'ın ve ne de Devrim'in sıkıyönetim direktifinin KONMER'e ulaştığı saat 23.04'ten sonra, Devrim'in personeli WhatsApp üzerinden mesaiye çağırdığı saat 23.07'ye kadar, İlhami Albay ile telefon irtibatı yoktu. Yani her iki şahsın da okula ulaşan bu direktiften, WhatsApp çağrısının yapıldığı an itibarıyla haberdar olmaları imkânsızdı.

Kaldı ki WhatsApp mesajının saatinin 23.07 olduğu da iddianame eklerinden *"2 Yazışma"* klasörü *"Bilgi Alma Tutanakları.pdf"* dosyasındaki Devrim'e ait Bilgi Alma Tutanağına ek yapılan telefonunun WhatsApp ekranının görüntüsüne dayanarak sayın savcı tarafından iddia edilmekteydi. Oysa iddianame eklerinden *"2 Yazışma"* klasörü *"Bilgi Alma Tutanakları.pdf"* ve *"Yazışma 1"* klasörü *"1.pdf"* ve *"2.pdf"* dosyaları içindeki Bilgi Alma Tutanakları ve ekleri incelendiğinde 11 personelin Bilgi Alma Tutanaklarına telefonlarının WhatsApp ekranlarını ek yaptıkları ve bu görüntülerde mesajın iletim saatinin 23.00-23.02 olarak göründüğü tespit edilmişti. Bu ekran görüntülerinden anlaşılmıştı ki; WhatsApp mesajının ulaştığı saat bilgisi, ilgili kişilerin telefonlarının saat bilgilerine dayanmaktadır. İddianame ekindeki tüm Bilgi Alma Tutanakları incelendiğinde okula çağrı mesajı, sadece Devrim'in telefonunun saatine göre direktifin 23.04'te KONMER'e ulaşmasından sonra (23.07) çekilmiştir. Oysa bahse konu Bilgi Alma Tutanaklarında detay paylaşan diğer tüm sanıkların telefonlarının saatine göre mesaj, direktifin KONMER'e ulaşmasından önce (23.00-23.02 arasında) çekilmişti. Tahkikat aşamasında tüm delilleri titizlikle inceleyen sayın savcı, şüphesiz WhatsApp mesajlarının saatlerindeki bu tutarsızlığı fark etmişti. Sayın Savcı bu mesajın Devrim haricinde Bilgi Alma Tutanaklarında detay paylaşan 11 sanığın tamamının telefonuna göre 23.00-23.02 arasında iletildiğini görmüştü. Sadece Devrim'in telefonuna göre 23.07'de iletilen bu mesajın gerçekte direktifin KONMER'e ulaşmasından önce iletildiği ve bu karışıklığın nedeninin de Devrim'in telefon saatinin 5-6 dakika ileri olmasından kaynaklandığını anlamıştı. Ancak KHO'da darbe kapsamında cebir şiddet içeren herhangi bir eylemi bulunmayan sanıkları *"müşterek fail"* olarak suçlayabilmek için gerçek darbe failleri ile fikir ve eylem birlikteliği içinde gösterebilmek adına dosya sanıklarına böylesine bir tuzak kurmuş olması sayın savcının niyetini alenen ortaya koymaktaydı.

Aynı zamanda *"Dekanlık ve SAVBEN personelinin WhatsApp üzerinden iletilen Sıkıyönetim Direktifi ile okula çağrıldığı"* iddiası ile sayın savcı çok büyük bir çelişkinin de içine düşmektedir. Şöyle ki;

Sayın savcı esas hakkındaki mütalaasında bir taraftan Devrim'in sıkıyönetim direktifini WhatsApp yoluyla okul personeline ilettiğini ve bu suretle bu çağrı üzerine okula gelen personelin darbe faaliyetlerinden haberdar olarak okula geldiğini iddia etmekte ve bu farkındalığın dosyaya celp edilen WhatsApp mesajlarından anlaşıldığını ileri sürmekte, diğer taraftan da aynı şekilde okula gelen ancak çeşitli mazeretleri nedeniyle okuldan erken ayrılan ve/veya silah almayan bir grup personele beraat talep etmektedir. Eğer durum sayın savcının iddia ettiği gibi o gece sıkıyönetim direktifi Devrim tarafından WhatsApp üzerinden paylaşılmış ise bu gruptaki personelin de darbe yapıldığı bilgisine vâkıf olarak okula geldiğinin kabulü zorunlu hâle gelmekteydi. Beraat talep edilen grupta yer alan personelin de okula aynı şekilde çağırıldığı ve aynı bilgilere vâkıf olarak geldiği göz önüne alındığında da iddia makamının, amirinin emri üzerine birlik bütünlüğü içinde okula gelme konusunu darbeye iştirak faaliyeti kapsamında değerlendirmediği sonucuna ulaşılmaktaydı. Bu durumda mazeretleri nedeniyle okuldan erken ayrılan ve/veya silah almayan bir grup personel yerine emir komuta zinciri içinde, hizmete müteallik ve konusu suç teşkil etmeyen bir emir üzerine okula giden tüm personel hakkında beraat talep etmesi gerekirdi. Bunu yapmak yerine sayın savcı, sıkıyönetim direktifinin WhatsApp üzerinden paylaşıldığı ve bu şekilde darbe yapıldığı bilgisine vâkıf olarak okula gelindiği yönündeki hilafıhakikat iddialarını esas hakkındaki mütalaasında 104 kez yineleyerek suç algısı oluşturma gayreti içerisine girmişti.

Yargılama esnasında dosyaya, Samsun Kriminal Polis Laboratuvarı Müdürlüğünden gönderilen bir balistik inceleme raporu girmişti. Rapora göre Amasya'da konuşlu 15'inci Piyade Eğitim Tugay Komutanlığında görev yapmaktayken KHK ile TSK'dan ilişiği kesilen (11) personelin zatî tabancalarının incelenmesi talep edilmişti. Bu kapsamda Mustafa YILMAZ (T.C.:xxxxxxxxxx) isimli eski personele ait olduğu belirtilen Ceska-70 marka ve model 2xxx3x seri numaralı 7,65 mm çapındaki tabancadan atılan fişeklerden elde edilen kovanlar da incelenmişti. Söz konusu kovanların Ankara Terörle Mücadele Şube Müdürlüğünce Ankara Kriminal Polis Laboratuvarı Müdürlüğüne gönderilmiş olan şüpheli/sanık Mustafa YILMAZ'a ait aynı çaptaki (6) adet kovan ile balistik kodlama neticesinin eşleştiği bildirilmişti. İsim ve T.C. bana aitti ancak silahın markası, modeli ve seri numarası benim değildi. Üstelik karşılaştırılan boş kovanlar 15 Temmuz gecesi Akıncı Üssünde ele geçirilmişti. Yani ben o gece Akıncı Üssünde olmak ve silah kullanmakla suçlanıyordum. Bir taraftan da aynı gece KHO'da sabaha kadar darbecilerin vereceği görevi beklemekten yargılanıyordum. Silahımı verilen emir üzerine 2 Ağustos 2018 tarihinde KHO'ya belge karşılığı teslim etmiştim. İşyeri ve üst aramamda herhangi bir boş kovan ele geçirilmemişti. Silahım da hâlen KHO'da emanette idi. Ne silahım balistik incelemeye gitmiş ne de boş kovan ele geçirilmişti. Yaptığım tahkikat neticesinde söz konusu silah da ele geçen boş kovanlar da Kuleli Askerî Lisesinde devre arkadaşım olan 15'inci Piyade Eğitim Tugay Komutanı Tuğgeneral Mustafa Yılmaz'a aitti ve kendisi o gece Akıncı Üssünde tutuklanmıştı. İsim benzerliğinin de ötesinde T.C. yazılmak suretiyle benimle irtibatlandırılan bu raporun dosyaya girmesi ile savcının hakkımda yeni delil elde edildiğini ileri sürerek tutuklanma talebine istinaden içeri alınmam amaçlanmıştı. Bu süreçte KHO'dan 15'inci Piyade Eğitim Tugay Komutanlığına atanan bir arkadaşıma ulaşmıştım. Onun araştırma ve gayretleriyle Tugay Komutanı'na ait personel kayıtlarını, ilgili kişinin ev aramasında boş kovan ele geçirildiğine dair tutanağı, el konulan silah bilgilerini ve Samsun Kriminal Polis Laboratuvarı Müdürlüğüne yapılan balistik inceleme talebini ele geçirebilmiştim. Bu bilgi ve belgelere beylik tabancamın teslim tutanağını ve adıma tahsisli silah bilgilerini ve silahımın marka, model ve seri numarasını da ekleyerek mahkemeye sunmuş ve Allah'ın yardım ve inayetiyle bu kumpastan kurtulabilmiştim.

Son savunmalar alınmaya başlanmıştı. Savcının sıkıyönetim emrini bilerek gelindiği, gece boyunca darbecilerden görev beklendiği gibi niyet okumaya yönelik iddialarına karşı delil ve tespitler sanıkların her biri tarafından mahkeme huzurunda teker teker dile getirilmişti. Sonunda mahkeme heyeti de gerçeği kabullenmek durumunda kalmış ve *"Tamam anladık sıkıyönetim emrini görmeden geldiniz ve darbecilerden gece boyu görev beklemediniz."* demeye başlamıştı. Birçok arkadaşın dosyasına bu süreçte terör örgütü üyeliğine delil kabul edilen ankesörden aranma kaydı girmişti. Telefon kayıtlarının onlarca yıl geriye doğru tarandığı iddia edilerek dosyaya yüzlerce sayfadan oluşan Excel listeleri gönderilmişti. Bu listelerde aynı ilden aynı gün içinde bir başka asker şahısla ankesörden aranmış olmak ardışık arama olarak kabul ediliyordu. Bu listeler manuel oluşturulmuş, dijital verilerin iç ve dış tutarlılıkları korunamamış, bir arama bitmeden diğerinin başlamış olması ya da iki arama arasında telefon numarasını çevirecek kadar bile zaman bulunmaması gibi pek çok imkânsız aramalar mevcuttu. Zaten delil diye ileri sürdükleri verilerin elde ediliş şekli hukuka uygun olmadığı gibi büyük bir kısmı ya insan eliyle üretilmiş ya da verilere manuel müdahale edilmişti. Ankesör aramalarına ilişkin Levent Mazılıgüney, adli bilişim uzmanları, avukatlar ve teknik personelden oluşan bir heyetle konu hakkında *"Ankesörlü/Kontörlü Telefon Aramaları İsnatlı Yargılamalar Üzerine Teknik ve Hukuki Değerlendirmeler"* adlı detaylı bir rapor hazırlamıştı. TSK İnsani Yardım Tugay Komutanlığından tanıdığım Yüzbaşı Mehmet Ada da bundan önce Genelkurmay Elektronik Sistemler Komutanlığında görev yapmıştı ve bu konuda çok bilgiliydi. Onun tavsiye ettiği bir iki yayını da tetkik etmiştim. Buralardan elde ettiğimiz bilgiler ışığında gerek KHO davasında yargılanmakta iken dosyasına ardışık ankesör iddiası ile evrak girişi olan arkadaşların ve gerekse Ali'nin bu konuda yargılanan müvekkillerinin dosyalarındaki savunmaya yardımcı olacak tutarsızlıkları ortaya koyuyorduk. Mahkemede daha etkili olması açısından Yümni Mutlu Payaslıoğlu gibi adli bilişim uzmanlarından da *"Uzman Görüşü"* almaya başlamıştık. Ali emekli olmayı müteakip hayallerini sırayla gerçekleştirmeye başlamıştı. Bir Jeep almış ve Erhan Tokatlıoğlu ile birlikte hukuk bürosunda çalışmaya başlamıştı. Özellikle HHO'dan KHK ile ihraç edilen genç subaylar ile Hava Harbiyelilerden oluşan çok geniş bir müvekkil kitlesi vardı. Daha doğrusu bu süreçte bir yere ateş düşmeye görsün, bu ateş önce Ali'nin yüreğini yakıyor ve her nerede bir mağdur varsa onun da yardımına koşmaya çalışıyordu. Gecesi gündüzüne karışmıştı. Satı *"Benden çok seni görüyor."* diyordu. Ali akşama doğru buğulu gözlerle, yüreği kurşun gibi ağırlaşmış, omuzları çökmüş hâlde elinde çantası ile kapıda belirir, *"Bu gece de uyku yok bize."* diyerek içeri dalardı. Neler görmemiştik ki, bir müvekkili kendi aramasından dolayı tutukluydu. Hafta sonu nöbete giderken telefonunu evde unutmuş, yolda bir büfeden önce ev arkadaşını aramış ve telefonunu bulsun diye ardından da kendi telefonunu çaldırmıştı. Savcı ardışık arama olduğu iddiasında idi. Bir başka müvekkili genç bir pilot yüzbaşı, kurmaydı. Savcılık, hakkında soruşturma başlatmış, herhangi bir suç unsuru bulamamış, kripto terör örgütü üyesi olmaktan yargılanıyordu. Ali bir bakmışsın, müvekkili ile görüşmeye cezaevine gitmiş, bir bakmışsın gözaltındaki müvekkilinin sorgusuna katılmış, bir bakmışsın şehir dışında duruşmada. Eve geldiğinde saat 01.00'e kadar gömleğiyle kravatıyla adeta nöbetçi avukat gibi oturur, sabah ezanıyla birlikte kalkar şafak operasyonunda canı yanan bir dostunun feryadına koşmak için hazır beklerdi. KHO davasında ankesör isnatlarını teker teker değerlendirmiş, savunmalarına yardımcı olacak tutarsızlıkları çıkarmıştık. Mahkemelerde savcının bu iddiaları paçavraya çevriliyordu, tüm tutarsızlıkları ortaya konuyordu ama tüm bu çabalar boşunaydı zaten mahkemelerde hükmü hâkimler vermiyordu. Bu arada mahkeme heyeti başkanı ve üyeleri onlarca kez değişmiş, her başkan belli bir süre görev yapmayı müteakip Yargıtaya üye seçilmişti. İlk kurulan mahkemenin en kıdemsiz üyesi sonunda mahkeme başkanı olmuştu.

Yargılamaların devam ettiği dönemde savunma hazırlığı ve arkadaşlarla durum değerlendirmesi yapmak üzere neredeyse her gün Bağlıca tarafına geliyordum. Metin, Mahmut, Hasan ve Ali bu bölgede oturuyordu. Halil ile Ellidokuzoğlu da bu bölgeye yakın oturuyordu. Bir tek ben ve Ertan Etlik tarafındaydık. Murat artık GATA'da okumuyordu ve ben de emekli olmuştum. Hilal evden ODTÜ'ye gidip geliyordu. Bağlıca ekibi kendilerine yakın gelmem için hatta onlar gibi ev almam için ısrar ediyorlardı. Evlenme çağında 3 çocuğum daha varken ev almam mümkün değildi. Zaten dünya malından da uzak kalmak istiyor *"Allah'ım bu dünyadan dikili ağacım olmadan al emanetini."* diye dua ediyordum. Davada karar aşaması da yaklaşmıştı. Bağlıca ekibi başta olmak üzere arkadaşların geneli olası bir tutuklama kararına karşı tedbiren ikamet değişikliği yapmam görüşünde ısrar etmişti. Ertesi günü ilk gördüğümüz ilandaki evi tutmuştuk. Ahi Evran'daydı ve Bağlıca'ya da çok yakındı. Hele Ali'ye 200 metre mesafedeydi. Hilal'in buradan okula gidip gelmesi de daha rahat olmuştu.

Ankara 24. Ağır Ceza Mahkemesi 26 Haziran 2019 tarihinde yargılamayı bitirerek 2017/115 E. 2019/306 K. sayılı kararı ile 19 sanığın dosyasını tefrik etmiş, 19 sanığa ağırlaştırılmış müebbet, 28 sanığa da müebbet vermişti. 67 sanık 15 yıl, 43 sanık 12,5 yıl, 3 sanık 7,5 yıl ve 34 sanık 6 yıl 3 ay hapis cezasına çarptırılmıştı. 49 sanık delil yetersizliğinden ve 45 sanık da kaçınılmaz hataya düşmekten beraat etmişti. Müebbetle yargılananlar zaten tutuklu sanıklardı. Tutuksuz yargılanmakta iken 15 yıl ceza alan 67 sanık hakkında yakalama kararı çıkmıştı. Diğerlerinin cezaları onaylanana kadar tutuklanmalarına gerek görülmemişti. Ben 12,5 yıl alıp, tutuklanmasına gerek görülmeyenler arasındaydım ancak ülke genelinde terör örgütü üyeliğinden 6-7 yıl ceza alanlar bile tutuklanırken darbeye yardımdan 12,5 yıl ceza alıp tutuksuz yargılanana pek rastlanmıyordu. Mahkeme müebbet verdiklerini darbeyle suçlamış, darbeye yardımla yargılarken hakkında ankesör araması ve itirafçı beyanı olanları terör örgütü ile irtibatlandırıp 15 yıl hapis cezası vermiş ve tutuklamıştı. Darbeye yardımdan yargılayıp da örgütle irtibatlandıramadıklarına 12,5 yıl hapis cezası vermiş ancak tutuklamamıştı. Darbeyle suçlayamadığı ancak örgüt bağlantısı tespit ettiklerine de 6 yıl 3 ay ile 7 yıl 6 ay arasında hapis cezası vermişti. Moral bozacak bir şey yoktu. Hukuki mücadele daha yeni başlıyordu. Gerekçeli kararın yayımlanmasını müteakip temyiz incelemesine başvurmak üzere süre tutum dilekçelerimizi vermiştik. Bu karardan en çok etkilenenler tutuksuz yargılanırken tutuklanma talebiyle 15 yıl hüküm giyenler oldu. Onlar için zor günler başlıyordu. Artık gönüllerince rahat rahat sokakta dolaşamayacak, evlerinde yataklarında yatamayacaklardı. Hızlıca karar verip, öncelikle adres değiştirip, sürdürülebilir yaşam planlamaları ya da yurt dışına çıkış yolları aramaları gerekiyordu. İçeri girip yatmak da bazıları için daha hayırlı ve daha konforlu bir yol olabilirdi. Ama sakince herkes aklıselim hareket etmeli, seçenekleri gözden geçirmeli ve gerekirse kademeli bir plan yapmalıydı. Alternatiflere bakıldığında 3 seçenek görünüyordu. İlki ülke içinde bir yerlerde sürdürülebilir bir ortam hazırlayıp ortadan kaybolmaktı. Sürdüremediği takdirde gidip içeri yatabilirdi ya da yurt dışına çıkma alternatifini de değerlendirebilirdi. İkinci sıraya belki yurt dışına çıkış alternatifi yerleştirilmeliydi. Yurt dışına ayak uyduramadığında ülkeye dönüp içeride yatabilirdi. En son seçenek içeri girip yatmak gibi görünüyordu. Bir kez bu yol tercih edildiğinde ne kadar pişman olunursa olunsun diğer alternatifleri deneme imkânı kalmıyordu. Tabii bu sıralama kişiden kişiye de değişirdi. Bazısı her kapı gıcırtısından panik olur, evham yapardı. Böylesi için içerisi huzurlu ve dingin bir yaşam sunabilirdi.

KHO davasında ilk derece mahkemesince haklarında 12 yıl 6 ay hapis cezasına hükmedilen sanıklar için mahkeme tutuklama tedbirine başvurmamıştı. Yani mahkeme heyeti bir taraftan ceza verirken diğer taraftan vermiş olduğu cezaya ilişkin elinde kuvvetli suç şüphesini destekleyici ve mahkûmiyete yeterli somut delil olmaması nedeniyle karar kesinleşene kadar tutuksuz olarak yargılanmama hükmetmişti. Diğer bir ifade ile mahkeme heyeti tam yargılama neticesinde beraat etme ihtimalini kuvvetle muhtemel görmüştü. Bu sebeple mahkeme heyeti de üst mahkemelerce sanıklara verilen mahkûmiyet kararının bozulma ihtimalinin yüksekliğine binaen idari makamlarca yapılacak yanlış uygulamaya mahal vermemek adına kararında *"...Karar kesinleştiğinde 22.05.1930 tarihli 1632 sayılı Askerî Ceza Kanunu'nun 30. ve 31. maddelerinin sanıklar yönünden uygulanmasına..."* ifadesine de yer vermişti. Dolayısıyla kamu görevinden çıkarılması işleminin yapılması için verilen kararın kesinleşmesinin beklenilmesi gerektiğini vurgulanmıştı. Ancak MSB'nin 2019/3 Karar Sayılı 07.11.2019 tarihli kararı ile ilk derece mahkemesinin kararının kesinleşmesi beklenmeksizin rütbenin geri alınması işlemi uygulanmıştı. İdarenin kararı tarafıma tebliğ edilmemiş ancak davalı idarenin bu hukuksuz işleminden *"Mirî silahını teslim etmek"* üzere davet edildiğim Etlik Karakolunda 18 Aralık 2019 tarihinde haberdar olmuştum. Aslında mirî silahımı verilen emir üzerine 2 Ağustos 2018 tarihinde KHO'ya belge karşılığı teslim etmiştim. Bu vesile ile öğrendiğim idarenin bu hukuksuz işlemine karşı idari dava açmıştım. Dava Eylül 2020'de idari mahkemede aleyhime sonuçlanmış, karar tam bir yıl sonra yine Eylül 2021 ayında Bölge İdare Mahkemesinde, Şubat 2022 ayında Danıştay Başkanlığında onaylanmış olup hâlen AYM önünde hak arayışım devam etmektedir. Eylül 1980'de bir darbe ile girdiğim askerlik mesleğine tam kırk yıl sonra Eylül 2020'de rütbem elimden alınarak veda etmiştim. Bir fincan kahve gibi üniformanın hatırına 40 yılımı mı feda etmiştim?

Ömer Hollanda'dan dönmeme kararı almıştı. Çocuklar ülkede kendilerine bir gelecek göremiyorlardı. Bu arada Mimar Sinan Güzel Sanatlar Üniversitesinde okurken tanıştığı resim bölümü öğrencilerden Esma ile hayatlarını birleştirme kararı almışlardı. Esma bizim yörenin çocuğuydu. Çanakkale'nin Yenice ilçesinden. Ailesiyle köylerine gidip tanıştık. Bu şekilde kız tarafına bir nevi *"Çocuklar tanışıp hayırlı bir yola çıkmışlar ana-baba olarak bizler oğlumuzun arkasındayız, merak etmeyin, yeri ve zamanı geldiğinde gerekli adımları atacağız."* demiştik. Esma'nın annesi de babası da gerçekten çok samimi, cana yakın ve anlayışlı insanlardı. Temmuz 2019'da Esma'nın mezuniyet töreni vardı. Ailesinin de bu mutluluğunu paylaşmasını çok istiyordu ama babası ayağından rahatsızdı. Kalacak yer ve araç olmadan İstanbul'u göze alamıyorlardı. Esma artık bizim de kızımızdı. Onun mürüvvetini biz de görmek istiyorduk. Esma'yı ve ailesini köyden alıp hep birlikte İstanbul'a gittik. Kayınvalidenin evi zaten müsaitti. Kızımızın mezuniyeti ile biz de gururlandık. Esma'nın bir arkadaşını da alıp ailece Üsküdar Sahil'de bir yemekle mezuniyetini kutlamıştık. Dönüşte bayram içinde kız istemeye gidecek, nişan yapacaktık. Hazır buraya gelmişken nişan alışverişini de yapıverseydik. Dedim ya Erol Bey de Emine Hanım da gerçekten çok anlayışlı insanlardı. Kabul ettiler, nişan alışverişini de gönlümüze ve onların da gönlüne göre yapmıştık. Her iki taraf da çok mutlu olmuştu. Ağustos 2019 ayında bayramda eşimin ailesi, benim ailem, kardeşlerimiz, yeğenlerimiz hep birlikte gidip kızı istedik. Ömer yok tabii, onu ortama bilgisayardan "*Zoom*" uygulaması ile canlı bağladık. Sanırım Esma'nın babaannesiydi. Ekranda Ömer'i bir televizyon kanalının haber spikeri sanmıştı. Bunun gibi daha nelerle karşılaşmıştık. Bazı kızları cezaevinde tutuklu babalarından telefon görüşünde istemiştik. Burada da damat yoktu ama ailesinden yüz yüze görmedikleri oğlumuza kız istiyor, nişan yüzüğünün birini, kızın bir elinin yüzük parmağına diğerini de diğer elinin yüzük parmağına takıyor, on binlerce kilometre uzaktaki iki kalbi birbirine bağlıyorduk. O gün bunu çok fark edemiyorduk ama bu bir zulümdü. Yaklaşık bir yıl sonra da Temmuz 2020 ayında Esma'ya düğün yapmıştık. Yine iki çekirdek aile kız evinde toplanmış, telli duvaklı gelin almıştık. Erol Bey kızına veda ederken titreyen bir sesle kulağıma eğilip *"Kızım sana emanet, ona iyi bak."* diyebilmişti. Esma artık bize emanetti, zaten evde bir kızımız vardı iki olmuşlardı. Yaşları da çok yakındı. Aralarında sadece bir ay vardı. Gelin görümce çok da iyi anlaşıyorlardı.

Esma ile Ömer'in Nişanı (2019)

Bir gece uykuya henüz dalmıştım ki cep telefonumun sesine uyandım. Uyku sersemi pek anlayamamıştım ama telefondaki ses polis olduğunu ve oğlum Murat'ın gözaltına alındığını söylüyordu. Saat henüz gece yarısını geçmiş 1.00'e gelmek üzereydi. Murat Kâğıthane'de Talatpaşa Caddesi üzerindeki evinde yalnız kalıyordu. Kim bilir nasıl korkmuştu. Hanım da uyanmıştı. İlk başta o da algılamakta zorlanmıştı. Ali adalet nöbetini henüz bitirmemiş, daha yatmamıştır diye düşünüp hemen onu aradım. Sabah erkenden yola çıkacaktık. Aradan on dakika geçmemişti tekrar aradı, *"Ağabey hanım kızıyor çocuk orda ne hâldedir diye düşünmüyor musunuz? Nasıl yatıp uyuyacaksınız? Yolda uyursun diyor, hadi ben hazırlanıyorum yola çıkalım."* dedi.

Aylardan ocak hava karlı, düştük yollara. Sabahın ilk ışıkları ile Vatan Emniyetin önündeyiz. Sabah Murat, Ali amcasını karşısında görünce nasıl seviniyor, şaşırıyor, ağlıyor. İyi ki gece gitmişiz, çok ama çok büyük moral ve destek olmuştu. Durumu öğrendik. Bir haftaya dosya tekemmül ettirilecek ve Sulh Cezaya çıkacaktı. Bir hafta sonra biz annebaba olarak buz gibi soğuk bir havada saatlerce Çağlayan Adliyesi önünde Ali ile Murat da avukat ve müvekkil olmanın ötesinde baba oğul gibi Sulh Ceza Hâkimliği önünde heyecanla kararın açıklanmasını beklemiştik. Bazı aileler çocukları tutuklanmadığı için sevinçten havalara uçuyordu. Ben pek belli edemiyordum ama ben de tutuklandığı için sevinçten içim içime sığmıyor, bir an önce eve gidip şükür namazına durmak istiyordum. O sevinen aileler aslında çocuklarının bugünlerini kurtardıklarını ama ahiretlerini kararttıklarının farkında değillerdi. Her biri itirafçı olmuştu. Murat aslanlar gibi dimdik durmuştu. Bu gurur yeterdi bana. Murat tutuklanmıştı. Metris Cezaevine götürmüşlerdi. Murat'ın evine uğramıştık, ona birkaç parça bir şeyler alıp ertesi günü cezaevine bırakacaktık. Hayat akarken sanki Murat için bir anda durmuştu. Hani ölüm habersizce gelir de her şeyiniz her yerde kalır, artık gizli saklınız kalmaz, aynen öyleydi. Bu manzara çok etkilemişti beni. İki hafta önce artık okulu bırakmak istiyordu. Çok zorlandığı bir dersini kim bilir kaçıncıya alıyordu. Bu defa geçme ihtimali var mıydı bilmiyorum ama polis almaya geldiğinde dersiyle ilgili bir devreyi tamamlamış yanına arkadaşıyla kendi okul kimliklerini de koymuş muhtemelen resmini çekip hocaya gönderecekti. Eğer gönderememişse yine kalacaktı. Aklıma ilk gelen şey Murat'ı 3-5 günde salarlar ve Murat bu gözaltından dolayı yine bu dersten kalırsa onu bir daha toparlayamayacağımız olmuştu. İnşallah gerçeği idrak edecek kadar kalır içeride demiştim. Sulh Cezanın ardından genelde 3 ay içeride kalıyor ve ilk duruşmada tahliye oluyorlardı. Bu süre onu fabrika ayarlarına döndürürdü. Benim çok geç yakaladığım trene o yirmili yaşların sonlarında binmişti. İnşallah Rabbim emanetini alana kadar trende kalmayı başarabilir ve fabrika ayarlarında tertemiz bir yaşam sürebilirdi. Bu arada Murat'ın eşyalarını topladık ve anneannesine geçtik. Ali hemen dönmek istiyordu, ertesi günü Ankara'da önemli bir duruşması vardı. Bizim de Murat'a eşyalarını ulaştırmamız gerekiyordu. Bu süreçte ilk kez aile bireylerinden bir şey istemek durumunda kalmıştık. Eşim erkek kardeşini aradı. Murat'ın tutuklandığını söyledi. Yarın için ona çamaşır götürülmesi ve bizim de bugün dönmemiz gerektiğini söylediğinde Bursa'da toplantısı olduğunu söyledi. Sonra kız kardeşini aradı, hem çamaşır götürmelerini hem de şirket bilgisayarını teslim etmelerini istedi. Murat'a teslim edilecek eşyaları ve şirket bilgisayarını anneannesine bırakıp, Ali'yi yeni duruşmalarına yetiştirmek için tekrar Ankara'ya doğru yola çıktık. Yola çıktığımızdan beri Ali bıkıp usanmadan hep aynı şarkıyı tekrar dinliyordu. *"Şu metrisin önü, bir uzun alan, bir tek seni sevdim, gerisi yalan."* Dışardaki tipiden mi, tutamadığım gözyaşlarımdan mı bilmiyorum ama önümü görmekte zorlanıyordum. O gün hanımın iki kardeşi de yanımızda olamadı ama teyze birkaç gün gecikmeyle de olsa çamaşırları götürmüş, bir ara da kuzeni şirket bilgisayarını teslim etmişti. O gün Murat'ın ev sahibi ve patronundan daha çok yakınlık görmüştük. Patronu *"Ben onu izine ayırdım, dönünce işinin başına bekliyorum."* demişti. Telefonuna ilk etapta Hilal bakıyordu. Pek çok arkadaşı merak etmişlerdi. Arayıp soruyorlardı. Sanırım biz ailelerimizin gözünde o kadar da masum değildik. Hayatımız boyunca bir kez yalanımıza şahit olmamalarına rağmen ana babalarımız bile bize değil de resmi söyleme itibar ederek devlete başkaldırdığımıza inanıyor ve bunu iyi niyet ve saflığımızdan istifadeyle kandırıldığımıza veriyordu. Yaşadıklarımıza belki üzülüyor ama içten içe de hatalarımızın bedeli olduğuna inanıyorlardı.

Baba-Oğul değil Avukat-Müvekkil (2021)

Bu arada Hilal ODTÜ Havacılık ve Uzay Mühendisliğinden mezun olmuştu. Son dönemde pek çok arkadaşı gözaltına alınmış, tutuklanmıştı. Adeta sıranın kendisine gelmesini bekliyordu. Özellikle tutuklanan kızlarla ilgili kulağımıza çok kötü haberler geliyordu. Çıplak aramadan tacize kadar ne ararsan vardı. Son bir yıl çok tedirgindi. Bir sabah gelip de kendisini de alacaklar diye geceleri uyuyamıyordu. Çareyi dışarda gecelemekte bulmuştuk.

Akşamları Ali'ye gidiyor, Sevim ile kalıyordu. Daha ilk zamanlarda pek çok Hava Harbiyeli yurt dışına çıkmıştı. Yabancı dil kursunu bahane ederek Hilal için Kanada'ya vize almıştık. Gitmeden önce birlikte köye gittik, durumu onlara söyleyemedik ama içten içe onlarla vedalaşmıştı. Babaannesi elektrikli süpürgesinden şikâyetçiydi, internetten ona bir süpürge sipariş etti veda hediyesi gibi. Giderken sıkı sıkı sarılıp helallik diledi. Belki de dünya gözüyle son görüşüydü. Gece yarısı yollara düştük, sabahın ilk saatlerinde Silivri'deydik. Hilal dışarda bekledi annesiyle ben girdim görüşe. Giderayak hakkında bir şey çıkar endişesiyle ağabeyine gitmeden önce veda bile edememişti. İstanbul'dan birkaç gün sonra Kanada'ya uçacaktı. Çıkışta bir problem yaşamasın diye kimlik kartıyla Kıbrıs'a çıkaralım dedik ama pandemi sürecini unutmuştuk. Çıkış için Kıbrıs'ta karantina planı olmadığı için çıkamamıştı. Anneannesine son anda söylemiştik, tam algılayamadan uçağa bindirip göndermiştik. Kadıköy'deki Dershane Müdürü Celal Hoca ve pek çok arkadaşı vardı Kanada'da, bu yüzden gözümüz arkada değildi. Çok şükür iki haftalık karantina süreci sonrası bir eve yerleşmişti.

Bu arada Murat'ın iddianamesi çıkmış duruşma günü belli olmuştu. İlk suçlama sabit ve ankesörlü hatlardan yapılan aramalara ilişkindi. Bu aramalara bakıldığında ilk göze çarpan husus aramaların genellikle hafta sonları saat 09.00-10.00 aralığına yığıldığı, periyodik görüntüsüyle örgüt araması olduğu yönünde ciddi şüphe uyandıran aramalar olduğu görülmekteydi. Hâlbuki gerçek bundan çok farklıydı. Murat 2013-2015 yılları arasında GATA'da eğitim görmüştü. GATA her ne kadar askerî bir okul olsa da Harp Okulları gibi askerî disiplin ve askerî eğitim katı ve sert değildi. Burada öncelikli olan askerî disiplinden daha ziyade akademik eğitimdi. Hatta burada diğer askerî birliklerin tersine öğrencilerin okul içerisinde cep telefonu taşımaları da serbestti. Nitekim Murat'a telefon kayıtları üzerinde kolluğun yapmış olduğu analizlerde de hafta içinde dahi cep telefonundan irtibat kurulduğu da görülmekteydi. Burada can alıcı nokta öğrencilerin yoklamalarının alınma yönteminovaydı. GATA'da öğrencilerin yoklamaları gözümüzün önünde canlandığı şeklide tüm askerî öğrencileri içtima alanında toplamak suretiyle toplu hâlde alınmazdı. Çünkü öğrenciler okulda dersten arta kalan zamanlarının çoğunu çalışma salonlarında, kütüphanede ve hastane acilinde son sınıfların yanında pratik edinme ve gözlemle geçirirlerdi. Yani öğrenciler okulun her biriminde fırsat eğitimi yapmaktaydı. Bu nedenle yoklamalar WhatsApp üzerinden alınır ve yoklama alınacağı zaman öğrencilerden bulundukları yerin konum bilgilerini amirlerine göndermeleri emredilirdi. Ancak bu uygulama zamanla öğrenciler tarafından suiistimal edilmiş, özellikle cuma akşamından izinsiz çıkan veya hafta sonu cezalı olan öğrenciler telefonunu okulda kalan yakın arkadaşına bırakmakta ve arkadaşı da yoklamada onların yerine de konum bilgisi göndermekteydi. Özellikle hafta sonları sabah yoklamalarının ardından okulu izinsiz terk eden öğrenciler cep telefonunu bıraktığı arkadaşını arayarak yoklamada herhangi bir sorun olup olmadığını teyit etmek için mecburen ankesör veya sabit hatlardan arama yapmak durumundaydı. Öğrenciler tarafından suiistimal edildiğinin fark edilmesi üzerine 2014 yılından sonra bu uygulamadan vazgeçilmişti. Nitekim Murat'ın askerî öğrenci olduğu 2014 ve 2015 yıllarında bir tek ankesör aramasının bile olmaması bu durumu açıklamaktaydı. 2013 yılındaki bu yoğun ankesör aramalarının 2014 ve 2015 yıllarında adeta bıçakla kesilir gibi sonlanması da 2013 yılındaki aramaların örgütsel arama olmadığının en bariz kanıtıydı.

Bir diğer suçlama da Murat'ın 2013 yılında Deniz Kuvvetleri Komutanlığınca yapılan DHO *"Öğrenci Seçme Sınavları"na* girmesi ile ilgiliydi. DHO tarafından Murat'a başvurusu üzerine kendisine verilen aday numarası 11xxxx'miş. Bu aday numarasının 2'nci hanesi ile T.C. Kimlik numarasının 3'üncü hanesinin toplamı 10 ediyormuş. Bu rakam o yıl için örgütün kendi elemanlarının ayırt edilmesi için belirlemiş olduğu bir şifreymiş.

Murat 2013 senesinde DHO'ya başvuru yapıp yapmadığını hatırlamıyordu ancak Deniz ya da KHO mülakatlarına gitmemişti. Aday numarası verilmesi anlaşıldığı kadarıyla adayın iradesi dışında kurum tarafından yapılan bir işlemdi. Kesin olarak hatırlamamakla birlikte üniversite sınavına ilk başvuru aşamasında müracaat formunda Harp Okulu öğrenci seçme sınavlarına girmek istediğini belirten bir alana bir işaretleme yapmış olabilirdi. Daha sonra üniversite sınavının birinci aşama sonuçlarına göre de aldığı puan yeterli olduğu için Harp Okulu öğrenci seçme sınavlarına çağırmak için adayın bilgisi dışında kurum tarafından bir aday numarası vermiş olmalıydılar. Ancak Murat daha sonra bu seçmelere yani spor ve mülakatlara katılmamıştı. Bu arada ikinci sınav sonuçları belli olmuş ve ÖSYM tercihlerini yapmış ve bu tercihleri doğrultusunda ÖSYM tarafından GATA'ya yerleştirilmişti. Yani

GATA'ya yerleştirildiği için Harp Okulu öğrenci seçme sınavlarına gitmemezlik yapmamıştı. Kendi iradesiyle Harp Okulu seçmelerine gitmemişti. Zaten zamanlama olarak da GATA'ya yerleştirildiğinde Harp Okullarının seçmeleri bitmiş oluyordu. Yani iddia edildiği gibi DHO Öğrenci Seçme Sınavlarına katılmamıştı.

Kurum tarafından verilen aday numarasının ne olduğunu da bilmiyordu. Ancak savcının iddia ettiği gibi eğer verilen aday numarası 11xxxx ise, bu numaranın (11xxxx) 2'nci hanesi (1) ile T.C. Kimlik Numarası'nın (xx0xxxxxxx) 3'üncü hanesinin (0) toplamı (10) yapmamaktadır.

Diğer taraftan savcı yaptığı titiz araştırma neticesinde, GATA'ya yerleştirilmenin zaman olarak DHO Öğrenci Seçme Sınavlarından sonra olduğunu yani Murat'ın iradi olarak Harp Okulu seçmelerine katılmadığını gayet iyi bilmektedir. Yine Savcı Murat'ın kollukta verdiği ifadesinde geçen *"2009 yılında askerî lise sınavlarına girdim. Burada Kuleli Askerî Lisesi seçmelerine de katıldım. Burada daha ilk aşama olan spor mülakatlarında koşamayarak yetersiz bulundum ve elendim. Daha sonrasında sözlü ya da farklı bir mülakata girmeden buradan ayrıldım ve sivil bir anadolu lisesinde lise öğrenimime devam ettim."* şeklindeki beyanlarından Kuleli Askerî Lisesi yazılı sınavını kazandığı hâlde seçmelerde elendiğini biliyordu. Kollukta verdiği ifadenin GATA'daki öğrenim hayatıyla ilgili kısmında *"2013 yılında girmiş olduğum YGS/LYS sınavlarıyla Gülhane Askerî Tıp Akademisini kazandım. Burada öğrenim gördüğüm 2014/2015 yıllarında 2'nci sınıf öğrenimimi görürken sınıfta kaldım. 2015-2016 yıllarında 2'nci sınıf öğrenimime devam ederken tıp eğitimini tamamlaya-mayacağımı düşünerek bu okuldan ayrılma kararı aldım. Ayrılma işlemlerim devam ettiği esnada 2016 yılında darbe girişimi gerçekleşti. Bana bunun üzerine okuldan ayrılma okul kapanacak en azından atılmış olur ve tazminat ödemezsin dediler. Bunun üzerine okullar kapatıldı ve okuldan ilişiğimiz kesildi. Darbe girişimi gerçekleşmeden önce okuldan ayrılmayı kafama koyduğum için GATA'da 3'üncü sene eğitimimi gördüğüm esnada İstanbul Teknik Üniversitesinin Yabancı Dil Yeterlilik Sınavı'na girdim ve bu sınavdan yüksek puan aldım. Okulların kapatılması üzerine İTÜ'ye Mühendislik okumak için başvuru yaptım. O zamanlar çıkan bir kanun ile GATA'da okuyan öğrencilere Sağlık Bilimlerine aktarılma hakkı tanındı. Ancak ben tıp okumak istemediğim için İTÜ'ye başvuru yaptım. Okulu kazandığım belge ile şu anki belge arasında tutarsızlık bulunduğundan dolayı BİMER'e yatay geçiş yapabilmek adına başvuruda bulundum. BİMER müracaatımı kabul etti ve İTÜ'nün Elektrik Elektronik Fakültesi Kontrol ve Otomasyon Mühendisliği Bölümüne kayıt yaptırdım. Hâlihazırda burada 3'üncü sınıf öğrencisi olarak öğrenim görmekteyim."* şeklinde beyanlarda bulunmuştu. Bu beyanlardan hareketle GATA'daki eğitimi esnasında hem askerlikten hem de doktorluktan ne derece soğuduğunu ve aslında örgütün üyesi değil de mağduru olabileceği gayet net bir şekilde görülmekteydi.

Ali ile üzerinde günlerce çalışarak savunmasını hazırlamıştık ancak bu süreçte Ali, SARS-CoV-2 virüsü almıştı. Aylarca hastanede yoğun bakımda kaldı. Murat'ın 27 Nisan 2021 tarihindeki duruşmasına katılamadı. İstanbul Barosu avukatlarından Ahmet Âşık'ın eşinin yeğeni İrem

Gürbüz vekâleten katılmış ve bu duruşmada Murat tutuksuz yargılanmak üzere tahliye edilmişti. Tutuklu kaldığı süre içinde görüş günlerine düğüne gider gibi neşeyle gitmiş, telefon görüşmelerini özlemle beklemiş daha da ötesi oğlumla mektuplaşmaya başlamış, birbirimizi daha iyi tanımaya, farklı bir bağ kurmaya ve yakınlaşmaya başlamıştık. Üzerinden yıllar geçti ama oğlum hâlâ görüş günlerinde telefonla arar ve keyifle sohbet ederiz. Bir de o günlerde farkına vardığı birtakım gerçekleri liste hâlinde görünür bir yere asacak ve zamanla yolunu şaşırırsa bu gerçekler sayesinde tekrar yolunu bulacaktı. Astı mı bilemiyorum ama o günden beri yolunu şaşırdığına şahit olmadım. O günlerde bana *"Baba iyi ki kapıya önce polisler gelmiş, Azrail gelseydi işim zormuş. Ne çok yapmam gereken yapmadığım ne çok da yapmamam gereken yaptığım şey varmış."* demişti. Hazreti Ali (r.a) *"Bana bir harf öğretenin kırk yıl kölesi olurum."* demiş ya böyle bir ders için ömür verilse değmez mi ki?

Tahliyenin ardından Murat'ı alıp biraz anne yemekleriyle beslensin diye Ankara'ya getirdik. Patronuyla görüşmüştü, bir hafta kalıp eski işine geri dönecekti. Birkaç gün sonra yine bir gece vakti telefon çaldı, bu defa telefonun ucunda hanımın yeğeni Büşra vardı. *"Hala Babam öldü."* diyordu. Erkan da Covid-19'a yakalanmıştı ama durumu iyiye gidiyordu. Gelmeden önce eşi Seval ile görüşmüştük, *"Yarın taburcu olacağız."* diyordu ama 6 Mayıs 2021 gecesi ansızın bir kalp krizi ile Hakk'ın rahmetine kavuşmuştu. Hemen geriye döndük. Allah kimseye evlat acısı göstermesin. O anne baba yıkılmıştı. Allah rahmet eylesin, taksiratını affetsin.

Ali emekli olduktan sonra bir gün birlikte otururken *"Sayende güne gün kaza namazına başlamıştım. Emekli olduktan sonra farkı olsun diye güne iki gün kaza etme kararı aldım."* demişti. Ben de *"İbadetin az ama sürekli olanı makbul, devam ettiremeyeceğin yükün altına girmeseydin."* demiştim. *"İmkân varken yapmak lazım, yarına çıkmaya senedimiz mi var?"* demişti. Yokmuş be dostum. Sen ne güzel insanmışsın. O niyetle başladın ya eksiğin kaldıysa da ben inanıyorum Rabbim tamamlamıştır onları. Allah herkese senin gibi ölüm nasip etsin, ölmeden önce aylarca yoğun bakımda yattın ama bana sorarlarsa ötede, ben dimdik ayakta öldü, hatta küheylan gibi koşarken çatladı, diye şahitlik ederim. Son dönemde nereye ateş düşse senin yüreğini yaktı. O yattığın dönemde de hem tüm günahların döküldü hem de tüm dünyanın her köşesinden öyle dualar aldın ki cennet sana farz kılınmıştır diye ümit ediyorum. Mekânın cennet olsun dostum.

Dost Dediğin Böyle Sevilir, Böyle de Uğurlanır (2021)

Gideli birkaç ay olmuştu, Hilal annesiyle birlikte olduğum bir zaman diliminde bizi aramak istiyormuş. İkimiz bir aradayken bir şey söyleyecekmiş. Hilal çok heyecanlıydı, biriyle görüşmeye başladığından bahsetti. Gözlerinin içi gülüyordu. Oradaki Harbiyeli arkadaş ortamında tanışmışlar, çocuk KHO öğrencisiyken ilişiği kesilenlerdenmiş. Çok memnun olmuş hatta üzerimden büyük bir yük kalkmış gibi çok da rahatlamıştım. Kızımızın gönlünü çalan Harbiyelimin adı Bedirhan'mış. Ailesi Ankara'daydı, 15 Ağustos 2021 günü gelecekler, kızımızı isteyecekler ve nişan yapacaktık. İki gün öncesi yine bir telefonla sarsıldık, bu defa da Emine'nin babası bir kalp krizi sonunda Hakk'ın rahmetine kavuşmuştu. Babam da bizimle birlikteydi. Esma da evdeydi. Esma'yı evde bıraktık, çekinirse Mahmut ve Dilek'te kalacaktı. Babamı da alıp İstanbul'da doğru yola çıktık. Yolda Bedirhan'ı aradık, *"Hilal'in yanına git, haberi ona öyle verelim, siz de programınızı değiştirmeyin ölen ile ölünmez, sizinkiler Ankara'dan biz İstanbul'dan siz de Kanada'dan katılın, online istesinler, nişanı da yapın."* dedik. Kanada'da arkadaşları zaten bir sürü organizasyon yapmışlardı. Ertelemek olmazdı. Zaten dedesi de yaşasaydı kesinlikle böyle olmasını isterdi. İmtihan ne büyüktü. Ölümün sıralı olması bile çok büyük bir lütuftu. Daha 4 ay önce oğlunu toprağa vermişti, acısını çok belli etmezdi ama ayakta zor durmuştu. Ölüm sıralı gelseydi böyle bir acı yaşamamış olacaktı ama kaderde olunca elden bir şey gelmiyordu. 15 Ağustos 2021 gecesi Musa Bey ve Serpil Hanım ailece Ankara'da ekran başındaydı. Biz de ailece İstanbul'da ekran başındaydık. Bedirhan'ın dedesi, Allah'ın emri ile kızımızı torununa istedi, babam da aile büyüğümüz olarak torununu verdi. Tam Hilal'e göre bir nişan töreni oldu. Tüm dünyadan arkadaşları ve dostlarımız bağlandı. Mutluluklar diledi. Vekilim olarak Celal Hoca oradaydı. Bedirhan'ın da dayısı Kanada'daydı. Bu da ayrı bir mağduriyet hikâyesi idi. Fahrünnisa evlenirken ana baba olarak yanında olamadık. Ömer evlenirken ana babalar ve gelin bir arada ama damat başka bir ülkedeydi. Bu defa da gençlerden birinin ailesi İstanbul'da diğerinin ailesi Ankara'da daha yüz yüze bile bir araya gelmemişlerdi ve gençler deniz aşırı Kanada'da bir aradaydılar. Birbirlerine destek oluyor, birbirlerinin anası babası, ağabeyi, ablası oluyorlardı. Düşününce gerçekten dünyaya tohum gibi saçılmıştık. Ne büyük aile olmuştuk. Rabbim sen ne büyüktün. Tüm hâlimiz için sana şükürler olsun. Gönüllerin birleştiği böyle bir günde kızım Fahrünnisa ve eşi Burak da bu mutluluğumuza ortak olmuşlardı. Yıllar sonra kızımıza kavuşmuş, damadımızı da tanımıştık. Kızımız hayatına aldığına göre o da bizim bir oğlumuzdu. Ben Burak'ı tanıdıkça sevmiştim. Aslında kızımın hayatına ilk girdiği günden beri ona gıyabında Allah'tan hep hidayet dilemiş ve mutlu olmaları için dua etmiştim. Şimdi görüyordum ki çocuklar birlikte olmaktan mutluydu ve Burak da kızıma ayak uydurmuştu. Rabbim her ikisini de doğru yolundan ayırmasın.

Hilal-Bedirhan Nişan (2021)

Nişandan 15 gün sonra 29 Ağustos 2021 günü bizim ihraç Harbiyeliler teğmen nasbedilmiş gibi yıldızları taktılar, nikâh kıydılar. Kanada'da insanlar özgürce tercih ve inançları doğrultusunda belediye bünyesinde resmi görevliler huzurunda olduğu gibi, kilise, cami ve havra gibi dini mekânlarda din adamları huzurunda da resmî nikâh kıyabiliyorlardı. Nikâh aşamasında görevli tarafından tanzim edilen evrakı ibraz ederek ilgili merciden daha sonra resmî evlilik cüzdanlarını alabiliyorlardı. Hilal ile Bedirhan'ın nikâhları camide imam tarafından kıyıldı. Faslıymış imam, önce benimle telefon bağlantısı kurdu, kızımın evliliğine rızam olup olmadığını sordu. *"Reşit zaten."* desem de *"Babanın rızası olmadan nikâh olmaz."* dedi. Celal Hoca'yı vekil tayin ettiğimi benim ağzımdan teyit etti ve nikâhı ondan sonra kıydı.

Esma nişandan sonra kapanma kararı almıştı. Çok sevinmiş ve gönülden destek olmuştuk. Evlendikten sonra Esma bir yıla yakın yanımızda kalmıştı. Kendi ifadesi ile bizden çok şey öğrenmişti. Bizden ziyade arkadaş çevremizden, samimiyetimizden etkilenmişti. Kimse art niyetli değildi. Birinin derdi hepimizin derdi, birinin sevinci hepimizin sevinciydi. *"İnsanlar nasıl bu kadar iyi olabiliyorlar. Böyleleri de varmış dünyada. Ben hep bugüne kadar çıkarlarını ön planda tutan insanlar arasında kalmış, hep kendimi koruma refleksi ile hareket etmiştim ama sizin aranızda çok rahat ettim."* diyordu. Eminim Rabbim Esma'yı Hollanda'ya gitmeden önce burada rehabilite etmiş, oraya uyum sağlamaya hazır hâle getirmişti.

Hâlâ umutluyduk, ilk derece mahkeme hata yapmıştı ve bu yanlıştan ama temyiz aşamasında ama Yargıtay aşamasında mutlaka dönülecekti. Karar temyiz aşamasında Bölge Adliye Mahkemesince yerinde görülmeyi müteakip, Yargıtay aşamasında da onaylanarak kesinleşmişti. Hukuki mücadele AYM ve devamında AİHM ile devam edilecekti ama bu hak arayışı verilen hükümlerin infazına engel değildi. Mahkemeden hüküm giymiş olan herkes için karar zamanıydı. Kimsenin zalimin işini kolaylaştırma gibi bir niyeti yoktu. İş ciddiyete bindiğinde *"Ben gider yatarım ya da ben süreç bitene kadar köşeme çekilirim."* diyenler dışarı çıkmanın yollarını aramaya başlamıştı. İlk derece mahkemenin kararının ardından birkaç arkadaş çıkış yapmıştı. Bu defa etrafıma baktığımda gördüğüm manzara karşısında Üstat Necip Fazıl Kısakürek'in *"Yeryüzü boşaldı, habersiz miyiz?/Güneşe göç var da, kalan biz miyiz?"* dediği gibi haykırmak geliyordu. Sonra birden Üstad'ın bir başka dizesi aklıma geliyor *"Göz kaptırdığım renkten, kulak kabarttığım sesten,/Affet Sen'den habersiz aldığım her nefesten."* diyerek tövbe ediyorum. Sanki bunları planlayan Kendisi değilmiş gibi. Hz. Ali (r.a) şöyle dua edermiş *"Allah'ım gönlümde olanı hakkımda hayırlı eyle, hakkımda hayırlı olanları da gönlüme razı eyle."* Ne güzel bir yakarış, keşke bunu hep hatırlayabilsek.

İlk Torunum Faruk Eymen (2023)

Askerî lisede bir dönem sakal istirahati almış olmam nedeniyle o günden beri camiada *"dede"* olarak bilinirdim ama artık nihayet gerçek dede olmuştum. Ömer ile Esma'nın bir oğlu olmuştu. Bu kadar sıkıntılı bir dönemde Faruk Eymen tüm aileye taze bir nefes, yeni bir umut ve mutluluk kaynağı olmuştu. Rabbim sevdikleriyle birlikte sonu cennet olan bir ömür nasip eylesin. Âmin.

Bu arada Murat'ın davası da bitmiş ilk derece mahkemeden 6 yıl 3 ay ceza almış, yurt dışı çıkışına da yasak getirilmişti. Onun kararı da Bölge Adliye Mahkemesince yerinde görülmüş, Yargıtay arşivinde incelenmeyi bekliyordu. Yargıtay davaları tutuklu sanık bulunma ve hak mağduriyeti açısından sıraya koyuyordu. Murat'ın davası en son öncelikli incelenecek davalar arasındaydı. Birkaç yıla ancak sıra gelirdi. O zamana kadar da Allah Kerim'di. Belki umumi bir fereç ve mahreç lütfeder de bu zulüm düzeni sona ererdi. Son dönemlerde Murat'ta bir değişiklik vardı. Sümeyye ile epey yakınlaşmışlar ama gelecek ile ilgili plan yapmakta zorlanıyorlardı. Aslında hayatta hiçbir şeyi ötelememek lazımdı. Her ikisinin de okulu bitmemişti, ama ikisi de ayakları üzerinde durabiliyor, hayatlarını kazanabiliyorlardı. Birlikte iken de bir taraftan çalışıp bir taraftan okuyabilirlerdi. Bir gün Sümeyye'nin ailesini misafir ettik. Sanki yıllardır tanışıyor gibiydik. Babası da bu süreçte KHK ile ihraç olmuş bir polis memuruydu. Anne hâlen görevde hemşireydi. Ünal Bey ve Ayşe Hanım da çok anlayışlı insanlardı. *"Siz gelip kızımızı isteyemiyorsanız biz gelir kızımıza oğlunuz Murat'ı isteriz."* demişlerdi. Murat dedesini, babaannesini, amcalarını, yengesini, yeğenlerini, ablasını, eniştesini, anneannesini ve teyzesini alıp kızın evine çıkarma yaptı. İstanbul'da lojman karşı komşumuz Hakan Albay ve eşi Nurten Hanım da bizi temsilen katıldılar. Kızı aldılar, yüzükleri takıp nişan yaptılar. İstanbul'a dönüşte de arkadaşları ile yakın aile bireylerinin katılımıyla nikâhlarını kıydılar. Nikâha bizi temsilen Mahmut, eşi Dilek ve Satı katılmıştı.

Sümeyye ve Murat'ın Nişan Töreni (2024)

Murat da Sümeyye de ev ve eşya konusunda çok akıllı davranmışlardı. Benim kendilerine tavsiyem mümkün mertebe nakitte kalmaları yönünde olmuştu. Emeklilik ikramiyesinden kendilerine ayrılan payı vermiştim, benzer uygulamayı Ünal Bey de yapmıştı. Onlar da işe yakın bir yerde bir ev kiralamış ama eşya derdine düşmemişler, nakitte kalmayı tercih etmişlerdi. Yarının ne getireceği belli değildi. Bu şekilde kendilerine engel olacak yükleri olmayacak, daha rahat hareket edebileceklerdi. Rabbim mesut bahtiyar etsin. Tüm kuşlar yuvadan uçmuştu. Murat'ın evliliğinde de daha başka bir mağduriyet yaşanmıştı. Bu defa tüm aile bir aradaydı ama Murat'ın ana babası olarak biz yanlarında olamamış yine Zoom bağlantısı yapmıştık.

Yıllarca Ankara'dan kaçmıştım ama aslında kökenimiz Ankara'ya dayanıyormuş, yani Ankara vatanıaslimizmiş. Aslımız manavmış. Manav, Anadolu'da çoğunlukla 13'üncü yüzyılda yerleşik hayata geçen Türk boylarını tanımlamada kullanılan bir sıfattı. Yerleşik hayata geçenlere *"Manav"* ve göçebeliğe devam edenlere *"Yörük"* diyorlardı. Babamın dedesi rahmetli Sarı İmam da yıllar önce Ankara'nın Yassı Ören köyüne yerleşen manavlardanmış. Medrese eğitimi için İstanbul'da bulunduğu bir dönemde babasıyla aralarındaki bir tartışma sonucu bir daha dönmemek üzere köyünü terk etmiş. Babam da hem ağabeyi hem de kız kardeşiyle yıllardır ceviz kabuğunu doldurmayacak bir meseleden dolayı küstü, inadının ve kindarlığının nereden geldiği şimdi daha iyi anlaşılıyordu. Sarı İmam Dede askerlikten sonrası Darıköy'e yerleşmiş. Kardeşim Hakan askerliğini 1994 yılında Deniz Kuvvetleri Komutanlığında yapmıştı. Annem, babam ve çocuklarla onu ziyarete geldiğimizde Yassı Ören köyünde akrabalarımıza misafir olmuştuk ve o zaman Yassı Ören ile Darıköy'ün benzerliğine çok şaşırmıştım. Sarı İmam Dede yıllar içinde çok çalışmış ve çok varlıklı hâle gelmiş. Babaannem gelin geldiğinde köy odasının dayama yastıkları arkasında odayı çepeçevre dolaşan *"karayılan"* adını verdikleri kol kalınlığında içi altın dolu muşambadan bahsederdi. Eşkıyalar Sarı İmam Dede'nin göbeğine kızgın yağ dökerek işkence edip karayılanı alıp gitmişler ve Sarı İmam dede bu yaradan sonra çok yaşamamıştı. Anlaşılan sıla hasretiyle gidemediği köyünün zaman içinde bir kopyasını yapmış. Ölümünden sonra Sarı İmam dedenin mirasına 17 varis girmişti. Bunlardan biri de dedemdi. Dedem yıllarca Darıköy'de muhtarlık yapmış ve daha sonra Geyikli'ye yöre halkının Muhacir Mahallesi diye bildiği bugünkü baba evimin olduğu yere yerleşmişti. Çocukluğumda köyün yarısıyla akraba olduğumuzu sanırdım. O kadar büyük bir aileydik. Kaderiilahi beni vatanıaslime, yıllardır kaçtığım Ankara'ya hapsetmişti. Oysa Kur'an-ı Kerim'inde Rabbim *"Sizin hayır sandığınızda şer, şer sandığınız şeyde hayır vardır. Allah bilir, siz bilmezsiniz."* (Bakara suresi 2/216) diyordu. Aslında Ankara'da benim için hayır varmış ama ben bunu bilememişim. Ankara bana neler vermemiş ki, yıllardır kaçırdığım treni yakalama şansı vermişti. Anne babalarımıza tam yaşlandıkları sırada hizmet etme imkânı vermişti. Büyük bir ailenin parçası olma şansı vermişti. Kendimizi bulma şansı vermişti.

Yıllardır şu trene bir türlü binememiştim. Ömer 15 Temmuz'un hemen akabinde aramış, *"Baba bu son treni kaçırmazsın inşallah."* demişti. İnşallah kaçırmamışımdır. Tren ilk seferini yaptığında Balıkesir'deydim. Treni görmüş ama binememiştim. Okuldan pek çok arkadaşımız davası uğruna kıtalara sürülmüştü. Onların mağduriyetlerini iliklerime kadar hissetmiş, yapılan zulmü lanetlemiş ama onlarla aynı kaderi paylaşamamıştım. O zaman *"Acaba benim bir eksiğim mi var, Ben niye bunların arasında olamadım?"* diye düşünmüştüm. Rahmetli Ali o trene de binmişti. Ben arkalarından içim yana yana yaşlı gözlerle el sallamıştım.

İkinci tren 17-25 Aralık'ta ben İstanbul'dayken kaçmıştı. Hadi ilkinde trene binememiş ama en azından gönlümü onlara bağlamıştım, onlarla üzülmüş, onlarla ağlamıştım. İkincisinde zulme uğrayan o polislerle empati bile kuramamıştım. Onların kalplerinin demirden olduğunu sanmış, *"Hırsızdan korksak polis olmazdık."*, *"Allah var gam yok."* sloganlarını tekrarlayıp durmuştum. Milletin geleceğini çalanların peşine düştükleri bu yolun sonunun muhtemelen kendi zindanlarına çıkacağını bildikleri hâlde imanlarının gücüyle bir an bile duraksamadan ilerlediklerini görememiştim. Geride bıraktıkları eşlerinin ve çocuklarının ihtiyaçlarının olabileceğini ve bu kahramanların emanetlerine sahip çıkmak gerektiğini düşünememiştim. Kalbim taş gibiymiş. Allah'ın rahmeti yağmış, o rahmetin etkisiyle toprakta tohum filize durmuştu da benim taş kalbime hiç işlememiş sadece yüzeyini yıkayıp geçmişti. O mevsim bende hiçbir iz bırakmadan öylece geçmişti. O mağduriyetleri hiç anlayamamıştım. Zaten yıllardır devletin ötekileştirdiği Kürt'ünü, Alevi'sini, Ermeni'sini de anlayamamıştım. Ankara'da olmasam muhtemelen bu defa da anlayamayacak ve son treni de kaçıracaktım. Ömrüm boyunca Ankara'dan kaçmıştım. Allah, Ankara'ya gönlümü KHO ile ısındırmıştı. Benim tepkim Ankara'dan ziyade MSB İnşaat Emlak Dairesi Başkanlığına imiş. Bu süreçte de Ankara dışında her hâlükârda ama MSB Teşkilatı içinde olduğum sürece Ankara'da da olsam bu treni kaçırırmışım. Zaten MSB Teşkilatı'nda olup da örgütle iltisaklı olduğu tespit edilemeyen kimse hakkında adli bir işlem yapılmamıştı. Benim hakkımda da yargılanma aşamasında her türlü araştırma yapılmış olmasına rağmen örgütle iltisaklı olduğuma ilişkin herhangi bir delile rastlanmamıştı. Ben bu trene binebilmişsem, bunu öncelikle bu süreçte Ankara'da olmaya, Ankara'da olmayı da KHO'ya atanmaya borçluydum. Bu defa mağduriyeti iliklerimize kadar hissetmiştik. Bu defa zulüm kendi canımıza gelmişti, canımız kadar sevdiklerimize dokunmuştu. Arkadaşlarımıza, can yoldaşlarımıza değmişti. Ne mutlu bize ki bunca mağduriyete rağmen isyan etmemiştik. Bu süreçte hep *"Allah'ım gönlümüzde olanı hakkımızda hayırlı eyle, hakkımızda hayırlı olana da gönlümüzü razı eyle."* diye dua etmiştik. Azıcık sarsılsak ilahi ikaz hemen yardımımıza koşmuştu. Ekrem anlatıyor. O gece memleketinde izindeydi. Telefonla da görüşmüştük. Ertesi günü duramamış görevinin başına dönmüş. Döner dönmez de tutuklanmış. Gerekçe ellerindeki bir liste. Darbe başarılı olsa görev verileceklerin listesi. Listenin altına da Ekrem'i soyadını bile yanlış yazarak kurşun kalemle eklemişler. Adı listede ama o gece suçlanacak bir eylemi yok, izinde. Başka bir gerekçe lazım. *"Bylock"* var diyorlar. İlk günlerde alıyorlar içeri, 3 yıl yatıyor ve Yargıtay kararı bozunca tahliye ediyorlar. Gerçi bu aralar ilk derece mahkeme tekrar ceza verdi, dosyası yine Yargıtay'da. Bakalım bu defa ne olacak? İçeride olduğu bir dönemde o kadar bunalıyor ki bir an *"Kim yazdı benim adımı şu listeye ya."* diye içinden geçiriyor. O gece rüyasında Hz. Aişe (r.a) anamızı görüyor *"Ben yazdım, sileyim mi?"* buyuruyor. Kan ter içinde elleri, ayakları titreyerek uyanıyor. Hemen abdest alıp, iyi ki listeye girmişim diye şükür namazına duruyor. Bir daha da *"Aklının köşesinden bu benim başıma niye geldi?"* diye geçmiyor. Biz savunma metni hazırlarken bir araya geldiğimizde Mahmut biraz mahzunlaşırdı. *"Ben bir yerde yanlış mı yaptım? Ben niye sizin aranızda değilim?"* derdi. Bir gün onun da kapısını polis çalınca rahatlamıştı. Eminin o da ilk fırsatta şükür namazına durmuştur. Bir arkadaşın eşi anlatıyor. *"Zamanında eşim o kadar itibarlı idi ki her gittiğimiz yerde saygı görürdük. Sayesinde çok güzel günlerimiz ve çok rahat bir hayatımız oldu. Şimdi eşim müebbet aldı, lojmandan atıldım, elimde avucumda hiçbir şey yoktu, Kaymakamlığa müracaat ettiğimde gelir beyanıma sıfır yazdım. Oğlum askerî lisedeydi. Şimdi Avrupa'da hayata tutunmaya çalışıyor. Kızlarım Amerika'da, ailem param parça. Bugün bana deseler ki eşin içerden hiç çıkamayacak ve ailen de bir daha bir araya gelemeyecek. Eski ihtişamlı günlerin mi bugünkü halin mi? Hiç tereddütsüz bugünü tercih ederim. Bu süreç bize çok şey öğretti, bizi kendimize getirdi."* diyor. Bu defa treni yakalamıştık ama şimdi asıl mesele son durağa kadar trende kalabilmekte. Bu da zamanın çıldırtıcılığına karşı sabırlı olabilmekle mümkündü.

Ankara'da olmak ana babalarımıza tam da yaşlandıkları dönemde hizmet etme hayır dualarını alma imkânı vermişti. Murat GATA'da olduğu dönemlerde her iki dedesi ile de ilgilenmişti. Bu süreçte babamın ayağı çok şişmişti. Hem annemi hem de babamı aldım Ankara'ya getirdim. Bir arkadaşımın eşi Onkoloji Hastanesinde kalp mütehassısı idi. Rica ettim Ayşe Hanım *"Hemen getir, pazar günü acilden yatışını yapıp biz bir tetkik edelim."* dedi. Bir hafta her türlü tetkikten sonra teşhis koydu, *"Önce kalbe pil takmamız lazım."* dedi ve bizi Numune Hastanesinde bir arkadaşına yönlendirdi. Hiç hissettirmemişti. Babam son hastasıymış, ertesi günü eşinin ardından çocuklarını alıp yurt dışına çıkmıştı. Allah yollarını açık etsin. Numune Hastanesinde kalp pili takılabilmesi için babamla 10 gün hastanede kaldık. Hayatımın en güzel günleriydi. Aslında ortam çok rahatsız ediciydi. Küçücük bir odada 4 hasta kalıyorlardı. Başlarında refakatçileri de olunca odada adım atacak yer kalmıyordu. Babama ilk kez bu kadar yakın olabilmiştim. Tuvalete bile birlikte gidiyorduk. Ben koridorda boş bulduğum sedyede ya da sandalye üstünde uyuyordum ama çok huzurluydum. İlerleyen dönemlerde her ikisi de diz ağrılarından şikâyet etmeye başlamışlardı. Yakın zamanda Emine de annesinin diz ameliyatı için İstanbul'a gitmişti. Ameliyat sonrası kayınvalidenin yaşam kalitesi çok artmıştı. Özellikle babam *"Bu ağrılarla ne akşam oluyor ne sabah."* diyordu. Kayapınar, Mimar Buket Hanım'ın eşi Soner Bey'in o tür ameliyatlarda çok başarılı olduğunu söylemişti. Buket Hanım Ankara'da Bayındırlık ve İskân Müdürlüğünde Şube Müdürü'ymüş. Eşi de Yıldırım Beyazıt Araştırma ve Eğitim Hastanesinde ortopedi uzmanı imiş. Önce Buket Hanım'ı aradım, ardından Soner ile görüştük. Babamın durumunu anlattım, yaşı, kilosu ve pek çok sağlık sorunu olduğundan bahsedince tam da onun uzmanlık alanındaki riskli hasta profilinde olduğunu ve diz ameliyatı yapabileceğini söyledi. Riski azaltmak için bir hafta on gün arayla iki ameliyat yapacak ve her defasında bir dize müdahale edecekti. Hem annemi hem de babamı aynı anda ameliyat edecekti. Bize ailecek kalabileceğimiz bir oda tahsis etmişti. Ramazan boyunca eşim ve ben hem annemin hem de babamın ameliyat sürecinde yanlarında olabilmiştik. Bu arada annem birkaç defa göz ameliyatı için gelmişti. Babam uzun süreli tedavi için 6 aya yakın yanımızda kalmıştı. Kayınvalidenin hastanede yattığı dönemlerde biz de haftalarca İstanbul'da kalmıştık. Hangimizin ana babası olduğu önemli değildi. İkimiz de kendi ana babamıza gösterdiğimiz sabrı ve özeni gösteriyor, bundan da çok büyük bir haz duyuyorduk. Allah'a bize bu imkânı verdiği için her fırsatta şükrediyorduk.

Medrese-i Yusufiye'de Miraç Kandili (2020)

Ankara'ya KHO'ya atanarak, MSB Teşkilatı'ndaki dar çerçeveden çıkmış, menfaate dayalı ilişkiler yumağından sıyrılmış, kısır çekişmelerden uzaklaşmıştım. Kocaman bir eğitim camiasının içinde öğrencilik yıllarımdan beri tanıştığım birçok dostumla görev yapma imkânı bulmuştum. Bu arada 15 Temmuz Hadisesi olduktan sonra, başta KHO personeli olmak üzere tüm mağdurlarla gönül bağı kurmuştum. Çok büyük bir ailem olmuştu. Bu kocaman ailenin her bir ferdinin yaşadığı mağduriyeti yüreğimde hissediyor, her birinin derdiyle dertleniyor, sevinciyle mutlu oluyordum. Her birinin mazhar olduğu iltifattan kendime de pay çıkarıyordum.

Sadece imkânlarımızı değil dualarımızı, umutlarımızı,

özlemlerimizi, kederlerimizi de paylaşıyorduk. Tarihte ilk defa bir Miraç Gecesi'nde korona tedbirleri kapsamında tüm camiler ve hatta Kâbe tüm Müslümanlara ibadete kapanmış ve cemaatle namaz kılınabilen tek yer Medrese-i Yusufiye yani cezaevleri olmuştu. Böyle bir mazhariyetten kendime de pay çıkarıyordum.

15 Temmuz Darbe Girişimi'nin üzerinden 8 yıl geçmişti. Bugün itibariyle açılan 289 darbe davası karara bağlanmış ve bu davalarda 1.634 kişi ağırlaştırılmış müebbet, 1.366 kişi müebbet ve 1.891 kişi de çeşitli sürelerde hapis cezası olmak üzere toplamda 4.891 kişi mahkûm edilmişti. 15 Temmuz Darbe Girişimi'nin ardından ilan edilen olağanüstü hâl ile birlikte cemaat yapılanmasına üye oldukları iddiasıyla ayrıca 705 bin 172 kişi hakkında adli işlem başlatılmış, açılan davalarda 125 bin 456 kişi mahkûm edilmişti. Hâlihazırda cezaevlerinde 877'si tutuklu, 2 bin 9'u hükümözlü, 10 bin 365'i hükümlü olmak üzere toplam 13 bin 251 tutuklu ve hükümlü bulunmaktaydı. Bu hükümlü ve tutukluların 5.235'i 65 yaşın üstündeydi. Hapishanelerde 158'i kız çocuğu olmak üzere 12-18 yaş arası 3.432 çocuk tutulmaktaydı. 15.364 kadın mahpusun yanında annesi ile kalan 0-6 yaş grubu çocuk sayısı ise 552 idi. Hâlen 61 bin 796 kişi hakkında soruşturma ve 23 bin 52 kişi hakkında da açılan davalar devam etmekteydi.

Darbe Girişimi sırasında 2016 yılında 16 bin 176 hâkim ve savcı görev yapmakta iken bu süreçte HSK tarafından bunlardan 4 bin 500'ü meslekten ihraç edilmişti. Resmî söyleme göre 15 Temmuz'da kalkışmaya katılan asker sayısı 8.561 kişi idi ve bunların yarısı askerî öğrenciydi ancak bu sürede TSK'dan 70 bin asker ihraç edilmişti. Generallerin %50'si, kurmay kadronun %90'ı ordudan atılmıştı. Emniyet Genel Müdürlüğünde çoğu rütbeli olmak üzere 34 bin polisin görevlerine son verilmişti. O gün itibarıyla sayıları 6 bin 81 olan akademisyen ve üniversitelerin idari kadrosundan da bin 427 personel ihraç edilmişti.

Ocak 2020'de yayımlanan *"OHAL İşlemleri İnceleme Komisyonu Faaliyet Raporu"*na göre OHAL kapsamında çıkarılan KHK'lar ile 131 bin 922 *"tedbir"* gerçekleşmişti. OHAL'de en az 125 bin 678 kamu görevlisi ihraç edilmiş, 270 bin kişinin öğrencilikle ilişiği kesilmiş, 2 bin 761 kurum ve kuruluş kapatılmış, 3 bin 213 personelin rütbesi alınmıştı. Raporda, *"Okulları kapatılan, mezuniyetleri geçersiz sayılan, askeri okullardaki öğrenciler, polis okulları öğrencileri, diğer kamu ve özel kurumlarda KHK'larla mağdur edilenlerin sayıları da yukarıdaki rakamlara ilave edildiğinde, doğrudan mağdur olanlar 250.000'i geçebilmektedir."* ifadeleri yer almaktaydı.

OHAL sürecinde 53 gazete, 37 radyo istasyonu, 34 televizyon, 29 yayınevi, 20 dergi ve 6 haber ajansı olmak üzere toplam 179 medya kuruluşu kapatılmıştı.

1995-98 yılları arasında hükümetin danışmanlığını da yürüten araştırmacı-yazar Ali Bulaç, *"Mustafa Kemal ve arkadaşlarının Cumhuriyet'i bu şekilde kurmalarına yol açan en önemli sebep, Çanakkale Savaşı'dır. O savaşta 50 bin İslamcı öldü. Medresedeki kitaplarını bırakıp, cephede şehit oldular. Stok bitti! Bugünkü hükümet de Çanakkale Savaşı'ndan sonra başımıza gelen en büyük felaket! Entelektüellerin hepsini devletleştirdi!"* ifadelerini kullanmaktaydı.

Aradan geçen 8 yılda algılar çökmeye, üstünü örttükleri zülüm tüm çıplaklığıyla ortaya çıkmaya başlamıştı. Darbe gecesi 251 kişinin şehit olduğu masalı da bu geçen zaman zarfında tel tel dökülmüştü. *"15 Temmuz'da Ölenleri Araştırma Platformu"* tarafından yapılan araştırma ve inceleme neticesinde elde edilen bilgi ve belgeler kapsamında 69 kişinin ölüm nedeninin darbe ile ilişkili olmadığı somut deliller ile ortaya konmuştu. Bunlardan 5'i kalp krizi, 8'i araç veya motosiklet kazası, 3'ü dost ateşi veya askerî envanterde olmayan mühimmat, 1'i adli olay kaynaklı, 1'i de kazayla kendini vurma sonucu hayatını kaybetmişti. 10 kişinin balistik raporunda mermi çekirdeği ile şüphelilerin silahı eşleşmiyordu. 5'inin vücudunda mermi, şarapnel veya metal cisim bulunamamıştı. 33'ünün balistik, otopsi, mesafe, mermi yolu analizi ya da HTS/kamera/olay yeri/elbise incelemesi eksikliği nedeniyle şüphelilere yüklenemeyen ölümler olduğu ve 3 tanesinde de şüphelilerin olay sırasında başka yerde olduklarını ispatladıkları tespit edilmişti.

Geçtiğimiz günlerde *"Finlandiya Göçmenlik Bürosu"*nun 14 Ağustos 2024'te yayımladığı raporda 15 Temmuz sonrasında gözaltılar süresince Türkiye'de tecavüze uğrayan ve bu tecavüzlerden hamile kalan 12 kadının olduğu bilgisi gündeme bomba gibi düşmüştü. Dindarlık kisvesi altında iktidara gelen hükûmet, başörtülü, müteddeyin Müslüman bacılarına devletin kurumlarında çıplak arama yapıyor, tecavüz ediyor ve hamile bırakıyordu. Cemaat üyeliğinden ceza alan ve yatarı biten hükümlüleri *"cemaatle gönül bağı devam ettiği"* kanaatiyle serbest bırakmıyordu. Oysa Allah Teâlâ Kur'an-ı Kerim'inde *"Ey inan-*

mış olanlar, Allah için daima doğru hükmedin, (her konu-da) adalete tam uygun tanıklıkta bulunun ve (size düşman olan, size saldıran, sizin gibi inanmayan ve düşünmeyen) bir kavme olan kininiz, sizi adaletten alıkoymasın. Adalette bulunun ki bu, takvaya daha yakındır. Allah'a karşı gelmekten (zulüm, haksızlık ve kötü işlerden) sakının. Şüphesiz Allah yaptıklarınızı (hakkıyla) bilmektedir." (Maide 5/8) buyurmaktaydı. Merhum Akif bugünleri görmüştü sanki.

"Müslümanlık nerde! Bizden geçmiş insanlık bile...
Âlem aldatmaksa maksat, aldanan yok, nâfile!
Kaç hakîkî Müslüman gördümse, hep makberdedir;
Müslümanlık, bilmem amma, gâlibâ göklerdedir!
İstemem, dursun o pâyansız mefâhir bir yana...
Gösterin ecdâda az çok benzeyen bir kan bana!
İsterim sizlerde görmek ırkınızdan yâdigâr,
Çok değil, ancak, necîb evlâda lâyık tek şiâr,
Varsa şâyed, söyleyin, bir parçacık insâfınız:
Böyle kansız mıydı -hâşâ- kahraman eslâfınız?
Böyle düşmüş müydü herkes ayrılık sevdâsına?
Benzeyip şîrâzesiz bir Mushaf'ın eczâsına,
Hiç görülmüş müydü olsun kayd-ı vahdet târumâr?
Böyle olmuş muydu millet can evinden rahnedâr?
Böyle açlıktan boğazlar mıydı kardeş kardeşi?
Böyle âdet miydi bî-pervâ, yemek insan leşi?
Irzımızdır çiğnenen, evlâdımızdır doğranan...
Hey sıkılmaz! Ağlamazsan, bâri gülmekten utan!..
"His" denen devletliden olsaydı halkın behresi:
Pâyitahtından bugün taşmazdı sarhoş na'rası!
...
Zevke dalmak şöyle dursun, vaktiniz yok mâteme!

Davranın, zîrâ gülünç olduk bütün bir âleme,
Bekleşirken gökte yüz binlerce ervâh intikam;
Yerde kalmış, na'şa benzer kavm için durmak haram!
Kahraman ecdâdınızdan sizde bir kan yok mudur?
Yoksa: İstikbâlinizden korkulur, pek korkulur!"

15 Temmuz Darbe Girişimi bahanesiyle ülkede yetişmiş insan gücü ya hapishanelere doldurulmuş ya da ülkesini terk etmek durumunda kalmış, dünyada mülteci hâline gelmişti. İnsanların sadece mallarını mülklerini değil umutlarını da çalmışlardı. Gençler kendi ülkelerinde gelecek göremiyor, ilk fırsatta yurt dışına çıkmanın yollarını arıyordu. Bazıları bunu ülkenin çöküşü olarak görüyordu ama ben tam tersine dünyaya açılmaya bir fırsat olarak görüyordum. Bu dönemde Rabbimin bir lütfu olarak kabul ediyordum. Medrese-i Yusufiye'deki arkadaşlar nefis tezkiyesi ile meşguldü. Günlerini ibadetle geçiriyor ve bugüne kadar ihmal ettiklerini ikmal ediyorlardı. Hicret edenler gittikleri ülkede toprağa düşmüş tohum gibi sosyal hayatın içinde sıkılıyor, çatlıyor ama sonunda filiz veriyordu. Asimile olmadan gittikleri ülkeye uyum sağlıyor, yaşantılarıyla çevrelerine örnek oluyorlardı. Bir gün dünya cennet olacaksa bugün dünyaya saçılan bu tohumlar sayesinde olacaktı.

Oralarda tutunanlarla hayata tutunuyordum. Buralarda kalıp da içeride yatanların ya da dışarıda tutunmaya çalışanların emanetlerine sahip çıkmaya çalışanlarla birlikte dertlere çare aramaya umut olmaya çalışıyordum. Tüm yeryüzüne yayılmış kocaman bir ailem vardı artık. Bu idraki veren Allah'a binlerce şükürler olsun.

Diğer taraftan Ankara bana kendimi gerçekleştirme

şansı vermişti. KHO'da eğitim camiasının bir neferi olma imkânı elde etmiştim. Mesleki tecrübelerimi Harbiyelilerle paylaşmış, 50 yaşında doktora yapma cesaretini kendimde bulmuş, akademik anlamda pek çok mesleki kitap ve makale kaleme almış, sempozyumlara katılmıştım. Doktora sonrası Ankara Üniversitesi Uygulamalı Bilimler Fakültesinde kısmi zamanlı öğretim üyesi olarak 3 yıl boyunca onlarca lisans ve lisansüstü dersine hocalık etmiş, pek çok tez yönetmiş, akademik dergilerde hakemlik yapmıştım. SASTEK Uygunluk Değerlendirme AŞ'de firmalara yerinde eğitim vermiş, denetim hizmetlerinde bulunmuş, ODTÜ Havacılık Uzay Mühendisliğinde okuyan kızımın HHO'dan devre arkadaşı Şerife'nin lisans eğitimini tamamlamasına yardımcı olmuştum. Hakkımdaki mahkûmiyet kararının kesinleşmesi sonrası artık Ankara'dan hatta bir yolunu bulup ülkemden ayrılma ve bir köşeye çekilme zamanı gelmişti.

Bu arada ibadet hayatımda da zaten yıllar öncesinde beşime eklemiş olduğum beşe ilave olarak nafile ibadetlere yönelmiştim. Artık günlerim oruçla, gecelerim dua ve niyazla daha bereketli idi. Rabbim bindiğim bu trenden inmeden son durağa kadar gidebilmeyi nasip etsin.

Bu süreçte en büyük üzüntüm bu zulmü göremeyenlerin veya bu zulme destek verenlerin gerçekleri görememesiydi. Bu süreç insanları üç gruba ayırmıştı:

İlk grupta zulmedenler vardı. Bunların başında *"Ahiretimize mal olsa da bu yoldan dönmeyiz."* diyen tek adam rejimi vardı. Bunları anlıyordum, grup olarak çalarken yakalanmışlar, bir türlü kinleri ve öfkeleri dinmek bilmiyordu. Bir de bu durumdan imkân devşiren, çıkarlarının peşinden koşan avaneler vardı. Bunlar Peygamber Efendimiz'in (aleyhissalâtü vesselâm) *"İnsanoğlunun bir ova/vadi dolusu altını olsa, bir ovayı/vadiyi daha ister. İnsanoğlunun karnını topraktan başka bir şey doyurmaz. Ve Allah tövbe edenlerin tövbesini kabul eder."* hadisiyle işaret buyurduğu gözü aç insanlardı. Aç doyardı, ama gözü aç asla.

İkinci grup, zalim de değildi, mağdur da. Ne zalim ve avanesi gibi hırsla zulmediyor ne de bu süreçte kendine makam ve imkân devşiriyordu. Bu süreçte devletin sopasını da yememiş, zulme uğramamış, mağduriyet de yaşamamıştı. Olaylar ilk başladığında ya yaşananları şuursuzca seyretmiş ya da maruz kaldığı algı bombardımanı nedeniyle olayların farkına varamamıştı. Ancak yıllar geçtikçe zulüm yaygınlaşıyor, alenileşiyor hatta kendi aile ve akraba çevresine, mahallesine, komşuna ulaşıyordu. Yani son dönemlerde bu grubun içinde artık zulümden haberi olmayan bir kesimden bahsetmek mümkün değildi. Bu grubun içinde bir kesim yaşanan mağduriyetleri ve devlet zulmünü görmek istemediği için bilinçli bir şekilde kafasını kuma gömüyordu. *"Bana dokunmayan yılan bin yaşasın."* diyordu. Zulüm her zamanki gibi devlet eliyle geliyordu. *"Vardır devletimizin bir bildiği, bunca polisi, hâkimi, savcısı ve istihbaratı var, ben onlardan daha mı iyi bileceğim?"* deyip kendi konfor alanından çıkmak, gerçekleri araştırmak ve vicdanını rahatsız etmek istemiyordu. Oysa daha düne kadar annesi, babası, kardeşi, akrabası, arkadaşı, komşusu olan bu insanlardan hiçbir zarar görmemişlerdi. Olsun, onlar iyi olabilirdi ama onları da kandırmışlardı. Oysa iktidar sahipleri de onca polisine ve istihbarat elamanına rağmen bir dönem kendilerinin de kandırıldığını söylüyor *"Allah bizi affetsin."* diyorlardı. Kendilerine gelince Allah affedecekti ama zulmettiklerine gelince *"Ahiretime mal olsa da bu yoldan dönmem."* diyeceklerdi. Bir Allah'ın kulu çıkıp da *"Bu ne yaman çelişki."* demiyordu. Tüm yolsuzluklarına, adaletsizliklerine ve kendi evladı ve torunlarına, kardeşine, ana babasına, arkadaşına ve komşusuna yaşattığı onca zulümlerine rağmen devletine kayıtsız şartsız destek veriyordu. Lanetle andıkları tek parti döneminde Kur'an-ı Kerimleri tuvalet çukurlarına atmak zorunda kalmışlardı. Bugün de Elmalılı Hamdi Yazır'ın Kur'an-ı Kerim meallerinin üstünde kuponlarını biriktirerek aldıkları gazetenin amblemi var diye korkudan yakmaya kalkıyorlardı. Köyde Jandarma Karakol Komutanlığı vardı. Dumanı gören jandarma evlere baskın yapıyor ve bu kitapları bahane edip köylüleri tutukluyordu. Maalesef köylü bu endişe ile ne kadar dini kitap varsa hepsini sepetler içinde zeytin havuzlarının tuzlu sularına gömmüştü. Kur'an-ı Kerim meali içeriği değişmediği sürece kapağındaki amblemden dolayı nasıl suç unsuru olabilirdi. Bunu düşünmek bile istemiyorlardı. Üstelik bu defa devlet, dindar görünümlü bir iktidar ile zulmediyordu. Belki de sırf dindar görünümünden dolayı bu zalim iktidara kayıtsız şartsız desteği ve bu uğurda kendi evlatlarına yapılan haksızlığı ve zulmü görmezlikten gelmeyi vatan, millet ve din adına fedakârlık ve yüce gönüllülük olarak görüyorlardı. Adeta şeriatın kestiği parmak acımaz misali belki de içleri kanaya kanaya bir ibadet telakki ederek dindar olduğunu düşündükleri partilerini desteklemeye devam ediyorlar kendi çocuklarının da doğruyu göremediğini ve Ulülemre itaat etmediklerini düşünüyorlardı. Hâlbuki dinimiz *"Haksızlık karşısında susan dilsiz şeytandır."* diyordu. Efendimiz (aleyhissalâtü vesselâm) de *"İçinizden biri bir kötülük görürse onu eliyle, buna gücü yetmezse diliyle değiştirsin; buna da gücü yetmezse kalbiyle (ona karşı kin ve nefret beslesin). Bu ise imanın asgari gereğidir."* diyordu. Ne olacaktı bu insanların hâli? Ne yazık ki bunların içerisinde dost bildiklerimiz de çoğunluktaydı. Merhum Ali'ye İzzetbegoviç'in de dediği gibi *"Bütün bunlar bittiğinde hatırlayacağımız şey düşmanlarımızın sözleri değil de dostlarımızın sessizliği olacaktı."*

Hele bir de bu zulme rıza gösteren ve destek olan bir grup vardı ki aman Allah'ım onların hâlini hiç düşünemiyordum. Zira zulme rıza, zulüm gibiydi. Belki de onları böyle davranmaya iten neden, mağdur kesime zamanında duydukları nefret veya hasetti. Oysa Kur'an-ı Kerim'inde Allah Teâlâ *"Allah için hakkı ayakta tutun, adaletle şahitlik eden kimseler olun. Herhangi bir topluluğa duyduğunuz kin, sizi adaletsiz davranmaya itmesin. Adaletli olun; bu, takvâya daha uygundur."* (Maide suresi 5/8) buyurmaktaydı.

Kur'an-ı Kerim'de onlarca ayetin sonunda, insanların çoğunun düşünmediğinden, akletmediğinden, öğüt almadığından ve inanmadığından söz ediliyordu. Bunun ne kadar yerinde ve doğru bir tespit olduğunu bugün daha iyi anlamıştım. Adeta kollarımı makas gibi açarak *"Durun kalabalıklar, bu cadde çıkmaz sokak!"* diye avazım çıktığınca haykırmak istiyordum. Akif'in ahirete ilişkin resmettiği bir başka korkunç manzara gözlerimin önüne geliyor *"Eyvah! Beş on kâfirin imanına kandık; / Bir uykuya daldık ki: cehennemde uyandık! / Mademki, Ey Adl-i İlahi yaka-caktın... / Yaksaydın a melunları... Tuttun bizi yaktın!"* fer-yatları kulaklarımda çınlıyor ve karşı konulmaz bir kalp ürpertisiyle ellerimi semaya kaldırıp her fırsatta onlar için *"Rabbim, anam, babam kardeşlerim başta olmak üzere al-gılarla yönlendirilen tüm müminlere gerçekleri görebilecek feraset nasip eyle. Kayınpederim ve kayınbiraderim gibi bu durumun farkına varamadan ahirete intikal eden ümmeti Muhammed'e de merhametinle muamele eyle."* diye dua ediyorum.

Bir de tüm bunların karşılarında zulme maruz kalanlar vardı. Bunlar sürecin kazananlarıydı. Mağduriyet yaşadıkça dünyasını bırakıp uhrevileşiyorlardı. Sadece ortak bir kaderi değil, imkânlarını, umutlarını, duygularını ve du-alarını paylaşıyorlardı. Üstat Necip Fazıl'dan gelen esintiyle *"Beni Allah tutmuş, kim eder azat? / Anlamaz; yazısız, pul-suz, dilekçem / Anlamaz; ruhuma geçti bilekçem!"* diyorlar ve küçük dünyalarında *"Yalnız seccademin yününde şefkat; / Beni kimsecikler okşamaz madem; / Öp beni alnımdan, sen öp seccadem!"* diye Rablerine iltica ediyorlardı.

O'nu bulduktan sonra kaybettiklerinin ne önemi vardı ya da O'nu kaybettiklerinde bulduklarının ne anlamı vardı ki...

Küçük Dünyam (2024)

Onlar bu süreçte yüklerinden kurtulmaya, varlarını yoklarını vermeye odaklanmışlardı. Evlerinden, mallarından, mülklerinden, memleketlerinden, ana, baba, evlat ve sevdiklerinden vazgeçiyorlardı. Sadece maddi yüklerinden değil manevi yüklerinden de kurtulup sebeplere de takılıp kalmadan kendi küçük dünyalarında Rahman-ı Rahim'e yönelmişlerdi. Zira onlar biliyorlardı ki her şeyin bir vakti merhûnu vardı. Onlara düşen de sadece sabretmek ve kul olarak kalabilmekti. Zira Ketencizâde Mehmet Rüştü Efendi'nin de dediği gibi *"Hak tecelli eyleyince her işi âsân eder / Halk eder esbabını bir lahzada ihsan eder."* idi. Onları bu kuyuya bir gecede cup diye düşüren sebeplere bağlı kalmadan yine bir gecede ok gibi çıkaracaktı. Yoklukla imtihan her kişinin işi, varlıkla imtihan er kişinin işiydi. Zaman asıl imtihana hazırlanma vaktiydi.

Yıllarca hasretini duyduğumuz ana, baba, evlat, kardeş, eş ve dostlarımıza kavuştuğumuz, dünyanın bize gülmeye başladığı, geçmişteki acı olayların tatlıya bağlandığı, hayatının en rahat dönemi olarak görebileceğimiz bir hengâmda Hz. Yusuf (aleyhissalâtü vesselâm) gibi ölümü hatırlayarak *"Ya Rabbi! Sen bana iktidar ve hâkimiyet verdin. Hadise ve rüyaları yorumlama ilmini öğrettin. Ey gökleri ve yeri yaratan! Dünya'da da ahirette de mevlam, yardımcım Sen'sin. Sana tam itaat içinde bir kul olarak canımı al ve beni hayırlı ve salih insanlar arasına dâhil eyle!"* (Yusuf suresi 12/101) diyerek sana iltica edebilmeyi ve gözümüzü ukbadan ayırmadan, dünyaya zerre kadar meyletmeden, bindiğimiz bu trenden inmeden sana kavuşmayı nasip eyle. (Âmin.)

About the Author

Emekli subay, mühendis ve akademisyen olan Mustafa Yılmaz, 1 Mayıs 1966 tarihinde Çanakkale-Ezine İlçesi Geyikli beldesinde 3 çocuklu çiftçi bir ailenin en büyük çocuğu olarak dünyaya gelmiştir. İlkokuldan sonra ailesinden ayrılarak ortaokulu Çanakkale'de devlet parasız yatılı ve bursluluk sınavı ile girdiği Lise Pansiyonunda okumuş ve 12 Eylül 1980 darbesinde Kuleli Askerî Lisesine askerî öğrenci olarak girmiştir. 1990 yılında Fakülte ve Yüksek Okullar Komutanlığı adına Boğaziçi Üniversitesinden inşaat mühendisi olarak mezun olmuş ve mühendis teğmen rütbesiyle görevine başlamıştır. 2014 yılına kadar Milli Savunma Bakanlığı bünyesinde İnşaat Emlak Bölge Başkanlıklarında kontrol mühendisi, kontrol şefi ve şube müdürü olarak görev yapmış ve bu tarihten sonra Kara Harp Okuluna bölüm başkanı olarak atanmıştır. Yüksek lisans çalışmasını Balıkesir Üniversitesinde çelik yapılar üzerine, doktora çalışmasını da Gazi Üniversitesinde İş Sağlığı ve Güvenliğinin Maliyet Tahmini üzerine yapmıştır. 15 Temmuz 2016 sonrası Kara Harp Okulundan tayin olduğu TSK İnsani Yardım Tugay Komutanlığından 2018 yılında albay rütbesi ile kadrosuzluk nedeniyle emekli olmuştur. Hâlen Ankara Üniversitesi Uygulamalı Bilimler Fakültesinde yarı zamanlı öğretim elemanı olarak çalışmaktadır. Pek çok akademik makalesi ve teknik kitabı olan yazarın karanlığa bir mum yakma, tarihe kayıt düşme ve geleceğe umut olma adına "İki Darbe Arasında Bir Ömür" anı türünde kaleme alınan ilk eseridir. Evli ve 4 çocuk babası olan yazar İngilizce bilmektedir.